Chih-Yu Lin

Fahrlässigkeitsstrafbarkeit im deutschen und taiwanischen Strafrecht unter besonderer Berücksichtigung des Konzepts der „Leichtfertigkeit“ und dessen gesetzgeberischer Nutzen für das taiwanische StGB

Dissertationen der LMU München

Band 89

Fahrlässigkeitsstrafbarkeit im deutschen und taiwanischen Strafrecht unter besonderer Berücksichtigung des Konzepts der „Leichtfertigkeit" und dessen gesetzgeberischer Nutzen für das taiwanische StGB

von
Chih-Yu Lin

UB
Universitätsbibliothek
Ludwig Maximilians Universität München

Mit **Open Publishing LMU** unterstützt die Universitätsbibliothek der Ludwig-Maximilians-Universität München alle Wissenschaftlerinnen und Wissenschaftler der LMU dabei, ihre Forschungsergebnisse parallel gedruckt und digital zu veröffentlichen.

Erstveröffentlichung 2025
Zugleich Dissertation der LMU München 2025

Druck und Vertrieb im Auftrag der Autoren und Autorinnen:
Buchschmiede von Dataform Media GmbH, Julius-Raab-Straße 8
2203 Großebersdorf, Osterreich

Kontaktadresse nach EU-Produktsicherheitsverordnung:
info@buchschmiede.at

PRINTED IN
AUSTRIA

Bibliografische Information der Deutschen Nationalbibliothek
Die Deutsche Nationalbibliothek verzeichnet diese Publikation in der Deutschen Nationalbibliografie; detaillierte bibliografische Daten sind im Internet abrufbar über http://dnb.d-nb.de

Open-Access-Version dieser Publikation verfügbar unter:
https://nbn-resolving.org/urn:nbn:de:bvb:19-355695
https://doi.org/10.5282/edoc.35569

ISBN 978-3-99181-649-2

Inhalt

Abkürzungsverzeichnis

aA	anderer Ansicht
aaO.	am angegebenen Ort
Abs.	Absatz
AE	Alternativ-Entwurf
a.F.	alte Fassung
AGB	allgemeine Geschäftsbedingungen (Österreich)
ähnl.	ähnlich
AO	Abgabenordnung
AT	Allgemeiner Teil
Az.	Aktenzeichen
BB	Der Betriebs-Berater
BeckOK	Beck'sche Online-Kommentare
BGH	Bundesgerichtshof
BGHSt	Entscheidungen des Bundesgerichtshofs in Strafsachen
BlgNR	Beilage(n) zu den stenographischen Protokollen des Nationalrates (Österreich)
BT	Besonderer Teil
BT-Drucks	Drucksachen des Bundestages
BVerfG	Bundesverfassungsgericht
ders.	derselbe
d. h.	das heißt
E	Entwurf
ErläutRV	Erläuternde Bemerkungen zur Regierungsvorlage (Österreich)
f.	folgende (Seite)
ff.	fortfolgende (Seite)
FR	Finanzrundschau
FS	Festschrift
GA	Goltdammer's Archiv für Strafrecht
GS	Gedächtnisschrift
h.L.	herrschende Lehre

h.M.	herrschende Meinung
Hs.	Halbsatz
i. S.	im Sinne
iSv	im Sinne von
JBl	Juristische Blätter (Österreich)
JMG	Journal für Medizin- und Gesundheitsrecht (Österreich)
JR	Juristische Rundschau
jStGB	Japanisches Strafgesetzbuch
jStPO	Japanische Strafprozessordnung
Jura	Juristische Ausbildung
JuS	Juristische Schulung
JZ	Juristenzeitung
KK-StPO	Karlsruher Kommentar zur Strafprozeßord nung und zum Gerichtsverfassungsgesetz
krit.	kritisch
LK-StGB	Leipziger Kommentar zum Strafgesetz
LPK	Strafgesetzbuch, Lehr- und Praxiskommentar
MüKoStGB	Münchener Kommentar zum Strafgesetzbuch
NJW	Neue Juristische Wochenschrift
NK	Nomos Kommentar zum Strafgesetzbuch
NStZ	Neue Zeitschrift für Strafrecht
NStZ-RR	Neue Zeitschrift für Strafrecht – Rechtsprechung-Report
NTD	Neue Taiwan-Dollar
NZV	Neue Zeitschrift für Verkehrsrecht
OGH	Oberster Gerichtshof (Österreich)
ÖJZ	Österreichische Juristen-Zeitung
OLG	Oberlandesgericht
ÖStGB	Österreichisches Strafgesetzbuch
Pkw	Personenkraftwagen
RAgbO	Reichsabgabenordnung
RdM	Recht der Medizin (Zeitschrift, Österreich)
RGBl.	Reichsgesetzblatt

RGSt	Entscheidungen des Reichsgerichts in Strafsachen
Rn.	Randnummer
RStGB	Reichsstrafgesetzbuch
RW	Rechtswissenschaft (Zeitschrift Zeitschrift für rechtswissenschaftliche Forschung)
s.	siehe
s. a.	siehe auch
SchuldR	Schuldrecht
SSW-StGB	*H. Satzger/W. Schluckebier/G. Widmaier,* Strafgesetzbuch Kommentar
StPO	Strafprozessordnung
StÄndG	Strafrechtsänderungsgesetz
StrRG	Strafrechtsreformgesetz
StV	Strafverteidiger
tStGB	taiwanisches Strafgesetzbuch
tStPO	taiwanische Strafprozessordnung
UKG	Gesetz zur Bekämpfung der Umweltkriminalität
vgl.	vergleiche
WiKG	Wirtschaftskriminalitätgesetz
WK²	Wiener Kommentar zum Strafgesetzbuch, 2. Auflage
WKRS	*Wolter*s Kluwer Rechtsprechung
WStG	Wehrstrafgesetz
z.B.	zum Beispiel
ZfL	Zeitschrift für Lebensrecht
ZIS	Zeitschrift für Internationale Strafrechtsdogmatik
ZStW	Zeitschrift für die gesamte Strafrechtswissenschaft
ZSR	Zeitschrift für *Schweizer*isches Recht
ZVR	Zeitschrift für Verkehrsrecht (Österreich)

A Einleitung

I Problemstellung und Abgrenzung des Gegenstands

1 Übersicht über die Strafrechtsgebiete im Hinblick auf die Forderung nach Einführung des Merkmals der Leichtfertigkeit

Bereits in den 1980er Jahren wurde in der taiwanischen Literatur das Merkmal der Leichtfertigkeit dargestellt. Gelegentlich wird die Einführung einer neuen Fahrlässigkeitsstufe in das taiwanische Strafgesetzbuch diskutiert. Die Diskussionen zu diesem Thema finden in verschiedenen Strafrechtsgebieten statt. Die Fallgruppe, in der die Einführung des Merkmals der Leichtfertigkeit erwogen wird, ist folgendermaßen gegliedert.

a) Gebiet 1: Fahrlässige Tötung

Viele Strafrechtswissenschaftler plädierten dafür, dass die Kategorie der groben Fahrlässigkeit oder der Leichtfertigkeit eingeführt werden sollte, um die Schuldhaftigkeit der Täter mit verschiedenen Pflichtverstößen anzugleichen.[1] Eines der überzeugendsten Argumente spricht für die Schließung der *Lü*cke der Strafe zwischen vorsätzlichen und fahrlässigen Straftaten gegen das Rechtsgut Leben.

Im Vergleich zur Höchststrafe für „allgemeine" fahrlässige Tötung gemäß § 276 Abs. 1 tStGB a.F., die eine Freiheitsstrafe von bis zu drei Jahren vorsieht, sah Abs. 2 ursprünglich einen Qualifikationstatbestand vor, der die Höchststrafe auf fünf Jahre erhöhte, wenn ein Berufsangehöriger aufgrund beruflicher Fahrlässigkeit den Tod eines Menschen verursachte. Während § 276 Abs. 2 im Jahr 2019 abgeschafft wurde,

1 Siehe unten [B. III.]

wurde der Strafrahmen für die „allgemeine" fahrlässige Tötung an den früheren Strafrahmen für fahrlässige Tötung angepasst, nämlich auf fünf Jahre.[2] Die Straflücke zwischen vorsätzlichem Totschlag und fahrlässiger Tötung bleibt jedoch weiterhin bestehen: Während die Mindeststrafe für Totschlag zehn Jahre Freiheitsstrafe beträgt, beträgt die Höchststrafe für fahrlässige Tötung fünf Jahre Freiheitsstrafe.[3]

Nach dem *Taroko-Eisenbahnunfall* am 2. April 2021[4] forderte die Öffentlichkeit, die Strafe wegen fahrlässiger Tötung zu erhöhen. Ohne ausreichende Diskussion wurde am 22. April desselben Jahres vom Executive Yuan (行政院) ein Entwurf zum Thema fahrlässige Tötung vorgelegt.[5] In diesem wurde ein neuer zweiter Absatz im § 276 tStGB ergänzt: „In besonders schweren Fällen ist die Strafe Freiheitsstrafe von einem Jahr bis zu sieben Jahren. Wer in besonders schweren Fällen den Tod von mehr als drei Menschen herbeiführt, wird mit Freiheitsstrafe von drei Jahren bis zu zehn Jahren bestraft."[6]

Nach der Begründung des Entwurfs orientiert sich dieser Absatz an der Struktur der fahrlässigen Tötung im österreichischen Strafgesetzbuch der alten Fassung. Das in Österreich geltende Strafgesetzbuch

2 Ab 31.05.2019 gilt nach §276 tStGB folgendes: „Wer durch Fahrlässigkeit den Tod eines Menschen verursacht, wird mit Freiheitsstrafe bis zu fünf Jahren, mit einer Haftstrafe oder einer Geldstrafe von bis zu fünfhunderttausend Yuan bestraft." (Im Original: 因過失致人於死者，處五年以下有期徒刑、拘役或五十萬元以下罰金。) Englische Übersetzung verfügbar unter: https://law.moj.gov.tw/ENG/LawClass/LawSearchContent.aspx?pcode=C0000001&norge=276, zuletzt abgerufen am 07.01.2025. Haftstrafe im Sinne des tStGB ist eine kurzfristige Freiheitsentziehung von weniger als zwei Monaten. s. § 33 Nr. 4 tStGB, Englische Übersetzung verfügbar unter: https://law.moj.gov.tw/ENG/LawClass/LawSearchContent.aspx?pcode=C0000001&norge=33, zuletzt abgerufen am 07.01.2025.

3 § 271 Abs. 1 tStGB lautet wie folgt: „Wer einen Menschen tötet, wird mit der Todesstrafe, mit lebenslanger Freiheitsstrafe oder mit Freiheitsstrafe nicht unter zehn Jahren bestraft." (Im Original: 殺人者，處死刑、無期徒刑或十年以上有期徒刑。), Englische Übersetzung verfügbar unter: https://law.moj.gov.tw/ENG/LawClass/LawSearchContent.aspx?pcode=C0000001&norge=271 , zuletzt abgerufen am 06.01.2025.

4 Siehe unten [B. II. 3.]

5 Dieser Entwurf wurde bis zum Ende der 10. Legislaturperiode des Legislativ-Yuan nicht verabschiedet. s. https://lis.ly.gov.tw/lylgmeetc/dispprog?4:00044D6A000A01010000000000000C800000003D000000000:0035969:lgmeetkm, zuletzt abgerufen am 07.01.2025.

6 s. Agenda Related Documents des Legislativen Yuans (立法院議案關係文書) vom 27.05.2021, S. 政4, in: https://lis.ly.gov.tw/lygazettec/mtcdoc?PD100314:LCEWA01_100314_00069, zuletzt abgerufen am 07.01.2025.

nennt jedoch den Begriff der „groben Fahrlässigkeit"[7]. Der ehemalige Strafverschärfungsgrund für fahrlässige Tötung „unter besonders gefährlichen Verhältnissen"[8] wird inzwischen als „Grob fahrlässige Tötung" neu eingestuft. In der österreichischen Praxis und den meisten Lehrwerken werden die gleichen Kriterien für besonders gefährliche Verhältnisse auf grobe Fahrlässigkeit angewendet. Daraus entsteht dann die folgende Problematik: Obwohl in dem Entwurf keine Begriffe wie „grobe Fahrlässigkeit" oder „Leichtfertigkeit" benutzt werden, schreibt sich eine solche Gesetzesänderung in Taiwan von der tatsächliche Annahme des Konzepts von Grober Fahrlässigkeit her.[9]

b) Gebiet 2: Trunkenheit am Steuer

Das Thema der Strafe für Trunkenheit am Steuer ist immer wieder Gegenstand gesetzlicher Änderungen in Taiwan. Seit der Einführung der Strafvorschrift für Trunkenheit am Steuer in § 185-3 tStGB im Jahr 1999[10] wurde dieser Paragraf bereits sechsmal geändert, wobei die Stra-

7 § 6 Abs 3 öStGB laut wie folg: „Grob fahrlässig handelt, wer ungewöhnlich und auffallend sorgfaltswidrig handelt, sodass der Eintritt eines dem gesetzlichen Tatbild entsprechenden Sachverhaltes als geradezu wahrscheinlich vorhersehbar war." https://www.ris.bka.gv.at/GeltendeFassung.wxe?Abfrage=Bundesnormen&Gesetzesnummer=10002296, zuletzt abgerufen am 07.01.2025.

8 § 81 Abs 1 Z1 öStGB aF lautete wie folgt: „Wer fahrlässig den Tod eines anderen herbeiführt, 1. unter besonders gefährlichen Verhältnissen […] ist mit Freiheitsstrafe bis zu drei Jahren zu bestrafen." BGBl. 60/1974, 655.

9 Das taiwanische Strafgesetzbuch gehört zu den Gesetzestexten, deren Regierungsentwurf in der Praxis vom Exekutive Yuan (行政院) und Judicial Yuan (司法院) gemeinsam unterzeichnet werden muss, bevor er dem Parlament, Legislative Yuan, vorgelegt wird. Dieser Entwurf wurde nach heftiger Kritik vom Judicial Yuan unterzeichnet, wobei eine neue Fassung der vorgeschlagenen Änderung in der Begründung vom Judicial Yuan hinzugefügt wurde. Nähere Bemerkungen zu diesem Entwurf siehe unten: [F. I. 3. b)]

10 § 185-3 tStGB vom 21.04.1999 lautete: „Wer im Verkehr ein Kraftfahrzeug führt, obwohl er aufgrund des Konsums von Drogen, Betäubungsmitteln, Alkohol oder ähnlichen Substanzen nicht in der Lage ist, das Kraftfahrzeug sicher zu führen, wird mit einer Freiheitsstrafe von bis zu einem Jahr, mit einer Haftstrafe oder einer Geldstrafe von bis zu dreißigtausend Yuan bestraft." (Im Original: 服用毒品、麻醉藥品、酒類或其他相類之物，不能安全駕駛動力交通工具而駕駛者，處一年以下有期徒刑、拘役或三萬元以下罰金。), zugänglich auf: https://www.president.gov.tw/Page/294/33600?DTitle=%E5%88%91%E6%B3%95, zuletzt abgerufen am 07.01.2025.

fen jedes Mal verschärft wurden.[11] In einer öffentlichen parlamentarischen Anhörung im Jahr 2012 wurde argumentiert, dass Trunkenheit am Steuer als grobe Fahrlässigkeit angesehen werden sollte, die zu Todesfällen oder Körperverletzungen geführt habe.[12] Darüber hinaus wurde das Erfordernis des Merkmals der Leichtfertigkeit für den Tatbestand des erfolgsqualifizierten Delikts in § 185-3 Abs. 2 tStGB, der Trunkenheit im Verkehr mit Todesfolge oder schwerer Körperverletzung, angesprochen.[13] Anfang 2019 gab es wieder eine heiße Diskussion über die Strafverschärfung in Fällen, die mit Trunkenheit im Verkehr mit Todesfolge oder Gesundheitsschädigung eines anderen Menschen zu tun haben. Nach einer Reihe von Todesfällen infolge von Trunkenheit am Steuer während des Neujahrsfestes nach dem Mondkalender im Jahr 2019 hat der Justizminister eine Änderung des Strafmaßes in solchen Fällen angekündigt: Der Täter sei als vorsätzlich handelnd anzusehen, wenn die Alkoholkonzentration einen bestimmten Wert überschreitet und solle entsprechend bestraft werden.[14] In der Folge verbreitete sich die Idee wie ein Lauffeuer. Innerhalb von nur drei Mona-

11 s. https://law.moj.gov.tw/LawClass/LawHistory.aspx?pcode=C0000001, zuletzt abgerufen am 07.01.2025.

12 Die Formulierung des Grundes lautet wie folgt: „Das Fahren unter Alkoholeinfluss sollte als gefährliche Handlung eingestuft sein. Obwohl dem Täter bekannt ist, dass das Fahren unter Alkoholeinfluss zu Verletzungen oder sogar zum Tod führen kann, wird dennoch darauf bestanden. Aus diesem Grund handelt es sich beim Fahren unter Alkoholeinfluss eher um vorsätzliches als um fahrlässiges Handeln. Selbst wenn es als fahrlässig angesehen wird, handelt es sich immer noch um grobe Fahrlässigkeit. Der Grad des Verschuldens liegt nahe bei indirektem Vorsatz oder zumindest grober Fahrlässigkeit." s. *Chao, Hsi-Hua*, Congress Monthly , Vol. 477, 2013, 51 (56). (Im Original: 趙晞華，論酒駕肇事刑罰之修正，國會月刊，第477期，2013年，第56頁。)

13 § 185-3 Abs. 2 tStGB vom 30.11.2011 lautete: „Verursacht der Täter durch die Tat den Tod des Opfers, so ist die Strafe Freiheitsstrafe von einem Jahr bis zu sieben Jahren; verursacht der Täter durch die Tat eine schwere Körperverletzung des Opfers, so ist die Strafe Freiheitsstrafe von sechs Monaten bis zu fünf Jahren." (Im Original: 因而致人於死者，處一年以上七年以下有期徒刑；致重傷者，處六月以上五年以下有期徒刑。) zugänglich auf: https://www.president.gov.tw/PORTALS/0/BULLETINS/PAPER/PDF/7005-2.PDF, zuletzt abgerufen am 07.01.2025. Begründung für die Einführung des Erfordernisses der Leichtfertigkeit s. *Ching-Lin Chen*, Zum § 185-3 des Strafgesetzbuches, dem Straftatbestand des unsicheren Fahrens – unter besonderer Berücksichtigung der Trunkenheit am Steuer, 2015, S. 146 ff. (Im Original: 陳靖琳，論刑法第185條之3不能安全駕駛罪—以飲酒駕駛行為為中心，2015年，第146頁以下。)

14 s. Pressemitteilung des Justizministerium am 03.02.2019 https://www.moj.gov.tw/media/14746/9281902031049c9a56.pdf?mediaDL=true, zuletzt abgerufen am 07.01.2025.

ten wurden von den Abgeordneten des Legislativen Yuan 29 Fassungen des Gesetzentwurfes mit unterschiedlichen Verschärfungsfaktoren und Verschärfungsgraden vorgelegt.[15] Nach vielen Diskussionen wurde der offizielle Entwurf des Executive Yuan bezüglich der Strafverschärfung für Rückfall wegen Trunkenheit am Steuer formuliert.[16] Die Gründe für die Verschärfung der Strafen wurden diesmal infolge dieser neueren Entwicklung unter zwei Hauptgesichtspunkten diskutiert. Zum einen lag der Schwerpunkt auf Wiederholungstätern, zum anderen auf dem Wert der Alkoholkonzentration. Ende Mai 2019 beschloss das Legislative Yuan schließlich eine Strafverschärfung für Wiederholungstäter im Falle von Trunkenheit am Steuer.[17]

Danach wurde § 185-3 zweimal geändert, was für das Thema nicht relevant ist.[18]

c) Gebiet 3: Medizinische Fehlbehandlung

Der dritte Austragungsort der Diskussion waren die Fälle, die mit Behandlungsfehlern zu tun haben. Die Vertreter der Ärzteschaft

15 s. Agenda Related Documents des Legislativen Yuans (立法院議案關係文書) vom 22.05.2019 in: https://lis.ly.gov.tw/lygazettec/mtcdoc?PD090715:LCEWA01_0907150206519_001, zuletzt abgerufen am 07.01.2025.

16 s. Agenda Related Documents des Legislativen Yuans (立法院議案關係文書) vom 26.04.2019 in: https://lis.ly.gov.tw/lygazettec/mtcdoc?PD090712:LCEWA01_090712_10434, zuletzt abgerufen am 07.01.2025. Der Referentenentwurf des Justizministeriums enthielt sogar die Todesstrafe für Rückfälle wegen Trunkenheit am Steuer. s. Nachricht am 27.02.2019. https://news.ltn.com.tw/news/society/breakingnews/2711559, zuletzt abgerufen am 07.01.2025.

17 Am 31.05.2019 beschlossenen § 185-3 Abs. 3 tStGB lautete wie folgt: „Wurde der Täter innerhalb der letzten fünf Jahre rechtskräftig aufgrund dieses Paragrafen oder § 54 des Militärstrafgesetzbuches verurteilt oder wurde die Verfolgung ausgesetzt, so ist die Strafe lebenslange Freiheitsstrafe oder Freiheitsstrafe nicht unter fünf Jahren, wenn er durch die Tat in den Fällen des Absatzes 1 den Tod des Opfers verursacht hat; bei schwerer Körperverletzung ist die Strafe Freiheitsstrafe von drei Jahren bis zu zehn Jahren," (Im Original: 曾犯本條或陸海空軍刑法第五十四條之罪，經有罪判決確定或經緩起訴處分確定，於五年內再犯第一項之罪因而致人於死者，處無期徒刑或五年以上有期徒刑；致重傷者，處三年以上十年以下有期徒刑。) s. Official Gazette des Legislativen Yuans Vol. 108 Heft 60, 2019, S. 182. (Im Original: 《立法院公報》，第108卷第60期，2019年，第182頁。)

18 Einerseits wurde die Frist des Rückfalls auf bis zu zehn Jahre verlängert, andererseits wurde das Kriterium des Drogenkonsums ergänzt. s. https://www.president.gov.tw/File/Doc/59553990-9a0b-434e-9131-ed1cceb961f7, https://www.president.gov.tw/File/Doc/30262465-9321-4bc7-b77f-6b0054285116, zuletzt abgerufen am 09.07.2024.

behaupteten, dass Ärzte nur wegen grober Fahrlässigkeit oder Leichtfertigkeit strafbar sein könnten.[19] Schließlich wurde im Jahr 2018 das Gesetz zur medizinischen Versorgung (醫療法) dahingehend geändert, dass Ärzte nur wegen fahrlässiger Tötung oder fahrlässiger Körperverletzung belangt werden können, wenn sie nicht den medizinischen Leitlinien folgen. § 82 Abs. 3 und 4 des Gesetzes zur medizinischen Versorgung lautet wie folgt: „(3) Verursacht ein Angehöriger eines Gesundheitsberufs bei der Ausübung der Heilkunde fahrlässig den Tod oder die Körperverletzung eines Patienten, so ist er strafrechtlich verantwortlich, wenn er die medizinisch gebotene Sorgfaltspflicht verletzt und den Rahmen des klinisch vertretbaren Ermessens überschreitet. (4) Die Verletzung der Sorgfaltspflicht nach den vorstehenden Absätzen und der Rahmen des klinischen Ermessens richten sich nach den objektiven Umständen der örtlichen medizinischen Leitlinien, des medizinischen Standards, der medizinischen Einrichtungen, der Arbeitsbedingungen und der Dringlichkeit am Ort und zum Zeitpunkt des medizinischen Eingriffs in Bezug auf den jeweiligen medizi-

19 Ein 2016 von einem Abgeordneten eingebrachter alternativer Entwurf für ein Gesetz zur medizinischen Versorgung ging in diese Richtung. In einem Alternativentwurf lautet § 83 Abs. 3 des Gesetzes zur medizinischen Versorgung wie folgt: „Ein Behandelnder ist strafrechtlich nur dann verantwortlich, wenn er einem Patienten bei der Ausübung seiner beruflichen Tätigkeit vorsätzlich oder grob fahrlässig einen Schaden zufügt, der offensichtlich über den Rahmen des klinischen Ermessens hinausgeht.“ s. Agenda Related Documents des Legislativen Yuans (立法院議案關係文書) vom 25.11.2016 https://lis.ly.gov.tw/lygazettec/mtcdoc?PD090212:LCEWA01_090212_10115 auf S. 委3., zuletzt abgerufen am 07.01.2025. Der Gesundheitsminister gab sogar im Parlament an, dass die strafrechtliche Verantwortung des medizinischen Personals nur auf Vorsatz beschränkt werden solle, um die strafrechtliche Verantwortung des medizinischen Personals zu rationalisieren. (Im Original: 基於刑法係處罰故意犯之原則下，如可增訂醫療法第 82 條第 3 項「醫事人員執行業務，以故意致生損害於病人者為限，負刑事責任。」，將更可符合醫事人員長期之訴求。) s. Agenda Related Documents des Legislativen Yuans (立法院議案關係文書) vom 27.12.2016 https://lis.ly.gov.tw/lygazettec/mtcdoc?PD090415:LCEWA01_090415_00399 auf S. 討859., zuletzt abgerufen am 07.01.2025; Zwei weitere Fassungen alternativer Entwürfe sahen das genauso vor: § 83 Abs. 3 desselben Gesetzes lautet in einer Version wie folgt: „Ein Behandelnder ist strafrechtlich nur dann verantwortlich, wenn er einem Patienten in Ausübung seiner beruflichen Tätigkeit vorsätzlich Schaden zufügt.“ (Im Original: 醫事人員執行業務，以故意致生損害於病 人者為限，負刑事責任 。) siehe oben auf S. 討864, 865; In einer anderen Version des Entwurfs lautete § 83 Abs. 3 des gleichen Gesetzes wie folgt: „Ein Behandelnder, der in Ausübung seiner beruflichen Tätigkeit einem Patienten einen Schaden zufügt, ist nur bei Vorsatz strafrechtlich verantwortlich.“ (Im Original: 醫事人員因執行業務致生損害於病人，以故意為限，負刑事責任。), siehe oben auf S. 討865.

nischen Fachbereich."[20] Der Text wurde auf objektive Tatbestände hin umständlich umformuliert, um die heiklen Begriffe „Leichtfertigkeit" oder „grobe Fahrlässigkeit" zu vermeiden und den Verdacht der Privilegierung bestimmter Berufe auszuräumen.

d) Gebiet 4: Finanzagenten

In Taiwan ist es üblich, dass Kontoinhaber ihre Konten Dritten gegen Entgelt oder ohne Entgelt zur Verfügung stellen. Diese Konten werden dann von Betrugssyndikaten genutzt. Solche „Finanzagenten" werden in Taiwan seit langem wegen Beihilfe zum Betrug verurteilt.[21] Hier stellt sich dann die Frage nach dem Gehilfenvorsatz dieser Kontoinhaber: Der Vorsatz eines Gehilfen muss sich auf die Begehung einer tatbestandsmäßigen, rechtswidrigen Haupttat und auf die eigene Gehilfenhandlung richten. Wenn ein Kontoinhaber sein Konto verkauft, kann er sich nur vorstellen, dass das Konto für irgendwelche kriminellen Aktivitäten verwendet werden kann, aber er kann unmöglich vorhersagen, für welche bestimmten Verbrechen, Betrug oder erpresserischer Menschenraub, das Konto verwendet wird.[22]

Um diese Fälle besser behandeln zu können, wurde im Jahr 2016 das Geldwäschegesetz (洗錢防制法) reformiert. Nach § 2 Nr. 2 der neuen Fassung wird eine Person, die die wahre Beschaffenheit, den Ursprung, den Ort oder die Bewegung der Vermögensgegenstände, die Verfügung darüber oder die Recht daran oder das Eigentum verbirgt oder ver-

20 Im Original: „(3) 醫事人員執行醫療業務因過失致病人死傷，以違反醫療上必要之注意義務且逾越合理臨床專業裁量所致者為限，負刑事責任。(4) 前二項注意義務之違反及臨床專業裁量之範圍，應以該醫療領域當時當地之醫療常規、醫療水準、醫療設施、工作條件及緊急迫切等客觀情況為斷。" Englische Übersetzung verfügbar unter: https://law.moj.gov.tw/ENG/LawClass/LawSearchContent.aspx?pcode=L0020021&norge=82, zuletzt abgerufen am 07.01.2025.

21 z.B. Az. 96 Shan-I 2641 von Taiwan High Court (臺灣高等法院96年度上易字第2641號刑事判決) Volltext abrufbar unter: https://judgment.judicial.gov.tw/FJUD/data.aspx?ty=JD&id=TPHM,96%2c%e4%b8%8a%e6%98%93%2c2641%2c20080415%2c1, zuletzt abgerufen am 07.01.2025.

22 *Wei-Chun Hsu*, The Taiwan Law Review, Vol. 168, 2009, 257 (263 ff.) (Im Original 徐偉群，提供人頭帳戶之詐欺罪責，月旦法學，第168期，2009年，第263頁以下。)

schleiert, wegen Geldwäsche bestraft.[23] Nach der Begründung des Entwurfs zählt dazu auch ein Konto Dritten zur Verfügung zu stellen, um illegale Erträge zu verschleiern, z.B. durch den Verkauf von Konten an Dritte. Die Händler stellen Konten für grenzüberschreitende Transaktionen bereit, damit Betrugssyndikate das durch Betrug erlangte Geld verwalten können.[24]

Die Rechtsprechungen im Bezug auf Finanzagenten sind aber unterschiedlich: Manche Urteile nahmen die Erklärung der Reform des Geldwäschegesetzs an und befanden die Angeklagten der Geldwäsche für schuldig, auch wenn sie ihre Konten verkauft hatten, bevor eine andere kriminelle Aktivität, wie Betrug, stattfand.[25] Andere Urteile standen im Widerspruch dazu und erklärten die Finanzagenten der Geldwäsche für unschuldig. Die Gründe dafür sind unterschiedlich: Es wurde entweder befunden, dass das Ziel des Kontoverkäufers nicht auf die Verbergung oder Verschleierung eines Gegenstandes gerichtet gewesen sei, der aus bestimmten Verbrechen hergerührt hätte[26], oder dass eine Abgabe eines Kontos nur zur Vortat eines bestimmten Verbrechen gezählt hätte[27],

23 Im Original: „本法所稱洗錢，指下列行為：二、掩飾或隱匿特定犯罪所得之本質、來源、去向、所在、所有權、處分權或其他權益者。“ Englische Übersetzung verfügbar unter: https://law.moj.gov.tw/ENG/LawClass/LawSearchContent.aspx?pcode=G0380131&norge=2, zuletzt abgerufen am 07.01.2025.

24 s. Agenda Related Documents des Legislativen Yuans (立法院議案關係文書) vom 06.12.2016: https://lis.ly.gov.tw/lygazettec/mtcdoc?PD090214:LCEWA01_090214_40003, zuletzt abgerufen am 07.01.2025.

25 z.B. Az. 107 Jin-Su 3 von Changhua District Court (彰化地院第107年度金訴字第3號刑事判決) Volltext abrufbar unter: https://judgment.judicial.gov.tw/FJUD/data.aspx?ty=JD&id=CHDM,107%2c%e9%87%91%e8%a8%b4%2c3%2c20180424%2c1, zuletzt abgerufen am 07.01.2025; Az. 107 Jin-Jean 1 von New Taipei District Court (新北地院第107年度金簡字第1號刑事判決) Volltext abrufbar unter: https://judgment.judicial.gov.tw/FJUD/data.aspx?ty=JD&id=PCDM,107%2c%e9%87%91%e7%b0%a1%2c1%2c20180409%2c1 , zuletzt abgerufen am 07.01.2025. usw.

26 z.B. Az. 107 Shen-Jian 886 von Taipei District Court (臺北地院第107年度審簡字第886號刑事判決) Volltext abrufbar unter: https://judgment.judicial.gov.tw/FJUD/data.aspx?ty=JD&id=TPDM,107%2c%e5%af%a9%e7%b0%a1%2c886%2c20180511%2c1, zuletzt abgerufen am 07.01.2025; Az. 107 Jian 1937 von New Taipei District Court (新北地院107年度簡字第1937號刑事判決) Volltext abrufbar unter: https://judgment.judicial.gov.tw/FJUD/data.aspx?ty=JD&id=PCDM,107%2c%e7%b0%a1%2c1937%2c20180424%2c1, zuletzt abgerufen am 07.01.2025, usw.

27 z.B. Az. 107 Shen-Jian 62 von New Taipei District Court (新北地院第107年度審簡字第62號刑事判決) Volltext abrufbar unter: https://judgment.judicial.gov.tw/FJUD/data.aspx?ty=JD&id=TPDM,107%2c%e5%af%a9%e7%b0%a1%2c62%2c20180418%2c1, zuletzt abgerufen am 07.01.2025.

oder dass die Übergabe eines Kontos die Identifizierung von Geldströmen nicht verhindern würde und somit illegale Einkünfte nicht verhindern oder verschleiern könnte[28]. Am 16 Dezember 2020 beschloss der Große Senat für Strafsachen dann, dass, wer seine Kontokarte und den Geheimcode anderen unbekannten Personen anbietet, nicht wegen Geldwäsche nach § 2 Nr. 2 des Geldwäschegesetzes, sondern nur wegen Beihilfe zur Geldwäsche bestraft werden kann.[29]

28 z.B. Az. 107 Jian 1888 von New Taipei District Court (新北地院107年度簡字第1888號刑事判決) Volltext abrufbar unter: https://judgment.judicial.gov.tw/FJUD/data.aspx?ty=JD&id=PCDM,107%2c%e7%b0%a1%2c1888%2c20180328%2c1, zuletzt abgerufen am 07.01.2025; Az. 107 Kee-Jian 309 von Keelung District Court (基隆地院107年度基簡309號刑事判決) Volltext abrufbar unter: https://judgment.judicial.gov.tw/FJUD/data.aspx?ty=JD&id=KLDM,107%2c%e5%9f%ba%e7%b0%a1%2c309%2c20180323%2c1, zuletzt abgerufen am 07.01.2025.

29 Az. 108 Tai-Shan-Da 3101 (最高法院大法庭108年度台大上字第3101號裁定), Volltext abrufbar unter: https://tps.judicial.gov.tw/tw/dl-12280-46baa97bd83447468390edb3c9901f97.html, zuletzt abgerufen am 07.01.2025. Zur Begründung geht der Große Senat wie folgt vor: Wenn das Opfer eines Deliktes Geld aufs Konto, das der Kontoinhaber Betrügern oder anderen Tätern dieses Delikte angeboten hätte, überwiesen hätte, sei die Geldbewegung noch problemlos verfolgbar gewesen, deshalb wurde die Herkunft der Beute weder verborgen noch verschleiert. Nur wenn der Kontoinhaber nach der Überweisung eines Opfers noch an anderen Geldbewegung teilgenommen hätte, hätte er wegen Geldwäsche nach § 2 Nr. 2. bestraft werden können. Hingegen bestehe schon ein Gehilfenvorsatz, wenn er sich auf die Vollendung einer bestimmte, aber nicht notwendig schon in allen Einzelheiten konkretisierten Haupttat beziehe. Es gebe keine besondere Beschränkung, mehrere Konten in zahlreichen Finanzinstituten zu eröffnen. Wenn man kein eignes Konto eröffne, sondern Konten von anderen kaufen oder leihen möchte, könne man einfach vermuten, dass das Konto als Empfängerkonto verwendet werde, um Geld vom Opfer im Empfang zu nehmen, gefolgt von der Abhebungen dieses Betrags und anderen Aktivitäten, wodurch das Geld verborgen, dessen Herkunft verschleiert und die Ermittlung der Herkunft, das Auffinden dieses Gegenstands vereitelt werden könne. Wenn ein Kontoinhaber unter solchen Vorkenntnissen sein Konto verkaufe, könne er wegen Beihilfe zur Geldwäsche bestraft werde. In der Literatur wird dieser Rechtsprechung im Wesentlichen zugestimmt. z.B. *Heng da Hsu*, The Taiwan Law Review, Vol. 319, 2021, 6 (21) (許恒達，人頭帳户提供者的洗錢刑責-評最高法院108年度台上大字第3101號刑事裁定，月旦法學，第319期，2021年，第21頁以下。) Dagegen wird eingewandt, dass eine solche Auslegung nicht dem gesetzgeberischen Ziel entspreche und die Vorgabe, die Geldwäsche als abstraktes Gefährdungsdelikt zu regeln, missachte und damit die Anwendung des Geldwäschetatbestandes zu eng fasse. Daher besteht auch die Ansicht, dass die Kontoverkäufer für leichtfertige Geldwäsche strafbar sein sollten. s. *Shih-Yuan Huang*, Legal News Report, Vol. 3061, 3 (6). (Im Original: 黃士元，108 年度台上大字第3101 號裁定評釋－兼論重大過失洗錢罪之修法建議(一)，法務通訊，第3061期，2021年，第6頁。); *Chun-Liang Yun*, Taiwan Law Review, Vol. 340, 2023, 121 (128 ff.)(Im Original: 惲純良，德國重大過失洗錢裁判分析－兼評新訂洗錢防制法第15條之2與最高法院108年度台上大字第3101號裁定(下)，月旦法學，第340期，2023年，第128頁以下。)

Angesichts der Kontroversen in der Rechtsprechung zur Beurteilung des Finanzagent wurde vorgeschlagen, das Merkmal der Leichtfertigkeit einzuführen, um das Dilemma der auftretenden Beweisschwierigkeiten zu vermeiden und eine effektive Strafverfolgung von Geldwäsche zu gewährleisten.[30]

Neben der Gesetzesreform nach deutschem Vorbild, der leichtfertigen Geldwäsche, wurde das japanische Modell, ein eigenständiger Straftatbestand der Kontoweitergabe, vorgeschlagen.[31] Im Jahr 2023 wurden dem Geldwäschsgesetz zwei Paragrafen hinzugefügt, die sich speziell auf das Verhalten bei dem Sichverschaffen eines fremden Kontos (§ 15-1, ab 02.08.2024 in § 21 umgelegt) oder bei der Weitergabe der Konto an Dritte (§ 15-2, ab 02.08.2024 in § 22 umgelegt) beziehen. Die Haftung für die Weitergabe des eigenen Kontos ist in (geltenden) § 22 in einer sehr komplizierten Struktur geregelt. Die Weitergabe des eigenen Kontos ist grundsätzlich verboten, es sei denn, sie steht im Einklang mit den allgemeinen Geschäfts- oder Finanztransaktionspraktiken oder beruht auf einem Vertrauensverhältnis zwischen Freunden und Verwandten oder anderen legitimen Gründen. Bei Verstößen erfolgt zunächst eine Verwarnung durch die Polizei, bei Wiederholung innerhalb von fünf Jahren nach der Verwarnung eine strafrechtliche Verfolgung. Darüber hinaus werden die Weitergabe von Konten aufgrund des Versprechens oder der Gewährung von Vorteilen sowie die Weitergabe von mehr als drei Konten auf einmal unmittelbar strafrechtlich geahndet.[32]

30 *Yun-Hwa Yang*, The Taiwan Law Review, Vol. 294, 2019, 56 (61) (Im Original: 楊雲驊，提供人頭帳戶與洗錢罪，月旦法學雜誌，第294期，2019年，第61頁。); *Shih-Yuan Huang*, Legal News Report, Vol. 3601, 3 ff. (Im Original: 黃士元，108 年度台上大字第3101 號裁定評釋－兼論重大過失洗錢罪之修法建議(二)，法務通訊，第3062期，2021年，第3頁以下。); *Chih-Jen Hsueh*, Chung-Hsing University Law Review, Vol. 32, 2022, 1 (50) (Im Original: 薛智仁，刑法解釋與適用之憲法界限－近期刑事判決之綜合評析，興大法學第32期，2022年，第50頁。); *Chun-Liang Yun*, aaO. Fn. 29, 121 (130).

31 *Chen-Hsien Lin*, The Parliament Quarterly, Vol. 49 Heft 2, 2021, 83 (95-99) (Im Original: 林臻嫺，從108台上大3101 號裁定談防制「人頭帳戶」之修法建議，國會季刊，第49卷第2期，2021年，第95-99頁。)

32 Englische Übersetzung verfügbar unter: https://law.moj.gov.tw/ENG/LawClass/LawSearchContent.aspx?pcode=G0380131&norge=22, zuletzt abgerufen am 26.03.2024.

2 Abgrenzung des Gegenstands

Wenn man die Vorschläge zur Einführung des Merkmals der Leichtfertigkeit in Taiwan analysiert, kann man zusammenfassen, dass sie Leichtfertigkeit in drei Kategorien von Gesetzesverstößen als möglich sehen:
a) Starfverschärfungsgründe bei fahrlässiger Tötung oder Körperverletzung mit schwerem Ergebnis, und bei Trunkenheit am Steuer, die zu Todesfolge oder schwerer Körperverletzung führen,
b) Strafbeschränkungsgründe bei Fehlbehandlung, also ein Privileg der Ärzte
c) Einzelne Merkmale des Vorsatztatbestands, besonders bei Geldwäschetatbeständen.

Wenn man die Diskussion über die Einführung der Leichtfertigkeit in Taiwan überschaut, kann man zusammenfassen, dass diese Fragen eine wichtige Rolle in der Strafrechtspolitik spielen. Die Leichtfertigkeit wird als quasi-magische Lösung für viele strafrechtliche Probleme angesehen: Einerseits könne sie als Strafverschärfungsgrund dienen, andererseits als Strafbeschränkungsgrund. Es ist deshalb notwendig, sich mit Inhalt und Kriterien der Leichtfertigkeit vertraut zu machen und sie zu analysieren, sowie sich der deutschen Erfahrung, inkl. Kritik und Probleme der Leichtfertigkeit in Praxis und in Theorie, zu bedienen.

Für die drei letztgenannten Anwendungsbereiche (Trunkenheit am Steuer, Medizinische Fehlbehandlung und Finanzagenten) ist die Struktur dagegen im geltenden taiwanischen Recht hingegen völlig anders formuliert. Diese Änderungen wurden vorgenommen, indem objektive Tatbestandsmerkmale hinzugefügt wurden.[33] Daher konzentriert sich dieser

33 Das heißt natürlich nicht, dass die zu lösenden Probleme damit beseitigt sind. Die Gesetzesänderungen haben sogar neue Probleme mit sich gebracht. z.B. In der Rechtsprechung ist umstritten, ob die Weitergabe von Konten nach § 15-2 Geldwäschegesetz als Auffangtatbestand der „normalen" Geldwäsche oder als Entkriminalisierung der Kontoweitergabe zu werten ist. s. *Chun-Wei Chen*, Formasan Jursit, Vol. 28, 2023, 78 (92) (陳俊偉，2023年新增洗錢防制法無正當理由交付提供帳戶帳號罪評釋，台灣法律人，第28期，2023年，第92頁以下。); *Chun-Liang Yun*, aaO. Fn. 29, 121 (129).

Beitrag auf den verbleibenden Problembereich im taiwanischen Recht, nämlich die Verschärfung der schwersten Strafen für fahrlässige Tötung.

II Ziel der Untersuchung

Im Rahmen dieser Arbeit kann kein vollständiger Überblick über die zur Systematik und zum Inhalt des Fahrlässigkeitsdeliktes vertretenen Auffassungen gegeben werden.

Ziel dieses Beitrages ist es, auf der Grundlage der herkömmlichen Lehre von der Struktur der Fahrlässigkeitsdelikte her den Versuch zu unternehmen, eine präzisere Umschreibung der Kriterien der Leichtfertigkeit zu erarbeiten, nach denen die Leichtfertigkeit zu formulieren ist, und die möglichen Anwendungsprobleme, die sich aus der Abgrenzung der Leichtfertigkeit einerseits von der einfachen Fahrlässigkeit und andererseits vom Vorsatz ergeben, zu verringern.

Ausgehend von einem klareren Verständnis des Begriffs der Leichtfertigkeit soll eine systematische und kohärente Lösung für das tStGB im Bereich der fahrlässigen Tötung und damit zusammenhängender Fragen vorgeschlagen werden.

III Gang der Untersuchung

In den folgenden Kapiteln werden die taiwanischen Urteile und Diskussionen zu den Delikten der fahrlässigen Tötung näher beleuchtet, um das Dilemma des geltenden Rechts zu verdeutlichen. Zum besseren Verständnis des Begriffs der Leichtfertigkeit soll anschließend die Entwicklung des Begriffs im deutschen Strafrecht und die wissenschaftliche Diskussion darüber nachgezeichnet werden. Mit der Kenntnis der Leichtfertigkeit im deutschen Rechtssystem ist in einem nächsten Schritt auf der Grundlage der allgemeinen Fahrlässigkeitsregel ein praxistauglicher Maßstab für die Leichtfertigkeit zu entwickeln. Im Anschluss daran wird die Notwendigkeit der Einführung des Konzepts der Leichtfertigkeit untersucht und schließlich werden Empfehlungen für das Strafrecht Taiwans formuliert.

B Überblick zum Stand der Leichtfertigkeitsdiskussion in Taiwan

I Gesetzliche Grundlage zur fahrlässigen Tötung in Taiwan

Um die Frage der fahrlässigen Tötung im taiwanischen Strafrecht klar zu erörtern, ist es notwendig, zunächst die einschlägigen Vorschrift im tStGB über vorsätzliche Totschlag und fahrlässige Tötung klar darzustellen.

Im Gegensatz zum dStGB macht das tStGB keinen Unterschied zwischen Mord und Totschlag. Die vorsätzliche Tötung ist in § 271 tStGB so definiert: „(1) Wer einen Menschen tötet, wird mit der Todesstrafe, mit lebenslanger Freiheitsstrafe oder mit Freiheitsstrafe nicht unter zehn Jahren bestraft. (2) Der Versuch einer der in Absatz 1 bezeichneten Taten ist mit Strafe bedroht. (3) Wer sich zur Begehung einer Straftat nach Absatz 1 vorbereitet, wird mit Freiheitsstrafe bis zu zwei Jahren bestraft.“[1]

Ab 31. Mai 2019 gilt gemäß §276 StGB zur Fahrlässige Tötung folgendes: „Wer durch Fahrlässigkeit den Tod eines Menschen verursacht, wird mit Freiheitsstrafe bis zu fünf Jahren, mit einer Haftstrafe oder einer Geldstrafe von bis zu fünfhunderttausend New Taiwan Dollar bestraft.“[2] Früher unterschied § 276 zwischen gewöhnlicher fahrlässiger Tötung und fahrlässiger Tötung im Rahmen einer beruflichen Tätigkeit und schrieb vor: „(1) Wer durch Fahrlässigkeit den Tod eines Menschen verursacht, wird mit Freiheitsstrafe bis zu zwei Jahren, mit einer Haftstrafe oder einer Geldstrafe von bis zu zweitausend Yuan

1 Im Original: (1)殺人者，處死刑、無期徒刑或十年以上有期徒刑。(2)前項之未遂犯罰之。(3)預備犯第一項之罪者，處二年以下有期徒刑。Englische Übersetzung verfügbar unter: https://law.moj.gov.tw/ENG/LawClass/LawSearchContent.aspx?pcode=C0000001&norge=271, zuletzt abgerufen am 07.01.2025.

2 Im Original: 因過失致人於死者，處五年以下有期徒刑、拘役或五十萬元以下罰金。Englische Übersetzung verfügbar unter: https://law.moj.gov.tw/ENG/LawClass/LawSearchContent.aspx?pcode=C0000001&norge=276, zuletzt abgerufen am 07.01.2025.

bestraft. (2) Ein Berufstätiger, der die vorgenannte Straftat fahrlässig begeht, wird mit einer Freiheitsstrafe von nicht mehr als fünf Jahren oder mit einer Haftstrafe und einer Geldstrafe von nicht mehr als drei tausend Yuan bestraft."[3]

II Fälle, die zu Diskussion über leichtfertige Tötung führten

Um die Notwendigkeit der Einführung des Merkmals der Leichtfertigkeit zu bestimmen und die Auslegung der Anwendung dieses Merkmals darzulegen, ist es notwendig, zunächst die praktischen Fälle darzustellen, die zur Diskussion über die Notwendigkeit der Einführung des Merkmals der Leichtfertigkeit führten.

1 Gebäudeeinsturz-Fall (Weiguan-Jinlong)[4]

a) Sachverhalt

A, der Besitzer des Bauunternehmens Weiguang, plante im Jahr 1992 einen sechzehnstöckigen Gebäudekomplex als Mehrfamilienhaus mit dem Namen Weiguan-Jinlong. A beauftragte B, einen Tragwerksplaner einer technischen Beratungsfirma, die erforderliche Tragfähigkeit und Gebrauchstauglichkeit dieser Gebäude festzustellen. Als B die Tragwerksplanung für Weiguang-Jinlong erstellte, berechnete er die Eigenlast des Baukörpers um 44,3 % zu gering, was zu einer Unterschätzung der Querkraft des Gebäudekomplexes um 16,3 % führte. Während

3 Im Original: (1)因過失致人於死者，處二年以下有期徒刑、拘役或二千元以下罰金。(2)從事業務之人，因業務上之過失，犯前項之罪者，處五年以下有期徒刑或拘役，得併科三千元以下罰金。Fassungsvergleich des § 276 s. https://mojlaw.moj.gov.tw/GetFile.aspx?pfid=0000259085, zuletzt abgerufen am 07.01.2025. Mit dieser Gesetzesänderung wurde auch die Währungseinheit geändert.

4 Az. 105 Jhu-Shan-Su 1153 von Taiwan High Court Tainan Branch (臺灣高等法院臺南分院105年度矚上訴字第1153號刑事判決) Volltext abrufbar unter: https://judgment.judicial.gov.tw/FJUD/data.aspx?ty=JD&id=TNHM,105%2c%e7%9f%9a%e4%b8%8a%e8%a8%b4%2c1153%2c20170728%2c4, zuletzt abgerufen am 07.01.2025. Dieses Urteil ist rechtskräftig.

der Bewehrung reduzierte B die Säulenabschnitte wieder unsachgemäß, ohne dass gleichzeitig eine relative Verstärkung der strukturellen Sicherheit erfolgt wäre. Die Fehlerrate der gesamten Tragwerksplanung betrug 76 %.

A und C, ein Mitarbeiter von As Bauunternehmen, waren nicht als Architekt oder Ingenieure zertifiziert und verfügten nicht über entsprechende fachliche Kenntnisse und Fähigkeiten. Sie erarbeiteten trotzdem den Entwurf der Gebäude. Sie beachteten noch nicht einmal Bs Tragwerksplanung und reduzierten die Bewehrung der Träger-Säulen-Verbindungen und ersetzten große Träger willkürlich durch kleinere. Während der Bauarbeiten beantragten A und C eine Änderung der Baugenehmigung, in der sie die Querschnittsgröße der Säulen sowie die Menge der Bewehrung reduzierten und die Trennwände löschten, ohne Tragwerksplaner zu beauftragen, um die Sicherheit zu überprüfen.

Bei der Beantragung der Baugenehmigung brauchte A unbedingt eine Bestätigung eines zertifizierten Architekten. A suchte die Kooperation von D, der zu diesem Zeitpunkt Architekt war, um dessen Namen als entwerfenden Architekten im Bauantrag zu verwenden. Aus steuerlichen Gründen wollte D dieses mal nicht seinen eignen Namen und seine eigene Lizenz benutzen, sondern stellte A einen anderen zertifizierte Architekten E vor. E stimmte zu, A und D seine Lizenz unter der Bedingung der Zahlung eines bestimmten Entgeltes zu leihen, wodurch E den Angeklagten D ermächtigte , seinen Namen auf den Entwurf zu setzen. E war dem Namen nach Aufsichtsleiter des Bauprojekts, während D im Namen von E die Büroarbeiten durchführte. D und E überprüften weder die Berechnungsfehler in Bs Tragwerksplanung, noch den folgenden, die Tragwerksplanung vernachlässigenden Entwurf von A und C, sowie auch nicht die willkürlichen Änderungen des Entwurfs durch A und C.

A stellte während der Bauarbeiten nicht ausreichend qualifiziertes Personal zur Aufsicht zur Verfügung, um sicherzustellen, dass die verwendeten Baumaterialien den Anforderungen der Entwurfspläne entsprachen und dass der Bauprozess den Sicherheitsvorschriften entsprach. Während der Bauarbeiten an den Gebäuden besuchten D und E nicht die Baustelle, wodurch sie ihre Überwachungspflicht nicht erfüllten. A brachte das Bauwerksbuch zu D und D unterzeichnete im

Namen von E. Deshalb bemerkten D und E nicht, dass die Tragfähigkeit der Gebäude unzureichend war.

Am 6. Februar 2016 um ca. 3:57 Uhr ereignete sich in Meinong, einer Stadt im Süden Taiwans, ein Erdbeben, bei dem die PGA[5] in Ost-West-Richtung am Standort des Weiguan-Jinlong-Gebäudes nur ca. 0,14 g betrug, was weit unter der Einsturzgrenze von 0,4 g lag. Das Gebäude Weiguan-Jinlong stürzte ab dem Erdgeschoss rechtwinklig ein und lag schließlich mit allen 16 Stockwerken flach auf dem Boden, da es aufgrund der oben genannten Planungs- und Ausführungsfehler in Bezug auf die Sicherheitsvorschriften für Bauarbeiten nicht über einen ausreichenden Widerstand gegen das Erdbeben verfügte. Bei diesem Einsturz kamen 115 Menschen ums Leben, 104 wurden verletzt.

b) Gerichtliche Entscheidung

Das Gericht fand allen fünf Angeklagten der fahrlässigen Tötung infolge Berufs[6] schuldig, in Tateinheit mit fahrlässiger Körperverletzung infolge Berufs, und alle fünf Angeklagten wurden zur maximalen Strafe von fünf Jahren Haft verurteilt.

Bei der Strafbemessung begründete das Gericht: Es sei klar, dass die fünf Angeklagten die Sorgfaltspflicht in unterschiedlichem Maße verletzt hätten. Die gesetzliche Höchststrafe für fahrlässige Tötung infolge Berufs betrage jedoch nur fünf Jahre Freiheitsstrafe, was angesichts des durch die Sorgfaltspflichtverletzung der Angeklagten verursachten enormen Schadens völlig unzureichend sei. Es wäre dementsprechend ungerecht, die fünf Angeklagten aufgrund dem Maße ihrer Sorgfaltspflichtverletzung in Abstufungen milder zu bestrafen.

5 PGA (Peak Ground Acceleration o. Spitzenbodenbeschleunigung) ist ein häufig verwendetes Maß zur Beschreibung der Intensität der Bodenbewegung während eines Erdbebens. Sie ist die maximale Beschleunigung des Bodens während eines Erdbebens und wird üblicherweise in der Einheit Erdbeschleunigung (g) gemessen. s. Nadia Saleem/Sujith Mangalathu/Bilal Ahmed/Jong-Su Jeon, Earthquake Engineering & Structural Dynamics, 2024, Vol.53 (1), 152 (153)

6 Die Strafverschärfung wegen fahrlässiger Tötung infolge Berufs (§ 276 Abs. 2 aF.) oder fahrlässiger Körperverletzung infolge Berufs (§ 284 Abs. 2 aF.) wurde ab Ab 31.05.2019 abgeschafft. Fassungsvergleich Fassungsvergleich des § 284 s. https://mojlaw.moj.gov.tw/GetFile.aspx?pfid=0000259085, zuletzt abgerufen am 07.01.2025.

c) Reaktion der Öffentlichkeit auf die Urteile

In diesem Fall wurden im erstinstanzlichen Urteil alle Angeklagten der fahrlässigen Tötung durch Ausübung eines Berufes für schuldig befunden und die Höchststrafe von fünf Jahren Haft verhängt[7], während das obergerichtliche Urteil das erstinstanzliche Urteil nur wegen Verfahrensfragen und nicht wegen der Tatsachenfeststellung oder der rechtlichen Würdigung aufhob. Als das Urteil in der ersten Instanz verkündet wurde, war die öffentliche Meinung, insbesondere der Bürgermeister von Tainan, im Allgemeinen der Ansicht, dass das Urteil nicht den Erwartungen des *Volk*es entsprach. Tainan District Court gab daher eine Presseerklärung heraus, in der es betonte, dass das Gericht das Strafmaß nur in Übereinstimmung mit dem Gesetz festsetzen könne.[8]

2 Staubbrand-Fall[9]

a) Sachverhalt

Lü, der faktische Geschäftsführer einer Vertriebsgesellschaft, mietete das Gelände des Wasserparks „Formosa Fun Coast", um dort am 27. Juni 2015 von 13 Uhr bis 23 Uhr ein „Color Play Asia" Fest zu veranstalten. Dieses Fest war als „Color-Puder-Party" im Freien geplant, wobei das Wasser aus einem großen Schwimmbad abgelassen wurde und das trockengelegte Schwimmbad als Tanzfläche diente. Neben dem Schwimmbad wurde eine Bühne aufgebaut, auf der DJs Musik spielten und von der aus der farbige Maisstärkestaub versprüht wurde, um

7 Az. 105 Jhu-Su 1 von Tainan District Court (臺南地方法院105年度矚訴字第1號刑事判決) Volltext abrufbar unter: https://judgment.judicial.gov.tw/FJUD/data.aspx?ty=JD&id=TNDM,105%2c%e7%9f%9a%e8%a8%b4%2c1%2c20161125%2c5, zuletzt abgerufen am 07.01.2025.

8 Pressemitteilung des Tainan District Court am 27.11.2016 https://jirs.judicial.gov.tw/GNNWS/download.asp?sdMsgId=49537, zuletzt abgerufen am 07.01.2025.

9 Az. 105 Jhu-Shan-Su 2 von Taiwan High Court (臺灣高等法院105年度矚上訴字第2號刑事判決) Volltext abrufbar unter: https://judgment.judicial.gov.tw/FJUD/data.aspx?ty=JD&id=TPHM,105%2c%e7%9f%9a%e4%b8%8a%e8%a8%b4%2c2%2c20180508%2c1, zuletzt abgerufen am 07.01.2025. Dieses Urteil ist rechtskräftig.

die Stimmung auf der Party anzuheizen. Erwartet wurden 4.000 Teilnehmer. Die Entscheidung darüber, wann und in welcher Weise das Pulver versprüht wurde, lag bei *Lü*.

Vor dieser Party führte *Lü* bereits mehrere Veranstaltungen mit Farbpulver durch. Zwei Jahre zuvor hatte *Lü* die Kritik an der Entflammbarkeit des Staubes und der Sicherheit der Veranstaltung mit dem Hinweis auf die Voraussetzungen der Entflammbarkeit der Pulver zurückgewiesen. Als erfahrener Organisator und Einsatzleiter vor Ort wurde von *Lü* erwartet, dass er die Entzündlichkeit von Maisstärkestaub kennt und entsprechende Vorkehrungen getroffen hatte. Die Mitarbeiter erhielten jedoch keine Schulung über den sicheren Umgang mit dem Maisstärkestaub. Vor Ort gab es weder eine Strategie zur Verhinderung von Blockaden im Falle einer Panik, noch Sicherheitskontrollen für die Lagerung von Pulvern abseits der beheizten Anlage, wie z. B. der Bühnenbeleuchtung, noch ausreichendes Personal oder Ausrüstung für Erste Hilfe. Darüber hinaus wurden weder die Teilnehmer noch die Mitarbeiter in Bezug auf den sicheren Umgang mit dem Pulver geschult.

Gegen 19 Uhr verließ *Lü* die Party und ging unter den Augen *Shens*, eines Freundes von *Lü*, weg, weil *Lü* glaubte, dass nichts Schlimmes passieren würde. In Unkenntnis der leichten Entflammbarkeit der Maisstärke wies *Shen* einen anderen Arbeiter *Lüs* an, Maisstärke auf die Bühne zu sprühen, um die Atmosphäre aufzuheizen. Als *Lü* um 20:30 Uhr violetten Maisstärkestaub auf die Bühne sprühte, traf der Maisstärkestaub auf die Bühnenbeleuchtung. Dadurch entzündete sich der Maisstärkestaub. Ohne über das nötige Wissen zur Bekämpfung von Staubbränden zu verfügen, versprühte *Shen* Kohlendioxid-Feuerlöscher, um die Brände zu löschen. Dadurch wurde die auf dem Boden liegende Maisstärke in mehrere Staubwolken aufgewirbelt, die für die meisten Verbrennungen verantwortlich waren. Die Partyteilnehmer vor der Bühne wurden durch Feuer oder Gedränge verletzt oder getötet. Der Unfall forderte 15 Tote, 358 Schwerverletzte und 113 Verletzte.

b) Gerichtliche Entscheidung

Lü war der einziger Angeklagte in diesem Fall. Er wurde der fahrlässigen Tötung infolge Berufs in Tateinheit mit fahrlässiger Körperverletzung infolge Berufs schuldig gesprochen und zu der gesetzlichen Höchststrafe von fünf Jahren Haft verurteilt.
Zur Begründung führte das Gericht aus, dass *Lü* als Unternehmer, der entgeltliche Dienstleistungen für Dritte erbracht habe, eine Garantenpflicht getroffen habe, sich zu vergewissern, dass die erbrachten Dienstleistungen in zumutbarer Weise sicher seien. Da die Verwendung und das Versprühen von farbigem Maisstärkepulver das Kernthema der Party gewesen seien und die Verwendung von Farbpulver die Gefahr einer Staubexplosion mit sich gebracht habe, habe es bereits hinreichende Anhaltspunkte dafür gegeben, dass die von *Lü* erbrachten Partydienstleistungen die Sicherheit und Gesundheit der an der Party teilnehmenden Besucher gefährden könnten und dass *Lü* verpflichtet gewesen sei, die Verwendung von Farbpulver zu jedem notwendigen Zeitpunkt während der Party zu unterbinden, um die Sicherheit der erbrachten Dienstleistungen zu gewährleisten. *Lü* habe jedoch keine der folgenden praktikablen Vorsichtsmaßnahmen getroffen: Erstens die Unterweisung des Personals vor Ort über die Gefahr von Staubexplosionen durch Farbpulver und die erforderlichen Vorsichtsmaßnahmen zur Vermeidung solcher Explosionen; zweitens die Ergreifung geeigneter Maßnahmen, um das Farbpulver (brennbares Material) von der Bühnenbeleuchtung (Wärmequelle) zu isolieren; drittens die Sicherstellung einer guten Überwachung vor Ort, um die Menge des verwendeten Farbpulvers zu kontrollieren, z.B. die Überwachung des Personals, des Zeitpunkts und der Menge der Verwendung von CO_2-Gasflaschen zum Versprühen von Farbpulver auf der Bühne, um die Möglichkeit einer Staubexplosion zu vermeiden. *Lü* sei eindeutig der Fahrlässigkeit schuldig.

Die Strafzumessung begründete das Gericht so, dass das gesetzliche Höchststrafmaß der fahrlässigen Tötung nur fünf Jahre Haftstrafe betrage, was dem durch die Verletzung der Sorgfaltspflicht seitens des Angeklagten verursachten riesigen Schaden nicht angemessen sei.

In einem obiter dictum kritisierte der Gerichtshof, dass der Gesetzgeber es versäumt habe, einen erhöhten Strafrahmen für Fälle mit einer großen Anzahl von Opfern bei besonderen Arten der fahrlässigen Tötung oder schweren Körperverletzung, wie z.B. Staubexplosionen bei Großveranstaltungen oder Gebäudeeinstürze aufgrund von Verstößen gegen Bauvorschriften, vorzusehen, was eine *Lücke* darstelle.

3 Taroko-Eisenbahnunfall[10]

a) Sachverhalt

Die Behörde der taiwanesischen Eisenbahnen (Taiwan Railways Administration, TRA) führte das Bauprojekt K51 aus, in dem eine Schutzeinrichtung entlang des Hangs neben der Eisenbahnstrecke K51 errichtet wurde. A und B wussten, dass sie nicht qualifiziert waren, an der Ausschreibung für das Bauprojekts K51 teilzunehmen. A und B suchten dennoch die Zusammenarbeit mit C, dem Inhaber eines qualifizierten Bauunternehmens. C stimmte zu, dass A und B den Namen seines Unternehmens bei dieser Ausschreibung verwendeten, solang sie ihm 4 % des Projektbetrags zukommen ließen. Am 7. März 2019 gewannen A und B diese Ausschreibung. Nachdem das Bauprojekt K51 fertiggestellt war, erhielt C seine Provision wie vereinbart. Weil Cs Unternehmen nur dem Name nach der Generalunternehmer dieses Bauprojekts K51 war, war der Nachunternehmer, nämlich A, für die Ausführung der Bauleistungen, sowie für die Beachtung der öffentlich-rechtlichen Vorschriften verantwortlich. A sollte entsprechend der Bauvorgaben die von ihm übernommenen Arbeiten in Übereinstimmung mit den öffentlich-rechtlichen Anforderung ausführen. Während der Bauarbeiten war A als einer der Poliere[11] tätig, die für die Ausführung sowie Überwachung der Bauleistungen zuständig waren, darunter auch das Erstellen eines

10 s. Az. 110 Yaun-Jhu-Su 1 von Haulian District Court (花蓮地方法院110年度原矚訴字第1號判決) Volltext abrufbar unter: https://judgment.judicial.gov.tw/FJUD/data.aspx?ty=JD&id=HLDM,110%2c%e7%9f%9a%e8%a8%b4%2c1%2c20221111%2c1, zuletzt abgerufen am 07.01.2025. Dieses Urteil ist nicht rechtskräftig.

11 Im Vergleich zu den Aufgaben des nächstgenannten Bauunternehmers Y, die nach deutschen Recht eher denen eines Bauleiters ähneln, wurde hier der Titel „Feldleiter“ benutzt.

täglichen Bauablaufplans. Unter As Anweisungen arbeiteten B als Schalungsbauer und die ausländischen Arbeitnehmer D, dessen Aufenthalt abgelaufen war, als Handwerker.

Bei diesem Bauprojekt delegierte TRA die Wahrnehmung der Verkehrssicherrungspflichten an einen anderen Bauunternehmer X. X sollte die Bauaufsicht führen und die Arbeit der Auftragnehmer ständig dahingehend überprüfen, ob die Bauvorhaben sicher und schadensfrei realisiert werden. Der Umfang der Kontrollpflicht geht dahin, ihm bekannt gewordene oder durch ihn erkannte Mängel dem Bauherrn mitzuteilen und den Auftragnehmer aufzufordern, den Mangel in angemessener Frist zu beseitigen. Wenn die Mängel nicht fristgerecht beseitigt werden, ist das kontrollierende Unternehmen verpflichtet den Mangel der Baurechtsbehörde zu melden. In diesem Fall war das Unternehmen X als Kontrollorgan tätig. E und F wurde von X zugewiesen, diese Kontrollpflicht zu erfüllen. Ihre Aufgaben waren wie folgt verteilt:

- E übernahm die Aufsicht über das Bauprojekt K51. Er hatte somit zu überwachen, ob der Nachunternehmer den Sicherheits- und Gesundheitsplan, die Verkehrssicherung an Baustellen und die Umwelschutzmaßnahmen einhält. Für den Fall, dass sie nicht genau befolgt werden, sollte E auf den Generalunternehmer zugehen, die Defizite ansprechen und ihn auffordern, den Mangel in angemessener Frist zu beseitigen. Außerdem war E auch für das Erstellen eines Bauwerksbuchs zuständig, indem E den täglichen Ablauf und die Einträge bezüglich des Bauablaufs von A überprüfen sollte.

- F war als Sicherheits- und Gesundheitsschutzkoordinator dieser Baustelle tätig, auf der er zu überwachen hatte, dass die Arbeitssicherheits- und Gesundheitsschutzvorschriften befolgt werden. Falls ein Mangel vorlag, war er dafür verantwortlich dem Auftragnehmer eine Frist zur Behebung desselben zu setzen.

Um seine sekundären Überwachungs- und Verkerssicherungspflichten zu erfüllen, beauftragte der Bauherr das Projektmanagement Unternehmen Y. Y sollte als Vertreter des Bauherrn die Überwachung des Sicherheits- und Umweltsschutzplans dieses Projekts vornehmen. G, ein Angestellter von Y, arbeitete als ein Case Manager für diesen Fall. Außerdem wurde H, ein beim Bauherrn beschäftigter Beamter, als Projektleiter an das Bauprojekt K51 delegiert. H sollte die Richtigkeit der Eintragungen des Tagesablaufs von A und die des Bauwerksbuchs von E überprüfen. Nach den von H kontrollierten Angaben trug A den Fortschritt der Bauarbeiten in das „Verwaltungssystem für öffentliche Bauarbeiten" ein.

Die Baustelle lag gerade neben der Eisenbahnstrecke K51 an einem steilen Hang nördlich des Eisenbahnabschnitts Qinshiu-Tunnel. Die Baustelle kann nur über eine steile, einspurige, kurvenreiche Bergstraße erreicht werden. Entsprechend den Schutzmaßnahmen des Projekts sollte eine Gefahrenzone abgegrenzt und gegebenenfalls mit Schutzvorrichtungen gegen vom Hang herabfallende Gegenstände abgesichert werden, so dass die Sicherheit des öffentlichen Verkehrs nicht gefährdet wird. Aufgrund des begrenzten Baufeldes wurde der Zugang zur Baustelle streng kontrolliert.

Bereits Mitte März 2021 ordnete der Bauherr an, während des Qingming-Fests vom 1. April bis 6. April alle Bauarbeiten entlang der Eisenbahnstrecke einzustellen, um Bauunfälle möglichst zu vermeiden, und gleichzeitig den Eisenbahnverkehr in dieser Zeit aufrechtzuerhalten. Diese Anordnung war A, E, F, G und H bekannt.

Da die Arbeiten langsamer als geplant fortschritten, entschied sich A, die Bauarbeiten fortzusetzen, ohne die Anordnung der Bauherren zu befolgen. A fuhr mit D am 2. April um 8 Uhr einen Kranwagen auf die Baustelle, um weiterzuarbeiten. Während der Arbeiten zwischen 9:12 Uhr und 9:14 Uhr fuhr A den Kranwagen den Hang hinunter. Der Motor des Kranwagens ging aber aus und so parkte der Kranwagen an der Kante des Abhangs. Anstatt professionelle Hilfe zu suchen, um den Kranwagen an einen sichereren Ort zu bringen, beschloss A, das Problem auf eigene Faust zu lösen, indem er ein Seil von nur 3000kg zulässiger Tragfähigkeit an einen Bagger band und versuchte, den Kranwagen mit dem Bagger hochzuziehen. A wies D an, den auf der Baustelle geparkten Bagger vor den Kranwagen zu fahren und einen Stein unter die Hinterräder zu legen. Inzwischen band A ein Seil um eine seitliche Stütze des Kranwagens und knüpfte einen Knoten um die Schaufel des Baggers. Um 9.26 Uhr versuchte A den Kranwagen mit dem Bagger hochzuziehen. Das Seil riss, und um 9:27 Uhr begann der Kranwagen zuerst die Bergstraße über ca. 17,7m rückwärts und danach rückwärts den Abhang über 11,5m hinunterzurollen, bis er am Fuß des Hanges stehenblieb und die Strecke blockierte.

Gegen 9:28 Uhr näherte sich der Taroko-Express Nr. 408 von Norden mit 126 km/h dem Qinshiu-Tunnel. Im Norden des Qinshiu-Tunnels liegt eine Kurve, wodurch das Sichtfeld des Lokführers sehr beschränkt ist. Als der Lokomotivführer und der Assistent das Hindernis entdeckten, hatten sie nur ungefähr 7 Sekunden Zeit, in der sie den Zug auf 121 km/h abbremsten. Um 9:28:34 Uhr stieß der erste Waggon mit dem Kranwagen zusammen und entgleiste, um 9:28:35 Uhr kollidierte die Lok mit der Tunnelwand, was dazu führte, dass die folgenden Wagen aufeinanderfuhren. Die Kollision führte zu 49 Todesopfern und 213 Verletzten[12].

b) Gerichtliche Entscheidung[13]

A wurde der fahrlässigen Tötung in Tateinheit mit fahrlässiger Körperverletzung in Tateinheit mit gefährlichen Eingriffen in den Bahnverkehr schuldig gesprochen, und zu der gesetzlichen Höchststrafe von fünf Jahren Freiheitssstrafe verurteilt. E, F, G und H wurden der fahrlässigen Tötung durch Unterlassen in Tateinheit mit fahrlässiger Verletzung in Tateinheit mit gefährlichem Eingriff in den Bahnverkehr schuldig gesprochen. E und F wurden zu vier Jahre und sechs Monaten Freiheitsstrafe verurteilt, während G zu vier Jahren und zwei Monaten verurteilt wurde, und H zu vier Jahren und acht Monate.

Das Gericht befand, dass E, F, G und H eine Garantenstellung innehaben.

Die Garantenpflicht von E und F rühre von dem Vertrag zwischen dem Unternehmen X und dem Bauherrn her, wodurch E und F regelmäßig die Baustelle hätten überprüfen sollen und bei Mängeln an den Bauarbeiten A eine strenge Mahnung hätten erteilen können. Es sei

12 Die Anzahl der Verletzten ist nach dem „Final Report of TRA's Train No.408 at Qingshui Tunnel Occurrence Investigation" des Taiwan Transportation Safety Board angegeben. Englische Executive Summary verfügbar unter: https://www.ttsb.gov.tw/media/5327/executive-summary-tra-s-train-no-408-at-qingshui-tunnel.pdf, zuletzt abgerufen am 07.01.2025.

13 Az. 110 Yaun-Jhu-Su 1 von Haulian District Court (花蓮地方法院110年度原矚訴字第1號判決) Volltext abrufbar unter: https://judgment.judicial.gov.tw/FJUD/data.aspx?ty=JD&id=HLDM,110%2c%e7%9f%9a%e8%a8%b4%2c1%2c20221111%2c1, zuletzt abgerufen am 07.01.2025. Dieses Urteil ist derzeit noch nicht rechtskräftig. Hier wird nur auf die Strafbarkeit der fahrlässigen Körperverletzung und der fahrlässigen Tötung eingegangen.

ihnen sogar möglich gewesen, die Arbeiten vor der Behebung der Mängel einzustellen.

Hs Garantenpflicht ergebe sich aus seiner Aufgabe als Projektverantwortlicher des Bauherrn. Von seiner Überwachungspflicht sei er nicht durch die Beauftragung eines Kontrollorganes und eines Case Managers befreit worden, weil er das Recht gehabt habe, einen verschärften Schadensersatz zu beanspruchen, wenn A, X oder Y ihre Pflicht nicht erfüllen.

Als Case Manager hätte G die Sicherheit auf der Baustelle überwachen sollen, um sicherzustellen, dass die Bauaufsicht ihre Pflicht zur Überwachung des Bauunternehmers erfülle. Im Falle eines Vertragsbruchs durch den Bauunternehmer oder unerwarteter Unfälle auf der Baustelle hätte G gesondert Meldung an den Bauherrn erstatten sollen. Daraus ergebe sich für G auch eine Garantenpflicht.

A sei der leitende Bauarbeiter auf der Baustelle gewesen. Es hätte eine offenkundige, auch für einen Laien erkennbare Gefahrenstellen gegeben: Wenn eine Baustelle ohne Schutzmaßnahmen im Bereich einer Eisenbahnstrecke liege, könne dies eine Gefahr für den Eisenbahnverkehr verursachen, indem von der Baustelle fallende Gegenstände auf dem Gleis landen könnten. A habe zuerst die Mitteilung zur Einstellung aller Bauarbeiten entlang die Strecke vernachlässigt, weswegen am Tag des Vorfalls ohne Schutzmaßnahmen weitergearbeitet wurde. Nachdem der Kranwagen an der Kante des Abhangs geparkte gewesen sei, habe A eine ungeeignete Methode angewendet, um den Kranwagen hochzuziehen, was zu grober Fahrlässigkeit gezählt habe.

E, F, G und H hätten es allesamt versäumt zu prüfen, ob die Schutzmaßnahmen entlang der Baustellengrenze und die Schutzvorrichtungen auf dem Hang ausreichend sind. Die Aufsichtsdokumente von März 2019, sowie Juni und Oktober 2020 hätten gezeigt, dass sie schon zu diesen Zeitpunkten darauf aufmerksam hätten werden können, dass der häufige Verkehr des LKWs auf der Bergstraße ein Risiko darstellen könne, dergestalt dass nämlich Gegensände, darunter auch der LKW selbst, vom Hang herabfallen könnten. Sie alle hätten es versäumt, dieses Risiko zu verringern, z.B. durch Anlage eines Sicherheitsweges für LKWs oder andere Maßnahmen, um die Hangstabilität zu verbessern. Obwohl es As Fehlverhalten gewesen sei, das Risiko unmittelbar zu realisieren, sei die Tragödie auch das Ergebnis ihrer mangelhaften Bemühungen, eine sicherere Baustelle zu schaffen.

Bei der Strafbemessung begründete das Gericht folgendermaßen: A habe sich durch rechtswidrige Maßnahmen den Abschluss des Bauvertrages erschlichen. A habe durch die leichtsinnig Benutzung eines Bagger als Abschleppwerkzeug verursacht, dass der Kranwagen auf die Gleise gestürzt sei, was in diesem Fall zu schweren Schäden geführt und dadurch zahlreiche Betroffene körperlich und psychisch traumatisierten habe. Deshalb sei A zu der Höchststrafe für fahrlässige Tötung verurteilt worden.

Bei der Begründung der Strafbemessung der anderen Angeklagten wiederholte das Gericht die Kriterien der Strafzumessung, wie die Anzahl der Opfer und das Verhalten der Angeklagten nach der Tat.

D wurde freigesprochen. Was D getan hatte, war, den Bagger zu A zu fahren und einen Stein unter die Hinterräder des Kranwagens zu legen. Dieses Verhalten habe zum einen das erlaubte Risiko nicht überschritten und sei zum anderen auf Weisung des A erfolgt, was D nicht habe entgegenstehen können.

4 Propylenexplosion-Fall

Hinzu kommt ein außergewöhnlich schwerer Unfall im Bereich der öffentlichen Sicherheit mit Dutzenden von Todesopfern. Obwohl dieser Vorfall zum Zeitpunkt des Geschehens keine Diskussion über Leichtfertigkeit auslöste,[14] bietet die Struktur dieses Unfalls erhebliches Material für eine Diskussion über Fahrlässigkeit und Leichtfertigkeit. Das Unglück wird in späteren Diskussionen mehrmals erwähnt werden und wird daher hier dargestellt.

14 Die Hauptdiskussion konzentrierte sich auf die Zuweisung der administrativen Verantwortung für die Sicherheit öffentlicher Arbeiten und nicht auf die Frage, ob die strafrechtliche Verantwortung für fahrlässige Tötung verschärft werden sollte.

a) Sachverhalt[15]

1986 plante die CPC Corporation Taiwan den Bau von unterirdischen Pipelines verschiedener Unternehmen für den Transport petrochemischer Rohstoffe durch das Stadtgebiet von Kaohsiung. In der Planung wurde für die petrochemische Rohstoffbeförderungsleitung ein zweischichtiger Rostschutz benutzt: Die erste Schicht war eine asphaltbeschichtete Pipeline und die zweite Schicht bestand aus einem kathodischen Korrosionsschutzverfahren. Unter den petrochemischen Rohrleitungen ist insbesondere die 4-Zoll-Pipeline zu nennen. Sie wurde von der Fuju Corporation finanziert und nach dem Bau verwendet.

Im Jahr 1991 wurde ein Projekt zur Abwasserableitung durchgeführt, bei dem sich ein Teil des Kastendurchlasses mit der 4-Zoll-Pipeline-Trasse überlagerte und die 4-Zoll-Pipeline in den Kastendurchlass miteinschloss. Der Konstrukteur *Zhao* wusste, dass der Kastendurchlass das oben genannte 4-Zoll-Rohr einschloss. *Chiu*, der die Aufsicht über das Abwasserableitungsprojekt innehatte, und *Yang*, der für die Prüfung und Abnahme zuständig war, wussten, dass die Bauarbeiten für den Kastendurchlass die 4-Zoll-Pipeline umfassten, unterließen es jedoch, die zuständigen Verwaltungsstellen zu informieren, um eine Lösung zu koordinieren: Entweder die Verlegung der 4-Zoll-Pipeline oder andere notwendige Maßnahmen. Die 4-Zoll-Pipeline wurde in einen Kastendurchlass eingeschlossen, in dem die Pipeline auf dem Pegel des Abwassers hing, was dazu führte, dass das Ziel des Korrosionsschutzes nach der kathodischen Korrosionsschutzmethode nicht

15 Der Sachverhalt ist aus der gesamten Rechtsprechung zu diesem Unfall zusammenzufassen, nämlich Az. 103 Jhu-Su 3 von Kaohsiung District Court (高雄地方法院103年度矚訴字第3號判決) Volltext abrufbar unter: https://judgment.judicial.gov.tw/FJUD/data.aspx?ty=JD&id=KSDM,103%2c%e7%9f%9a%e8%a8%b4%2c3%2c20180511%2c3, zuletzt abgerufen am 07.01.2025, Az. 107 Jhu-Shan-Su 2 von Taiwan High Court Kaohsiung Branch (臺灣高等法院高雄分院107年度矚上訴字第2號判決) Volltext abrufbar unter: https://judgment.judicial.gov.tw/FJUD/data.aspx?ty=JD&id=KSHM,107%2c%e7%9f%9a%e4%b8%8a%e8%a8%b4%2c2%2c20200424%2c1, zuletzt abgerufen am 07.01.2025. und Az. 109 Tai-Shan 3693 von Taiwan Supreme Court (最高法院109年度台上字第3693號判決) Volltext abrufbar unter: https://judgment.judicial.gov.tw/FJUD/data.aspx?ty=JD&id=TPSM,109%2c%e5%8f%b0%e4%b8%8a%2c3693%2c20210915%2c1, zuletzt abgerufen am 07.01.2025. Hier wird nur der in allen Urteilen bestätigte Sachverhalt dargestellt.

erreicht wurde. Die 4-Zoll-Pipeline wurde für mehr als 20 Jahre durch Wasserfluss und Feuchtigkeit korrodiert.

2008 fusionierte Fuju Corporation mit der LCY Corporation (Lee Chang *Yung* Chemical Industry Corporation). Nach dem Erwerb der 4-Zoll-Pipeline vernachlässigte die LCY Corporation es, routinemäßig mindestens alle fünf Jahre „Close Interval Potential Surveys (CIPS)“ oder andere wirksame Methoden zur Überprüfung der Sicherheit der Rohrleitungen durchzuführen. Die kathodische Korrosionsprüfung wurde nur im Werk von LCY in den Jahren 2012 und 2013 durchgeführt, während für die unterirdischen Rohrleitungen außerhalb des Werks (einschließlich der 4-Zoll-Pipeline in diesem Fall) kein Budget für Prüfungen, Wartung und Instandhaltung vorgesehen war.

Am 31. Juli 2014 transportierte die CGTD Corporation (China General Terminal & Distribution Corporation) von der Transportseite Propylen durch die 4-Zoll-Pipeline zur LCY Corporation. Um 20:44:51 Uhr am selben Tag konnte der korrodierte Teil der 4-Zoll-Pipeline dem Übertragungsdruck im Rohr nicht mehr standhalten und die 4-Zoll-Pipeline brach schnell von innen nach außen. Das Propylen im Rohr verdampfte und trat aus. Dadurch, dass sich das verdampfte Propylen in alle Richtungen entlang des unterirdischen Kanals ausbreitete, stieg auch die Propylenkonzentration in der Luft im Kanal weiter an.

Um 20:55 Uhr teilte die LCY Corporation der CGTD Corporation mit, dass sie kein Propylen erhalten habe. Zur gleichen Zeit wurde im Kontrollraum der CGTD Corporation ein Alarm ausgelöst, weil die Pumpenleistung ungewöhnlich hoch war und der Wattstundenzähler über dem Grenzwert lag. Nachdem sich die Arbeiter der CGTD Corporation vor Ort vergewissert hatten, dass die Ausrüstung auf ihrer Seite ordnungsgemäß funktionierte, schaltete ein Arbeiter der CGTD Corporation die ausgefallenen Pumpen wieder ein und nahm die Propylenlieferung um 21:23 Uhr wieder auf.

Es wurde jedoch festgestellt, dass der Druck in der Förderleitung nicht anstieg und die LCY Corporation keine entsprechende Menge Propylen erhielt. Die Propylenlieferung wurde um 21:38 Uhr wieder gestoppt. Die Mitarbeiter der LCY Corporation und der CGTD Corporation schlossen das Ventil zwischen 21:40 und 22:10 Uhr um einen Rohrleitungsdrucktest durchzuführen. Die Prüfung des Leitungsdrucks ergab, dass der Leitungsdruck auf beiden Seiten des Unternehmens in Ordnung war, da sich das Propylen in einem Phasengleichgewicht befand. Um 22:10 Uhr wurde die Versorgung wieder aufgenommen. Erst als ein Mitarbeiter der CGTD Corporation, der nach Hause fuhr, berichtete, dass entlang der Pipeline auf der Straße ein Geruch von Propylen wahrnehmbar war, stoppte CGTD schließlich die Propylenlieferung um 23:35 Uhr.

Die Feuerwehr erhielt am selben Tag um 20:46 Uhr Anrufe von Bürgern über ein Gasleck und entsandte sofort Einsatzkräfte. Da die Feuerwehr jedoch lange Zeit keine Informationen über die Propylen-Pipeline erhielt, konnte das ausgetretene Gas nicht rechtzeitig als Propylen identifiziert werden. Erst um 23:56 Uhr stellte das Umweltbüro bei einer Untersuchung fest, dass es sich um olefinisches Gas handelte und dass es eine Propylenleitung gab. Um 23:59 Uhr wurde eine Reihe von Explosionen entlang der Pipeline durch eine unbekannte Wärmequelle an einem unbekannten Ort ausgelöst. Die Menge an Propylen, welche bis 23:59 Uhr aus dem Leck austrat, wurde im Nachhinein auf einen Bereich von 84,6 bis 88 Tonnen geschätzt. Insgesamt wurden 4,4 km an Straßen zerstört, wobei 32 Menschen ums Leben kamen und 272 verletzt wurden (darunter 18 Schwerverletzte).

b) Gerichtliche Entscheidung

aa) Personal des Abwasserableitungsprojekts

Angeklagte *Zhao*, *Chiu* und *Yang* wurde wegen beruflicher fahrlässiger Tötung rechtskräftig verurteilt.[16] Die Begründung lautet wie folgt: Die Explosion wurde durch die Tatsache verursacht, dass die 4-Zoll-Pipeline ohne kathodische Korrosion im Durchlass des Entwässerungskastens aufgehängt war und nach mehr als 20 Jahren Wasserfluss und Feuchtigkeitskorrosion dem Druck in der Rohrleitung nicht standhalten konnte und ein Leck bildete, was zum Austritt und zur Ansammlung von Propylen und damit zur Explosion führte. Die drei Ange-

16 Az. 107 Jhu-Shan-Su 2 von Taiwan High Court Kaohsiung Branch (臺灣高等法院高雄分院107年度矚上訴字第2號判決) in der Fn. 16.

klagten, die für die Überwachung der öffentlichen Arbeiten zuständig waren, hätten ihre Pflichten vernachlässigt und versäumt, eine strenge Kontrolle auszuüben.

bb) Die Arbeiter der 4-Zoll-Pipeline von LCY Corporation und CGTD Corporation sowie die Betreiber der LCY Corporation

i Urteil erster Instanz[17]

In erster Instanz entschied der Kaohsiung District Court wie folgt: Die CEO und der Fabrikdirektor, der LCY Corporation seien verpflichtet, die Sicherheit der Propylenlieferung zu gewährleisten. Sie hätten jedoch ihren Verpflichtung als der CEO oder der Fabrikdirektor der LCY Corporation vernachlässigt, die fragliche 4-Zoll-Pipeline regelmäßig zu inspizieren und zu warten.

Die Arbeiter der LCY Corporation und der CGTD Corporation vor Ort hätten durch den abnormalen Durchflussabfall vermuten können, dass es ein Propylenleck geben könnte. Sie hätten diese Situation nicht der Feuerwehr gemeldet, stattdessen hätte die Arbeiter der LCY Corporation eine weitere Lieferung des Propylens beantragt und die Arbeiter der zwei Unternehmen hätten eine nutzlose, umfängliche Überprüfung der Pipeline durchgeführt.

Es sei festzustellen, dass sie alle der fahrlässigen Tötung schuldig gewesen seien.

ii Urteil der zweiten und dritten Instanz

In der zweiten und dritten Instanz – Taiwan High Court Kaohsiung Branch[18] und Taiwan Supreme Court[19] – wurden alle Angeklagten – der Betreiber und die Arbeiter – bezüglich der 4-Zoll-Pipeline rechtskräftig freigesprochen.

17 Az. 103 Jhu-Su 3 von Kaohsiung District Court (高雄地方法院103年度矚訴字第3號判決) in der Fn. 16

18 Az. 107 Jhu-Shan-Su 2 von Taiwan High Court Kaohsiung Branch (臺灣高等法院高雄分院107年度矚上訴字第2號判決) in der Fn. 16.

19 Az. 109 Tai-Shan 3693 von Taiwan Supreme Court (最高法院109年度台上字第3693號判決) in der Fn. 16.

(1) Der CEO der LCY Corporation hatte die Sorgfaltspflicht, die Sicherheit der Propylenlieferung zu gewährleisten. Er habe jedoch auf der Grundlage des Prinzips der hierarchischen Verantwortung der LCY Corporation die erforderliche Sorgfaltspflicht nicht verletzt.

(2) Der Fabrikdirektor der LCY Corporation sei gemäß seiner Sorgfaltspflicht dazu verpflichtet, eine Instandhaltung der 4-Zoll-Pipeline zu gewährleisten. Diesbezüglich wurde seitens des Fabrikdirektors keine Routineuntersuchung arrangiert. Eine Fahrlässigkeit seinerseits wird in Hinblick auf die Ergebnisse des Falles jedoch verneint, da es unvorhersehbar gewesen sei, dass die 4-Zoll-Pipeline im Kastendurchlass eingeschlossen gewesen war.

(3) Die Reaktion der Arbeiter vor Ort der LCY Corporation und der CGTD Corporation auf die anormale Situation der fraglichen 4-Zoll-Pipeline sei nicht perfekt gewesen. Die Situation habe jedoch die Sorgfaltspflicht der Arbeiter überstiegen. Sobald das Leck entstanden sei, sei das Propylen in der Rohrleitung schnell verdampft, in großen Mengen ausgetreten und habe sich entlang des Kastendurchlasses verteilt. Auch die Berufsfeuerwehr hätte keine Möglichkeit gehabt zu erschließen, dass sich die Leckquelle im Durchlass des Entwässerungskastens befunden habe. Selbst wenn das Leck lokalisiert worden wäre, hätte es keine Möglichkeit gegeben, die 4-Zoll-Pipeline auszugraben oder anderweitig den weiteren Gasaustritt und schließlich die Explosion dieses Abschnitts zu verhindern. Darüber hinaus habe die Menge an Propylen, die vor der Explosion aus der vorderen Öffnung entwichen sei, etwa 84,6 bis 88 Tonnen betragen, was weniger als 107 Tonnen der Gesamtmenge der Pipeline ausmache, die vor dem Leck in der 4-Zoll-Pipeline vorhanden gewesen sei.

Daher sei es im Hinblick auf die rechtliche Bewertung unmöglich, eine Fahrlässigkeitsschuld dieser Angeklagten festzustellen.

III Ansätze in der taiwanischen Literatur

In der taiwanischen Literatur wird das Merkmal der Leichtfertigkeit aus zwei Perspektiven diskutiert: zum einen im Allgemeinen, zum anderen fokussiert auf Behandlungsfehler. Im Folgenden werden die Diskussionen über Leichtfertigkeit in der taiwanischen Literatur dargestellt.

1 Leichtfertigkeitsdiskussion im Allgemeinen

a) Shan-Tien Lin (林山田)

In seinem Aufsatz zur Leichtfertigkeit bezeichnet *Sahn-Tien Lin* die Leichtfertigkeit im (damaligen west-)deutschen StGB als eine Fahrlässigkeit, die ein hohes Maß an Sorgfaltswidrigkeit aufweise und mit der zivilrechtlichen groben Fahrlässigkeit, die nach objektiven Kriterien bewertet werde, zu vergleichen sei. Wer entweder die objektive Sorgfaltspflicht in ungewöhnlich grobem Maße verletze, oder eine von einer durchschnittlichen Person erkennbare oder vorhersehbare Gefahr vernachlässige, handele leichtfertig. Die Leichtfertigkeitsschuld solle anhand individueller Kenntnisse und Fähigkeiten bestimmt werden. Ein Täter müsse in der Lage sein, die objektiven Umstände der Situation zu erkennen und rücksichtslos zu handeln, damit seine Tat als leichtfertig gelten könne.[20]

Aus kriminalpolitischer Sicht solle die Fahrlässigkeit im tStGB entsprechend dem Maß der Sorgfaltswidrigkeit in Leichtfertigkeit und geringfügige Fahrlässigkeit aufgeteilt werden. Bei einigen Delikten solle nur eine durch grobe Fahrlässigkeit bedingte Handlung geahndet werden, weswegen geringfügig fahrlässiges Verhalten in solchen Delikten entkriminalisiert werden solle. Er teilte die Ansichten von *Tiedemann*: Um die Wirtschaftskriminalität wirksam zu bekämpfen, sollte das Merkmal der Leichtfertigkeit als Auffangtatbestand eingeführt werden.[21]

20 *Sahn-Tien Lin*, The Military Law Journal, Vol. 82, Heft 6 (1982), 10 (11). (Im Original: 林山田，論重大過失，軍法專刊，第28卷第6期，1982年，第11頁。)
21 *Shan-Tien Lin*, aaO. Fn. X. Das gleiche Argument wurde in seinem Lehrbuch angeführt.

b) Yu-Hsiu Hsu (許玉秀)

In ihren Aufsatz zur Vorstellung unterschiedlicher Theorien um das Element „Will“ im dolus eventualis, lässt sie das Konzept „Leichtfertigkeit“ einfließen, indem sie Leichtfertigkeit als eine Kategorie zwischen bewusster Fahrlässigkeit und dolus eventualis bezeichnet.[22]

Im Fazit kommt sie abrupt zu folgenden Schlüssen: Es solle bei jedem Fahrlässigkeitsdelikt im tStGB ergänzt werden, dass bei Vorliegen von Leichtfertigkeit die Strafe um die Hälfte zu erhöhen sei. Demgegenüber sollten jetzt lediglich als vorsätzlich ahnbare Delikte auf ihre Vereinbarkeit mit Leichtfertigkeit überprüft werden und das tStGB entsprechend ergänzt. Bei erfolgsqualifizierten Delikten könne der unterschiedliche Unwert zwischen Leichtfertigkeit und unbewusster Fahrlässigkeit durch die Strafbemessung abgebildet werden.[23]

c) Jung-Chien Huang (黃榮堅)

Schon im Jahr 1994 schlug *Huang* vor, Leichtfertigkeit ins taiwanesische StGB einzuführen.[24] In seiner Untersuchung der verfassungskonformen Auslegung erfolgsqualifizierter Delikte blieb er dabei, dass bei allen erfolgsqualifizierten Delikten ein besonderes Kriterium vorliegen müsse, das weder von dem Tatbestand des Grunddelikts noch von dem Tatbestand des im Sinne eines qualifizierten Erfolges ergänzten Delikts erfasst werde. Außerdem müsse dieses Kriterium durch das Strafrecht stark negativ bewertet sein. Sonst könne nicht erklärt werden, warum ein erfolgsqualifiziertes Delikt, als eine eigentliche Kombination des Tatbestands von zwei schon im StGB erfassten selbstständigen Straftaten, verschärft bestraft werden könne.

22 *Yu-Hsiu Hsu*, Chengchi Law Review, Vol. 48 (1993), 45 (116). (Im Original: 許玉秀，客觀的故意概念？ –評德國的間接故意理論，政大法學評論，第48期，1993年，第116頁以下。)

23 *Yu-Hsiu Hsu*, aaO. Fn. 22, 45 (118).

24 *Jung-Chien Huang*, National Taiwan University Law Journal, Vol. 23, Heft 2 (1994), 151 (226ff.). (Im Original: 黃榮堅，犯罪的結合與競合，臺大法學論叢，第23卷第2期，1994年，第151、226頁以下。)

Es erscheint ihm eine logische Konsequenz, die „Leichtfertigkeit des Täters“ und das „Grunddelikt als eine hochgradig gefährliche Handlung des Erfolgs“ als zwei Seiten derselben Medaille zu betrachten. Als „hochgradige Gefahr“ bezeichne man aus objektiver Sicht einen Zustand, in dem eine Tat mit hoher Wahrscheinlichkeit zu einem bestimmten Ergebnis im Kontext der Tat führe. Im Vergleich dazu verstehe man es aus subjektiver Sicht betrachtet als „Leichtfertigkeit“, wenn dem Täter der Eintritt des bestimmten Erfolgs mit hoher Wahrscheinlichkeit vorhersehbar sei, er ihn aber dennoch nicht vorhersehe.[25]

Ob ein Akteur den Eintritts eines bestimmten Erfolgs mit hoher Wahrscheinlichkeit vorhersehen könne, hänge im Allgemeinen von dem objektiv hohen Risiko ab. Es sei denn, dass der Täter besondere Kenntnis und Fähigkeiten besitze, durch die er einen mit hoher Wahrscheinlichkeit eintretenden Erfolg vorherzusehen oder zu verhindern im Stande sei. Es sei nicht leichtfertig, wenn ein Minder-Befähigter ein objektiv hohes Tatbestandsrealisierungsrisiko nicht vorhersehen könne. Deswegen sei das Kriterium „Leichtfertigkeit“ geeigneter, subjektive Umstände miteinzubeziehen. Im Falle der Leichtfertigkeit mache sich der Täter strenger strafbar, indem er die hohe Voraussehbarkeit des Erfolgs nicht beachte, was als ein Beweis für eine schwerwiegende Missachtung der Rechtsgüter anderer zu sehen sei. Es sei zu beachten, dass diese Missachtung der Rechtsgüter anderer oft ein Verhaltensmuster einer völlige Missachtung der Rechtsgüter anderer darstelle[26].

Zum Schutz des Rechtsgutes Leben sei es nicht erforderlich, den Tatbestand einer leichtfertige Tötung auf bestimmte Handlungsmodalität zu formulieren, wie bei erfolgsqualifiziertes Delikt, in dem eine leichtfertige Tötung immer mit einem Grunddelikt verbunden sei. Es reiche aus, im tStGB die leichtfertige Tötung als ein unverhaltensgebundenen Delikt zu ergänzen[27].

Er kommt zu dem Schluss: Ein Absatz im §276 tStGB (bezüglich fahrlässiger Tötung) könne wie folgt ergänzt werden: Wer durch Leichtfertigkeit den Tod eines Menschen verursacht, wird mit Freiheitsstrafe

25 *Jung-Chien Huang*, aaO. Fn. 24, 151 (226).
26 *Jung-Chien Huang*, aaO. Fn. 24, 151 (227, 228).
27 *Jung-Chien Huang*, aaO. Fn. 24, 151 (228).

nicht unter fünf Jahren bestraft. Zur gleichen Zeit könne ein Absatz im §284 tStGB (bezüglich fahrlässiger Körperverletzung) so ergänzt werden: Verursacht der Täter durch leichtfertig Körperverletzung den Tod der verletzten Person, so ist eine Freiheitsstrafe von sechs Monaten bis zu fünf Jahren zu verhängen. Dadurch könnten alle erfolgsqualifizierten Delikte mit Todesfolge sowie alle Berufsfahrlässigkeitsdelikte abgeschafft werden[28].

d) Tian-Gui Gan (甘添貴)

In einer Diskussion über die Abgrenzung der allgemeinen Fahrlässigkeit und der Berufsfahrlässigkeit war Prof. *Gan* der Meinung, dass er der Begründung einer erhöhten Strafe aufgrund eines Fahrlässigkeitsdelikts nur zustimme, wenn der Täter ein größeres Leistungsvermögen besitze und deshalb eine höhere Voraussehbarkeit einer Gefahr und bessere Fähigkeiten zur Gefahrenvermeidung aufweise.

Eine bessere Struktur für Fahrlässigkeitsdelikt solle darin bestehen, die Fahrlässigkeitsdelikte in grobe Fahrlässigkeit und allgemeine Fahrlässigkeit getrennt aufzuteilen und den Begriff Berufsfahrlässigkeitsdelikt[29] abzuschaffen.

e) Sheng-Wei Tsai (蔡聖偉)

Angesichts der unlösbaren alten Frage zu der Abgrenzung zwischen dolus eventualis und bewusster Fahrlässigkeit ist Prof. *Tsai* der Meinung: Wenn es im BT des StGB vorgesehen sei, dass die Fahrlässigkeit einer Handlung von Straftaten unter Strafe stehe, solle die Höchststrafe der fahrlässigen Straftat an die Mindeststrafe der vorsätzlichen Straftat angeglichen werden. Somit könne ein Richter das ihm bevorzugte Kriterium anwenden und entscheiden, ob die zu in Betracht stehende Handlung eine vorsätzliche Straftat oder eine fahrlässige Straftat sei, wenn es um einen schwierig zu handhabende Fall gehe. Nachdem er

28 *Jung-Chien Huang*, aaO. Fn. 24, 151 (229).

29 *Tian-Gui Gan*, The Taiwan Law Review, Vol. 26, 1997, 64 (65). (Im Original: 甘添貴，業務過失與普通過失之界限(上)，月旦法學雜誌，第26期，1997年，第65頁。)

zu dem Schluss gekommen sei, ob es entweder ein Vorsatzdelikt oder ein Fahrlässigkeitsdelikt ist, könne er ein angemessenes Strafmaß festlegen, sodass sich das Strafmaß der beiden Delikte annähere. Es sei begründbar so zu handeln, da im Vergleich zu typischen vorsätzlichen Handlungen diese in eine Grauzone fallende Tat einen milderen Unwertgehalt besitze, während sie auf der anderen Seite im Vergleich zu typischen fahrlässigen Handlungen einen gesteigerten Unwertgehalt aufweise. Die Auswirkungen der theoretischen Schwierigkeiten auf die Praxis könnten minimiert werden, wodurch in einem ambigen Fall eine nahe an der Schwelle liegende Strafe verhängt werde. Die Kluft der Strafe zwischen Totschlag und fahrlässiger Tötung im tStGB solle so gestopft werden.[30]

Wenn es um die Schärfung eines Fahrlässigkeitsdelikts geht, findet *Tsai* es vernünftig, die Strafe durch die Begründung „Grobe Fahrlässigkeit" oder „Leichtfertigkeit" zu verschärfen, anstatt das ambige Kriterium „Berufsfahrlässigkeit" anzuwenden. Dass derjenige, der grob fahrlässig gehandelt habe, eine klar vorhersehbare Wahrscheinlichkeit der Tatbestandsverwirklichung übersehe, bestätige eine schwerwiegende Missachtung der Rechtsgüter anderer, was dazu führen solle, eine schärfere Strafe zu verhängen.[31] „Leichtfertigkeit" solle als eine engänzendes Kriterium bei Erfolgsqualifizierten Delikte angewandt werden, sodass die Zweifel an ihrer Verfassungswidrigkeit gemildert werden könnten.[32]

f) Chih-Jen Hsueh (薛智仁)

Bei der Überprüfung des Entwurfs zur Novelle des tStGBs im Jahr 2017, in dem der Begriff „Berufsfahrlässigkeit" aufgehoben wurde, betonte *Hsueh*, dass der Hauptgrund der Abschaffung der Berufsfahrlässigkeit nicht nur an der verhältnismäßigen Ausweitung des Konzepts „Beruf"

30 *Sheng-Wei Tsai*, Untersuchungen zu strafrechtlichen Fragestellungen (I), S. 415. (Im Original: 蔡聖偉，從刑總法理檢視分則的立法，刑法問題研究（一），2008年，第415頁以下。)
31 *Sheng-Wei Tsai*, aaO. Fn. 30, S. 267 (269)
32 *Sheng-Wei Tsai*, aaO. Fn. 30, S. 267 (288).

in der juristischen Praxis gelegen habe, sondern auch an der Ungerechtigkeit einer schärferen Strafe gegen die Berufsfahrlässigkeit.[33]

Der einzige Grund für die Erhöhen der Strafe gegen ein Fahrlässigkeitsdelikt infolge des Berufs sei die besondere Sorgfaltspflicht des Berufstätigen: Von denjenigen, die ihre soziale Rolle selbst gewählt hätten, werde erwartet, dass sie den bestimmten Verhaltensnormen ihrer sozialen Rolle folgen sollten. Die strafrechtliche Bewertung eines fahrlässigen Verhaltens richte sich immer nach dem Maß der Pflichtwidrigkeit und dem Umfang der Vorhersehbarkeit eines Erfolgs. Die Berufstätigen in unterschiedlichen Fachbereichen würden verschiedenen Umständen begegnen und die sogenannte berufliche Sorgfaltspflicht sei in den unterschiedlichen Fachgebieten nur verschiedenen Inhalts, so solle z.B. ein *Arzt* auf mögliche Medikamentenallergien achten und ein Taxifahrer solle das Stopp-Schild beachten. Das Konzept „Berufsfahrlässigkeit" biete keine andere Begründung an, warum eine fahrlässige Körperverletzung infolge des Berufs schärfer bestraft werden solle.[34]

Was um den Strafrahmen des Fahrlässigkeitsdelikt gehe, teile *Hsueh* den Standpunkt von *Tsai*, dass die *Lü*cke des Strafrahmen zwischen vorsätzliche Delikt und Fahrlässigkeitsdelikt gestopft werden solle. Zwei Möglichkeiten solle die Gesetzgeber sich überlegen: Zum einen könnte sie erwägen, die Strafbarkeit der fahrlässigen Körperverletzung und der fahrlässigen Tötung infolge geringfügiger Fahrlässigkeit abzuschaffen, d.h. die Schwelle für die Strafbarkeit der fahrlässigen Körperverletzung und der fahrlässigen Tötung, die Leichtfertigkeit, herabzusetzen. Zum anderen könnte bei Beibehaltung des „allgemeinen" Fahrlässigkeitstatbestandes im StGB die Leichtfertigkeit eingeführt werden. Auf diese Weise könnte ein allzu großer Spielraum des Richters bei der Strafzumessung vermieden werden, indem er verpflichtet würde, eine Strafe in der Nähe der Untergrenze des Strafrahmens für Vorsatzdelikte zu verhängen, wenn die Fahrlässigkeit des Täters dem Vorsatz nahekomme.[35]

Die Einführung des Begriffs „Leichtfertigkeit" möge zwar das Problem bei Feststellung der Leichtfertigkeit im Praxis, aber der Begriff

33 *Chih-Jen Hsueh*, Taiwan Jurist, Vol. 177, 2017, 57 (65 ff.). (Im Original: 薛智仁，展望未來的刑事立法政策？(上)，月旦法學教室，第177期，2017年，第65頁以下。)

34 *Chih-Jen Hsueh*, aaO. Fn. 33.

35 *Chih-Jen Hsueh*, , aaO. Fn. 33, 57 (67).

sei im bürgerlichen Recht schon seit langem anerkannt und habe bisher keine unüberwindbare Schwierigkeit verursachte. *Hsueh* sehe keine Einwände gegen die Einführung der Leichtfertigkeit im tStGB wegen der möglichen Anwendungsschwierigkeit.[36]

g) Chun-Liang Yun (惲純良)

Ausgehend von der Legaldefinition von Vorsatz und Fahrlässigkeit im tStGB[37] stellt Jun fest, dass das „Wollenselement" den fundamentalen Unterschied zwischen Vorsatz und Fahrlässigkeit bilde, und dass Leichtfertigkeit der Fahrlässigkeit untergeordnete sei. Das graduelle Abstufungsverhältnis zwischen Vorsatz und Fahrlässigkeit führe dazu, dass Leichtfertigkeit als „vorsatzgleiche" „gesteigerte Fahrlässigkeit" zu verstehen sei.[38]

Um den Begriff der Leichtfertigkeit genau zu definieren, analysiert *Yun* die Kriterien der Leichtfertigkeit von zwei Seiten. Er geht zunächst von den objektiven Kriterien aus: Da die einfache Fahrlässigkeit und die Leichtfertigkeit dasselbe Element der Sorgfaltswidrigkeit und der Tatbestandswirklichung aufweisen, müsse bei der Leichtfertigkeit ein weiteres Element hinzutreten, um die Leichtfertigkeit von der einfachen Fahrlässigkeit zu unterscheiden. *Yun* ist der Ansicht, dass das Element, das die Leichtfertigkeit erfordere, die konkrete Gefährdung sei, d.h. die durch den Sorgfaltsverstoß verursachte Gefährdung eines Rechtsguts müsse so konkret sein, dass das Handeln als leichtfertig angesehen wer-

36 *Chih-Jen Hsueh*, , aaO. Fn. 33, 57 (67).

37 § 13 tStGB legt fest: „(1) Vorsätzlich handelt, wer den Tatbestand weiß und die Verwirklichung des Tatbestands willentlich geschehen lässt. (2) Vorsätzlich handelt auch, wer die Verwirklichung des Tatbestandes als sicher voraussieht und sich damit abfindet." § 14 tStGB: „ (1) Fahrlässig handelt, wer, ohne vorsätzlich zu handeln, diejenige Sorgfalt außer Acht lässt, zu der er nach den Umständen verpflichtet und fähig ist. (2) Fahrlässig handelt auch, wer die Tatbestandsverwirklichung für möglich hält, aber überzeugt ist, dass er sie nicht verwirklichen wird." (Im Original: 第13條：「(1)行為人對於構成犯罪之事實，明知並有意使其發生者，為故意。(2)行為人對於構成犯罪之事實，預見其發生而其發生並不違背其本意者，以故意論。」) Englische Übersetzung verfügbar unter: https://law.moj.gov.tw/ENG/LawClass/LawSearchContent.aspx?pcode=C0000001&norge=13, zuletzt abgerufen am 24.03.2024.

38 *Chun-Liang Yun*, Chung-Hsing University Law Review, Vol. 29, 2021, 163 (211). (Im Original: 惲純良，論「輕率」或「重大過失」在經濟刑法中之運用——以德國刑法典第261條第5項「輕率洗錢罪」為例，興大法學，第29期，2021年，第211頁以下。)

den könne.[39] Außerdem müsse die Rechtsgutgefährdung nicht mit der Tat des Opfers zusammenhängen.[40] Leichtfertigkeit sei keinesfalls die Verletzung der wesentlichen Sorgfaltspflicht. Ob es sich um die Verletzung einer besonders wichtigen Sorgfaltspflicht oder um die Verletzung einer größeren Anzahl weniger wichtiger Sorgfaltspflichten handele, sei nur ein Hilfsmittel zur Feststellung der Leichtfertigkeit.[41]

Bezüglich der subjektiven Seite, d.h. die Mentalität der Täter, ist *Yun* der Ansicht, dass der leichtfertige Täter blind auf seine überschätzten Kontrollmöglichkeiten vertraue, um den Erfolg zu vermeiden.[42]

Yun vertritt die Auffassung, dass Leichtfertigkeit nicht nur in Form von gesteigerter bewusster Fahrlässigkeit, sondern auch in Form von gesteigerter unbewusster Fahrlässigkeit vorliegen könne. Der unbewusste leichtfertige Täter vertraue blind auf seine überschätzten Kontrollmöglichkeiten, um die Schaffung eines unerlaubten Risikos zu verhindern. Indes habe der bewusste leichtfertige Täter blindes Vertrauen in seine überschätzten Kontrollmöglichkeiten, um die Verwirklichung des unerlaubten Risikos zu verhindern.[43]

Leichtfertigkeit liege bei jedem Delikt vor. Es sei Sache des Gesetzgebers zu entscheiden, ob Leichtfertigkeit unter Strafe gestellt werden solle. Bei der Einführung de Leichtfertigkeit in das tStGB stellt sich die nächste Frage: Widerspricht Leichtfertigkeit als Vermutungstatbestand nicht dem Schuldprinzip? *Yun* geht davon aus, dass es im Wirtschaftsstrafrecht in der Regel um die Sonderverkehrspflichten und den Schutz kollektiver Rechtsgüter gehe, weshalb die Leichtfertigkeit zumindest im Wirtschaftsstrafrecht als plausibler Auffangtatbestand dienen könne.[44]

39 *Chun-Liang Yun*, aaO. Fn. 38, 163 (213).
40 *Chun-Liang Yun*, aaO. Fn. 38, 163 (217).
41 *Chun-Liang Yun*, aaO. Fn. 38, 163 (219).
42 *Chun-Liang Yun*, aaO. Fn. 38, 163 (226).
43 *Chun-Liang Yun*, aaO. Fn. 38, 163 (229, 230).
44 *Chun-Liang Yun*, aaO. Fn. 38, 163 (240, 241).

2 Von Behandlungsfehlern ausgehende Leichtfertigkeitsdebatte

a) Dong-Mau Lin (林東茂)

In einer Diskussion über die Haftung des medizinischen Personals bei Behandlungsfehlern schlägt *Dong-Mau Lin* vor, dass die Kategorie der Leichtfertigkeit ins tStGB eingeführt werden solle. Leichtfertigkeit könne nicht beurteilt werden, indem nur die objektiven Aspekte der Handlung, nämlich der Handlungsunwert, berücksichtigt würden und die soziale Bedeutung der Handlung außer Acht gelassen werde. Für eine Tat mit sozialer Werthaltigkeit solle mehr Toleranzspielraum eingeräumt werden. Angesichts der wichtigen sozialen Werthaltigkeit der medizinischen Behandlung solle ein höheres Risiko bei der Behandlung akzeptierte werden. Ein unfallbedingter Misserfolg einer Behandlung könne auf keinen Fall dem *Arzt* angelastet werden. Ebenso wenig könne das Scheitern einer Behandlung aufgrund einfacher Fahrlässigkeit dem *Arzt* angelastet werden.[45]

Eine absolut perfekte Definition der Fahrlässigkeit ist ihm unmöglich, ganz zu schweigen von der der Leichtfertigkeit. Es müsse von Fall zu Fall beurteilt werden. Dem Strafrecht stelle sich die Kernfrage: Warum man bei bekannten Warnzeichen nicht besonders vorsichtig verfahre?[46] Ausgehend von diesem Standpunkt lasse sich die Schlussfolgerung ziehen, dass es bei Feststellung von Leichtfertigkeit einige Kriterien gebe: Die Verletzung einer besonders wichtigen Sorgfaltspflicht, das Übersehen einer hohen Wahrscheinlichkeit des Eintritts einer Gefahr sowie die Ausführung einer hochgefährlichen Handlung.[47]

Anhand dieser Kriterien überprüft er einen Kunstfehlerfall: Eine Krankenschwester erfuhr von der Allergieanamnese eines Patienten, nämlich dass er an einer Allergie gegen bestimmte Lebensmittel und Medikamente litt. Ohne einen *Arzt* zu konsultieren, bereitete die Kran-

45 *Dong-Mao Lin*, The Taiwan Law Review, Vol. 176, 2010, 265 (273). (Im Original: 林東茂，刑事醫療過失探微，月旦法學雜誌，第176期，2010年，第273頁。)

46 *Dong-Mao Lin*, aaO. Fn. 45, 265 (269, 271)

47 *Dong-Mao Lin*, aaO. Fn. 45, 265 (273).

kenschwester ein Kontrastmittel vor, was zu einer allergischen Reaktion des Patienten führte und seinen Tod verursachte.

Lin ist der Meinung, dass die Krankenschwester sich nur der Fahrlässigkeit schuldig gemacht habe, nicht der Leichtfertigkeit. Da die Möglichkeit einer durch ein Kontrastmittel verursachten allergischen Reaktion so gering wie die eines Donnerschlags oder eines Flugzeugabsturzes sei, gelte die Vorbereitung eines Kontrastmittels nicht als eine hochgefährliche Handlung. Nur wenn die strenge Regel bestehe, dass ein *Arzt* zu konsultieren sei, sofern die Allergieanamnese eines Patienten bekannt sei, und die Krankenschwester sich nicht daran halte, dann könne eine Fahrlässigkeit wegen Verletzung der besonders wichtigen Sorgfaltspflicht festgestellt werden.[48]

b) Huang-Yu Wang (王皇玉)

In einer Diskussion über die Möglichkeit, die strafrechtliche *Arzt*haftung nur auf grobe Fahrlässigkeit oder Leichtfertigkeit zu begrenzen, nimmt *Wang* das deutsche StGB als Beispiel, um zu zeigen, dass Leichtfertigkeit oder grobe Fahrlässigkeit auf keinen Fall nur Begriffe im angloamerikanischen Rechtssystem seien. Leichtfertigkeit im deutschen StGB sei eine Unwert- und Schuldform zwischen Vorsatz und einfacher Fahrlässigkeit. Leichtfertigkeit sei wesentlich gesteigerte Fahrlässigkeit, da der Täter die Verwirklichung des Erfolgs schwerwiegend vernachlässige, oder sie in frivoler Weise rücksichtslos ignoriere. Leichtfertigkeit könne es auch sein, wenn der Täter die im Verkehr erforderliche Sorgfalt schwerwiegend verletze.[49]

Für *Wang* ist die erhöhte Strafe des § 185-3 tStGB, Tatbestand für einen betrunkenen Fahrer, der durch Trunkenheit am Steuer den Tod oder schwere Körperverletzung eines anders verursacht, eine Konkretisierung des Begriffs Leichtfertigkeit. Wenn man ungeachtet seines Alkoholkonsums noch auf dem Fahrersitz sitze, zeige das eine leichtfertige und rücksichtslose mentale Einstellung, wodurch die Sorgfalts-

48 *Dong-Mao Lin*, aaO. Fn. 45, 265 (273).

49 *Huang-Yu Wang*, The Taiwan Law Review, Vol. 213, 2013, 73 (87). (Im Original: 王皇玉，論醫療刑責合理化，月旦法學雜誌，第213期，2013年，第87頁。)

pflicht schwerer als bei der einfachen Fahrlässigkeit verletzt werde, und von dem Verantwortungsgefühl, das gesetzestreue Bürger in demselben Zustand an den Tag legen, schwerwiegend abweiche. Deshalb besitze die zum Tod führende Trunkenheit am Steuer gesteigerte Unrecht und Schuld.[50]

Zum Schluss schlägt sie vor, die strafrechtliche *Arzt*haftung nur auf Leichtfertigkeit zu beschränken. Angesichts der hochgradigen Unsicherheit in der medizinischen Praxis solle ein *Arzt* nur bestraft werden, wenn er die von anderen Ärzten befolgen allgemeinen Richtlinien rücksichtslos vernachlässige, wodurch sich konkrete Gefahr realisiere.[51]

IV Ergebnis des Überblicks über den Stand der Diskussion über Leichtfertigkeit in Taiwan

Bei der Betrachtung der Rechtslage und des Ergebnisses der Anwendung in praktischen Fällen lässt sich unschwer feststellen, dass ein großes Erfordernis vorliegt, die Strafrahmenlücke zwischen vorsätzlicher und fahrlässiger Tötung zu schließen. Auch in vielen anderen Aspekten, z.B. bei der Auslegung der erfolgsqualifizierten Delikte, schlugen viele Strafrechtswissenschaftler die Einführung des Merkmals der Leichtfertigkeit vor. Der genaue Inhalt oder die Definition der Leichtfertigkeit bleibt jedoch offen.

50 *Huang-Yu Wang*, aaO. Fn. 49, 73 (88).
51 *Huang-Yu Wang*, aaO. Fn. 49, 73 (89).

C Leichtfertigkeit im deutschen Strafrecht

I Anwendung des Merkmals der Leichtfertigkeit im deutschen Strafrecht

1 Gesetzliche Entwicklung

Es gibt keine Legaldefinition der „Leichtfertigkeit" im deutschen Strafrecht, aber dieser Begriff ist ihm dennoch alles andere als fremd.

Wirft man einen Blick auf die deutschen strafrechtlichen Vorschriften, kann man erkennen, dass das Konzept „Leichtfertigkeit" im deutschen Strafrecht eingewurzelt ist. Leichtfertigkeit wurde nicht nur im Militärstrafgesetzbuch für das Deutsche Reich[1] und in der Seemannsordnung[2] als Tatbestand festgeschrieben, sondern auch als ungeschriebener negativer Rechtfertigungsgrund des § 193 RStGB ausgelegt. Bei der Überlegungen, ob die Bestimmungen des § 193 RStGB auf Beleidigung nach § 91 Militärstrafgesetzbuch Anwendung findet, und ob eine zum Zwecke der Ausübung eines Beschwerderechts im guten Glauben, aber leichtfertig betätigte ehrenkränkende Kundgebung rechtswidrig sei, entschied die RGSt so: „Die erwähnten Rechte finden aber ihre Grenze in dem allgemeinen militärdienstlichen Grundsatz, dass

1 § 152 Abs. 2 des Militärstrafgesetzbuchs vom 20. Juni 1872 lautet: „Wer wiederholt und *leichtfertig* auf unwahre Behauptungen gestützte Beschwerden oder wer eine Beschwerde unter Abweichung von dem vorgeschriebenen Dienstwege einbringt, wird mit Arrest bestraft." s. RGBl. (1872) S. 201.

2 § 94 Abs. 2 der Seemannsordnung vom 27. Dez. 1872 lautet: „Wer *leichtfertig* eine auf unwahre Behauptungen gestützte Beschwerde über Seeuntüchtigkeit des Schiffs oder Mangelhaftigkeit des Proviants bei einem Seemannsamte vorbringt und auf Grund dieser Behauptungen eine Untersuchung veranlaßt, wird mit Geldstrafe bis zu Einhundert Thalern bestraft." In der Reform vom 2. Juni 1902 wurde dieses Paragraph im § 108 Abs. 2 wie folgt modifizierte: „Wer *leichtfertig* eine auf unwahre Behauptungen gestützte Beschwerde über Seeuntüchtigkeit des Schiffes oder Mangelhaftigkeit des Proviants bei einem Seemannsamte vorbringt und hierdurch eine Untersuchung veranlaßt, wird mit Geldstrafe bis zu einhundert Mark bestraft." RGBl. (1872), S.428; (1902) S. 204.

derartige Rechte nicht leichtfertig ausgeübt werden dürfen. Wird eine ehrenrührige Behauptung über einen Vorgesetzten zwar zum Zwecke der Verteidigung, im Glauben an die Wahrheit und ohne die Absicht der Beleidigung, aber *leichtfertig*, das heißt *ohne die durch militärische Disziplin gebotene* und *dem Täter mögliche Prüfung* ausgestellt, so bleibt sie rechtswidrig."[3] In einem Urteil aus dem Jahr 1929, in dem es darum geht, ob die leichtfertig aus der Luft gegriffenen ehrenrührigen Behauptungen den Schutz des § 193 RStGB genießen, entschied die RGSt so: „Eine Interessenwahrung als berechtigt anzuerkennen, ist aber – meistens in der Regel – nicht nur dann ausgeschlossen, wenn sie durch Vorbringen von wissentlich unwahren ehrenkränkenden Behauptungen unternommen wird, sondern namentlich auch dann, wenn jemand zur Wahrung der eignen Interessen den Anforderungen von Recht und Sittlichkeit zuwider *leichtfertig*, nur auf haltlose Vermutungen hin, durch die Behauptung unwahrer Tatsachen die Ehre eines anderen gröblich antastet."[4] Seit dieser Entscheidung gilt als ständige Rechtsprechung, dass die Rechtfertigungswirkung bei Leichtfertigkeit ausgeschlossen ist.[5]

Danach wurde „Leichtfertigkeit" vereinzelt im Kernstrafrecht positiv formuliert. Vor allem war die (schon abgeschaffte) bedingt vorsätzliche oder leichtfertig falsche Verdächtigung im § 164 Abs. 5 StGB vom 26. Mai. 1933[6] die erste Kernstrafnorm, die leichtfertiges Verhalten ausdrücklich bestrafte.[7] Ein Entwurf des deutschen Strafgesetzbuches von 1936 schlug eine Legaldefinition der Fahrlässigkeit vor, in der die Leichtfertigkeit als gesteigerte Form der Fahrlässigkeit definiert wurde. Nach § 16 Abs. 3 des Entwurfs handelt leichtfertig, wer aus besonderem Leichtsinn oder besonderer Gleichgültigkeit fahrlässig handelt.[8] Dieser

3 RGSt 59 (1926) S. 330, 332-334.
4 RGSt 63 (1929), S. 92, 94.
5 *Birnbaum*, Die Leichtfertigkeit, S. 35.
6 Der Wortlaut war: „Ist die falsche Anschuldigung (Abs. 1, 2) nicht wider besseres Wissen, aber vorsätzlich oder *leichtfertig* begangen, so ist die Strafe Gefängnis bis zu einem Jahre oder Geldstrafe." RGBl. (1933) S. 296.
7 *Birnbaum*, aaO. Fn. 5, S. 37.
8 § 16 des Entwurfs im 1936 lautet: „ (1) Fahrlässig handelt, wer den Tatbestand eines Strafgesetzes nicht vorsätzlich , aber doch pflichtwidrig verwirklicht und pflichtwidrig nicht erkennt, dass er damit gegen ein Gesetz verstößt oder sonst Unrecht tut. (2) Fahrlässig handelt auch, wer die Tat mit Wissen und Willen begeht, aber pflichtwidrig nicht erkennt, dass er damit gegen ein Gesetz verstößt oder sonst Unrecht tut. Ist fahrlässiges

Entwurf wurde später fallengelassen.[9] Mit der Einführung der leichtfertigen Nichtanzeige geplanter Straftaten in § 138 Abs. 3 des StGBs[10] im Jahr 1953 trat ihre Anwendung in eine neue Sphäre ein: Seither gilt die Leichtfertigkeit nicht nur als Ausnahmeklausel eines Rechtfertigungsgrundes, wenn der Täter seiner Erkundigungspflicht nicht nachkommt, sondern auch als Verbotsgrund für bestimmte Verhaltensweisen, wenn der Täter eine ihm bekannte Straftat nicht anzeigt.[11]

Im Jahr 1956 wurde die subjektive Voraussetzung einer Steuerverkürzung im § 402 Abs. 1 RAbgO[12] von Fahrlässigkeit auf Leichtfertigkeit erhöht, wodurch die einfach fahrlässige Steuerverkürzung entkriminalisiert wurde.[13] Es ist darauf hingewiesen, dass die Erläuterung des Begriffs „Leichtfertigkeit" durch den BGH in diesem Absatz die Grundlage für das Verständnis dieses Begriffs bildet: Die Leichtfertigkeit nach § 402 Abs. 1 RAbgO stehe im Einklang mit der Leichtfertigkeit nach § 164 Abs. 5 dStGB, unter der man eine an Vorsatz grenzende grobe Fahrlässigkeit verstehe.[14]

Eine weitere nebenstrafrechtlich relevante Leichtfertigkeitsvorschrift ist das (heute noch geltende) leichtfertige Nichtbefolgen eines Befehls in § 21 Wehrstrafgesetz (WStGB). Im Jahr 1957 wurde das subjektive Element dieses Delikts von Fahrlässigkeit auf Leichtfertigkeit

Handeln nicht mit Strafe bedroht, so kann der Richter gleichwohl nach freiem Ermessen auf Strafe erkennen; jedoch darf die Strafe nach Art und Maß nicht schwerer sein als die Strafe, die für die vorsätzliche Begehung der Tat angedroht ist; auch darf sie Gefängnis bis zu zwei Jahren oder Haft nicht über steigen. Besondere Vorschriften über die Verfolgung der vorsätzlich begangenen Tat gelten auch hier. (3) Leichtfertig handelt, wer aus besonderen Leichtsinn oder besonderer Gleichgültigkeit fahrlässig handelt." s. *Schubert* et al., Quellen zur Reform des Straf- und Strafprozessrechts. Abt. II, Band 1, Teil 1, S. 411, 412.

9 *Roxin/Greco*, AT I, 2020, § 4, Rn. 12.

10 § 138 Abs. 3 StGB vom 25. August 1953 lautet: „Wer die Anzeige *leichtfertig* unterläßt, obwohl er von dem verbrecherischen Vorhaben glaubhaft erfahren hat, wird mit Gefängnis bis zu einem Jahre oder mit Geldstrafe bestraft." BGBl. I (1953) S. 1103.

11 vgl. *Birnbaum*, aaO. Fn. 5, S. 38.

12 § 402 Abs. 1 RAgbO vom 11. Mai 1956 lautet: „Wer *leichtfertig* als Steuerpflichtiger oder als Vertreter oder bei Wahrnehmung der Angelegenheit eines Steuerpflichtigen bewirkt, dass Steuereinnahmen verkürzt oder Steuervorteile zu Unrecht gewährt oder belassen werden, wird wegen fahrlässiger Steuerverkürzung mit Geldstrafe bis zu hunderttausend Deutsche Mark bestraft." BGBl. I (1956), S. 418. Dieser Paragraph entspricht dem heutigen § 378 AO, in dem die leichtfertige Steuerverkürzung zur Ordnungswidrigkeit herabgestuft wird.

13 vgl. *Birnbaum*, aaO. Fn 5, S. 39.

14 BGH, 25.09.1959 - 4 StR 332/59, Rn. 9; BGH, 29.04.1959 - 2 StR 123/59

erhöht, sodass „nicht jede Vergesslichkeit eines Untergebenen, der einen der vielen für ihn geltenden Befehle nicht ausführt, gerichtliche Bestrafung zur Folge hat.[15]“ Zu gleicher Zeit wurde in § 42 Abs. 3 erstmals die leichtfertige unwahre dienstliche Meldung mit fahrlässig herbeigeführter schwerwiegender Folge unter gerichtliche Strafe gestellt, da die Erfahrung gezeigt habe, dass Vorsatz vielfach nicht nachzuweisen sei.[16]

Die bekannteste gesetzgeberische Diskussion über Leichtfertigkeit stellt der Entwurf eines Strafgesetzbuches von 1962, E 1962 dar. In § 18 E 1962[17] sollten Legaldefinitionen für Fahrlässigkeit und Leichtfertigkeit festgelegt werden. Nach § 18 Abs. 1 und 2 E 1962 sollte Fahrlässigkeit getrennt in unbewusste Fahrlässigkeit (Abs. 1) und bewusste Fahrlässigkeit (Abs. 2) definiert werden, während die Leichtfertigkeit im § 18 Abs. 3 wie folgt festgestellt werden sollte: „Leichtfertig handelt, wer grob fahrlässig handelt.“ Der Entwurf hielt es für erforderlich, auch im Bereich der Fahrlässigkeit den Begriff der Leichtfertigkeit zu definieren: „Absatz 3 des §18 bestimmt den Begriff der Leichtfertigkeit als grobe Fahrlässigkeit. Das entspricht der Rechtsprechung zu dem Begriff, den das geltende Recht z. B. in § 138 Abs. 3 und § 164 Abs. 5 StGB verwendet. Die Bestimmung bringt zum Ausdruck, daß es sich um eine wesentlich gesteigerte Fahrlässigkeit handelt. Daß die Fahrlässigkeit dabei im Sinne der Absätze 1 und 2 gemeint ist, versteht sich von selbst, so daß eine Verwechslung mit dem zivilrechtlichen Begriff der groben Fahrlässigkeit nicht zu befürchten ist. Im einzelnen wird die Rechtsprechung zu bestimmen haben, wann eine Fahrlässigkeit als grobe anzusehen ist. Es kann das in Betracht kommen, wenn der Täter in grober Achtlosigkeit nicht erkennt, daß er den Tatbestand verwirklicht, aber auch dann, wenn er sich in frivoler Rücksichtslosigkeit über die klar erkannte Möglichkeit der Tatbestandsverwirklichung hinwegsetzt. Es kommt auch in Betracht, wenn der Täter eine besonders ernst

15 BT-Drucks II/3040, 30.

16 BT-Drucks II/3040, 45. § 42 Abs. 3 WStG wurde bis jetzt noch nicht geändert.

17 § 18 E 1962 lautet: „(1) Fahrlässig handelt, wer die Sorgfalt außer acht läßt, zu der er nach den Umständen und seinen persönlichen Verhältnissen verpflichtet und fähig ist, und deshalb nicht erkennt, daß er den gesetzlichen Tatbestand verwirklicht. (2) Fahrlässig handelt auch, wer es für möglich hält, daß er den gesetzlichen Tatbestand verwirklicht, jedoch pflichtwidrig und vorwerfbar im Vertrauen darauf handelt, daß er ihn nicht verwirklichen werde. (3) Leichtfertig handelt, wer grob fahrlässig handelt.“ BT-Drucks IV/650, S. 14.

zu nehmende Pflicht verletzt."[18] Im Gegensatz dazu verzichte der von Strafrechtswissenschaftlichern verfasste AE 1962 auf „die überflüssige Umschreibung der Leichtfertigkeit mit ‚grober Fahrlässigkeit' "[19]. Der Sonderausschuss für die Strafrechtsreform erhob auch schwerwiegende Einwände gegen die Legaldefinition der Begriffe Vorsatz, Fahrlässigkeit sowie Leichtfertigkeit: „Zur Begründung war hier angeführt worden, das Fehlen solcher Begriffsumschreibungen hätte im geltenden Recht nicht zu ernsthaften Schwierigkeiten geführt. Demgegenüber berge ihre gesetzliche Fixierung die Gefahr einer gewissen Erstarrung in einer weiteren dogmatischen Entwicklung in sich. Schließlich sei die definierende Ausfüllung dieser Begriffe aber auch nicht so sehr Aufgabe des Gesetzgebers als vielmehr der Rechtslehre."[20] Nach heftigen Auseinandersetzungen wurde die Definition jedoch nicht verabschiedet.

Der gescheiterte Versuch, den Begriff der Leichtfertigkeit gesetzlich zu definieren, verhinderte die Verwendung des Begriffs nicht. Im Gegenteil, die Zahl der Paragraphen, die diesen Begriff enthalten, nimmt zu. Als das erste leichtfertige erfolgsqualifizierte Delikt wurde das Freisetzen ionisierender Strahlen mit Todesfolge im § 311 Abs. 3 StGB am 1. Juni 1964 festgeschrieben.[21] Seither werden immer mehr erfolgsqualifizierte Delikte im StGB festgeschrieben, in denen die Leichtfertigkeit als Merkmal bei Erfolgsqualifikationen erforderlich ist. In der Tat gehen viele dieser Paragraphen auf E 1962 zurück, so zum Beispiel: Der heutige § 239a Abs. 3 StGB Erpresserischer Menschenraub mit Todesfolge, § 239b Abs. 2 StGB Geiselnahme mit Todesfolge, § 251 StGB Raub mit Todesfolge, etc.

Die Leichtfertigkeit wurde nicht nur bei erfolgsqualifizierten Delikten eingesetzt. Sie wurde auch für andere Funktionen verwendet. Um die Strafbarkeit eines Amtsträgers aufrechtzuerhalten, wurde 1975 die fahrlässige Vollstreckung gegen Unschuldige im § 345 Abs. 2 StGB auf

18 BT-Drucks IV/650, 132.

19 *Baumann* et al., Alternativ-Entwurf eines Strafgesetzbuches, Allgemeiner Teil, 1969, S. 57.

20 BT-Drucks V/4095, 8.

21 § 311 Abs. 3 StGB vom 1. Juni 1964 lautet:" Ein besonders schwerer Fall liegt in der Regel vor, wenn der Täter durch die Tat *leichtfertig* den Tod eines Menschen verursacht." BGBl. I (1964) , S. 337. Die erfolgsqualifizierte Tatbestand im § 311 StGB ist seit 1998 anders formuliert.

das Niveau der Leichtfertigkeit angehoben[22]. Mit dem Ziel, die Beweisanforderungen im Hinblick auf Vorsatz zu verringern[23], legte das erste Gesetz zur Bekämpfung der Wirtschaftskriminalität (1. WiKG) den leichtfertigen Subventionsbetrug im § 264 Abs. 3 im 1976 fest.[24] Aus ähnlichen Gründen wurde 1992 in § 261 Abs.5 StGB (heutige § 261 Abs. 6 StGB) auch Geldwäsche bei leichtfertiger Unkenntnis der illegalen Herkunft unter Strafe gestellt, „um die auftretende Beweisschwierigkeiten zu vermeiden und eine wirksame Strafverfolgung der Geldwäscher sicherzustellen."[25]

Im Bereich Umweltstrafrecht wird das Merkmal Leichtfertigkeit häufig benutzt. Das Zweite Gesetz zur Bekämpfung der Umweltkriminalität (StrÄndG - 2.UKG) führte in § 330a Abs. 4[26] die im StGB seltenen Leichtfertigkeits-Fahrlässigkeits-Kombination[27] ein, wonach sich der Täter strafbar macht, wenn er leichtfertig handelt, indem er Giftstoffe freisetzt, und fahrlässig eine Gefahr herbeiführt. Zur Anpassung an den Artikel 3 der Richtlinie Umweltstrafrecht und um neben vorsätzlichem Handeln auch zumindest grob fahrlässiges Handeln unter Strafe zu stellen, wurden im Jahr 2011 in § 325 Abs. 5 StGB die leichtfertige Luftverunreinigung und in § 329 Abs. 6 StGB die leichtfertige Gefährdung schutzbedürftiger Gebiete aufgenommen.[28]

Bei der Reform der strafrechtlichen Vermögensabschöpfung im Jahr 2017 wurde Leichtfertigkeit bei den Regelungen der Einziehung einge-

22 BT-Drucks 7/1261, 23.
23 BT-DruckS 7/5291, 8.
24 § 264 Abs. 3 StGB vom 29. Juli 1976 lautete: "Wer in den Fällen des Absatzes 1 Nr. 1 oder 2 leichtfertig handelt, wird mit Freiheitsstrafe bis zu drei Jahren oder mit Geldstrafe bestraft." BGBl. I(1976) S. 2034. Mit einigen Modifizierung des Wortlauts ist die leichtfertige Geldwäsche jetzt auf § 264 Abs. 5 verschoben. Beim 1. WiKG wurde das Merkmal Leichtfertigkeit ins § 283 Abs. 4 Nr. 2 und Abs. 5 Nr. 2 eingeführt. Das Merkmal der Leichtfertigkeit diente hier jedoch als Verschärfung der Strafbarkeitsvoraussetzung gegenüber dem ursprünglichen Entwurf, in dem bereits Fahrlässigkeit ausreichte. s. BT-Drucks 7/5291, 18, 19. vgl. *Birnbaum*, aaO. Fn. 5, S. 49.
25 BT-Drucks. 12/989, 27.
26 § 330a Abs. 4 vom 27. Juni 1994 lautete: „Wer in den Fällen des Absatzes 1 leichtfertig handelt und die Gefahr fahrlässig verursacht, wird mit Freiheitsstrafe bis zu drei Jahren oder mit Geldstrafe bestraft." BGBl I (1994) S. 4. Dieser Absatz wurde bei 6. StrRG bis Abs. 5 verschoben.
27 Die andere Leichtfertigkeits-Fahrlässigkeits-Kombination s. § 312 Abs. 6 Nr. 2.
28 BT-Drucks. 17/5391, 16, 17, 20.

führt, etwa bei der Entreicherung eines bösgläubigen Drittbegünstigten im § 73e Abs. 2, oder bei der Beihilfeklausel des § 74a Nr. 1 über die Einziehung von Tatprodukten, Tatmitteln und Tatobjekten eines an der Tat unbeteiligten Dritten, der „mit dem Gegenstand die Anknüpfungstat oder ihre Vorbereitung grob sorgfaltswidrig gefördert hat"[29].

Bis heute (07.01.2025) kommt das Merkmal der Leichtfertigkeit vier Mal bei den Regelungen der Einziehung vor: § 73e Abs. 2 die Entreicherung eines bösgläubigen Drittbegünstigten, § 74a Nr. 1 Einziehung von Tatprodukten, Tatmitteln und Tatobjekten eines an der Tat unbeteiligten Dritten, § 74b Abs. 3 Nr. 1 a) Rückausnahme Ausschlussklausel der Entschädigung einer Sicherungseinziehung für tatunbeteiligte Dritte und § 75 Abs. 2 Nr. 1 Ausnahme der dinglichen Rechte Dritter am Einziehungsobjekt.

Im besonderen Teil sind dreizehn erfolgsqualifizierte Delikte mit dem Merkmal der Leichtfertigkeit ausgestattet: § 176d Sexueller Missbrauch von Kindern mit Todesfolge, § 178 Sexueller Übergriff, sexuelle Nötigung und Vergewaltigung mit Todesfolge, § 218 Abs. 2 Nr. 2 Schwangerschaftsabbruchs mit der Gefahr des Todes oder einer schweren Gesundheitsschädigung der Schwangeren, § 232 Abs. 3 Nr. 2 bei Menschenhandel mit der Gefahr des Todes oder einer schweren Gesundheitsschädigung, §233 Abs. 2 Nr. 2 Ausbeutung der Arbeitskraft mit der Gefahr des Todes oder einer schweren Gesundheitsschädigung, § 239a Abs. 3 Erpresserischer Menschenraub mit Todesfolge, § 251 Raub mit Todesfolge, §306c Brandstiftung mit Todesfolge, § 307 Abs. 3 Herbeiführen einer Explosion durch Kernenergie mit Todesfolge, §308 Abs. 3 Herbeiführen einer Sprengstoffexplosion mit Todesfolge, § 309 Abs. 4 Mißbrauch ionisierender Strahlen mit Todesfolge, § 316a Abs. 3 Räuberischer Angriff auf Kraftfahrer mit Todesfolge und § 316c Abs. 3 Angriffe auf den Luft- und Seeverkehr mit Todesfolge.

Darüber hinaus finden sich diese leichtfertigen Handlungs- und Unterlassungsdelikte im StGB, unabhängig davon, ob die Leichtfertigkeit als Auffangtatbestand oder als Erhöhung der Strafbarkeitsanforderungen verwendet wird: § 97 Abs. 2 leichtfertige Preisgabe von Staatsgeheimnissen, § 109g Abs.4 leichtfertig sicherheitsgefährdendes

29 *Kindhauser/Hilgendorf*, LPK-StGB, 9 Aufl., 2022, §74a Rn 1.

Abbilden, § 138 Abs. 3 leichtfertige Nichtanzeige geplanter Straftaten, § 232a Abs. 6 leichtfertige Zwangsprostitution, § 264 Abs. 5 leichtfertiger Subventionsbetrug,§ 325 Abs. 5 leichtfertige Luftverunreinigung, § 329 Abs. 6 leichtfertige Gefährdung schutzbedürftiger Gebiete, und § 345 Abs. 2 leichtfertige Vollstreckung gegen Unschuldige.

Besondere Formulierungen sind in folgenden Absätzen zu finden: Die Leichtfertigkeits-Fahrlässigkeits-Kombination in § 312 Abs. 6 Nr. 2 leichtfertige fehlerhafte Herstellung einer kerntechnischen Anlage, die konkrete Gefahr fahrlässig verursacht und in § 330a Abs. 5 leichtfertiges Freisetzen von Giftstoffen, das konkrete Gefahr fahrlässig verursacht. Eine Besonderheit stellt § 283 dar, in dem in Abs. 4 Nr. 2 eine Vorsatz-Leichtsfertigkeits-Kombination – leichtfertige Herbeiführung der Überschuldung oder Zahlungsunfähigkeit durch vorsätzliche Begehung der Bankrotthandlung – und in § 283 Abs. 5 Nr. 2 die einzelne Fahrlässigkeit-Leichtfertigkeits-Kombination, nämlich fahrlässige Bankrotthandlung, die leichtfertig die Krise verursacht, vorliegt. Schließlich ist noch die Geldwäsche bei leichtfertiger Unkenntnis der illegalen Herkunft in § 261 Abs. 6 zu nennen.

2 Fazit

Nach einem Rückblick auf die Verwendung des Begriffs der Leichtfertigkeit in den strafrechtlichen Vorschriften kann festgestellt werden, dass der Begriff der Leichtfertigkeit im deutschen Strafrecht seit langem anerkannt ist. Zuerst ging es bei der Leichtfertigkeit vor allem darum, die Fälle der Wahrnehmung berechtigter Interessen einzuschränken. Sie hat bis heute nicht nur eine eigene Unrechts- oder Schuldform gewonnen, sondern gilt auch als Methode, entweder die Beweisanforderungen an den Vorsatz herabzusetzen und oder die Erhöhung des Strafrahmens bei erfolgsqualifizierten Delikten (z.B. §§ 239a Abs. 3, 239b Abs. 2, 251 StGB) zu begründen. Die Funktion der Leichtfertigkeit ist vielfältig: Sie kann einerseits als Auffangtatbestand eingesetzt werden (§§ 261 Abs. 6, 264 Abs. 3 StGB), um ein Verbrechen oder Vergehen effektiver zu verfolgen und die betroffenen Rechtsgüter zu schützen. Andererseits kann sie als Strafbarkeitsbegrenzung eingesetzt werden (§ 345 Abs. 2 StGB).

Jedoch wurde in der Begründung für die Einführung der Leichtfertigkeit in jedem der oben genannten Paragraphen nur die Notwendigkeit der Einführung der Leichtfertigkeit erläutert, während die Definition der Leichtfertigkeit offen gelassen wurde. So zum Beispiel wurde bei Fällen der Einführung der leichtfertigen erfolgsqualifizierten Delikte im Motiv betont, dass nur durch Leichtfertigkeit die Strafverschärfung dem Schuldprinzip entsprechen könne[30], oder dass die Leichtfertigkeit im Hinblick auf eine sehr hohe Strafdrohung zu fordern sei[31].

Oder in den Begründungen tauchen einige Umschreibungen der Eigenschaften oder des Charakters der Leichtfertigkeit auf:

Bei der Beschränkung der Strafbarkeit bei Nichtbefolgen eines Befehls aus Leichtfertigkeit in § 21 WStG wurde Leichtfertigkeit in der Begründung als grob fahrlässiges Verhalten beschrieben: „Der Begriff der Leichtfertigkeit ist in diesem Sinne durch die Gesetzgebung (§ 138 Abs. 3, § 164 Abs. 5 des Strafgesetzbuchs) und durch die Rechtsprechung (RGSt 71, 174) festgelegt.“[32]

Im legislativen Prozess empfahl der Ausschuss für Rechtswesen und Verfassungsrecht die Voraussetzung der Strafbarkeit in § 109g Abs. 4 StGB von Fahrlässigkeit auf Leichtfertigkeit zu beschränken. „Der Ausschuss hält es vielmehr für geboten, Strafe nur demjenigen anzudrohen, der die Gefahr mit einem besonders hohen Grade von Fahrlässigkeit, d. h. nach der Ausdrucksweise des Strafgesetzbuchs l e i c h t f e r t i g, herbeigeführt hat.“[33]

Nach Auffassung des Sonderausschusses für Strafrechtsreform reicht der Vorwurf der Leichtfertigkeit im § 345 Abs. 2 StGB an den Vorwurf des Vorsatzes heran.[34] Bei der Einführung des Merkmals der

30 Begründung des §311 Abs. 3 StGB vom 1. Juni 1964 in BT-Drucks. IV/2186, 2.

31 Begründung des §239a Abs. 2 vom 16. Dez. 1971 in BT-Drucks. VI/2139, 3. In dieser Begründung wurde die Leichtfertigkeit mit der groben Fahrlässigkeit gleichgesetzt. Andere ähnliche Formulierung zur Begründung der leichtfertigen Erfolgsqualifikationen, s.a. BT-Drucks. V/2860, 20. zum §97 Abs. 2 StGB vom 25. Juni 1968; BT-Drucks. VI/2721, 4. zum §316c Abs. 2 StGB.

32 BT-Drucks. II/3040, 30.

33 BT-Drucks II/3047, 7.

34 BT-Drucks. 7/1261, 23: „Nach Auffassung des Sonderausschusses muß aber der Strafschutz wenigstens in den besonders schwerwiegenden Fällen der gesetzwidrigen Vollstreckung aufrechterhalten bleiben, in denen es um freiheitsentziehende Maßnahmen geht und den Amtsträger der Vorwurf der Leichtfertigkeit, der an den des Vorsatzes heranreicht, trifft.“

Leichtfertigkeit in den § 325 Abs. 5 und §329 Abs. 6 wurde dies in der Begründung wie folgt erläutert: „Der Begriff der groben Fahrlässigkeit wird in Deutschland zwar im bürgerlichen Recht verwendet, ist dem Strafrecht aber fremd. Er entspricht inhaltlich dem Begriff der Leichtfertigkeit, der bereits im geltenden Recht verwendet wird (im Umweltstrafrecht z.B. auch in §330a Absatz 5 StGB). Daher wird ein neuer Absatz 5 vorgeschlagen, der für die leichtfertige Begehung von Taten nach Absatz 3 einen Strafrahmen von Freiheitsstrafe bis zu einem Jahr oder Geldstrafe vorsieht."[35]

Anhand all dieser Begründungen lässt sich vorläufig zusammenfassen, dass es sich bei der Leichtfertigkeit um eine gesteigerte Form der Fahrlässigkeit handelt. Aber inwieweit zählt eine erhöhte Fahrlässigkeit als Leichtfertigkeit? Welche Kriterien sind zu erfüllen, damit ein Verhalten als leichtfertig eingestuft werden kann? Es ist sinnvoll, diesen Begriff sowohl in der Rechtsprechung als auch in der wissenschaftlichen Literatur zu untersuchen.

II Ansätze in der Literatur

Nach einem Überblick über die historische Entwicklung des Begriffs der Leichtfertigkeit im deutschen Recht soll im Folgenden die Entwicklung der Lehre zu diesem Begriff, für den es keine Legaldefinition gibt, dargestellt werden.

1 Darstellungen

a) Karl Alfred Hall

Hall geht von der Diskussion über die Rechtsfolge des Verbotsirrtums aus und stellt die Auseinandersetzung zwischen der Vorsatztheorie und der Schuldtheorie dar. Für die Schuldtheorie gehört Unrechtsbewusstsein als ein Bestandteil zur Schuld: Der Vorsatz werde erfüllt, wenn jemand in der Vorstellung, dass eine Tat nicht strafbar sei, eine Tat begehe. Sei der Verbotsirrtum unvermeidbar, so sei die Handlung trotz

35 BT-Durcks 17/5391, 17.

Erfüllung des Vorsatztatbestandes mangels Schuldvorwurfs nicht strafbar. Sei der Verbotsirrtum vermeidbar, so sei die Tat als Vorsatzdelikt strafbar, während die Strafe abgemildert werden kann.[36]

Im Vergleich dazu ist das Unrechtsbewusstsein in der Vorsatztheorie ein Bestandteil des Vorsatzes. Begehe der Täter eine objektiv tatbestandsmäßige Handlung in der Vorstellung, dass sie rechtmäßig sei, so sei der Vorsatztatbestand nicht erfüllt. Liege dem Verbotsirrtum Fahrlässigkeit zugrunde und sei Fahrlässigkeit strafbar, so könne der Täter wegen Fahrlässigkeit bestraft werden. Dies gelte ebenso für einen auf Leichtfertigkeit beruhenden Verbotsirrtum. Eine Ausnahme besteht dann, wenn der Täter sich betreffs der Rechtswidrigkeit seines Handelns leichtfertig geirrt habe; in diesem Fall zeige der Täter durch seine Tat seine Rechtsfeindlichkeit oder Rechtsblindheit und könne als vorsätzlich bestraft werden.[37]

Infolgedessen zieht *Hall* den Unterschied zwischen Vorsatz und Fahrlässigkeit aus verschiedenen Perspektiven in Betracht, von dem Konflikt zwischen der Einwilligungstheorie und der Wahrscheinlichkeitstheorie, bis hin zur Analyse der Entwicklungsgeschichte des Begriffs Vorsatz im römischen Recht. *Hall* kommt dabei zu dem Zwischenergebnis, dass Leichtfertigkeit Fahrlässigkeit sei, die aber ebenso wie Vorsatz zu tadeln sei, da von der Leichtfertigkeit auf die Sittenwirdrigkeit und von der Sittenwidrigkeit auf den Vorsatz geschlossen werde[38], und dass der Unterschied zwischen dolus und culpa nicht grundlegend und ursprünglich, sondern erst nach und nach mühsam herausgearbeitet worden sei. Über die Farbskala vom Schwarz des Vorsatzes über das Grau der unbewussten Fahrlässigkeit bis zum Weiß des Zufalls sei alles mehrdeutig.[39] Es gehe also bei der Diskussion um den Verbotsirrtum um die Frage: Habe der Täter in diesem Fall verdient, mit Vorsatz bestraft zu werden, oder nicht? Es solle deshalb eine unterschiedslose Gleichbestrafung von Vorsatz und Fahrlässigkeit geben, und der Unterschied in der Bewertung von Vorsatz und Fahr-

36 *Hall*, FS-Mezger, 229 (230).
37 *Hall*, aaO. Fn. 36, 229 (232).
38 *Hall*, aaO. Fn. 36, 229 (238).
39 *Hall*, aaO. Fn. 36, 229 (240).

lässigkeit könne sich nur in der Strafzumessung auswirken, nicht in der Strafdrohung.[40]

Unter diesem Gesichtspunkt analysiert *Hall* die Merkmale der verdeckten und ausgesprochenen Leichtfertigkeit im Strafgesetzbuch und schlägt eine Reform des Strafrechts vor, durch die das Konzept der gleichen Bestrafung von Vorsatz und Fahrlässigkeit verwirklicht werden könnte. *Hall* kommt schließlich zu dem Schluss: Die Leichtfertigkeit sei keine Schuldform, sondern ein Mangel an Haltung. Das Wesen der Leichtfertigkeit liege nicht in der psychologischen Zurechenbarkeit, sondern in der normativen Vorwerfbarkeit. Die Leichtfertigkeit sei eine so hochgradige bewusste oder unbewusste Fahrlässigkeit, dass sie den Vorwurf des Vorsatzes verdiene.[41]

b) Heinz Lohmeyer

H. Lohmeyer fängt in seinem Aufsatz zur Leichtfertigkeit im Sinne des § 402 RAbgO zunächst mit der Erläuterung der Leichtfertigkeit innerhalb der Rechtssprechung an. Nach der Entscheidung des RG bestimmt sich Leichtfertigkeit in § 164 Abs. 5 StGB: „Nach alldem ist der Begriff der Leichtfertigkeit, wie auch das RG. mehrfach ausdrücklich ausgesprochen hat, etwa der groben Fahrlässigkeit gleichzusetzen. [...] [N]ach den Beschlüssen des amtlichen Strafrechtsausschusses handelt leichtfertig, wer aus besonderem Leichtsinn oder besonderer Gleichgültigkeit fahrlässig handelt.“[42] oder „Hierzu kann auf das Urteil des früheren sechsten Strafsenates des RG. v. 9. Oktober 1936 6D 293/95 verwiesen werden, wo darlegt wird, dass Leichtfertigkeit nicht gewöhnlicher Fahrlässigkeit, sondern etwa grober Fahrlässigkeit gleichzusetzen ist.“[43] Trotz der unterschiedlichen Struktur von § 164 Abs. 5 StGB und § 402 RAbgO stellt der BGH zur Leichtfertigkeit in § 402 RAbgO Folgendes fest: „Anhaltspunkte, die es rechtfertigen könnten, den Begriff im Steuerstrafrecht anders als im allgemeinen Strafrecht auszulegen, sind nicht ersichtlich.“ und „Eine solche Auslegung, die dahin verstanden werden

40 *Hall*, aaO. Fn. 36. 229 (247).
41 *Hall*, aaO. Fn. 36, 229 (247).
42 *H. Lohmeyer*, NJW 1960, 1798; RGSt 71 (1937), 174, 176.
43 *H. Lohmeyer*, aaO. Fn. 42; RGSt 71 (1936), 34, 37.

könnte, als ob nur bewusste Fahrlässigkeit den Begriff der Leichtfertigkeit erfülle, wird diesem nicht gerecht. ‚Leichtfertig' bedeutet vielmehr einen besonderen, höheren Grad an Fahrlässigkeit."[44]

H. Lohmeyer widerspricht dieser Aussage in der Rechtsprechungen, da bei einer solchen Definition eine Abgrenzungsschwierigkeit zwischen Leichtfertigkeit und bedingtem Vorsatz einerseits sowie Leichtfertigkeit und leichter Fahrlässigkeit andererseits bestehe.[45] Ohne weitere Begründung hält *H. Lohmeyer* die Auffassung des OLG Düsseldorf für vertretbar, dass „leichtfertig" i. S. des § 402 RAbgO handele, wer aus besonderem Leichtsinn oder besonderer Gleichgültigkeit fahrlässig handele. Beauftrage der Steuerpflichtige andere fachkundige Personen mit der Durchführung der Arbeiten, so sei weiter zu verlangen, dass er sich im Rahmen des ihm Möglichen und Zumutbaren vergewissere, dass die Hilfspersonen die ihnen übertragenen Arbeiten ordnungsgemäß ausführen. Eine zumindest stichprobenartige und oberflächliche Überprüfung sei hierfür erforderlich.[46]

In Einklang mit einem anderen BGH Urteil[47] kommt *H. Lohmeyer* zum Schluss, dass Leichtfertigkeit ein besonders leichtsinniges oder besonders gleichgültiges, nicht aber ein gewissenloses Handeln voraussetze. Leichtfertigkeit im Sinne des Steuerstrafrechts sei demnach grobe Fahrlässigkeit, die an Vorsatz grenze.[48]

c) Werner Kopacek

Die Erläuterung des Begriffs der Leichtfertigkeit durch den BGH, wonach Leichtfertigkeit einer an Vorsatz grenzenden Fahrlässigkeit entspreche[49], hält *Kopacek* für wenig hilfreich. Es lasse offen, nach welchen konkreten Kriterien die Erfüllung der Anforderungen des Merkmals Leichtfertigkeit festgestellt werden solle.[50]

44 *H. Lohmeyer*, aaO. Fn. 42; BGH Urt. v. 29.4.1959 - 2 StR 123/59, WKRS 1959, 15164
45 *H. Lohmeyer*, aaO. Fn. 42, 1798 (1799).
46 *H. Lohmeyer*, aaO. Fn. 42, 1798 (1799).
47 BGH Urt. v. 25.09.1959 - 4 StR 332/59, WKRS 1959, 13261
48 *H. Lohmeyer*, aaO. Fn. 42, S. 1799.
49 aaO. Fn. 47, BGH Urt. v. 25.09.1959 - 4 StR 332/59
50 *Kopacek*, BB 1961, 446.

Die Unklarheit der Abgrenzung zwischen einfacher Fahrlässigkeit und Leichtfertigkeit ergebe sich daraus, dass sie durch etwas Subjektives, nämlich dem im Einzelfall festgestellten Mangel an Sorgfalt, getrennt werden. Stattdessen solle die Leichtfertigkeit von der Fahrlässigkeit nach objektiven Kriterien getrennt werden. Ein Sorgfaltsverstoß lasse sich objektiv kaum in verschiedene Grade unterteilen. Möglich sei aber eine objektive Unterscheidung zwischen normalen Sorgfaltspflichten i.S.d. § 395 Abs. 2 RAbgO[51] und besonderen zusätzlichen Pflichten, wenn sich diese aus besonderen Umständen des Sachverhalts ergeben, um die rechtzeitige und vollständige Erhebung der geschuldeten Steuer sicherzustellen.[52]

Zur Erläuterung nennt *Kopacek* Beispiele. Je mehr Anhaltspunkte für einen Fehler bei der Abgabe vorliegen, desto eher wird im Einzelfall der Sorgfaltspflichtverstoßen als leichtfertig anzusehen sein: Entweder es gibt „weitere[] ihm bekannte[] Tatsachen" oder oder „weitere Fehler". § 395 Abs. 2 bilde die Voraussetzungen einer fahrlässig Steuerverkürzung. Für Leichtfertigkeit werde ein darüber hinausgehendes schuldhaftes Verhalten gefordert. Dies könne und müsse durch den Nachweis einer durch die besonderen Umstände gebotenen Sorgfaltspflichtverletzung belegt werden.[53]

Schließlich kommt *Kopacek* zu dem Ergebnis: „Leichtfertigkeit im Sinn des § 402 AO [nämlich Reichsabgabenordnung] handelt, wer die Sorgfalt verletzt, zu der er nach den Steuergesetzen und deren Ausführungsbestimmungen sowie wegen besonderer Umstände des Falles verpflichtet und nach seinen persönlichen Verhältnissen fähig ist."[54]

51 § 395 RAbgO: „(1)Straffrei bleibt, wer in unverschuldetem Irrtum über das Bestehen oder die Anwendbarkeit steuerrechtlicher Vorschriften die Tat für erlaubt gehalten hat. (2)Wer aus Mangel an der Sorgfalt, zu der er nach den Umständen verpflichtet und nach seinen persönlichen Verhältnissen fähig war, die Tat für erlaubt gehalten hat, wird wegen Fahrlässigkeit bestraft." s. *Wagelaar*, Reichsabgabenordnung vom 22. Mai 1931, S. 237.

52 *Kopacek*, aaO. Fn. 50, 446 (447).

53 *Kopacek*, aaO. Fn. 50.

54 *Kopacek*, aaO. Fn. 50.

d) Raimund Mahlberg

Mahlberg geht von der umgangssprachlichen Bedeutung von „Leichtfertigkeit" aus, um den steuerstrafrechtlichen Begriff der „Leichtfertigkeit" zu formulieren: Der Begriff „leichtfertig" bezeichne umgangssprachlich ein menschliches Verhalten, das durch eine gewisse Sorglosigkeit und Unbekümmertheit um das Für und Wider einer Handlung gekennzeichnet sei. Unter Leichtfertigkeit verstehe man menschliche Handlungen, die zwar ohne „böse Absicht", aber mit einer aus der Gewohnheit stammenden Unbesonnenheit, Unvernunft, Unvorsichtigkeit, Nachlässigkeit, Frivolität usw. begangen werden. Leichtfertigkeit sei identisch mit Leichtsinn.[55]

In Übereinstimmung mit der Rechtsprechung und der h.L. vertritt *Mahlberg* die Auffassung, dass die Leichtfertigkeit im Steuerstrafrecht mit der Leichtfertigkeit im allgemeinen Strafrecht identisch ist und die Leichtfertigkeit einen höheren Grad der Fahrlässigkeit darstellt.[56]

Den Kern der Fahrlässigkeit bilden nach *Mahlberg* die Merkmale der Unvorsätzlichkeit und der Sorgfaltsaußerachtlassung.[57] Das letzte Merkmal Sorgfaltsversäumung könne in zwei Aspekte unterteilt werden: Die Überprüfung, ob ein einsichtiger und besonnener Dritter in der konkreten Situation, in der sich die Täter befunden habe, die Tatbestandsverwirklichung hätte vermeiden können, stelle die objektiven Sorgfaltsversäumung dar, die Teil des Unrechtsmerkmals sei.[58] Im Gegensatz dazu mache die subjektive Erkennbarkeit, also ob der Täter nach seinen eigenen Fähigkeiten die spätere Verwirklichung des Tatbestandes zum Zeitpunkt seiner pflichtwidrigen Handlung voraussehen könne, den Inhalt der Fahrlässigkeitsschuld aus.[59] Die letzte, also die subjektive Fahrlässigkeit, stelle eine Schuldform dar, was von entscheidender Bedeutung für die Fahrlässigkeit sei.

Mahlberg versucht weiter, Leichtfertigkeit von leichter Fahrlässigkeit und Vorsatz abzugrenzen. *Mahlberg* räumt ein, dass eine genaue

55 *Mahlberg*, Die Leichtfertigkeit im Steuerstrafrecht, S. 25.
56 *Mahlberg*, aaO. Fn 55, S. 26 ff.
57 *Mahlberg*, aaO. Fn. 55, S. 37.
58 *Mahlberg*, aaO. Fn. 55, S. 44-52.
59 *Mahlberg*, aaO. Fn. 55, S. 52-54.

Abgrenzung zwischen den verschiedenen Graden der Fahrlässigkeit, Leichtfertigkeit und Fahrlässigkeit generell schwierig ist, da die Umstände und persönlichen Verhältnisse vielfältig und unterschiedlich sind und die Abgrenzung zwischen Fahrlässigkeit und Leichtfertigkeit alleine aus subjektiven Gesichtspunkten heraus beantwortet werden könne.[60] Der Unterschied zwischen Vorsatz und Leichtfertigkeit liegt nach *Mahlberg* nur in einem gewissen Grad von verwerflicher Gesinnung[61]. Während sich der Vorsatztäter durch Rechtsfeindlichkeit und Rücksichtslosigkeit gegenüber den rechtlich geschützten Interessen anderer auszeichne, werde dem Leichtfertigkeitstäter vorgeworfen, sich in erheblichem Maße über die von der Rechtsordnung erwartete Gesinnung hinweggesetzt zu haben oder zumindest erkannt zu haben oder hätte erkennen müssen, dass er ohne ersichtlichen Grund den Tatbestand verwirklicht habe.[62] Leichtfertigkeit sei ein in hohem Maße unvernünftiges, nachlässiges und rücksichtsloses Verhalten, das am besten mit dem Ausdruck des „besonderen Leichtsinns“ beschrieben werden könne. Die Leichtfertigkeit sei keine Rechtsfeindschaft oder Rechtsgleichgültigkeit.[63]

e) Reinhart Maurach

Im *Maurachs* Beitrag widmet er sich den Problemen der drei Ende 1971 eingeführten leichtfertig erfolgsqualifizierten Delikte: Erpresserischer Menschenraub mit Todesfolge im § 239a Abs. 2, Geiselnahme mit Todesfolge im § 239b Abs. 2 und Flugzeugentführung bzw. -zerstörung mit Todesfolge im § 316c. Die Frage zu dem Begriff und dem Inhalt der Leichtfertigkeit wird berührt.[64]

Maurach steht im Widerspruch zu der Auslegung des BGH, nach der der Begriff der Leichtfertigkeit im Steuerstrafrecht genauso wie im allgemeinen Strafrecht definiert wird. Die bisherige richterliche Auslegung der Leichtfertigkeit stelle auf die Verletzung besonderer Sorgfalts-

60 *Mahlberg*, aaO. Fn. 55, S. 81, 82.
61 *Mahlberg*, aaO. Fn. 55, S. 83.
62 *Mahlberg*, aaO. Fn. 55, S. 87-89.
63 *Mahlberg*, aaO. Fn. 55, S. 89, 90.
64 *Maurauch*, FS-Heinz, 1972, 403 (414 ff.).

pflichten ab, die dem Täter obliegen. Dies sei darauf zurückzuführen, dass die anderen Tatbestände, die das Merkmal der Leichtfertigkeit enthalten würden, bestimmte Pflichten des Täters betreffen würden, z.B. Verletzung der Erkundigungspflicht vor Erstattung einer Strafanzeige im § 164 a.F., Nichtvornahme der pflichtmäßigen Prüfung der Rechtmäßigkeit eines Befehls im § 21 WStG, die Leichtfertigkeit in der zu einer Steuerverkürzung führenden nachlässigen Buchhaltung im § 402 RAbgO, usw.. Ein Verstoß gegen diese Informations-, Vergewisserungs- und Buchführungspflicht sei strafbar. Eine Übertragung einer solchen „Sorgfaltspflichtverletzung" auf die völlig anders formulierten Tatbestände der Entführung, Geiselnahme und Luftpiraterie sei bestreitbar. Die Leichtfertigkeit hierauf abzustellen könnte suggerieren, dass jeder vermeintliche Attentäter die Pflicht hätte, das Leben des Entführten, der Geisel oder der Flugzeugpassagiere zu schützen. Damit würde jeder Angriff auf das Leben in ein Unterlassungsdelikt umgedeutet werden.[65]

Maurach erhebt Einwände gegen das Argument, das Merkmal der Leichtfertigkeit in seiner besonderen „Vorsatznähe" zu sehen. Im Gegensatz dazu hält *Maurach* den Vorschlag von *Hall* insofern für vertretbar, als dass Leichtfertigkeit nicht als Schuldform, sondern als „Mangel an Haltung" anzusehen sei. Auf diese Weise könne neben der bewussten Leichtfertigkeit auch die unbewusste Leichtfertigkeit anerkannt werden. Obwohl jede Form der Leichtfertigkeit unter ebenso hohen Strafe wie Vorsatzdelikte stehen, sei sie dogmatisch auf keinen Fall als Vorsatz anzusehen.[66]

Der Leichtfertigkeitstatbestand nach den drei neuen Tatbestandsmerkmalen stehe dem der „Rücksichtslosigkeit" i. S. des § 315c StGB am nächsten, und „Rücksichtslosigkeit ist gegeben, wenn der Täter aus eigensüchtigen Beweggründen in frevelhafter Weise – und hier werden die genannten ‚besonderen Tatumstände' wichtige illustrierende Beispiele geben können – Menschen in akute Lebensgefahr bringt, die dann auch ihre Opfer fordert."[67] In allen drei Tatbeständen sei die Rücksichtslosigkeit als solche, also die krasse Missachtung von Menschen, gleich.[68]

65 *Maurauch*, aaO. Fn. 64, 403 (415,416).
66 *Maurach*, aaO. Fn. 64, 403 (416, 417).
67 *Maurach*, aaO. Fn. 64, 403 (417).
68 *Maurach*, aaO. Fn. 64, 403 (417).

f) Manfred Maiwald

Angesichts der häufigen Anwendung des Merkmals der Leichtfertigkeit in erfolgsqualifizierten Delikten untersucht *Maiwald* den Begriff der Leichtfertigkeit. Ausgehend von den in der Begründung des E 1962 angeführten Beispielen, welche Umstände als leichtfertig gelten, teilt er die drei Beispiele in drei Kategorien ein: Der Hinweis auf die „grobe Achtlosigkeit" im ersten Beispiel, „wenn der Täter in grober Achtlosigkeit nicht erkenne, dass er den Tatbestand verwirkliche", beziehe sich auf die Dimension der Pflichtverletzung, während die „besonders ernst zu nehmenden Pflichten" im dritten Beispiel, „wenn er schließlich eine besonders ernst zu nehmende Pflicht verletze", den Wert des verletzten Rechtsguts beträfen. In diesen beiden Beispielen solle das Merkmal zuerst auf der Grundlage eines objektiven Kriteriums bestimmt werden: Den objektiven Tatbestand der Leichtfertigkeit habe erfüllt, wer die im Verkehr erforderliche Sorgfalt in hohem Maße außer Acht lasse oder eine ihm objektiv obliegende erhöhte Sorgfaltspflicht verletze. Eine gesteigerte Vorwerfbarkeit auf der subjektiven Seite, also im Hinblick auf die Fähigkeiten und Kenntnisse des Täters selbst, müsse zusätzlich festgestellt werden. Der Hinweis auf die „frivole Rücksichtslosigkeit" im zweiten Beispiel, „wenn er sich in frivoler Rücksichtslosigkeit über die klar erkannte Möglichkeit der Tatbestandsverwirklichung hinwegsetze", betreffe die Wertung der Mittel-Zweck-Relation. Dieses Kriterium werde durch den objektiven Maßstab eines angenommenen sorgfältigen Bürgers bestimmt, der einschätzt, ob die Gefährdung fremder Rechtsgüter zur Erreichung eigener Ziele nach ihrem Verletzungsrisiko und ihrem Wert als frivol-rücksichtslos anzusehen sei. Ob dieser Vorwurf im Hinblick auf die persönlichen Fähigkeiten und Kenntnisse des Täters gerechtfertigt sei, sei ebenfalls zu prüfen.[69] Darüber hinaus solle Leichtfertigkeit nicht nur die bewusste Form anerkennen, sondern auch die unbewusste Form, da ein Einfahren in eine Kurve mit hoher Geschwindigkeit nicht weniger verwerflich sei, wenn der Fahrer nicht an die Verletzung anderer gedacht habe, als ein anderes objektiv glei-

69 *Maiwald*, GA 1974, 257 (259).

ches Fahrverhalten eines anderen Fahrers, der die Gefahren zumindest vorausschauend bedacht habe.[70]

Maiwald betont, dass der Begriff der Leichtfertigkeit aus dem Schuldprinzip heraus zu verstehen ist. Die Leichtfertigkeit solle eine Kategorie gesteigerten Unwerts des fahrlässigen Verhaltens bezeichnen, die ihre Rechtfertigung im dem Schuldprinzip und nicht in Gefährlichkeitsgesichtspunkten finde.[71] Der Unterschied zwischen Leichtfertigkeit und Fahrlässigkeit bestehe darin, dass mit Leichtfertigkeit ein erhöhter Grad des tatbestandlichen Unwerts ausgedrückt werden solle. Es solle nicht nur ein Unwert ausgedrückt werden, sondern auch eine bestimmte Schwere des Unwertes.[72]

Der Begriff der Leichtfertigkeit fordere die Feststellung einer gravierenden Abweichung vom allgemeinen Sorgfaltsstandard. Sowohl im Fall der Fahrlässigkeit als auch in dem der Leichtfertigkeit wäre dann nicht nur die Auseinandersetzung mit den Fähigkeiten und Kenntnissen des einzelnen Täters, die Gefährdung des Rechtsgutes vorherzusehen und dem vorzubeugen ein Problem, sondern auch die individuellen Kenntnisse um die Schwere der Sorgfaltspflichtverletzung.[73] Als Beispiele für die Bewertung nennt *Maiwald* die Mordmerkmale des § 211 StGB und das Merkmal „gröblich" des § 170d StGB, wobei er daran festhält, dass der Täter nur die Umstände kennen müsse, aus denen sich die jeweilige Bewertung ergebe.[74] Die Art und Weise, wie er selbst diese Umstände bewerte, sei weniger relevant.[75]

Somit kommt *Maiwald* zum Ergebnis: „Nur dann handelt der Täter leichtfertig, wenn er auch nach seinen persönlichen Fähigkeiten und Kenntnissen die tatsächlichen Umstände wahrnehmen kann, die sein Handeln nach Ansicht des (späteren) Richters zu einem leichtfertigen machen, und wenn es ihm persönlich möglich wäre, bei Erfassen die-

70 *Maiwald*, aaO. Fn. 69, 257 (260, 261).
71 *Maiwald*, aaO. Fn. 69, 257 (262).
72 *Maiwald*, aaO. Fn. 69, 257 (263)
73 *Maiwald*, aaO. Fn. 69, 257 (263).
74 *Maiwald*, aaO. Fn. 69, 257 (263, 264).
75 *Maiwald*, aaO. Fn. 69, 257 (264).

ser Umstände zu der Erkenntnis vorzudringen, dass die Rechtsordnung solches Verhalten als leichtfertig wertet." [76]

Durch eine Analyse der Mittel-Zweck-Relation kann die Anwendung der Leichtfertigkeit in den erfolgsqualifizierten Delikten gerechtfertigt werden: „Die Verfolgung rechtswidriger Zwecke – z.B. bei Raub, Notzucht, Geiselnahme, Luftpiraterie – lässt jedes vorhersehbare Risiko für das Opfer als die in der Begründung genannte »frivole Rücksichtslosigkeit« erscheinen, durch welche die Leichtfertigkeit charakterisiert wird."[77] Mit der Einführung des Leichtfertigkeitsbegriffs solle erreicht werden, dass nicht mehr jede Fahrlässigkeit zu einer Bestrafung aufgrund eines erfolgsqualifizierten Delikts führt.[78]

g) Jörg Tenckhoff

Zur Überprüfung der Wirksamkeit neu-eingeführter leichtfertiger erfolgsqualifizierter Delikte widmet *Tenckhoff* sich zuerst folgendem Aspekt in seinem Beitrag: die Auslegung des Merkmals der Leichtfertigkeit, besonders im Rahmen der erfolgsqualifizierten Delikte.[79]

Tenckhoff stellt die von E 1962 abgeleitete Grundeinstellung zur Leichtfertigkeit fest, nämlich dass unter Leichtfertigkeit grobe Fahrlässigkeit zu verstehen sei, also „eine dem Grade nach gesteigerte Fahrlässigkeit, namentlich die besonders schwere Verletzung elementarer Sorgfaltspflichten".[80] Jedoch gäbe es auch andere Interpretationen, z.B. eine Gleichsetzung der Leichtfertigkeit mit der bewußten Fahrlässigkeit oder die Tendenz, die Leichtfertigkeit als ein subjektives Schuldelement der verwerflichen Einstellung des Täter anzusehen. Der Täter handelt im letzteren Fall also mit „besonderem Leichtsinn oder besonderer Gleichgültigkeit" oder „frivoler Rücksichtslosigkeit".[81]
Tenckhoff geht sogar noch weiter und diskutiert die Möglichkeit, Leichtfertigkeit anders zu verstehen als eine erhöhte Sorgfaltspflicht-

76 *Maiwald*, aaO. Fn. 69, 257 (265).
77 *Maiwald*, aaO. Fn. 69, 257 (269).
78 *Maiwald*, aaO. Fn. 69, 257 (271)
79 *Tenckhoff*, ZStW 88 (1976), 897 (898).
80 *Tenckhoff*, aaO. Fn. 79, 897 (898, 899).
81 *Tenckhoff*, aaO. Fn. 79, 897 (899-901).

verletzung. Er kritisiert die Ansicht, Leichtfertigkeit als eine Form der bewussten Fahrlässigkeit zu definieren. Weder in der Gesetzesbegründung noch in der Rechtsprechung finde sich ein Anhaltspunkt für den Ausschluss der gesteigerten unbewussten Fahrlässigkeit als Leichtfertigkeit.[82] Während die Grundlage der Bestrafung für vorsätzliches Handeln von der bewussten Entscheidung des Täters abhänge gegen die Rechtsordnung zu handeln, beruhe die Vorwerfbarkeit der Fahrlässigkeit auf dem Grade der Vermeidbarkeit der Rechtsgutverletzung. Je mehr sich dem Täter die Gefahr des Eintritts von Schadensfolgen aufdrängen müsse, also je größer der Grad der Vermeidbarkeit sei, desto schwerer wiege der Vorwurf. Dies sei bei bewusster Fahrlässigkeit häufig, bedeute jedoch nicht, dass unbewusste Fahrlässigkeit immer weniger verwerflich sei als bewusste Fahrlässigkeit. Deswegen könne die Gleichsetzung der bewussten Fahrlässigkeit mit grober Fahrlässigkeit – in diesem Sinne Leichtfertigkeit – nicht zur Bestimmung des Begriffs der Leichtfertigkeit herangezogen werden.[83]

Weiter legt *Tenhoff* Widerspruch gegen die Argumentation der Gleichsetzung der Leichtfertigkeit mit der Rücksichtslosigkeit ein.[84] Dabei werde das Verhältnis zwischen den eingesetzten Mitteln und dem angestrebten Zweck beurteilt. Obwohl es in der Begründung zu E 1962 auch als Leichtfertigkeit angesehen werde, wenn der Täter sich in frivoler Rücksichtslosigkeit über die klar erkannte Möglichkeit der Tatbestandsverwirklichung hinwegsetze, könne diese Form der Leichtfertigkeit im Bereich des erfolgsqualifizierten Deliktes nicht vorkommen.[85] In der Diskussion werde zwar häufig auf die Verletzung expliziter Gefahrschutzregeln, z.B. der Straßenverkehrsordnung, hingewiesen. Eine spezielle Gefahrschutznorm sei jedoch nicht unbedingt erforderlich. Die Anwendung derartiger Verhaltensregeln, um Fahrlässigkeit oder Leichtfertigkeit zu begründen, beruhe darauf, dass ihre Verletzung in der Regel eine besondere Gefahrenlage entstehen lasse. Entscheidend sei vielmehr, dass in der konkreten Situation, auf die sich die Gefahrschutznorm beziehe, erhöhte Aufmerksamkeit geboten sei, weil

82 *Tenckhoff*, aaO. Fn. 79, 897 (903, 904).
83 *Tenckhoff*, aaO. Fn. 79, 897 (903-906)
84 *Tenckhoff*, aaO. Fn. 79, 897 (906 ff.)
85 *Tenckhoff*, aaO. Fn. 79, 897 (908, 909).

die Möglichkeit eines Schadens nahe liege.[86] Der Grundtatbestand des erfolgsqualifizierten Deliktes bezeichne gerade eine vom Täter geschaffene Gefahrenlage, so dass bei jedem qualifizierten Delikt zugleich eine unverhältnismäßige Mittel-Zweck-Relation vorliege.[87] Auch hier sei an das Verbot der Doppelverwertung von Tatbestandsmerkmalen zu denken, d.h. bei erfolgsqualifizierten Delikten dürfen die Umstände, die zur Bildung des Strafrahmens des Grundtatbestandes geführt haben, nicht nochmals zur Feststellung der Qualifikationsvoraussetzung herangezogen werden.[88] Die Auslegung des Begriffs der Leichtfertigkeit im Sinne einer Gleichsetzung mit frivoler Rücksichtslosigkeit führe daher in eine Sackgasse.[89]

Unter Leichtfertigkeit könne nur eine dem Grade der Pflichtverletzung nach gesteigerte Fahrlässigkeit verstanden werden. Sie sei zu bejahen, wenn der Täter die im Verkehr erforderliche Sorgfalt in schwerem Maße verletze, „indem er entweder den Einsatz seiner Geisteskräfte gröblichst vernachlässigt, oder eine ihn objektiv treffende gesteigerte Pflichtenstellung verletzt“, insbesondere wenn die Wahrscheinlichkeit des Eintritts des Schadens hoch sei.[90] Der erhöhte Vorwurf müsse auch die persönlichen Kenntnisse und Fähigkeiten berücksichtigen. Bei der Prüfung, ob eine grobe Missachtung der Sorgfalt vorliege, sei eine Übernahme der in der zivilrechtlichen Rechtsprechung entwickelten Kriterien handhabbar.[91]

h) Klaus Volk

Volk räumt in der Diskussion des Verkehrsstrafrechts ein, dass der Ausgang eines Unfalls, sei es nur mit Verletzungen oder mit Todesfolge, häufig vom Zufall abhänge.[92] Das Handlungsunrecht allein entscheiden zu lassen, hieße daher, den Erfolgseintritt lediglich als zeitlich

86 *Tenckhoff*, aaO. Fn. 79, 897 (907).
87 *Tenckhoff*. aaO. Fn. 79, 897 (909).
88 *Tenckhoff*, aaO. Fn. 79, 897 (910, 911).
89 *Tenckhoff*, aaO. Fn. 79, 897 (911).
90 *Tenckhoff*, aaO. Fn. 79, 897 (911).
91 *Tenckhoff*, aaO. Fn. 79, 897 (911,912).
92 *Volk*, GA 1976, 161 (164).

nachfolgendes Zufallsprodukt einer vorherbestimmten Einflussgröße anzusehen.[93] Vielmehr sollte von Erfolgsdelikten auf die Pönalisierung gefährlichen Verhaltens umgestellt werden. Es ist nicht sinnvoll, Gefährdungs- und Verletzungsdelikte als qualitativ unterschiedliche Arten der Strafbarkeit scharf zu trennen.[94] Gefahr spiele im Strafrecht eine wichtige Rolle, weil sich die Norm als Verhaltensvorschrift am Gefahrbegriff orientieren müsse, wobei die Gefahrenurteile auf normativ ausgewählten und angewandten Erfahrungssätzen beruhen. Da der Unterschied zwischen Gefahr und Verletzung nur pragmatischer Natur ist, wird bei der Zurechnung eines Verletzungserfolgs nicht der Anteil des vom Täter geschaffenen Gefährdungspotentials quantifiziert.[95]

Abstrakte Gefährdungsdelikte werden als vorzugswürdiges Instrument zur Bekämpfung der Verkehrskriminalität angesehen und in großer Zahl geschaffen. Im Hinblick auf das Bestimmtheitsgebot ist dem Gesetzgeber zu empfehlen, sich schrittweise an die Grenzen der Brauchbarkeit abstrakter Gefährdungsdelikte heranzutasten und die Zahl entsprechender Tatbestände zu erhöhen.[96]

Volk stimmt zu, dass es einen deutlichen Wertungsunterschied zwischen Vorsatz und Fahrlässigkeit gibt, aber die Unterscheidungskriterien im dogmatisch-begrifflichen Apparat nur relativ vage sind. Zwischen bedingtem Vorsatz und bewusster Fahrlässigkeit existiere keine klare Grenze, sondern ein breiter Übergangsbereich. Eine Beschränkung der Fahrlässigkeitshaftung könne sich nur am Grad des Unrechts und der Schuld orientieren.[97] Unter Berücksichtigung des Grundsatzes „in dubio pro reo" sollte eine Bestrafung für eine bloße Unachtsamkeit oder Fehlreaktion ausgeschlossen werden. *Volk* vertritt die Auffassung, dass Kriminalität erst bei grober Fahrlässigkeit beginne: „Strafbar sollte nicht schon bloßes Versagen sein, sondern erst das leichtsinnige, gleichgültige, gewissenlose, rücksichtslose und leichtfertige Verhalten." Die Struktur, die eine grob verkehrswidrige und rücksichtslose Fahrweise

93 *Volk*, aaO. Fn. 91, 161 (165).
94 *Volk*, aaO. Fn. 91, 161 (171).
95 *Volk*, aaO. Fn. 91, 161 (169).
96 *Volk*, aaO. Fn. 91, 161 (174).
97 *Volk*, aaO. Fn. 91, 161 (176).

im Verkehrsstrafrecht beschreibe, sei vergleichbar mit dieser Bestimmung von grober Fahrlässigkeit oder Leichtfertigkeit.[98]

Das erste Kriterium der groben Fahrlässigkeit beziehe sich auf eine Unterklasse des sorgfaltswidrigen Handelns, das objektiv eine gravierendere Normverletzung darstellen müsse. Um einen erhöhten Handlungsunwert zu erfassen, sollte nicht auf einen Gefährdungserfolg abgestellt werden. Vielmehr sollten Fallgruppen gebildet werden, die besonders gefährliche Verhaltensweisen umfassen.[99]

Das zweite Kriterium besagt, dass grobe Fahrlässigkeit nur dann anzunehmen sei, wenn ein besonders gefährliches Verhalten bestimmte Voraussetzungen erhöhter subjektiver Vorwerfbarkeit erfüllt.[100] Rücksichtslosigkeit im Sinne des Verkehrsstrafrechts sei ein Verhalten, bei dem sich jemand aus eigensüchtigen Motiven über seine Pflichten im Straßenverkehr hinwegsetze oder aus Gleichgültigkeit Bedenken gegen sein Verhalten nicht beachte. Letzteres entspreche der groben Fahrlässigkeit, wie sie in einigen gängigen Definitionen beschrieben werde. Prozessual können diese Elemente jedoch nicht positiv nachgewiesen werden, sondern nur durch einen Ausschlusstest, der leichtere Fälle herausfiltere, wie z.B. Fehlverhalten aufgrund von Schreck oder starker Erregung.[101]

Unter dem Gesichtspunkt des Erfolgsunwertes vertritt *Volk* die Auffassung, dass ein Handlungsunwert mit geringfügigem Schaden, also ein Bagatelldelikt, nicht das sozial auffällige Maß verdiene, mit Strafe bedroht zu werden.[102] Statt einer materiellen Entkriminalisierung dieser Bagatellfälle schlägt *Volk* vor, eine verfahrensrechtliche Lösung zu suchen: Der Begriff der Geringfügigkeit sei in der StPO bereits vorhanden und handhabbar; im Prozessrecht, das als flexibler gelte, könnten rechtliche Regelungsmodelle leichter erprobt werden.[103]

98 *Volk*, aaO. Fn. 91, 161 (177).
99 *Volk*, aaO. Fn. 91, 161 (178).
100 *Volk*, aaO. Fn. 98.
101 *Volk*, aaO. Fn. 91, 161 (179).
102 *Volk*, aaO. Fn. 91, 161 (180).
103 *Volk*, aaO. Fn. 91, 161 (181).

i) Gunter Arzt

Arzt findet die zunehmende Anwendung des Begriffs Leichtfertigkeit unerwartet, da die Erfahrung von § 164 StGB von 1933 negativ – in seinen Worten „ein glatter Misserfolg"- sei.[104] Es sei vergeblich, die Eskalation der Gefährdung des Opfers durch die Aufnahme des Merkmals der Leichtfertigkeit in die Qualifikation zu verhindern. Eine solche Gefahr werde vom Täter im Regelfall bereits durch das Grunddelikt geschaffen, und die bloße Wiederholung einer solchen Gefahr sei kein sachgerechter Anknüpfungspunkt für eine Qualifikation.[105] Es könne sein, dass die Leichtfertigkeit als Auffangtatbestand für den Vorsatzverdacht herangezogen werde. Wegen des Fehlens des Wortes „wenigsten" in den neu formulierten erfolgsqualifizierten Delikten fehle jedoch das Vorsatzelement in diesen Delikten und es gebe daher daher nichts zum Auffangen. Die leichtfertige Gefährdung im erfolgsqualifizierten Erfolg sei nur eine Wiederholung des regelmäßig schon im Grundtatbestand enthaltenen Risikos und könne deshalb die Qualifikation nicht begründen.[106]

Die Auslegung des Leichtfertigkeitsbegriffs nach h.M., nämlich eine gesteigerte Sorgfaltsverletzung, verändere die Fahrlässigkeitsdogmatik völlig. Während es sich bei der einfachen Fahrlässigkeit um eine Ja-Nein-Entscheidung über die Rechtswidrigkeit handele, gehe es bei der Steigerung zur Leichtfertigkeit um eine quantitative Entscheidung über das Unrecht.[107] Im Vergleich zur Ansicht, dass es bei Leichtfertigkeit auf die Abstufung der Sorgfalt ankomme, sei es unproblematischer, sie auf die Abstufung des Vorwurfs zu abzustellen, der sich gegen den Täter richte. Bedeute Leichtfertigkeit in diesem Sinne, dass der Täter, dem die (einfache) Sorgfaltsverletzung „besonders" vorgeworfen werde, leichtfertig handele, so sei bei der Beurteilung an alle Konstellationen zu denken. Hierbei handele es sich zweifellos um legitime Erwägungen im Hinblick auf die Strafzumessung innerhalb eines Strafrahmens.[108]

104 *Arzt*, GS-Schröder, 1978, 119 ff.
105 *Arzt*, aaO. Fn. 103, 119 (121).
106 *Arzt*, aaO. Fn. 103, 119 (121,123).
107 *Arzt*, aaO. Fn. 103, 119 (124).
108 *Arzt*, aaO. Fn. 103, 119 (126, 127).

Arzt vertritt der Meinung, dass eine genauere Erläuterung der Leichtfertigkeit dadurch erreicht werden könnte, dass nicht nur auf den Grad der Fahrlässigkeit, sondern auch auf die besondere Art und Weise der Fahrlässigkeit abgestellt wird – entweder eine Beschränkung der Leichtfertigkeit auf bewusste Fahrlässigkeit oder eine Beschränkung der Leichtfertigkeit auf Rücksichtslosigkeit.[109]

In Bezug auf die h.M., dass die bewusste Fahrlässigkeit gegenüber der unbewussten Fahrlässigkeit nicht als gesteigerte Form der Fahrlässigkeit anzusehen ist, hält *Arzt* es für widersprüchlich, dass zwar der Vorsatz gegenüber der Fahrlässigkeit grundsätzlich als „schwerer" angesehen wird, nicht aber die bewusste Fahrlässigkeit, eine bewusste Rechtsgutsgefährdung, gegenüber der unbewussten Fahrlässigkeit, einer Rechtsgutsgefährdung, die der Täter nicht erkannt hat.[110]

Arzt versucht, eine Auslegung zu formulieren, indem er die amerikanischen Strafrechtsinterpretationen vergleicht. Nach dem amerikanischen Strafrechtssystem werde Fahrlässigkeit in drei Kategorien eingeteilt: nicht strafbare einfache Fahrlässigkeit (ordinary negligence), strafbare Fahrlässigkeit (criminal negligence) und eine Qualifikation der strafbaren Fahrlässigkeit (recklessness). Criminal negligence werde als grobe unbewusste Fahrlässigkeit definiert, dagegen reckless als grobe bewusste Fahrlässigkeit.[111] Der strengere Fahrlässigkeitsmaßstab des amerikanischen Rechts scheine im Ergebnis zu einer stärkeren Einschränkung der Strafbarkeit zu führen, tatsächlich sei es aber anders. Das amerikanische Recht beschränke die Strafbarkeit der einfachen Fahrlässigkeit auf das Kernstrafrecht, während im Nebenstrafrecht die einfache Fahrlässigkeit ausreiche. Gleichzeitig seien im amerikanischen Strafrecht viele vorsätzliche Vortaten vorgesehen, die bereits eine Gefährdung des Rechtsguts unterdrücken. Darüber hinaus sei es nach US-amerikanischem Recht nicht erforderlich, einerseits das Merkmal der Fahrlässigkeit zu berücksichtigen, wenn es um die Herbeiführung der Todesfolge gehe, und andererseits eine strafrechtliche Haftung ohne Schuld vorzusehen.[112]

109 *Arzt*, aaO. Fn. 103, 119 (127).
110 *Arzt*, aaO. Fn. 103, 119 (128).
111 *Arzt*, aaO. Fn. 103, 119 (131, 132).
112 *Arzt*, aaO. Fn. 103, 119 (136-142).

Aufgrund der großen strukturellen Unterschiede sei es nicht möglich, die amerikanischen Erfahrungen direkt zu übernehmen. Nach der Struktur des amerikanischen Strafrechts sei Leichtfertigkeit auf der unteren Stufe grobe unbewusste Fahrlässigkeit, während Leichtfertigkeit auf der oberen Stufe grobe bewusste Fahrlässigkeit sei. Die Tendenz zu einer einstufigen Lösung in der amerikanischen Rechtsprechung und Literatur, die das Merkmal der Leichtfertigkeit in der Gleichgültigkeit des Täters gegenüber den Rechten (Rechtsgütern) Dritter sieht, erscheint *Arzt* für das deutsche Recht übernehmenswert. In diesem Zusammenhang zeige sich die Leichtfertigkeit des Täters in seiner Gleichgültigkeit gegenüber den Rechten anderer. Es handele sich nicht nur um einen Sorgfaltsverstoß, sondern auch um eine Einstellung des Täters. Auf diese Weise können die Fragen im Hinblick auf die Ungenauigkeit des Maßes der Vernachlässigung der Sorgfaltspflicht abgemildert werden.[113]

j) Thomas Weigend

Weigend ist der Ansicht, dass die traditionelle Definition, die den Vorsatz in zwei gleichwertige Elemente aufteilt, nämlich das Willenselement und das Wissenselement, die Bedeutung des Willenselements unterschätzt. Im Vergleich dazu sei das Willenselement bei der Fahrlässigkeit nur von geringer Bedeutung: Der typische fahrlässige Täter handele zum Zeitpunkt der Handlung ohne Bewusstsein für die Möglichkeit der Tatbestandsverwirklichung, und der Erfolg trete ungewollt ein, wobei eine Sorgfaltspflicht verletzt werde. Bei allen anderen Delikten, die zwischen diese beiden Skalenenden fallen, stelle sich die Frage, wie Vorsatz und Fahrlässigkeit voneinander abgegrenzt werden.[114] Angesichts der mühsamen Versuche der Strafrechtswissenschaft, von Gefühlstheorie, über Willenstheorie bis zur Wissenstheorie, die Grenzen zwischen Vorsatz und Fahrlässigkeit zu ziehen, hält *Weigend* es für lohnend, nach dem Vorbild des angloamerikanischen Strafrechts einen

113 *Arzt*, aaO. Fn. 103, 119 (142, 143).
114 *Weigend*, ZStW 93 (1981), 657 (658, 659).

anderen Weg zu gehen, nämlich eine Zwischenstufe zwischen Vorsatz und Fahrlässigkeit zu entwickeln.[115]

Er stellt das subjektive Element im amerikanischen Strafrecht am Beispiel des Model Penal Code vor. Der Model Penal Code unterscheidet vier verschiedene Formen der mens rea, des mentalen Elementes der Strafbarkeit: intention, knowledge, recklessness und negligence. „Intention" beziehe sich auf das Abzielen auf einen bestimmten Erfolg, entspreche also der Absicht im deutschen Strafrecht. Unter „knowledge" werde die wissentlichen Tatbestandserfüllung verstanden, die dolus directus gleichkomme. „Negligence" bedeute die unbewusste, grob sorgfaltswidrige Erfolgsverursachung, die der unbewussten Fahrlässigkeit entgegenstehe.[116]

Was schwer zu klassifizieren sei, sei „Recklessness", die Erfolgsverursachung unter bewusster Herbeiführung des Erfolgsrisikos. „Recklessness" liege im Handeln im Hinblick auf die Gefahr der Verwirklichung des Tatbestandes. Auch wenn die Inkaufnahme eines Risikos regelmäßig auf einer gewissen emotionalen Gleichgültigkeit beruhen mag, stelle deren Nachweis im konkreten Fall keine notwendige Voraussetzung dar, um Recklessness zu bejahen.[117] Demgegenüber argumentiert der amerikanische Strafrechtler *Jerome Hall*, dass derjenige, dem Leichtfertigkeit zur Last gelegt werde, sich ebenso wie der Vorsatztäter bewusst dafür entscheide, ein geschütztes Rechtsgut zu gefährden, und dass diese Kenntnis einer Risikoschaffung dem Täter persönlich nachgewiesen werden müsse. Die Recklessness werde von Jerome *Hall* als eine niedrigere Stufe des Vorsatzes angesehen. Die Recklessness sei daher weder Fahrlässigkeit noch Vorsatz.[118]

Weigend setzt seine Analyse der Struktur des Tötungsdelikts im New York Penal Code fort, der die Tötungsdelikte in fünf Stufen unterteilt: Angefangen bei Mord ersten Grades, Mord zweiten Grades, über Totschlag ersten Grades, Totschlag zweiten Grades bis hin zur fahrlässigen Tötung. Es sei eine Tatbestandssystematik in Form von subjektivem Minus und objektivem Plus: Ein Täter werde wegen Mordes ersten Gra-

115 *Weigend*, aaO. Fn. 113, 657 (673).
116 *Weigend*, aaO. Fn. 113, 657 (673, 674).
117 *Weigend*, aaO. Fn. 113, 657 (675).
118 *Weigend*, aaO. Fn. 113, 657 (677).

des verurteilt, wenn ihm der Absicht zur Tötung nachgewiesen werde. Eine gesteigerte Form der Recklessness, bei der die Umstände auf eine verwerfliche Gleichgültigkeit des Täters gegenüber dem menschlichen Leben schließen lassen, genüge für einen Mord zweiten Grades. Der Totschlag ersten Grades umfasse zwei verschiedene Tatbestände: zum einen die vorsätzliche Tötung im Zustand schwerer seelischer Störung, zum anderen die vorsätzliche gefährliche Körperverletzung mit Todesfolge. Beim Totschlag zweiten Grades liege die Verursachung des Todes eines anderen unter den Voraussetzungen der Recklessness vor.[119] Die Recklessness spiele im amerikanischen Strafrecht eine zweifache Rolle: Zum einen sei sie eine Art minderer Vorsatz, zum anderen bewirke sie eine stärkere Diversifizierung der Tatbestandsvarianten und damit eine Abstufung der Strafdrohungen nach dem jeweiligen typischerweise verwirklichten Handlungsunrecht.[120] Die hohen Anforderungen der Rechtsprechung in den USA an die Risikokenntnis des Täters, die das Erfordernis der Recklessness voraussetze, spiegeln die Tatsache wider, dass die Recklessness dem Vorsatz viel näher stehe als der Fahrlässigkeit.[121]

Um eine neue Stufe zwischen Vorsatz und Fahrlässigkeit im deutschen Strafrecht zu entwickeln solle Leichtfertigkeit völlig neu definiert werden: Leichtfertigkeit sei ein Bewusstseinszustand, in dem der Täter die konkrete Gefahr des Handlungsobjekts erkennt, ohne den Erfolgseintritt als sicher vorauszusehen. Ebenso handle jemand leichtfertig, wenn er die Tatbestandsverwirklichung zwar nicht für sicher, aber für möglich halte und dennoch handele. Leichtfertigkeit umfasse nach der neuen Definition den dolus eventualis und die bewusste Fahrlässigkeit.[122]

Im Vergleich zur bisherigen Beurteilung von Vorsatz und Fahrlässigkeit, die immer auf einer hypothetischen Beziehung des Täters zu einem hypothetischen Erfolg beruhe, habe die neue Prüfungsmethode den Vorteil, psychologisch realistischer zu sein. Der Vorwurf

119 *Weigend*, aaO. Fn. 113, 657 (681, 682).
120 *Weigend*, aaO. Fn. 113, 657 (683).
121 *Weigend*, aaO. Fn. 113, 657 (687).
122 *Weigend*, aaO. Fn. 113, 657 (688, 692, 693).

der Leichtfertigkeit beziehe sich darauf, dass der Täter bewusst riskant gehandelt habe.[123]

Weigend räumt ein, dass die Grenze zwischen dolus directus und Leichtfertigkeit in der Praxis schwer zu ziehen ist, insbesondere im Hinblick auf die Frage, wie sicher der Täter sich des Erfolgseintritts sein muss, um Vorsatz annehmen zu können. Dies könnte dazu führen, dass sich die Leichtfertigkeit gerade als Auffangtatbestand für schwer beweisbare Fälle des Vorsatzes anbiete. *Weigend* findet dies eher vertretbar: Einerseits entspreche der Vorwurf an den Täter auch der unmittelbaren Vorstellung von dem, was ihm tatsächlich nachgewiesen werden könne, nämlich das bewusste Eingehen eines unerlaubten Risikos; andererseits könnte eine mittlere Strafdrohung den Gerichten eine gerechte Sanktion ermöglichen, ohne den Grundsatz „in dubio pro reo" durch Strafzumessungsmanipulationen zu beeinträchtigen.[124]

Andererseits bedarf auch die Unterscheidung zwischen Leichtfertigkeit und unbewusster Fahrlässigkeit einer sorgfältigen Analyse: Entweder erkenne der Täter die konkrete Gefahr des Erfolgseintritts bzw. die konkrete Gefahr der Rechtsgutsverletzung oder er erkenne sie nicht. *Weigend* betont weiter: Was zu erkennen sei, sei die konkrete Gefahr für das Handlungsobjekt, nicht nur das abstrakte Risiko. Der Täter erkenne nur ein abstraktes Risiko, wenn er zwar die Gefahr für das Handlungsobjekt erkenne, aber sicher sei, dass sie sich nicht verwirklichen wird.[125] Er erkennt jedoch an, dass es schwierig ist, die feinen Nuancen der inneren Einstellung zuverlässig zu klären.[126]

Die Einführung der Leichtfertigkeit als Zwischenstufe zwischen Vorsatz und unbewusster Fahrlässigkeit sollte ein Anlass dafür sein, die Strafrahmenabstufung bei vorsätzlicher, leichtfertiger und fahrlässiger Verletzung wichtiger Rechtsgüter neu zu überdenken. Zuerst sei zu prüfen, ob alle drei Verhaltensweisen einer Verletzung unter Strafe gestellt werden sollten, um das Rechtsgut zu schützen. Danach sei die angemessene Strafe nach der Schutzwürdigkeit des Rechtsgutes zu bestimmen.[127]

123 *Weigend*, aaO. Fn. 113, 657 (689, 690).
124 *Weigend*, aaO. Fn. 113, 657 (690-692).
125 *Weigend*, aaO. Fn. 113, 657 (693).
126 *Weigend*, aaO. Fn. 113, 657 (695).
127 *Weigend*, aaO. Fn. 113, 657 (698).

k) Herbert Wegscheider

Im Hinblick auf die zunehmende Anwendung des Merkmals der Leichtfertigkeit, ohne dass dieses gesetzlich definiert ist, geht *Wegscheider* auf die grundsätzliche Frage der Definition der Leichtfertigkeit ein. Nach einem Überblick über die Ausformulierung des Leichtfertigkeitsbegriffs in der deutschen Rechtsprechung und die unterschiedlichen Argumente in der Literatur kommt *Wegscheider* zu dem Ergebnis, dass die bisherige Formulierung, die meist von der „groben Fahrlässigkeit" im Zivilrecht ausgeht, ihre innere Problematik völlig offen lässt. Das Strafrecht verfolge andere Ziele als das Zivilrecht; der Begriff der groben Fahrlässigkeit sei daher eigenständig auszulegen. Die Formulierung der Definition der Leichtfertigkeit sollte sich in diesem Zusammenhang an der Konkretisierung des Begriffs der „besonderen Vorwerfbarkeit" orientieren. Daraus lasse sich nur folgern, dass unter Leichtfertigkeit eine erhöhte Fahrlässigkeit zu verstehen sei, und zwar sowohl in objektiver als auch in subjektiver Hinsicht.[128]

Wegscheider führt die Diskussion am Beispiel des österreichischen Strafrechts noch weiter aus. Im österreichischen Strafrecht findet sich eine detaillierte Abstufung der Fahrlässigkeitsdelikte in einer differenzierten Ausgestaltung. So zum Beispiel war § 81 öStGB neben der einfachen fahrlässigen Tötung auch die qualifizierte fahrlässige Tötung vorgesehen: Eine fahrlässige Tötung „unter besonders gefährlichen Verhältnissen" wurde durch § 81 Nr. 1 öStGB verschärft.[129] In der öster-

128 *Wegscheider*, ZStW 98 (1986), 624 (625-639).
129 § 81 öStGB a.F.: „Wer fahrlässig den Tod eines anderen herbeiführt 1. unter besonders gefährlichen Verhältnissen oder 2. nachdem er sich vor der Tat, wenn auch nur fahrlässig, durch Genuß von Alkohol oder den Gebrauch eines anderen berauschenden Mittels in einen die Zurechnungsfähigkeit nicht ausschließenden Rauschzustand versetzt hat, obwohl er vorhergesehen hat oder hätte vorhersehen können, daß ihm eine Tätigkeit bevorstehe, deren Vornahme in diesem Zustand eine Gefahr für das Leben, die Gesundheit oder die körperliche Sicherheit eines anderen herbeizuführen oder zu vergrößern geeignet sei, ist mit Freiheitsstrafe bis zu drei Jahren zu bestrafen." s. BGBl. Nr. 60/1974, 655. Das Merkmal „unter besonders gefährlichen Verhältnissen" wurde seit 01.01.2016 durch das Merkmal „grob Fahrlässig" ersetzt, s. BGBl. I Nr. 112/2015, 1, 3. Eine feinere Abstufungsstruktur findet sich in § 88 Abs. 3 und 4 StGB bei fahrlässiger Körperverletzung, deren Qualifikationsmerkmal „unter besonders gefährlichen Verhältnissen" 2015 auch durch „grob fahrlässig" ersetzt wurde, s. BGBl. Nr. 60/1974, 656„ BGBl. I Nr. 112/2015, 4.

reichischen Rechtsprechung werde der aus dem Zivilrecht stammende Begriff der groben Fahrlässigkeit in Verbindung mit der Mosaiktheorie angewendet. Dabei werde eine Gesamtabwägung aller Sorgfaltsverstöße im Einzelfall vorgenommen, um festzustellen, ob ein Fahrlässigkeitsdelikt mit einem höheren Schweregehalt vorliege. *Wegscheider* findet diesen ganzheitlichen Ansatz, alle Umstände, alle Unrechts- und Schuldfaktoren in einer Gesamtschau zu berücksichtigen und das qualifizierte Element zu bewerten, inspirierend.[130]

Unter Leichtfertigkeit sei ein höherer Grad an Fahrlässigkeit zu verstehen. Es handele sich hierbei um einen spezifisch strafrechtlichen Begriff, der nicht als eine dritte Kategorie zwischen dem Vorsatz und der Fahrlässigkeit zu verstehen sei.[131]

Es gebe einen qualitativen Unterschied zwischen Vorsatz und Fahrlässigkeit: Während die Wissenskomponente für alle Arten von Vorsatz und bewusster Fahrlässigkeit erforderlich sei, ziehe die Willenskomponente eine strikte Trennlinie zwischen Vorsatz und Fahrlässigkeit. Der kriminelle Charakter der Fahrlässigkeit sei durch rein normative Sorgfaltswidrigkeit der Handlung begründet. Das normative Element der Sorgfaltswidrigkeit bilde zusammen mit dem intellektuellen Element der Voraussehbarkeit (zumindest potentielle Voraussicht) die Struktur des Fahrlässigkeitsdelikts. Diese beiden Elemente werden in subjektive und objektive unterteilt. Die allgemeine Formulierung, dass es sich bei der Leichtfertigkeit um einen gesteigerte Grad der Fahrlässigkeit handele, bedeutet zum einen, dass innerhalb der Gesamtskala der Fahrlässigkeit eine Grenze zwischen der leichtesten und der schwersten Fahrlässigkeit gezogen werden müsse, und zum anderen, dass es sich um gesteigertes Unrecht und gesteigerte Schuld handele.[132]

Abschließend kommt *Wegscheider* zum Ergebnis: „Leichtfertig handelt, wer gegen eine besonders wichtige Sorgfaltspflicht verstößt oder gegen eine größere Zahl weniger bedeutender Sorgfaltspflichten (objektive Sorgfaltswidrigkeit), obwohl er ohne weiteres in der Lage gewesen wäre, die Pflichten zu erkennen und sich ihnen gemäß zu verhalten

130 *Wegscheider*, aaO. Fn. 127, 624 (640-645).
131 *Wegscheider*, aaO. Fn. 127, 624 (646).
132 *Wegscheider*, aaO. Fn. 127, 624 (649).

(subjektive Sorgfaltswidrigkeit); wenn überdies der Eintritt des tatbestandsmäßigen Erfolgs sich für einen einsichtigen und besonnenen Dritten in der Lage und aus dem Verkehrskreis des Täters als hoch wahrscheinlich dargestellt hätte (objektive Voraussehbarkeit) und der Täter ohne weiteres das hohe Risiko hätte erkennen können oder gar erkannt hat (subjektive Voraussehbarkeit).“[133] Die Berücksichtigung von Unrechtselementen könne komplementär zu anderen sein: Je einfacher es für den Täter gewesen wäre, sich an anerkannten Sorgfaltspflichten zu orientieren, desto geringere Anforderungen gelten für die Bedeutung oder Anzahl der verletzten Sorgfaltspflichten.[134] Geringfügige Modifikationen des Leichtfertigkeitsbegriffs bestünden in den Fällen der Tätigkeitsdelikte und der erfolgsqualifizierten Delikte. Bei den Tätigkeitsdelikten sei Gegenstand der Vorhersehbarkeit die Erkennbarkeit der Tatbestandsmerkmale.[135] Bei den erfolgsqualifizierten Delikten werde nur die Vorhersehbarkeit geprüft, da die Sorgfaltswidrigkeit in der Regel bereits durch die Verwirklichung des Grunddelikts erfüllt sei.[136]

l) Klaus Uekötter

Uekötter geht von den herkömmlichen Formulierungen zur Struktur der Fahrlässigkeitsdelikte aus und versucht, das Kriterium der Leichtfertigkeit genauer zu umschreiben, nach der die Leichtfertigkeit von der normalen Fahrlässigkeit abzugrenzen ist. *Uekötter* stellt nach Durchsicht der Gesetzgebung, der Rechtsprechung und der strafrechtlichen Literatur fest, dass die Leichtfertigkeit als Steigerung der normalen Fahrlässigkeit[137] oder als besonders schwerer Fall der Fahrlässigkeit[138] angesehen wird, vergleichbar oder (etwa) gleichgesetzt mit der groben Fahrlässigkeit im Zivilrecht.[139]

133 *Wegscheider*, aaO. Fn. 127, 624 (653).
134 *Wegscheider*, aaO. Fn. 127, 624 (654)
135 *Wegscheider*, aaO. Fn. 127, 624 (654).
136 *Wegscheider*, aaO. Fn. 127, 624 (655).
137 *Uekötter*, Das Merkmal Leichtfertigkeit, S. 173.
138 *Uekötter*, aaO. Fn. 136, S. 169
139 *Uekötter*, aaO. Fn. 136, S. 2.

Ausgehend von der Annahme, dass die Leichtfertigkeit ein schwererer Fall der Fahrlässigkeit ist, untersucht *Uekötter* die einzelnen Tatbestandsmerkmale des Aufbauschemas der Fahrlässigkeitsdelikte, um festzustellen, welche von ihnen in gesteigerter Form zur Abgrenzung der groben von der einfachen Fahrlässigkeit herangezogen werden können. Dabei mache es keinen Unterschied, ob der Begriff der Leichtfertigkeit als Merkmal eines erfolgsqualifizierten Deliktes oder als Merkmal eines nicht erfolgsqualifizierten Deliktes verwendet werde.[140]

Uekötter ist der Ansicht, dass die folgenden Elemente nicht abgestuft werden können: Weder die Elemente Erfolg, Kausalität oder objektiv vorhersehbarer Erfolg im Sinne des Rechtswidrigkeitszusammenhangs auf der Tatbestandsebene, noch alle Erlaubnistatbestände auf der Rechtswidrigkeitsebene, noch der Schuldvorwurf.[141]

Da das geschützte Rechtsgut Leben nicht quantifizierbar sei, sei es nicht möglich, fahrlässiges Verhalten zu graduieren, wenn es den Tod eines Menschen verursache.[142] Der Zusammenhang zwischen Handlung und Erfolg könne naturgesetzlich bejaht oder verneint werden; dasselbe gelte für die Rechtswidrigkeit.[143] Bei der Frage des Rechtswidrigkeitszusammenhangs könne nur bejaht oder verneint werden, ob derselbe Erfolg auch bei rechtmäßigem Verhalten eingetreten wäre, ebenso die objektive Vorhersehbarkeit im Sinne der objektiven Zurechnung hinsichtlich des atypischen Kausalverlaufs und die Rechtswidrigkeit.[144]

Ein qualifizierter Schuldvorwurf im Sinne von Gleichgültigkeit führe zu einer Bewertung des Tätercharakters. Dies gelte sowohl für Fälle, in denen der Täter aus Gleichgültigkeit nicht an eine Gefährdung des tatsächlich bedrohten Rechtsguts denke, als auch für Fälle, in denen der Täter seine Handlung einerseits in Kenntnis der Gefährlichkeit seines Verhaltens vornehme, andererseits aber in der Hoffnung, dass sich die Gefahr nicht verwirkliche.[145] Unter dem Gesichtspunkt des Rechtsgüterschutzes sei es unerheblich, ob der Täter aus völliger Gleichgültig-

140 *Uekötter*, aaO. Fn. 136, S. 174 f.
141 *Uekötter*, aaO. Fn. 136, S. 174-177, 182.
142 *Uekötter*, aaO. Fn. 136, S. 175.
143 *Uekötter*, aaO. Fn. 136, S. 176, 182.
144 *Uekötter*, aaO. Fn. 136, S. 177, 182.
145 *Uekötter*, aaO. Fn. 136, S. 185, 189.

keit oder aufgrund einer fehlerhaften Interessenabwägung seine eigenen Interessen auf Kosten des gefährdeten Rechtsguts eines anderen verfolge, auch wenn er dabei Gefahr in Kauf nehme.[146]

Leichtfertigkeit sei lediglich als erhöhte Sorgfaltswidrigkeit zu qualifizieren, die zu einem erhöhten Erfolgsrisiko führe[147]. Die Bewertung der Sorgfaltswidrigkeit hänge davon ab, inwieweit der Täter zum Zeitpunkt der Handlung, also ex ante, subjektiv Risikofaktoren für den inkriminierten Tatbestandserfolg erkannt habe. Die Reichweite der Täterkenntnis setze den Rahmen für die Bewertung von Handlungssituationen. Dabei werden diejenigen Momente aus der tatsächlich objektiv vorliegenden Situation als relevant erachtet, die für die Bewertung der Handlung von Bedeutung seien.[148] Obwohl auf diese Weise das Problem der Wahrscheinlichkeitsprognose entstehe und somit keine absolute Grenze für den Risikograd der Leichtfertigkeit gezogen werden könne, sei das Risikomaß, das durch eine sorgfaltspflichtwidrige Handlung hervorgerufen werde, ein Bezugspunkt, um den Fahrlässigkeitsgrad zu differenzieren.[149]

Als Beispiel nennt *Uekötter* den Juwelier-Fall[150] zur Erläuterung: Zwei mit ungeladenen Pistolen bewaffnete Täter brachen in ein Juweliergeschäft ein. Mit vorgehaltener Pistole forderten sie die Herausgabe von Schmuck und Bargeld. Obwohl einer der Täter die Inhaber darauf hinweist, dass ihnen nichts passieren werde, starb der 56-jährige Inhaber I., der an einer hochgradigen Verengung der Herzkranzgefäße litt, an einem Herzschlag. Der gesundheitliche Zustand des Inhabers I. war den Tätern nicht bekannt. In dieser Konstellation verneinte das Gericht eine leichtfertige Todesverursachung im Sinne von §251 StGB in der Fassung von 1974.

Daraus wandelt *Uekötter* eine Variante ab, in der bei gleicher objektiver Konstellation die Täter die Herzerkrankung des Opfers kennen. Im

146 *Uekötter*, aaO. Fn. 136, S. 188. In seinem Fazit räumt *Uekötter* allerdings ein, dass mit der Substantiierung der Risikokenntnis bei einem schuldfähigen Täter auch der Vorwurf des Verschuldens steigt. s. *Uekötter*, aaO. Fn. 136, S. 226.

147 *Uekötter*, aaO. Fn. 136, S. 181, 191.

148 *Uekötter*, aaO. Fn. 136, S. 226.

149 *Uekötter*, aaO. Fn. 136, S. 181.

150 OLG Nürnberg, Beschluß vom 04.09.1986 - Ws 696/86 = NStZ 1986, 556.

zweiten Fall liege zumindest nahe, leichtfertiges Verhalten anzunehmen.[151] Der Grund für die Bewertung einer Handlung als sorgfaltswidrig ist „maßgeblich abhängig vom Wissen des Handelnden um gefahrrelevante Umstände, um die Risikodimension des schließlich bis zum Erfolg führenden Kausalverlaufes."[152] „Je mehr der objektiv vorliegenden Risikofaktoren, die auf den Eintritt des tatbestandlich umschriebenen Erfolges hinwirken, dem Täter bekannt und wegen der Kenntnis der Handlungsbewertung zugrundezulegen sind, um so schwerer wiegt, sofern die Handlung ein unerlaubtes Risiko in sich bringt, der Sorgfaltsverstoß."[153]

Uekötter entwickelt ein Modell zur Erklärung der Stufen Vorsatz – Leichtfertigkeit – Fahrlässigkeit: Es werde angenommen, dass insgesamt zehn Faktoren die gesamte verfügbare Wissensbasis darstellen. Bei Kenntnis von 1 bis 2 Faktoren könne dem Täter kein Vorwurf der Sorgfaltspflichtverletzung gemacht werden. Ein Täter handele bei Kenntnis von 3 bis 5 Faktoren einfach fahrlässig, bei Kenntnis von 6 bis 8 Faktoren leichtfertig, und ab der Kenntnis von 9 Faktoren vorsätzlich. Wenn der Täter zwar Kenntnisse über die Risikofaktoren habe, jedoch keine Vorstellungen über den objektiv drohenden Erfolgseintritt seines Handelns habe, also keine Gefährlichkeitsprognose seines Handelns anstelle, handele er unbewusst fahrlässig. Ebenso liege Leichtfertigkeit vor, wenn er Kenntnis von neun Risikofaktoren habe. Daher bestehe in diesem Bereich eine Überschneidung der Wissensbasis von Leichtfertigkeit und Vorsatz. *Uekötter* erkennt jedoch an, dass dieses quantitative Modell nur als Denkmodell dient und in der Rechtsanwendung nicht hilfreich ist.[154] Die Abstufung werde schließlich nach normativen Kriterien vorgenommen, d.h. nach einer Interessenabwägung, die vom Wert des Rechtsgutes, dem Grad der Eignung und der Häufigkeit der Handlung sowie ihrer Bedeutung für das gesellschaftliche Leben abhängt.[155]

151 *Uekötter*, aaO. Fn. 136, S. 199.
152 *Uekötter*, aaO. Fn. 136, S. 202.
153 *Uekötter*, aaO. Fn. 136, S. 204.
154 *Uekötter*, aaO. Fn. 136, S. 207.
155 *Uekötter*, aaO. Fn. 136, S. 212, 213.

m) Yong Ki Park

Park analysiert die deutsche Rechtsprechung und Lehre zur Definition und Feststllung des Begriffs der Leichtfertigkeit im Lichte des von ihm geforderte modifizierten zweistufigen Deliktsaufbaus, nämlich das Unrecht und die Verantwortung. Dabei betont er die Bedeutung des Unrechts im Tatbestand und plädiert für ein Verantwortungskonzept, das „kriminalpolitisch-präventiv" und „strafzweckorientiert" ist. Er kritisiert die herkömmliche Vorwurfsschuldkonzeption und argumentiert, dass „bei der traditonellen Schuldkonzeption die Hypothesen der Willensfreiheit und des Andershandelnkönnens dogmatisch und empirisch nicht geischert sind".[156]

Das Aufbauschema von *Park* für Fahrlässigkeitsdelikte unterscheidet zwischen objektiven und subjektiven Aspekten auf beiden Unrechts- und Verantwortungsebenen. Auf der objektiven Unrechtsebene des Fahrlässigkeitsdelikts gehe es um die Feststellung der unerlaubten Gefahrenverwirklichung auf der Grundlage der einschlägigen Vorschriften, während es auf der subjektiven Unrechtsebene des Fahrlässigkeitsdelikts um die Feststellung der individuellen Erkennbarkeit möglicher Unrechtsverwirklichung gehe. Auf der Verantwortungsebene im Sinne eines präventiven Sanktionsbedürfnisses werden auf der objektiven Seite general- und spezialpräventive Gesichtspunkte berücksichtigt, gleichzeitig werde auf der subjektiven Seite die individuelle Erkennbarkeit des Unrechts in den Blick genommen, bei der die normrelevante Steuerungsfähigkeit des Täters erforderlich sei.[157]

Park hält Leichtfertigkeit für erhöhte Fahrlässigkeit.[158] Bei der Unrechtsqualifikation der Fahrlässigkeit müsse auf der objektiven Seite die qualifizierte Rechtswidrigkeit der Gefahrverwirklichung festgestellt werden, während auf der subjektiven Unrechtsebene die erhöhte Risikoerkennbarkeit festgestellt werden müsse.[159] Letzteres ist nach *Park* eher problematisch: Anhaltspunkte für die Feststellung der erhöhten Risikoerkennbarkeit seien „risikokenntnisrelevanten Daten"

156 *Park*, Die Leichtfertigkeit, S.38.
157 *Park*, aaO. Fn. 155, S. 191, 192.
158 *Park*, aaO. Fn. 155, S. 38, 194.
159 *Park*, aaO. Fn. 155, S. 194, 195.

zu berücksichtigen, und zwar den „risikokenntnisrelevante-taugliche physischpsychische Täterapparat“, die „risikorkenntnisrelevante zeitlich-räumlich Täterumgebung“, die „im Tatzeitpunkt dem Täter möglichen risikokenntnisrelevanten Verhaltensmöglichkeiten“, die „besonderen risikokenntnisrelevanten Tatumstände“, das „im Tatzeitpunkt schon vorhandene risikokenntnisrelevante Täterwerk“ und schließlich die „risikokenntnisrelevante Wechselbeziehung zwischen Täter und Täterumgebung“.[160] Bei der qualifizierten Verantwortungsebene sei auf der objektiven Seite die qualifizierte objektiv-präventive Sanktionsbedürftigkeit und auf der subjektiven Seite die erhöhte Unrechtseinsicht festzustellen.[161]

n) Christian Birnbaum

Nach der Analyse von Rechtsprechung und Literatur kommt *Birnbaum* zu dem Ergebnis, dass Leichtfertigkeit im Allgemeinen als gesteigerte Fahrlässigkeit angesehen wird. Anschließend untersucht *Birnbaum* die Steigerungsfähigkeit der Elemente des Fahrlässigkeitsdelikts und erläutert, wie eine solche Steigerung im Detail gestaltet sein könnte. Schließlich beschreibt er, wie sich die Steigerung einzelner Fahrlässigkeitselemente auf die anderen Elemente auswirkt.[162]

Auf der Tatbestandsebene sei zu prüfen, ob der Täter durch sein Verhalten pflichtwidrig eine Gefahr geschaffen habe und ob diese von ihm geschaffene Gefahr vorhersehbar zum Eintritt des tatbestandsmäßigen Erfolges geführt habe. Die Gefahrschaffung und Gefahrrealisierung zusammen begründen die objektive Zurechnung. Für die Rechtswidrigkeit sei das Vorliegen des Rechtfertigungsgrundes zugunsten des Täters zu ermitteln. Auf der Ebene der Schuld seien die individuelle Sorgfaltswidrigkeit und Vorhersehbarkeit zu prüfen.[163]

Von all diesen Elementen seien Steigerungen der Sorgfaltspflichtverletzung, genauer der Sorgfaltspflicht und der Vorhersehbarkeit, sowie Steigerungen des Schuldkriteriums, genauer der subjektiven Sorgfalts-

160 *Park*, aaO. Fn. 155, S. 195, 196.
161 *Park*, aaO. Fn. 155, S. 196.
162 *Birnbaum*, Die Leichtfertigkeit, S. 144, 145.
163 *Birnbaum*, aaO. Fn. 5, S. 146-160.

pflichtverletzung, der subjektiven Vorhersehbarkeit und der Unzumutbarkeit, möglich.[164]

Obwohl eine Steigerung des Erfolgs denkbar sei, könnte die Leichtfertigkeit nicht aus der Steigerung des Erfolgs resultieren, da der Tatbestand nicht nach der Intensität des Erfolges frage.[165]

Eine gesteigerte Sorgfaltspflichtverletzung liege vor, wenn entweder eine Sorgfaltspflicht von besonderem Gewicht verletzt werde oder eine Sorgfaltspflicht von geringerem Gewicht besonders intensiv verletzt werde. Eine besonders gewichtige Sorgfaltspflicht diene dem Schutz eines besonders wichtigen Rechtsgutes.[166] Mehrere geringfügige Pflichtverletzungen können in ihrer Gesamtheit eine gesteigerte Pflichtverletzung darstellen. Hier müssen auch das Sonderwissen und die Sonderfähigkeiten des Täters berücksichtigt werden. *Birnbaum* gibt zu, dass es nicht möglich ist, eine eindeutige allgemeine Zuordnung zwischen der Wichtigkeit der verletzten Pflicht und der Intensität der Pflichtverletzung herzustellen.[167] Entsprechend dem gesteigerten Sorgfaltspflichtverstoß liege eine gesteigerte Vorhersehbarkeit vor, wenn entweder die Verletzung eines besonders wichtigen Rechtsgutes erkennbar sei oder die Verletzung eines weniger wichtigen Rechtsgutes besonders nahe liege.[168]

Auf der Schuldebene findet *Birnbaum* für die Leichtfertigkeit kein spezielles Gesinnungsmerkmal. Für Leichtfertigkeit sei eine entsprechende persönliche Vorwerfbarkeit erforderlich, die dem objektiven Unwertgehalt entspreche. In diesem Sinne sei sie mit dem strafrechtlichen Gesinnungsmerkmal der Rücksichtslosigkeit zu vergleichen.[169] In Ausnahmesituationen könnte die persönliche Vorwerfbarkeit herabgesetzt werden, wenn der Täter aus nachvollziehbaren Gründen einen Moment des Versagens erlitten habe und dadurch die Aufmerksamkeit gemindert sei.[170]

164 *Birnbaum*, aaO. Fn. 5, S. 161, 162.
165 *Birnbaum*, aaO. Fn. 5, S. 163.
166 *Birnbaum*, aaO. Fn. 5, S. 164.
167 *Birnbaum*, aaO. Fn. 5, S. 192.
168 *Birnbaum*, aaO. Fn. 5, S. 197.
169 *Birnbaum*, aaO. Fn. 5, S. 208.
170 *Birnbaum*, aaO. Fn. 5, S. 202.

Im Nebenstrafrecht werden Eventualvorsatz und Leichtfertigkeit in der Regel mit den gleichen Rechtsfolgen belegt. In mindestens zwei Kernstrafrechtsbereichen führen Eventualvorsatz und Leichtfertigkeit tendenziell zu gleichen Rechtsfolgen: Einschränkungen des Notwehrrechts bei vorsätzlicher und leichtfertiger Herbeiführung der Notwehrlage[171] sowie die Unterbrechung des Zurechnungszusammenhangs bei vorsätzlichem und leichtfertigem Verhalten des Dritten[172]. *Birnbaum* ist daher der Auffassung, dass bewusste Leichtfertigkeit und Eventualvorsatz so nahe beieinander liegen, dass eine Abgrenzung schon theoretisch kaum möglich sei und praktisch der Willkür des Rechtsanwenders überlassen bleibe.[173]

Birnbaum vertritt die Auffassung, dass auf das voluntative Vorsatzelement verzichtet werden sollte und die Abgrenzung zwischen bewusster Fahrlässigkeit und Vorsatz nur auf kognitive Elemente beschränkt werden sollte. Das bedeute, dass der Vorsatz des Täters von seinem Wissen über den Erfolgseintritt abhänge: Vorsatz liege vor, wenn der Täter den Erfolgseintritt entweder für möglich (Möglichkeitstheorie) oder für wahrscheinlich (Wahrscheinlichkeitstheorie) halte oder wenn er das von ihm geschaffene Risiko erkenne (Risikotheorie).[174] Dies habe zur Folge, dass der Vorsatzbeweis auf die äußeren Umstände abstelle.[175] Für die praktische Rechtsanwendung ergeben sich daraus Schwierigkeiten: Einerseits impliziere dies, dass das objektive Unrecht, das der Leichtfertigkeit entspreche, auch Rückschlüsse auf die subjektiven Aspekte des bedingten Vorsatzes beim Täter zulässt.[176] Andererseits sei die Annahme von Leichtfertigkeit häufig der Fall, weil der Vorsatz nicht nachgewiesen werden könne.[177] Hier stelle sich die Frage, ob es legitim sei, dass der Gesetzgeber die Leichtfertigkeit eines Delikts reguliere, um nicht beweisbare Vorsatzdelikte aufzufangen. *Birnbaum* hält es für legitim, dass Beweisprobleme Einfluss auf das materielle Recht haben

171 *Birnbaum*, aaO. Fn. 5, S. 212.
172 *Birnbaum*, aaO. Fn 5, S. 213.
173 *Birnbaum*, aaO. Fn. 5, S. 214.
174 *Birnbaum*, aaO. Fn. 5, S. 215 - 218.
175 *Birnbaum*, aaO. Fn. 5, S. 219.
176 *Birnbaum*, aaO. Fn. 5, S. 233.
177 *Birnbaum*, aaO. Fn. 5, S. 247.

können, sofern dies nicht zu einer übermäßigen Vorverlagerung der Bestrafung führe und die Tatbestandsverwirklichung einen Unwert aufweise, der die Bestrafung rechtfertige.[178]

Für die Anwendung des Merkmal von Leichtfertigkeit bei erfolgsqualifizierten Delikten ist *Birnbaum* der Ansicht, dass das Kriterium der Leichtfertigkeit identisch mit dem bei Erfolgsdelikten sei. Es handele sich hierbei um die gesteigerte Pflichtwidrigkeit im Hinblick auf den Grundtatbestand und die gesteigerte Vorhersehbarkeit der Tatbestandsverwirklichung im Hinblick auf den qualifizierenden Erfolg.[179] Die Erfordernis des Unmittelbarkeitszusammenhangs bei erfolgsqualifizierten Delikten, die von Rechtsprechung und Lehre entwickelt wurde, sei bei der Anwendung des Leichtfertigkeitstatbestands entbehrlich. Beide beruhten auf dem gleichen Gedanken, nämlich der Schaffung einer gesteigerten Gefahr.[180]

Zusammenfassend ist *Birnbaum* optimistisch, dass sich der Tatbestand der Leichtfertigkeit im Strafrecht durchsetzen wird. Dies soll sowohl den Weg zur Entkriminalisierung der leichten Fahrlässigkeit ebnen als auch ein günstiges Instrument im Wirtschaftsstrafrecht darstellen.[181]

o) Gunnar Duttge

Duttge versucht, den Begriff der Fahrlässigkeit in der modernen Risikogesellschaft zu formulieren. Er analysiert die Rechtsprechung zu den Fahrlässigkeitsfällen im Hinblick auf die Erfüllung des Bestimmtheitsgebots und fasst zusammen, welche Gesichtspunkte nach Ansicht der Gerichte für den jeweiligen Sachverhalt entscheidend sind, damit das Tatbestandsmerkmal der Fahrlässigkeit erfüllt oder nicht erfüllt ist. Die in der Rechtsprechung zur Kennzeichnung strafbarer Fahrlässigkeit regelmäßig genannte „Sorgfaltspflichtverletzung“ beziehe sich nicht auf die jeweiligen konkreten Spezialnormen, sondern vielmehr auf das allgemeine Gebot der Rücksichtnahme auf andere Rechtsgüter

178 *Birnbaum*, aaO. Fn. 5, S. 239, 242, 248.
179 *Birnbaum*, aaO. Fn. 5, S. 276.
180 *Birnbaum*, aaO. Fn. 5, S. 278.
181 *Birnbaum*, aaO. Fn. 5, S. 281.

und deren Nichtbeeinträchtigung. Eine Verletzung dieser allgemeinen Sorgfaltspflicht stelle einen Erfolgsunwert dar. Um nur Vermeidbares vorwerfen zu können, verlange die Rechtsprechung eine „triftige Veranlassung", die gerade mit der drohenden Rechtsgutverletzung rechnen müsse. Es müssen also „besondere Umstände" in der jeweiligen Situation vorliegen, die dem Betroffenen die akute Gefahr aufzeigen, sich ihm aufdrängen und ihn zu einer Reaktion veranlassen müssen. Der Fahrlässigkeitsvorwurf beziehe sich darauf, dass trotz triftigen Anlasses die weitere Entwicklung in Richtung auf eine Rechtsgutsverletzung nicht oder nicht rechtzeitig unterlassen wurde. Wenn eine solche „Veranlassung" nicht gegeben sei, könne man sich darauf verlassen, dass das eigene Verhalten nicht gefährlich gewesen sei und dass das Ergebnis nicht schädlich sei.[182]

Um die Bedeutung des „Veranlassungsmoments" näher zu bestimmen, bezieht sich *Duttge* auf die Kognitionspsychologie. Gefahren können ohne ein geeignetes Sinnesorgan aufgrund der Komplexität, der begrenzten Leistungsfähigkeit und der Täuschungsanfälligkeit der menschlichen Wahrnehmungs- und Verarbeitungsprozesse nicht direkt wahrgenommen werden. Die Aufmerksamkeit werde durch sog. „Signalfaktoren" errege, die als „Gefährdungsindikatoren" das angestrebte ontologische Substrat des Fahrlässigkeitsurteils bilden. Das jeweilige Warnsignal werde befragt, „ob es je nach Abstraktionsgrad anschaulich, ob es zugänglich und (un-)kodiert und im Hinblick auf Zeitpunkt und Zeitdauer seines Auftretens erwartbar gewesen ist, ob es eine bestimmte Wahrscheinlichkeit oder Höhe der Schadensfälle signalisiert hat, ob die Wahrnehmbarkeit von dritten Personen abhängig und eine ausreichende Vorwarnzeit vorhanden gewesen ist."[183] Je deutlicher die Gefahr anhand dieser Kriterien dargestellt werde, desto eher könne sie von den Betroffenen erkannt und abgewendet werden und desto eher sei das Urteil „fahrlässig" gerechtfertigt.[184]

Im Vergleich zu dieser oben dargestellten Analyse des Veranlassungsmoments in einfachen Fahrlässigkeitsfällen in der Rechtspre-

182 *Duttge*, Zur Bestimmtheit des Handlungsunwerts von Fahrlässigkeitsdelikten, S. 357, 493.
183 *Duttge*, aaO. Fn. 181, S. 494.
184 *Duttge*, aaO. Fn. 181, S. 495.

chung unterscheide sich die Auslegung des Veranlassungsmoments in der Strafrechtslehre erheblich, da sie das Veranlassungsmoment nur bei Leichtfertigkeit sehe.[185] Leichtfertigkeit liege nach strafrechtlicher Lehre vor, wenn eine Gefahr so groß sei, dass sich dem Täter ihre Verwirklichung geradezu aufdränge, er also eine nahe liegende Möglichkeit des Erfolgseintritts nicht erkenne, obwohl er zu besonderer Sorgfalt Anlass habe. Dies umschreibt nach *Duttge* im Grunde den Pflichtverstoß, den jede Fahrlässigkeit mit sich bringt. Diese Auslegung stehe auch im Einklang mit der von einigen Wissenschaftlern vertretenen Auffassung, die Leichtfertigkeit zur Grundlage der Strafverfolgung zu machen und leichte Fahrlässigkeit zu entkriminalisieren.[186] Während einfache Fahrlässigkeit auf einem zureichenden Veranlassungsmoment beruhe, erfordere Leichtfertigkeit ein gesteigertes Veranlassungsmoment.[187]

Ausgehend von kognitionspsychologischen Erkenntnissen entwickelt *Duttge* ein Modell, das Gefahrenindikatoren in acht Kategorien einteilt: Anschaulichtkeit, Zugänglichkeit, Kodierung, Zeitpunkt/-raum/Regelmäßigkeit, Gefährdungswahrscheinlichkeit, signalisierte Schadensfolge, Abhängigkeit der Wahrnehmbarkeit von Dritten, und Vorwarnzeit.[188] Jede Kategorie bildet die „Wertigkeit" der Wahrnehmbarkeit in vier Stufen in abnehmender Folge (wobei Stufe 1 die höchste Wertigkeit darstellt) ab. Erst wenn im Durchschnitt aller Wahrnehmungskategorien die zweite Wahrnehmbarkeitsstufe, nämlich Stufe 2, erreicht wird, kann von Fahrlässigkeit gesprochen werden.[189] *Duttge* weist darauf hin, dass Fahrlässigkeit ein typologischer Begriff ist. Vor allem wird jetzt eine Verhaltensnorm als Fahrlässigkeit erkennbar, die das Handeln trotz ausreichender Warnsignale verbietet.[190]

Duttge räumt ein, dass das Merkmal des „Sich-Aufdrängens" nach geltender Rechtslage nicht als Merkmal der Leichtfertigkeit angesehen werden kann, auch wenn es sich um einfache Fahrlässigkeit handelt.

185 *Duttge*, aaO. Fn. 181, S. 386.
186 *Duttge*, aaO. Fn. 181, S. 387.
187 *Duttge*, aaO. Fn. 181, S. 388.
188 *Duttge*, aaO. Fn. 181, S. 410 - 423.
189 *Duttge*, aaO. Fn. 181, S. 437.
190 *Duttge*, aaO. Fn. 181, S. 423, 495

Auf dieser Grundlage sei ein nochmals erhöhter Sorgfaltsmaßstab zu fordern, d.h. es liege ein besonders gewichtiges „Veranlassungsmoment“ vor, das in allen Merkmalsausprägungen die höchste Bewertungsstufe erfordere.[191] Dadurch werde der Mittelwert der Merkmalsausprägungen deutlich auf den Durchschnitt 1,5 angehoben und hebe sich damit vom Basismaß der Fahrlässigkeit ab.[192]

p) Joachim Vogel

Um Vorschläge für eine einheitliche europäische Regelung des Wirtschaftsstrafrechts zu machen, untersucht *Vogel* zuerst die subjektiven Tatbestandsmerkmale in den verschiedenen Rechtsordnungen der EU-Mitgliedstaaten. Da es zum einen fragwürdig sei, leichteste Fahrlässigkeit unter Strafe zu stellen und zum anderen die Grenze zwischen Vorsatz und Fahrlässigkeit, insbesondere zwischen bedingtem Vorsatz und bewusster Fahrlässigkeit, schwierig zu ziehen sei, plädiert *Vogel* für die Einführung eines dreistufigen subjektiven Tatelementes im europäischen Wirtschaftsstrafrecht, nämlich Vorsatz, Leichtfertigkeit und Fahrlässigkeit.[193] In Artikel 6 der empfohlenen Europa-Delikte werden Fahrlässigkeit und Leichtfertigkeit so definiert: „1. Fahrlässig handelt, wer bei Begehung der Tat kein Tatbewusstsein hat, dieses aber bei Anwendung pflichtgemäßer Sorgfalt hätte haben können, oder wer zwar mit Tatbewusstsein handelt, jedoch pflichtwidrig darauf vertraut, dass die in Artikel 5 Absatz 1 Satz 2 genannten Tatsachen nicht gegeben sind oder nicht eintreten. 2. Leichtfertig handelt, wer in besonderem Maße pflichtwidrig und aus besonderem Leichtsinn oder besonderer Gleichgültigkeit fahrlässig im Sinne des Absatzes 1 handelt. 3. Bei leichter Fahrlässigkeit kann der Richter von Strafe absehen.“[194]

Leichtfertigkeit sei eine qualifizierte und »vorsatz-nahe« Form der Fahrlässigkeit. Sie setze voraus, dass die Bedingungen der unbewussten oder bewussten Fahrlässigkeit erfüllt seien, und dass objektiv eine

191 *Duttge*, aaO. Fn. 181, S. 388; MüKoStGB/*Duttge*, StGB § 15 Rn. 196.
192 MüKoStGB/*Duttge*, StGB § 15 Rn. 197.
193 *Vogel*, in *Tiedemann* (Hrsg.), Wirtschaftsstarfrecht in der Europäischen Union, 125 (141).
194 s. Tatbestandsvorschläge des Europa-Delikts in *Tiedemann* (Hrsg.), Wirtschaftsstrafrecht in der Europäischen Union, 456.

besonders schwere Pflichtverletzung vorliege, die subjektiv auf besonderem Leichtsinn oder Gleichgültigkeit beruhe.[195] Es sei darauf hinzuweisen, dass »Vorsatznähe« bedeute, dass es unter den gegebenen Umständen naheliegend gewesen wäre, Vorsatz anzunehmen. Dies bedeute jedoch nicht, dass Fahrlässigkeit auf bewusste Fahrlässigkeit beschränkt sei.[196]

Vogel räumt ein, dass die Abgrenzung zwischen bedingtem Vorsatz und bewusster Fahrlässigkeit schwierig ist. Die Abgrenzung zwischen bedingtem Vorsatz und bewusster Fahrlässigkeit könne jedoch negativ definiert werden, indem der bedingte Vorsatz auf das Fehlen des für die bewusste Fahrlässigkeit charakteristischen ernsthaften Vertrauens in das Ausbleiben der Tatbestandsverwirklichung abstelle.[197]

Im LK- StGB führt *Vogel* aus, dass Kriterien wie die besonders leichte Erkennbarkeit, die Aufdrängung der Tatbestandsverwirklichung oder das „besonders gewichtige Veranlassungsmoment“[198] bei der Definition der Leichtfertigkeit eine Rolle spielen. Es sei zu betonen, dass eine gefährliche Handlung allein nicht ausreiche, um Leichtfertigkeit zu begründen, sondern nur, wenn sich die Gefährlichkeit aufdränge.[199]

q) Hennig Radkte

In seinem Beitrag über die restringierende Funktion des Leichtfertigkeitelements bei erfolgsqualifizierten Delikten, besonders bei todeserfolgsqualifizerten Delikten, nimmt *Radtke* die Begründung von E 1962 zum Ausgangspunkt, um das Element der Leichtfertigkeit zu untersuchen. Die in der Begründung aufgeführten Kriterien zeigen, dass Leichtfertigkeit in Konstellationen von unbewusster Fahrlässigkeit und bewusster Fahrlässigkeit vorkommen kann.[200]
Im Vergleich zur bewussten Fahrlässigkeit sei es schwieriger, eine gesteigerte Form der unbewussten Fahrlässigkeit zu formulieren, da

195 *Vogel*, aaO. Fn. 192, 125 (145).
196 LK-StGB/*Vogel*, 12. Aufl. 2007, § 15 Rn. 297.
197 *Vogel*, aaO. Fn. 192, 125 (145).
198 MüKoStGB/*Duttge*, StGB § 15 Rn. 191.
199 LK-StGB/*Vogel*, 12. Aufl. 2007, § 15 Rn. 297.
200 *Radtke*, FS-Jung, 2007, 737 (742, 743).

bei der unbewussten Fahrlässigkeit der Entschluss fehle, ein Rechtsgut zu verletzen. Daher geht er näher auf das Kriterium der Leichtfertigkeit bei unbewusster Fahrlässigkeit ein.[201] Wie *Wegscheider* ist auch *Radtke* der Ansicht, dass das Hauptkriterium in der Vorhersehbarkeit des Erfolgseintritts besteht, da bei erfolgsqualifizierten Delikten der Sorgfaltsverstoß bereits durch die Verwirklichung des Grunddelikts erfüllt ist.[202] Auf der anderen Seite sei eine nachträgliche Prognose ex ante, entweder vage oder in der Praxis schwierig durchzuführen. Bei der Durchführung dieser höchst künstlichen Operation ergeben sich drei Probleme: erstens die Unterschätzung der Komplexität der Situation und die Überschätzung der Möglichkeit rationaler Entscheidungsabwägungen zum Zeitpunkt des Handelns, zweitens der creeping determinism, also die Unmöglichkeit, Ereignisse, die nach dem Zeitpunkt der Handlung bekannt werden, auszublenden, und drittens die Beeinflussung der Bewertung durch die Schwere der Handlungsfolgen, die zum Zeitpunkt der Bewertung, nicht aber zum Zeitpunkt des Handelns bekannt sind. Es sei daher wichtig, eine Formulierung zu finden, die diese Schwierigkeit der Zurechnung von Verantwortlichkeiten verringert.[203]

Eine Lösung findet *Radtke* in der Verschärfung des Erfordernisses des spezifischen Gefährdungszusammenhangs zwischen Grunddelikt und qualifiziertem Erfolg. Die erhöhte Vorhersehbarkeit im Rahmen der Leichtfertigkeit müsse eine überdurchschnittliche Erkennbarkeit eines grunddeliktsspezifischen Todesrisikos betreffen.[204] Erhöhte oder erleichterte Erkennbarkeit setze daher typischerweise voraus, dass konkrete Umstände in der Handlungssituation des Täters *Anlass* geben, die naheliegende Möglichkeit des Eintritts der schweren Folge in Betracht zu ziehen.[205] Der Anlass könne sich entweder daraus ergeben, dass der Täter von den gefahrerhöhenden Umständen wisse, oder dass diese für ihn auf der Hand lägen.[206]

201 *Radtke*, aaO. Fn. 199, 737 (743, 744).
202 *Radtke*, aaO. Fn. 199, 737 (745).
203 *Radtke*, aaO. Fn. 199, 737 (746)
204 *Radtke*, aaO. Fn. 199, 737 (747).
205 *Radtke*, aaO. Fn. 199, 737 (748).
206 *Radtke*, aaO. Fn. 199, 737 (748).

Die Leichtfertigkeit bei bewusster Fahrlässigkeit begründe sich aus der konkreten Vorstellung des Täters von der Möglichkeit des Eintritts der schweren Folge, wenn diese Vorstellung auf dem Wissen beruhe, dass in der Handlungssituation ein erhöhtes Todesrisiko bestehe.[207]

r) Johannes Lohmeyer

Ausgehend von der Einteilung des Vorsatzbegriffs in drei Klassen, dolus directus 1., dolus directus 2. und dolus eventualis, diskutiert *J. Lohmeyer*, ob auch der Begriff der Fahrlässigkeit in verschiedene Klassen eingeteilt werden kann. Innerhalb der Fahrlässigkeit könne, ähnlich wie beim Vorsatz, nach unterschiedlichem Unrechtsgehalt abgestuft werden.[208] So werde in vielen Paragraphen von Leichtfertigkeit gesprochen.[209]

Nach einer Analyse der Definitionen der Leichtfertigkeit im § 18 E 1962[210] und in der Literatur stellt *J. Loymehr* fest, dass die Abstufung eines oder mehrerer Elemente der einfachen Fahrlässigkeit keine genaue Abgrenzung der Leichtfertigkeit von Fahrlässigkeit und Vorsatz biete.[211] Vielmehr sei es das Element des „Sich-Aufdrängens" der Tatbestandsverwirklichung, das den Unterschied ausmache[212]: „Der Täter verhält sich leichtfertig, wenn der Erfolgseintritt im entscheidenden Moment für ihn so naheliegend war, dass er sich ihm hätte aufdrängen müssen. Das Sich-Aufdrängen der Tatbestandsverwirklichung liegt dann vor, wenn der Täter nach seinem Kenntnisstand und seinen Einschätzungsmöglichkeiten im verhaltensrelevanten Zeitpunkt ohne weiteres zu dem Schluss hätte kommen müssen, dass sein Verhalten zu einer bestimmten Schädigung führen kann."[213] Das Merkmal des Sich-Aufdrängens zeige eine gesteigerte subjektive Erkenntnisfähigkeit bei gleichzeitiger fälschlicher Verharmlosung der möglichen Folgen des eigenen Verhaltens. Dies führe zu einem höheren Gewicht des Verhal-

207 *Radtke*, aaO. Fn. 199, 737 (750).
208 *J. Lohmeyer*, Fahrlässige Tötungen, S. 53.
209 *J. Lohmeyer*, aaO. Fn. 207, S. 54.
210 BT-Drucks IV/650, S. 14.
211 *J. Lohmeyer*, aaO. Fn. 207, S. 120 ff., 124.
212 *J. Lohmeyer*, aaO. Fn. 207, S. 129.
213 *J. Lohmeyer*, aaO. Fn. 207, S. 133.

tensunrechts des Täters, was eine schwerere Bestrafung im Vergleich zur Fahrlässigkeit rechtfertige.[214] Das Merkmal des „Sich-Aufdrängens“ trete nicht nur bei bewusster Fahrlässigkeit mit erhöhtem Erfolgswissen auf, sondern auch bei unbewusster Fahrlässigkeit. Der unbewusst fahrlässig handelnde Täter könne sich aus Unbekümmertheit so verhalten, dass die Annahme von Leichtfertigkeit nicht von vornherein ausgeschlossen werden könne.[215]

Mit dieser Abstufung der Fahrlässigkeit schlägt *J. Lohmeyer* die Entkriminalisierung der unbewussten geringfügigen Fahrlässigkeit und die Einführung der allgemeinen leichtfertigen Tötung[216] in das StGB vor. Mit der Einführung des allgemeinen Tatbestands der leichtfertigen Tötung sollte die Todesqualifikation abgeschafft werden, da die Idealkonkurrenz zwischen dem bisherigen Grunddelikt und der leichtfertigen Tötung das erfolgsqualifizierte Delikt ersetzen kann.[217]

s) Georg Steinberg

Steinberg zeigt in seinem Beitrag zwei wichtige Fragen zur Leichtfertigkeit auf: Zum einen gehe es um die rechtspolitische Sachgerechtigkeit, die es erforderlich mache, Strafnormen, die das Merkmal der Leichtfertigkeit aufweisen, zu streichen, also nur noch die vorsätzliche Tatbestandsverwirklichung zu bestrafen. Zum anderen gehe es um die Kritik, ob das Merkmal der Leichtfertigkeit die Grenze zur einfachen Fahrlässigkeit sinnvoll ziehe.[218] Um diese Fragen zu beantworten, analysiert *Steinberg* die Rechtsprechung, um festzustellen, ob das Merkmal der Leichtfertigkeit in der Praxis gut gehandhabt wird.

214 *J. Lohmeyer*, aaO. Fn. 207, S. 131, 135.
215 *J. Lohmeyer*, aaO. Fn. 207, S. 128.
216 Die von *J. Lohmeyer* vorgeschlagene Regelung lautet: „§ 222a StGB Leichtfertig Tötung (1) Wer leichtfertig den Tod eines Menschen verursacht, wird mit Freiheitsstrafe von einem bis zu zehn Jahren bestraft. (2) Leichtfertig verhält sich, wer angesichts der vorgefundenen Sachlage die nach seinen individuellen Verhältnissen vorhersehbare, vermeidbare und von Rechts wegen zu vermeidende Möglichkeit der nicht gerechtfertigten Tatbestandsverwirklichung schafft oder nicht abwendet, obwohl sich ihm aufgrund seines Kenntnisstandes und seinen Einschätzungsmöglichkeiten die naheliegende Möglichkeit der Tatbestandsverwirklichung geradezu hätte aufdrängen müssen.“ *J. Lohmeyer*, aaO. Fn. X, S. 137.
217 *J. Lohmeyer*, aaO. Fn. 207, 180.
218 *Steinberg*, ZStW 2019 (131), 888 (891).

Ausgehend von *Duttges* Auffassung, dass Leichtfertigkeit als objektiv gesteigerte Fahrlässigkeit ein „besonders gewichtiges Veranlassungsmoment" sei und dass die besonders gesteigerte Sorgfaltspflichtverletzung und die damit verbundene besonders gesteigerte objektive Erfolgsvorhersehbarkeit Voraussetzungen für Leichtfertigkeit seien, untersucht *Steinberg* die Begründung der Rechtsprechung daraufhin, ob sie die Feststellung des Merkmals der Leichtfertigkeit tragfähig rechtfertigt.[219]

Nach einer Durchsicht der Rechtsprechung kommt *Steinberg* zu dem Schluss, dass die Rechtsprechung die Leichtfertigkeit eindeutig als gesteigerte objektive Fahrlässigkeit interpretiere, bei der ein besonders gewichtiges Veranlassungsmoment erforderlich sei, und die Abgrenzung zur einfachen Fahrlässigkeit so sicher und eindeutig bewältige, dass der Maßstab der Leichtfertigkeit unabhängig vom verletzten Rechtsgut stets derselbe sei. Kennzeichnend für die Leichtfertigkeit sei nicht der Rang des Rechtsguts, sondern der durch eine besonders grobe Pflichtverletzung verursachte hohe Grad der Gefahr, also das ganz besondere Veranlassungsmoment.[220]

Steinberg beginnt mit der Analyse der Rechtsprechung zu Todeserfolgsqualifikationen bei genauer Betrachtung wie folgt: Beim Raub mit Todesfolge in § 251 StGB bejahe der BGH in vier Konstellationen das Erfordernis der Leichtfertigkeit: Erstens, wenn ein Sachverhalt vorliege, in dem die Täter den Opfern massive und evident lebensgefährliche Körperverletzungen jeweils mit tödlichem Ausgang zugefügt hätten. Zweitens in den Fälle der Verursachung einer Tötung durch Schusswaffen. Drittens, wenn das Opfer, insbesondere ein älterer Mensch, an den Folgen einer Fesselung und Atembeeinträchtigung gestorben sei. Viertens: In der Konstellation, in der die Tathandlung rein körperlich gesehen ungefährlich sei, die Opfer aber dennoch vor Angst gestorben seien. Hier bedürfe es eines Anlasses, der objektiv erkennbar mache, dass das Opfer in besonderer Weise psychisch schutzbedürftig sei.[221] Unter diesen vier Konstellationen findet *Steinberg* die Vorhersehbarkeit

219 *Steinberg*, aaO. Fn. 217, 888 (910).
220 *Steinberg*, aaO. Fn 217, 888 (954-956).
221 *Steinberg*, aaO. Fn. 217, 888 (894-898).

des Erfolgs und damit das Veranlassungsmoment insgesamt offensichtlich massiv erhöht.

Angesichts der Lebensgefährlichkeit des Feuers, der Möglichkeit seiner raschen Ausbreitung in einem Mehrfamilienhaus und der Tatzeit (Schlafenszeit) bejahte der BGH die Leichtfertigkeit bei Brandstiftung mit Todesfolge im Sinne des § 306c StGB.[222] Bei der unerlaubten Überlassung von Betäubungsmitteln mit Todesfolge (§ 30 Abs. 1 Nr. 3 BtMG) stellte der BGH fest, dass nicht nur die Überlassung eines nach Menge und Konzentration lebensgefährlichen Betäubungsmittels den objektiven Vorwurf der Leichtfertigkeit begründe, sondern auch besondere Umstände vorliegen müssen, bei denen sich die Möglichkeit des Todeseintritts hinreichend aufdränge.[223] Diese Begründung des BGH passt zu der Auffassung von *Duttge*.[224]

Die weitere Analyse der Rechtsprechung in Bezug auf die Leichtfertigkeit wird im Hinblick auf die Art des Irrtums gegliedert. Die Rechtsprechung bejahe die Leichtfertigkeit mangels gegenteiliger Anhaltspunkte in der Regel, wenn die leicht vermeidbare Unkenntnis der Rechtslage (Rechtsumstandsirrtum) den Kernbereich des vom Täter ausgeübten Berufs betreffe, weil sich die Intensität der Pflichtverletzung aus ihrer leichten Vermeidbarkeit ergebe und sich die Gefahr des Erfolgseintritts in der Regel geradezu aufdränge.[225] Auch beim Sachumstandssirrtum liege Leichtfertigkeit zugrunde, wenn der Irrtum dem Täter im Kernbereich seiner Berufstätigkeit leicht vermeidbar unterlaufe.[226]

Wenn es sich um eine Konstellation handele, in der man sich auf die Tätigkeit anderer verlasse, werde die Feststellung der Leichtfertigkeit nach den Umständen gegliedert. Handele es sich um ein allgemeines Verhalten des anderen, so könne es als Ausprägung des Vertrauensgrundsatzes angesehen werden, dass man sich auf dessen Rechtskonformität verlassen dürfe, solange keine gegenteiligen Anhaltspunkte vorliege. Bediene man sich jedoch zur Erfüllung der eigenen Rechts-

222 *Steinberg*, aaO. Fn. 217, 888 (900).
223 *Steinberg*, aaO. Fn. 217, 888 (905).
224 *Steinberg*, aaO. Fn 217, 888 (910).
225 *Steinberg*, aaO. Fn. 217, 888 (956).
226 *Steinberg*, aaO. Fn. 217, 888 (957).

pflichten der Mitwirkung eines anderen, so stelle sich die Frage nach der Leichtfertigkeit deshalb, weil man die eigenen Rechtspflichten nicht vollständig an einen anderen delegieren könne und eine Pflicht zur Überprüfung der Arbeit des anderen bestehe. Komme man dieser Überprüfungspflicht nicht nach, liege Leichtfertigkeit vor. Inwieweit eine Überprüfung zumutbar sei, hänge von der Kompetenz des Delegierten ab. Die Kontrolle sollte umso detaillierter sein, je weniger kompetent der Delegierte ist.[227]

Geht es um die mangelnde persönliche Eignung des Täters, so ist die Beurteilung geteilt: Tritt der Täter freiwillig in einen Pflichtenkreis ein, ohne sich vorher die erforderlichen Kenntnisse verschafft zu haben, so liege der Vorwurf der Leichtfertigkeit vor. Entlastend wirken hingegen bei unfreiwilligem Eintritt in den Pflichtenkreis Defizite in der Person des Täters.[228]

Unter dem Gesichtspunkt, dass die Rechtsprechung eine Abgrenzung zwischen einfacher Fahrlässigkeit und Leichtfertigkeit vornehmen könne, kommt *Steinberg* zu dem Ergebnis, dass Leichtfertigkeit eine zukunftsfähige Größe im Wirtschaftsstrafrecht sei.[229]

2 Fazit der Stellungnahmen in der deutschen Literatur

Aus der vorstehenden Einführung in die Lehre von der Leichtfertigkeit ist es nicht schwer zu erkennen, dass es unterschiedliche Auffassungen darüber gibt, wie Leichtfertigkeit zu definieren und zu charakterisieren ist. Im Allgemeinen wird Leichtfertigkeit als eine gesteigerte Form der Fahrlässigkeit betrachtet. Ausnahmsweise befürworten einige Lehrmeinungen die Einführung einer eigenständigen dritten Stufe des subjektiven Tatbestandes. So argumentiert *Wegend*, dass Leichtfertigkeit, die bewusste Fahrlässigkeit mit dolus eventualis verbindet, unabhängig von

227 *Steinberg*, aaO. Fn. 217, 888 (958-960).
228 *Steinberg*, aaO. Fn. 217, 888 (961).
229 *Steinberg*, aaO. Fn. 217, 888 (966).

(unbewusster) Fahrlässigkeit und (direktem) Vorsatz eine neue dritte subjektive Stufe bildet.[230]

Unter der Prämisse, dass Leichtfertigkeit eine Form der Fahrlässigkeit ist, wird auch vorgeschlagen, dass Leichtfertigkeit in den verschiedenen Rechtsgebieten unterschiedlich definiert werden sollte, wie z.B. von *H. Lohmeyer*[231] und *Maurach*[232]. Demgegenüber wird in der herrschenden Meinung und Rechtsprechung die Auffassung vertreten, dass es eine einheitliche Auslegung des Begriffs der Leichtfertigkeit gibt.

In Bezug auf die Fragestellung, ab welchem Punkt eine Steigerung der Leichtfertigkeit gegenüber der einfachen Fahrlässigkeit angenommen werden kann, bestehen unterschiedliche Meinungen. Ältere Auffassungen stellten auf die erhöhte Fahrlässigkeitsschuld bzw. auf die erhöhte Verwerflichkeit der Gesinnung des Täters ab[233], so z.B. das Kriterium von *H. Lohmeyer*, dass leichtfertig handelt, wer aus besonderer Sorglosigkeit oder Gleichgültigkeit fahrlässig handelt[234]; ein darüber hinausgehendes schuldhaftes Verhalten nach *Kopacek*[235]; besondere Sorglosigkeit nach *Mahlberg*[236]; *Maurachs* Ansicht, dass der Leichtfertigkeitsstandard, also Rücksichtslosigkeit, gegeben ist, wenn der Täter aus eigensüchtigen Beweggründen in frevelhafter Weise Menschen in akute Lebensgefahr bringt[237].

Heute steht jedoch vor allem das erhöhte Fahrlässigkeitsunrecht im Vordergrund.[238] So ist z.B. nach *Tenckhoff*[239], *Wegscheider*[240] und *Birnbaum*[241] Leichtfertigkeit zu bejahen, wenn der Täter die erforderliche Sorgfalt in schwerem Maße verletzt, insbesondere wenn die Wahrscheinlichkeit des Erfolgseintritts hoch ist, wobei auch die persönlichen Kenntnisse und Fähigkeiten zu berücksichtigen sind. Bei der

230 *Weigend*, aaO. Fn. 113, 657 (688, 692, 693).
231 *H. Lohmeyer*, aaO. Fn. 42, 1798.
232 *Maurach*, aaO. Fn. 64, 403 (415).
233 LK-StGB/*Vogel/Bülte*, Band 1, 13. Aufl. 2020, § 15 Rn. 296.
234 *H. Lohmeyer*, aaO. Fn. 42, 1798 (1799).
235 *Kopacek*, aaO. Fn. 50, 446 (447).
236 *Mahlberg*, aaO. Fn. 55, S. 89, 90.
237 *Maurach*, aaO. Fn. 64, 403 (417).
238 LK-StGB/*Vogel/Bülte*, 13. Aufl. 2020, § 15 Rn. 296.
239 *Tenckhoff*, aaO. Fn. 79, 897 (911, 912).
240 *Wegscheider*, aaO. Fn. 127, 624 (655).
241 *Birnbaum*, aaO. Fn. 5, 2000, S. 197.

Feststellung eines erhöhten Fahrlässigkeitsunrechts ist insbesondere von einer Verletzung besonders großer oder besonders schwerer Sorgfaltspflicht, von Verletzung mehrerer Sorgfaltspflichten oder von einer besonders gefährlichen Verletzung einer Sorgfaltspflicht auszugehen.[242] Allerdings wird auch die Gewichtung im ersten Fall kritisiert, da aus Sicht des geschützten Rechtsguts alle Sorgfaltspflichtverletzungen, die zu einem bestimmten Erfolg führen, als gleich relevant angesehen werden.[243] Demgegenüber legen einige Lehren den Schwerpunkt auf die besonders leichte Erkennbarkeit des Erfolgseintritts, z.B. das „besonders gewichtige ‚Veranlassungsmoment'"[244] oder das Sich-Aufdrängen der Tatbestandsverwirklichung[245]. Dabei genügt für die Bestimmung der Leichtfertigkeit nicht die besonders gefährliche Handlung als solche, sondern eine Handlung ist nur leichtfertig, wenn sich die Gefährlichkeit aufdrängt.

III Fazit zur Entwicklung und Diskussion der Leichtfertigkeit im deutschen Strafrecht

Dieser Überblick über das deutsche Recht und die deutsche Lehre zeigt, dass die überwiegende Lehrmeinung darin übereinstimmt, dass es sich bei der Leichtfertigkeit um eine gesteigerte Form der Fahrlässigkeit handelt. Umstritten sind jedoch die Kriterien, nach denen diese „gesteigerte" Fahrlässigkeit verschärft werden sollte: Handelt es sich um eine objektive Verschärfung der Tatbestandsmerkmale? Oder um eine subjektive Verschärfung? Zu diesen Fragen werden unterschiedliche Beurteilungsmaßstäbe vorgestellt. Es ist daher wichtig, die Möglichkeit der gesteigerten Elemente, die Fahrlässigkeitsdelikt aufbauen, näher zu analysieren.

242 LK-StGB/*Vogel/Bülte*, 13. Aufl. 2020, § 15 Rn. 296; BT-Drucks IV/650, S. 14.
243 LK-StGB/*Vogel/Bülte*, aaO. Fn. 241.
244 MüKoStGB/*Duttge*, 5. Aufl. 2024, § 15 Rn. 191; *Radtke*, aaO. Fn. 191, 737 (741).; *Steinberg*, aaO. Fn. 217, 888 (910).
245 *J. Lohmeyer*, aaO. Fn. 217, S. 129, 133.

D Eigener Ansatz zur Leichtfertigkeit

Anhand der Analyse der historischen Entwicklung des Merkmals der Leichtfertigkeit in Deutschland und der wissenschaftlichen Diskussion lässt sich erkennen, dass eine grobe Einigkeit darin besteht, in Leichtfertigkeit eine gesteigerte Fahrlässigkeit zu sehen.

Im Folgenden soll ein eigener Ansatz zur inhaltlichen Bestimmung von Leichfertigkeit entwickelt werden, der insbesondere von der Suche nach in der Praxis handhabbaren Kriterien ausgeht. Angesichts der Überlastung der Rechtspraxis wäre es zweckmäßig, klare Kriterien für die Unterscheidung zwischen Leichtfertigkeit und Fahrlässigkeit festzulegen oder zumindest praktische Anhaltspunkte für die Unterscheidung zwischen den Kategorien zu geben.

Nachahmenswert ist der analytische Ansatz von *Uekötter*[1] und *Birnbaum*[2]: Ausgehend von der herkömmlichen Auffassung[3] zur Struktur der Fahrlässigkeit werden die einzelnen Elemente des Aufbauschemas der Fahrlässigkeitsdelikte daraufhin untersucht, welche von ihnen in erhöhtem Maße zur inhaltlichen Präzisierung des Leichtfertigkeitsbegriffs und zugleich zur Abgrenzung der Leichtfertigkeit von der einfachen Fahrlässigkeit herangezogen werden können. Die folgende Diskussion wird deshalb in der gleichen Art und Weise geführt.

I Vorfrage: Vorliegen einer strafrechtlich relevanten Handlung

„Handlung" ist ein Begriff, der ein gemeinsames Element, nämlich das menschliche Handeln, aller Formen der Straftat darstellt (Basisfunktion des Handlungsbegriffs) und der die Verhaltensweisen feststellt, die zum menschlichen Handeln gehören, bevor die Tatbestandsmerkmale

1 *Uekötter*, Das Merkmal Leichtfertigkeit, S. 173 ff.

2 *Birnbaum*, Die Leichtfertigkeit, S. 145 ff.

3 *Wessels/Beulke/Satzger*, AT, § 18 Rn. 1115 ff.; *Rengier*, AT, § 52, Rn. 12 ff.; *Roxin/Greco*, AT I, § 24, Rn. 8 ff.; *Baumann/Weber/Mitsch/Eisele*, AT, § 12, Rn. 20; *Burgstaller*, Das Fahrlässigkeitsdelikt im Strafrecht, S. 21 ff.

geprüft werden (Abgrenzungsfunktion des Handlungsbegriffs).[4] Der Begriff der Handlung stellt somit eine Mindestvoraussetzung für die Begründung einer strafrechtlichen Sanktion dar.

Obwohl es verschiedene Handlungslehren (kausale Handlungslehre, finale Handlungslehre, soziale

Handlungslehre, personale Handlungslehre) gibt, haben alle eine gemeinsame Basis: eine willensgesteuerte Körperbewegung.[5] Unabhängig von den unterschiedlichen Handlungslehren ist es in dieser Phase von essenzieller Bedeutung, zu filtern, ob ein willensbeherrschtes menschliches Verhalten vorliegt, das strafrechtlich zu bewerten ist.[6] In der Praxis gibt es in der Regel keine großen Kontroversen, aber es gibt gelegentlich Ausnahmen:

Nachdem Babysitterin A das von ihr betreute Baby B gebadet hatte, trug sie Baby B auf dem Arm und wollte das Badezimmer verlassen. A stieß jedoch versehentlich gegen die Türschwelle, trat wegen des rutschigen Bodens auf Seife, rutschte aus und stürzte. Das Baby B, das A auf dem Arm hielt, schlug mit dem Hinterkopf direkt auf die Kante des Holzbettes und den Boden des Zimmers. Anschließend wurde der Körper von A gegen den Körper von B gedrückt. Dies führte bei B zu einer Subarachnoidalblutung, einer hypoxischen Enzephalopathie und zum Erstickungstod. A wurde rechtskräftig wegen fahrlässiger Tötung infolge Berufes verurteilt.[7] ***(Babysitter-fall 1)***

Es wird kritisiert, dass in der Urteilsbegründung nie erörtert wird, ob der Sturz von A gegen die Schwelle oder der anschließende Druck auf B eine strafrechtlich relevante Handlung darstellt.[8] In diesem Fall ist die strafrechtlich zu beurteilende „Handlung" eindeutig das Versäumnis von A, den Fußboden trocken und rutschfest zu halten, bevor

4 *Wessels/Beulke/Satzger*, AT, § 3 Rn. 137; *Yu-Hsiung Lin*, Taiwan Jurist, Vol. 7, 2003, 64 (65). (Im Original: 林鈺雄, 刑法與行為理論，月旦法學教室，第7期，2003年，第65頁。)

5 *Frister*, AT, § 8, Rn. 3.

6 *Rengier*, AT, § 7 Rn 7; *Frister*, AT, § 8 Rn 2.

7 s. Az. 87 Tai-Shan 635 von Taiwan Supreme Court (最高法院87年度台上字第635號刑事判決) Volltext abrufbar unter: https://judgment.judicial.gov.tw/FJUD/data.aspx?ty=JD&id=TPSM,87%2c%e5%8f%b0%e4%b8%8a%2c635%2c19980220, zuletzt abgerufen am 07.01.2025.

8 *Hui-Fang Tsai*, Taiwan Law Journal,Vol. 68, 2005, 141 (144). (Im Original: 蔡蕙芳，刑法總則實例研習：行為理論，台灣本土法學雜誌，第68期，2005年，第144頁以下。)

sie das Baby B aus dem Badezimmer nimmt, und nicht die Reihe von Aktionen von A, nachdem sie ausgerutscht und gestürzt ist.

Gerade in diesem Stadium besteht die Hauptfunktion in der Feststellung, was strafrechtlich zu beurteilen ist, und das Ergebnis der Beurteilung kann nur ja oder nein sein. Es dient also nicht der Unterscheidung zwischen Leichtfertigkeit und gewöhnlicher Fahrlässigkeit.[9]

II Tatbestandsebenen

1 Erfolgseintritt

a) Der Schutz von Rechtsgütern ist eine wichtige Aufgabe, die das Strafrecht zu erfüllen hat. Je nach dem eingetretenen Erfolg ist zu prüfen, unter welchem Tatbestand die Strafbarkeit dieser erfolgsherbeiführenden Handlung zu prüfen ist. Handlungsunwert sei gegeben, wenn die Handlung auf einen Erfolgsunwert bezogen sei.[10]

b) Steigerung des Tatbestandserfolgs als gesteigerte Fahrlässigkeit?

Es ist schon immer so gewesen, dass menschliche Taten danach bewertet werden, was sie bewirken. Auch das Recht muss deshalb bei der Bewertung eines Geschehens dessen schädlichen Erfolg berücksichtigen.[11]

Zwischen verschiedenen Rechtsgütern besteht eine unterschiedliche Wertigkeit, z.B. ist das Rechtsgut Leben höher zu bewerten als das Rechtsgut Vermögen. Betrachtet man jedoch den konkreten Fall, ob ein bestimmtes Verhalten eine erhöhte Form der Fahrlässigkeit darstellt, so geht es im Tatbestand um dasselbe Rechtsgut. Die Wertigkeit der verschiedenen Rechtsgüter ist daher irrelevant.

Es lässt sich leicht vorstellen, dass es Rechtsgüter gibt, deren Verletzung mit unterschiedlichem Maß gemessen werden kann: Bei Vermögensdelikten kann die Schadenshöhe nach Beträgen berechnet werden; Körperverletzung wird in Abhängigkeit von der Schwere der

9 s. a. *Birnbaum*, aaO. Fn. 2, S. 161.

10 Schönke/Schröder/*Eisele*, Vor § 13 StGB, Rn. 60; LK-StGB/*Walter*, 13. Aufl., Vor § 13, Rn. 17.

11 Schönke/Schröder/*Eisele*, Vor. § 13 StGB, Rn 59.

Verletzung unterteilt in: einfache Körperverletzung und gefährliche Körperverletzung.

Es gibt aber auch Rechtsgüter, die nicht steigbar sind, dazu gehört das Rechtsgut Leben. Eine vollendete Verletzung des Rechtsguts Leben liegt nicht in einer gesteigerten Form vor. Wenn ein und dieselbe fahrlässige Handlung den Tod einer Vielzahl von Menschen verursacht, ist dies nach geltendem Recht eine Frage der Idealkonkurrenz (§ 52 Abs. 1 StGB; § 55 tStGB).

Allein die Tatsache, dass nicht alle Rechtsgüter steigerungsfähig sind, macht den Erfolgsunwert zu einem ungeeigneten Kriterium für die Abgrenzung zwischen normaler Fahrlässigkeit und Leichtfertigkeit. Die Differenzierung zwischen einfacher Fahrlässigkeit und ihrer gesteigerten Form, der Leichtfertigkeit, erfordert ein allgemeines Kriterium. Hierbei ist zu berücksichtigen, dass der Erfolgseintritt für das Kriterium des Grades der Fahrlässigkeit ungeeignet ist, da der Todeserfolg nicht steigbar ist.[12]

Eine grundlegendere Frage ist hier jedoch, ob die Leichtfertigkeit des Täters aus dem schweren Erfolgsunrecht abgeleitet werden kann – unabhängig davon, ob die Verletzung eines einzelnen Rechtsguts hierarchisch unterschieden werden kann. Die Antwort auf diese Frage hängt von der Sichtweise des Inhalts der Strafrechtsnorm ab. Das Strafrecht umfasst Bestimmungs- und Bewertungsnormen. Ein Schuldspruch und eine Strafe dienen der Verurteilung von Verhalten, und fordern zugleich die Unterlassung fraglicher Handlungen durch die Rechtssubjekte.[13] Sobald ein geeigneter Erfolg eintritt, ist die Voraussetzung für die Norm erfüllt, ohne die Intensität des Erfolges explizit zu berücksichtigen. Auf dieser Ebene gibt es keinen Raum für die Berücksichtigung der Schwere der Beeinträchtigung des geschützten Rechtsguts.[14] So kann bei fahrlässiger Tötung die Opferzahl den Unrechtsgehalt erhöhen, ohne dass sich an der Unrechts- oder Schuldform etwas ändert. *Burgstaller* vertritt die Ansicht, dass eine „überdurchschnittliche Fahrlässigkeit" vom tatsächlich verwirklichten Handlungs- und Gesinnungsunwert, nicht aber vom

12 s. a. *Uekötter*, aaO. Fn. 1, S. 176.
13 LK-StGB/*Walter*, 13. Aufl., Vor. § 13 Rn. 17; *Roxin/Greco*, AT I, § 10 Rn. 93.
14 s. a. *Birnbaum*, aaO. Fn. 3, S. 163.

Erfolgsunwert abhängt.[15] So formuliert auch das öStGB die grob fahrlässige Tötung, in dem die grob fahrlässige Tötung durch einen gesteigerte Handlungsunwert konstituiert wird (§ 81 Abs. 1 öStGB)[16] und die selbständige Qualifikation einer grob fahrlässigen Tötung durch den Eintritt des Todes einer größeren Anzahl von Menschen (§ 81 Abs. 3 öStGB)[17]. Soweit das Gesetz nichts anderes bestimmt, ist bei der Strafzumessung die Anzahl der Opfer zu berücksichtigen.

a) Zwischenfazit

Auf den ersten Blick mag eine solche Schlussfolgerung, dass die Steigerung des tatbestandsmäßigen Erfolges nicht zu einer gesteigerten Form der Fahrlässigkeit führt, im Widerspruch zur Forderung nach Einführung der Leichtfertigkeit stehen, die durch die Anfangsfälle begründet wurde. Die Fälle, die die Forderung nach einer Verschärfung der fahrlässigen Tötung auslösten, wie der *Gebäudeeinsturz-Fall (Weiguang-Jinlong)*[18], der *Staubbrand-Fall*[19] oder der *Taroko-Eisenbahnunfall*[20], betreffen immer den Tod einer Vielzahl von Opfern. Dennoch ist es wichtig, die verschiedenen Faktoren und Aspekte dieser Fälle sorgfältig zu analysieren, um eine gerechte und ausgeglichene Gesetzgebung zu gewährleisten.

Diese Schlussfolgerung deutet vielmehr darauf hin, dass Handlungsunrecht und Erfolgsunrecht getrennt zu beurteilen sind, und dass die erhöhte Form der Fahrlässigkeit nicht auf den eingetretenen Erfolg abstellt.

2 Kausalität

a) Im Zusammenhang mit Erfolgsdelikten ist zunächst entscheidend, ob der Täter den Eintritt des tatbestandlichen Erfolges kausal herbeigeführt hat. Dies bedeutet, dass die Handlung des Täters für den Ein-

15 *Burgstaller*, aaO. Fn. 3, S. 204.
16 *Burgstaller/Schütz*, WK² § 81 Rn. 8.
17 *Burgstaller/Schütz*, WK² § 81 Rn. 109.
18 Siehe oben [B. II. 1.]
19 Siehe oben [B. II. 2.]
20 Siehe oben [B. II. 3.]

tritt des Erfolgs ursächlich sein muss. In diesem Zusammenhang ist die Äquivalenztheorie anzuwenden[21]: Im strafrechtlichen Sinne ist jede Bedingung des Erfolgs eine Ursache, die nicht weggedacht werden kann, ohne dass der Erfolg in seiner konkreten Gestalt entfiele.[22]

Die Erkenntnis der Kausalität – die Ursache eines Erfolges ist die Bedingung eines Erfolges, die nicht weggedacht werden kann, ohne dass der Erfolg in seiner konkreten Form entfiele – beruht auf der Beobachtung und Erfahrung der natürlichen Welt. Auch wenn es heute eine fortgeschrittene Wissenschaft gibt, die zum Verständnis der Kausalgesetze der natürlichen Welt beiträgt, gibt es eine Grenze, und die sorgfältige wissenschaftliche Forschung kann Elemente nicht ausschließen, die der wissenschaftlichen Gemeinschaft noch unbekannt sind.[23] So *Volk*[24]: „Man gründet das dogmatische Gefüge normativer Kriterien gerne auf den als festes Fundament geschätzten »vorjuristischen, in der Außenwelt vorfindbaren und ohne rechtliche Wertung feststellbaren Zusammenhang«. Derartige Rückbindung an »naturalistische« Kate-

21 In der Vergangenheit wurde die Kausalität in der taiwanischen Praxis meist mit Hilfe der Adäquanztheorie festgestellt. Die Adäquanztheorie wurde wie folgt formuliert: „Adäquate Kausalität bedeutet, dass nach der Faustregel, wenn alle Tatsachen, die zum Zeitpunkt der Handlung vorlagen, im Nachhinein objektiv geprüft werden und angenommen wird, dass unter allgemeinen Umständen derselbe Erfolg unter den gleichen Bedingungen der Umwelt und der Handlung eintreten kann, die Bedingungen adäquat für den Eintritt des Erfolges sind, d.h. dass zwischen der Handlung und dem Erfolg adäquate Kausalität besteht. Andererseits, wenn nach der objektiven Prüfung unter allgemeinen Umständen der gleiche Erfolg unter den gleichen Bedingungen der Umwelt und der Handlung nicht notwendigerweise eintreten kann, sind die Bedingungen und der Erfolg nicht adäquat, d.h. der Eintritt des Erfolgs ist nur Zufall und es besteht keine adäquate Kausalität zwischen der Handlung und dem Erfolg." (s. Az. 76 Tai-Shan 192 von Taiwan Supreme Court (最高法院76年度台上字第192號刑事判決) Volltext abrufbar unter: https://judgment.judicial.gov.tw/FJUD/data.aspx?ty=JD&id=TPSM,76%2c%e5%8f%b0%e4%b8%8a%2c192%2c19870116%2c1, zuletzt abgerufen am 07.01.2025.) In den letzten Jahren setzte sich die Theorie der objektiven Zurechnung in der taiwanischen Praxis durch. Die Anforderungen an die Feststellung der Fahrlässigkeit wurden systematisch neu geordnet, wobei die Begriffe des Kausalzusammenhangs mit Hilfe der Äquivalenztheorie und der Erfolgszurechnung klar voneinander abgegrenzt wurden, um die Kausalitätsbestimmung und die Zurechnungsbeurteilung zu präzisieren. (s. Az. 108 Tai-Shan 1808 von Haulian District Court (最高法院108年度台上字第1808號刑事判決), Volltext abrufbar unter: https://judgment.judicial.gov.tw/FJUD/data.aspx?ty=JD&id=TPSM,108%2c%e5%8f%b0%e4%b8%8a%2c1808%2c20190711%2c1, zuletzt abgerufen am 07.01.2025.)

22 *Rengier*, AT, § 13 Rn. 3.

23 *Roxin/Greco*, AT I, § 11 Rn. 35.

24 *Volk*, GA 1976, 161 (165)

gorien verhilft jedoch nicht zur Teilhabe an einer irgendwie gearteten Sicherheit »exakter« Wissenschaften."[25]

Die Feststellung des Kausalzusammenhangs im Strafrecht ist mit zahlreichen Schwierigkeiten verbunden, z.B. bei alternativen Kausalverläufen, kumulativen Kausalverläufen, und überholender Kausalität etc.[26] Ist jedoch ein bestimmter Fall gegeben, so ist die Kausalität nach der Konstellationsableitung entweder vorhanden oder nicht. Der naturgesetzliche Zusammenhang zwischen der Handlung und dem eingetretenen Erfolg kann entweder bestehen oder nicht bestehen. Daher gibt es keine gesteigerte Form der Kausalität, die zu einer erhöhten Fahrlässigkeit führen könnte.[27]

b) Es ist unbestreitbar, dass die Komplexität der Kausalzusammenhänge die Reaktionen der Menschen auf ein Vorfall beeinflussen kann. Wenn mehr potenzielle Täter an einem Vorfall beteiligt sind und der Kausalzusammenhang komplexer und weniger klar ist, kann die Reaktion der Menschen auf den Vorfall weniger intensiv ausfallen als in einem Fall, in dem der Kausalzusammenhang einfach und klar ist. Verglichen mit dem *Taroko-Eisenbahnunfall*[28], bei dem der Kausalzusammenhang klar war, gab es beispielsweise nach dem *Propylenexplosion-Fall*[29] in Kaohsiung kaum eine öffentliche Reaktion, die die Schwelle für die Fahrlässigkeitshaftung angehoben hätte. Eine solche öffentliche Reaktion auf den Kausalzusammenhang hat jedoch keinen Einfluss darauf, ob ein Fahrlässigkeitsfall mit einem höheren Vorwurf verbunden ist.

25 Dabei geht es nicht um das Problem der Beweisschwierigkeiten, sondern um die Betonung, dass die Kausalitätserkennung im juristischen Bereich nicht immer mit der naturwissenschaftlichen Kausalität identisch sein kann.

26 Die beim Vorsatzdelikt behandelte atypische Kausalität wird beim Fahrlässigkeitsdelikt unter „Vorhersehbarkeit/Erkennbarkeit der Tatbestandsverwirklichung" behandelt. s. *Kühl*, AT, § 17 Rn. 41.

27 s. a. *Uekötter*, aaO. Fn. 1, S. 176.

28 Siehe oben [B. II. 3.]

29 Siehe oben [B. II. 4.]

3 Objektive Sorgfaltspflichtverletzung bei objektiver Vorhersehbarkeit des tatbestandsmäßigen Erfolgs

Eine fahrlässige Handlung im Sinne des Tatbestandes ist eine typischerweise rechtswidrige Handlung, die aus der ex-ante-Perspektive definiert wird und als Sorgfaltspflichtverletzung bezeichnet wird.[30] Für die Feststellung der Sorgfaltspflichtverletzung sind die Erkennbarkeit und die objektive Vorhersehbarkeit des Erfolges von Bedeutung, denn sie setzen voraus, dass jemand die von jemandem ausgehenden Gefahren erkennt und sich darauf einstellt. Das Strafrecht kann den Täter nicht zur strafrechtlichen Verantwortung ziehen, wenn die durch den Sorgfaltsverstoß herbeigeführte Rechtsgutsverletzung nach der Lebenserfahrung objektiv nicht vorhersehbar war.[31] In Fällen, in denen ein Erfolgseintritt nicht vorhersehbar ist, ist dem Täter kaum eine Möglichkeit gegeben, den Erfolg einer Rechtsgutsverletzung zu vermeiden. Die Sorgfaltspflichtverletzung und die Vorhersehbarkeit gehen vom gleichen Gesichtspunkt aus, nämlich dem Erfolgsrisiko. Während es sich bei der Sorgfaltspflichtverletzung um eine abstrakte Gefahrenbetrachtung handelt, geht es bei der Vorhersehbarkeit um die Kausalität zwischen Handlung und Erfolg.[32]

a) objektive Sorgfaltspflichtverletzung

Bei die Überprüfung der objektiven Sorgfaltspflichtverletzung ist es darauf abzustellen, welches Verhalten in der konkreten Situation der Sorgfaltspflicht entsprochen hätte. Damit ist das Verhalten des Täters zu vergleichen. Wird eine Abweichung nach unten festgestellt, kann eine objektive Sorgfaltspflichtverletzung bejaht werden. Eine sorgfaltspflichtwidrige Handlung begründet grundsätzlich eine rechtlich relevante Gefahr.[33]

30 *Burgstaller*, aaO. Fn. 3, S. 39.
31 *Wessels/Beulke/Satzger*, AT, § 18 Rn. 1119; *Kühl*, AT, § 17 Rn. 19.
32 *Birnbaum*, aaO. Fn. 2, S. 156.
33 *Burgstaller*, aaO. Fn. 3, S. 39.

Fahrlässigkeitsdelikt und Unterlassungsdelikt haben eine Gemeinsamkeit, wenn es um die Pflichtverletzung geht. Fahrlässigkeit ist jedoch keineswegs gleichbedeutend mit Unterlassung, denn bei einer fahrlässigen Handlung hat der Täter noch eine aktive Handlung, die jedoch nicht mit der Sorgfaltspflicht vereinbar ist.[34] Beim *Taroko-Eisenbahnunfall*[35] beispielsweise versuchte der Angeklagte A ebenfalls, den Kranwagen in eine sicherere Position zu bringen, als dieser an der Kante des Abhangs feststeckte. A wandte dabei jedoch eine unkonventionelle Methode an, die die Stabilität und Betriebssicherheit nicht gewährleisten konnte, nämlich die Verwendung eines Seils und eines Baggers.

aa) Inhalt der Sorgfaltspflicht

Die Sorgfaltspflicht umfasst die Wahrnehmung und Einschätzung der Gefahren, die sich aus dem konkreten Verhalten ergeben und das geschützte Rechtsgut beeinträchtigen können. Auf dieser Grundlage ist eine angemessene Reaktion erforderlich: Entweder ist das Verhalten zu unterlassen oder es sind ausreichende Sicherheitsvorkehrungen zu treffen.[36]

Es stellt sich dann die Frage, nach welchem Maßstab die Verletzung der Sorgfaltspflicht festzustellen ist. Auch wenn das Risikobewusstsein aufgrund selektiver Aufmerksamkeit[37] individuell unterschiedlich ausgeprägt ist, wird normativ von jedem Bürger zumindest ein Mindestmaß an sozialverträglicher Sorgfaltspflicht verlangt, um ein reibungsloses Zusammenleben der gesamten Gesellschaft zu erhalten. Dies ist die objektive Sorgfaltspflicht. Dabei ist zu prüfen, wie sich ein besonnener Mensch in der konkreten Tatsituation nach der Rechtsordnung zu verhalten hat.[38]

34 *Roxin/Greco*, AT I, § 24 Rn. 12.; *Burgstaller/Schutz*, WK², § 6 Rn. 57.
35 Siehe oben [B. II. 3.]
36 *Wessels/Beulke/Satzger*, AT, § 18 Rn. 1121.
37 Selektive Aufmerksamkeit bezeichnet einen Sammelbegriff für Prozesse, bei denen Informationen ausgewählt werden, um sie in einer präferierten Weise zu verarbeiten. Das Bewusstsein ist immer nur auf einen bestimmten (eng begrenzten) Aspekt all unserer Erfahrungen zu konzentrieren und andere Teile der Information zu ignorieren. s. *Becker-Carus/Wendt*, Allgemeine Psychologie, S. 198, 580.
38 *Wessels/Beulke/Satzger*, AT, § 18 Rn. 1122.

Um die Sicherheit des Lebens in der modernen arbeitsteiligen Gesellschaft zu gewährleisten, existieren im Rechtssystem zahlreiche Sondernorm für die verschiedenen Ebenen menschlichen Handelns: Auf der Ebene der Gesetze gibt es z.B. die Straßenverkehrsordnung (Rechtsnorm); auf der Ebene der Erfahrungssätze gibt es viele berufliche Verhaltensregeln in verschiedenen Branchen, wie z.B. eine Fabrik-eigene Betriebsordnung oder medizinische Praktiken und Richtlinien im medizinischen Bereich (Verkehrsnorm).[39] Sofern keine Sondernormen vorliegen, ist der objektive Ex-ante-Beurteilungsmaßstab heranzuziehen, um festzustellen, ob der Täter sorgfaltspflichtwidrig handelte. Dabei ist zu ermitteln, wie eine fiktive Maßstabfigur, ein besonnener und gewissenhafter Mensch, in der konkreten Lage und in der sozialen Situation des Täters gehandelt hätte (differenzierte Maßstabfigur).[40]

i Sondernorm

Es ist in der Praxis eine schwierige Frage, die objektive Sorgfaltspflichtverletzung in einem konkreten Fall zu bestimmen. Die Sondernormen bieten primäre Anhaltspunkte für die Beurteilung der Sorgfaltspflichtverletzung als Indiz.[41]

(1) Rechtsnorm

Als erstes Hilfsmittel sind die schriftlichen Rechtsnormen zu nennen. Jedenfalls sind bei der Beurteilung der objektiven Sorgfaltspflichtverletzung Gesetze und Verordnungen sowie einzelne Rechtsnormen, die Verhaltenspflichten für einen bestimmten Bereich festlegen, zu berücksichtigen.[42]

In der Praxis werden die Rechtsnormen zur Fahrlässigkeit neben den Verkehrsunfällen wohl am häufigsten bei Unfällen im Bereich der Arbeitssicherheit angewandt. Bei Unfällen im Bereich der Arbeitssicherheit wird z. B. häufig das Arbeitssicherheitsgesetz als Grundlage für die Feststellung der Haftung des Arbeitgebers für Fahrlässigkeit herangezogen, nach dem der Arbeitgeber zur Bereitstellung der erfor-

39 *Wessels/Beulke/Satzger*, AT, § 18 Rn. 1127; *Rengier*, AT, § 52 Rn. 16.
40 *Wessels/Beulke/Satzger*, AT, § 18 Rn. 1122 ff.
41 *Rengier*, AT, § 52 Rn. 16.
42 *Roxin*/Greco, AT I, § 24 Rn. 15; *Burgstaller/Schütz*, WK² § 6 Rn. 44.

derlichen Einrichtungen oder Maßnahmen zur Verhütung von Arbeitsunfällen verpflichtet ist.[43]

(2) Verkehrsnorm

Eine weitere Quelle zur Bestimmung objektiver Sorgfaltspflichten sind Verkehrsnormen. Dabei handelt es sich um Verhaltensregeln, die von einer gesellschaftlichen Gruppe, die ein unmittelbares Interesse an der Gestaltung eines bestimmten Lebensbereichs hat, aus Erfahrungssätze entwickelt und schriftlich niedergelegt wurden. Obwohl Verkehrsnormen keine unmittelbare Rechtsverbindlichkeit haben, können sie als Hilfsmittel zur Ermittlung der Verkehrssitte herangezogen werden, die wiederum als vom Recht delegierter Beurteilungsmaßstab gilt.[44]

Z.B. in einem Fall, in dem das drei Monate alte Baby C, das in einer Kinderkrippe betreut wurde, an einer Asphyxie starb, weil es auf dem Bauch schlief, stützte sich das Gericht auf den Verhaltenskodex der Kinderkrippe, der besagte, dass Neugeborene nicht auf dem Bauch schlafen sollten, um den Mitarbeiter D der Kinderkrippe, der für die Betreuung des Babys C verantwortlich war, wegen Verletzung der Sorgfaltspflicht und fahrlässiger Tötung haftbar zu machen.[45] ***(Babysitter-Fall 2)***

(3) Funktion der Sondernorm

Eine Sondernorm kann lediglich als Indiz für die Annahme herangezogen werden, dass eine entsprechende Handlung nicht als fahrlässig zu werten ist. Die Beurteilung der Fahrlässigkeit muss jedoch anhand

43 Z.B. Az. 106 Tai-Shan 821 von Taiwan Supreme Court (最高法院106年度台上字第821號刑事判決) Volltext abrufbar unter: https://judgment.judicial.gov.tw/FJUD/data.aspx?ty=JD&id=TPSM,106%2c%e5%8f%b0%e4%b8%8a%2c821%2c20170323, zuletzt abgerufen am 07.01.2025. In § 5 Abs. 1 des Arbeitssicherheitsgesetzes wird festgehalten, dass der Arbeitgeber grundsätzlich dazu verpflichtet ist, die erforderlichen Vorkehrungen bzw. Maßnahmen zum Schutz der Arbeitnehmer vor berufsbedingten Gefahren zu treffen, sofern dies nach vernünftigem Ermessen möglich ist. (Englische Übersetzung verfügbar unter: https://law.moj.gov.tw/ENG/LawClass/LawSearchContent.aspx?pcode=N0060001&norge=5, zuletzt abgerufen am 07.01.2025.)

44 *Roxin*/Greco, AT I, § 24 Rn. 18; LK-StGB/*Schroeder*, 11. Aufl. 2003, § 16 Rn. 133; *Burgstaller/Schütz*, WK² § 6 Rn. 46, 47.

45 Az. 101 Shan-Geng-Yi 240 von Taiwan High Court (臺灣高等法院101年度上更(一)字第240號刑事判決) Volltext abrufbar unter: https://judgment.judicial.gov.tw/FJUD/data.aspx?ty=JD&id=TPHM,101%2c%e4%b8%8a%e6%9b%b4(%e4%b8%80)%2c240%2c20130829%2c1, zuletzt abgerufen am 07.01.2025.

der objektiven Umstände des konkreten Sachverhalts sowie der Vorhersehbarkeit erfolgen.[46]

ii Differenzierte Maßstabfigur mit Berücksichtigung von Sonderwissen und Sonderfähigkeit

Wenn keine Sondernormen vorhanden ist, ist bei der Beurteilung, ob der Täter sorgfaltspflichtwidrig handelte, der objektive Beurteilungsmaßstab ex ante heranzuziehen. Ein Verhalten ist dann als objektiv sorgfaltswidrig einzustufen, wenn es nicht dem entspricht, was ein besonnener und gewissenhafter Mensch aus dem Verkehrskreis des Täters bei identischer Tatsituation getan hätte.[47]

Hier stellt sich die Frage, inwieweit die Anpassung des Maßstabs an eines bestimmten Lebensbereichs fortgesetzt werden soll.[48] Ausgehend von der Perspektive des Schutzes des Rechtsguts ist es erforderlich, individuelle Sonderkenntnisse und Sonderkönnen in die Beurteilung des sorgfaltsgemäßen Verhaltens einer objektiv Maßstabfigur einzubeziehen. Dies kann entweder durch verallgemeinernde Ausnahmen oder durch die Definition des gewählten „Verkehrskreises" erfolgen.[49] Denn es macht keinen Sinn, dass ein Täter, der über besondere Kenntnisse oder Fähigkeiten zur Bewältigung der Tatumstände verfügt, diese Kenntnisse und Fähigkeiten nicht zum Einsatz bringt. Dies impliziert nicht, dass das Gesetz einem Täter, der über spezifisches Sonderwissen und Sonderkönnen verfügt, auferlegt, jederzeit auf dem Idealniveau seiner Fähigkeiten zu operieren, sondern vielmehr, dass der Täter sich in Situationen, die sein Sonderwissen und sein Sonderkönnen erfordern, gemäß seinem Wissen und seinen Fähigkeiten zu verhalten hat.

In einem anderen Fall, in dem das Baby F in der Obhut der Babysitterin E erstickte, weil es auf dem Bauch schlief, wurde E wegen fahrlässiger Tötung verurteilt. Das Gericht stellte fest, dass eine Sorgfaltspflichtverletzung vorlag, da die Nichtbestätigung der freien Atemwege in Echtzeit einen Verstoß gegen die Sorgfaltspflicht eines professionel-

46 *Wessels/Beulke/Satzger*, AT, § 18 Rn. 1127.
47 *Rengier*, AT, § 52 Rn. 18; *Wessels/Beulke/Satzger*, AT, § 18 Rn. 1118.
48 *Burgstaller/Schütz*, WK² § 6 Rn. 38.
49 *Roxin/Greco*, AT I, § 24 Rn. 57 ff.

len Babysitters in Bezug auf die Schlafposition des Säuglings und die Bestätigung der freien Atemwege darstellte.[50] ***(Babysitter-Fall 3)***

bb) Grenzen der Sorgfaltspflicht

i Erlaubtes Risiko

Eine Sorgfaltswidrigkeit kann nicht angenommen werden, wenn der Täter von vornherein keine rechtlich relevante Gefahr geschaffen hat.[51] Bei der Bewertung eines sorgfaltspflichtwidrigen Verhaltens ist stets das Ris iko zu berücksichtigen, welches von demselben sorgfaltspflichtwidrigen Verhalten verursacht wird. Dabei ist zu eruieren, ob dieses Risiko bereits aus rechtlicher Perspektive als unerlaubt einzustufen ist.

Ein möglicherweise tödlicher Verkehrsunfall, bei dem der Fahrer die erlaubte Höchstgeschwindigkeit um 1 km/h überschreitet, kann als Beispiel dienen. Es wird argumentiert, dass bei einer derart geringfügigen Verletzung der Sorgfaltspflicht eine strafrechtliche Verantwortlichkeit nicht auferlegt werden sollte. Die Begründung hierfür kann darin liegen, dass im Falle einer geringfügigen Sorgfaltspflichtverletzung objektiv keine Zurechnung erfolgen würde[52], oder dass die Schaffung einer Gefahr, die nur geringfügig über der Relevanzgrenze liege, eine Geringfügigkeit begründen würde. Diese Geringfügigkeit sei bei einem gesellschaftlich missbilligten Verhalten nicht gegeben.[53]

ii Vertrauensgrundsatz

(1) Es ist allgemein anerkannt, dass derjenige, der sich selbst verkehrsgerecht verhält, nicht verpflichtet ist, sich vorsorglich auf alle

50 Az. 98 Shan-Geng-Yi 104 von Taiwan High Court (臺灣高等法院98年度上更(一)字第104號刑事判決) Volltext abrufbar unter: https://judgment.judicial.gov.tw/FJUD/data.aspx?ty=JD&id=TPHM,98%2c%e4%b8%8a%e6%9b%b4(%e4%b8%80)%2c104%2c20110310%2c1, zuletzt abgerufen am 07.01.2025.

51 *Roxin/Greco*, AT I, § 24 Rn.11; *Burgstaller/Schütz*, WK² § 6 Rn. 37; *Kienapfel/Höpfel/Kert*, AT¹⁷, Rn. 26.17; *Burgstaller*, aaO. Fn. 3, S. 39, 40.

52 *Roxin/Greco*, AT I, § 24 Rn. 52.

53 Weitere Argumente für die Straflosigkeit könnte sich aus der Unzumutbarkeit ergeben. s. *Roxin/Greco*, AT I, § 24 Rn. 93.

möglichen Verkehrsverstöße anderer einzustellen, sofern nicht besondere Gründe dem entgegenstehen.[54]

(2) Der Vertrauensgrundsatz findet keine Anwendung, wenn das Verhalten eines Dritten als objektiv verkehrswidrig einzustufen ist. Darüber hinaus ist er auch dann nicht anwendbar, wenn bei einer unklaren Verkehrssituation ein Fehlverhalten eines Dritten nach den konkreten Umständen zu vermuten ist.[55] So hätte der Angeklagte A, der sich auf der äußersten Fahrspur der achtspurigen Straße befand, verkehrsgerecht anfahren können, als das Grünlicht seiner Ampel bereits aufleuchtete. Zu diesem Zeitpunkt hatte jedoch das Opfer O, das mit seinem Fahrrad von links nach rechts fuhr, die Kreuzung noch nicht überquert, und die auf den drei Fahrstreifen links von As Pkw geparkten Fahrzeuge hatten daher noch nicht begonnen, sich vorwärts zu bewegen. Dies genügte, um zu erkennen, dass sich auf der Kreuzung noch ein Hindernis befand und ein Vorwärtsfahren nicht möglich war. A beschleunigte, ohne diese Situation zu bemerken, und kollidierte mit Os Fahrrad, wodurch dieser eine Gehirnerschütterung erlitt. A wurde wegen fahrlässiger Körperverletzung verurteilt.[56]

In diesem Kontext ist zu erwähnen, dass in bestimmten Situationen allgemein häufig Verkehrsverstöße vorkommen, die den Vertrauensgrundsatz noch nicht entkräften.[57] Diese Überlegung ist insbesondere in der taiwanischen Praxis von Bedeutung. Obwohl die Verkehrsbedingungen in Taiwan so berüchtigt sind, dass die kanadische Regierung

54 *Wessels/Beulke/Satzger*, AT, § 18 Rn. 1124.

55 *Kienapfel/Höpfel/Kert*, AT[17], Rn. 26.18.

56 Az. 110 Shan-Jiao-Yi 69 von Taiwan High Kaohsiung Branch Court (臺灣高等法院高雄分院110年度上交易字第69號刑事判決) Volltext abrufbar unter: https://judgment.judicial.gov.tw/FJUD/data.aspx?ty=JD&id=KSHM,110%2c%e4%ba%a4%e4%b8%8a%e6%98%93%2c69%2c20210831%2c1, zuletzt abgerufen am 07.01.2025. In der Urteilsbegründung ging das Gericht leider nicht speziell auf die Frage ein, ob sich A insofern auf den Vertrauensgrundsatz berufen konnte, dass er die Kreuzung bei Grünlicht geradeaus überqueren durfte. Das Gericht stellte fest, dass „A den Unfall hätte vermeiden können, wenn er der Spur und dem Verkehr vor seinem Fahrzeug mehr Aufmerksamkeit gewidmet hätte. Anstatt die Fußbremse loszulassen, bevor die Ampel auf Grün sprang, und bei Grün geradeaus über die Kreuzung zu fahren, hätte er auf den entgegenkommenden Verkehr achten müssen. Durch Anpassung seiner Geschwindigkeit oder durch Bremsen hätte er die Kollision vermeiden können." Das Gericht war der Ansicht, dass A fahrlässig handelte, indem er es versäumte, auf die Verkehrssituation vor seinem Fahrzeug zu achten.

57 *Burgstaller/Schütz*, WK[2] § 80 Rn. 32.

warnt: „Motorcycle and scooter drivers don't respect traffic laws. They are extremely reckless."[58], ist in jedem Einzelfall zu prüfen, ob der Täter den Verstoß des anderen unter den gegebenen Umständen hätte erkennen und die Unfall vermeiden können.[59]

(3) Die Frage, ob eigenes verkehrswidriges Verhalten die Berufung auf den Vertrauensgrundsatz ausschließt, wird in der Lehre unterschiedlich beurteilt. Die Antwort hängt davon ab, ob sich der eigene Sorgfaltsverstoß in dem nachfolgenden Erfolgseintritt ausgewirkt hat und wenn ja, in welcher Art und Weise.[60] Die Beurteilungsmaßstäbe hierfür ergeben sich entweder daraus, ob die Sorgfaltspflichtverletzung das unerlaubte Risiko einer Rechtsgutsverletzung begründet[61], oder daraus, ob der Erfolgseintritt im Schutzzweck der verletzten Norm liegt[62], oder daraus, ob der Pflichtwidrigkeitszusammenhang in der Sache liegt[63]. Entgegen der Lehre steht in der taiwanischen Praxis fest, dass ein Kraftfahrzeugführer nur dann darauf vertrauen darf, dass andere die Verkehrsvorschriften einhalten und die gleiche Sorgfalt aufbringen, wenn er die Bestimmungen der einschlägigen Verkehrsgesetze und -vorschriften eingehalten hat, um den Eintritt einer Gefahr zu vermeiden.[64]

58 s. z.B. die Reisehinweise der kanadischen Regierung für Taiwan: https://travel.gc.ca/destinations/taiwan, zuletzt abgerufen am 07.01.2025.

59 In diesem Kontext kann jedoch ein Paradoxon auftreten: Die Fälle, in denen die Verantwortung des Täters zu erläutern ist, sind die Fälle, in denen tatsächlich bereits eine Rechtsgutsverletzung stattgefunden hat. Es ist schwierig, bei einer nachträglichen ex-ante-Prognose Vorverurteilungen im Rahmen des Ermittlungsverfahrens gänzlich zu vermeiden, wenn der tatsächliche Schadenseintritt bereits bekannt ist.

60 *Wessels/Beulke/Satzger*, AT, § 18 Rn. 1125; *Roxin/Greco*, AT I, § 24 Rn. 24.

61 *Sahn-Tien Lin*, AT II, S. 187, 188. (Im Original: 林山田，刑法通論(下)，第10版，2008年，第187、188頁。)

62 *Jung-Chien Huang*, The Taiwan Law Review, Vol. 50, 1999, 178(181 ff.) (Im Original: 黃榮堅，交通事故責任與容許信賴-評最高法院八十六年度台上字第二四六二號刑事判決，月旦法學，第50期，1999年，第181頁以下。)

63 *Dong-Mao Lin*, Tunghai University Law Review, Vol. 11, 1996, 129 (134). (Im Original: 林東茂，信賴原則的適用範疇與界限，東海法學研究，第11期，1996年，第134頁。)

64 s. Az. 84 Tai-Shan 5360 von Taiwan Supreme Court (最高法院84年度台上字第5360號刑事判決) Volltext abrufbar unter: https://judgment.judicial.gov.tw/FJUD/data.aspx?ty=JD&id=TPSM,84%2c%e5%8f%b0%e4%b8%8a%2c5360%2c19951027%2c1, zuletzt abgerufen am 07.01.2025.

iii Arbeitsteiliges Zusammenwirken

Für Industrie und Gewerbe ist die arbeitsteilige Kooperation oft entscheidend, ebenso die arbeitsteilige Kooperation zwischen Ärzten oder zwischen Ärzten und Pflegepersonal. Diese Zusammenarbeit steht unter dem Vertrauensgrundsatz. Die Anforderungen an die Sorgfaltspflicht des Einzelnen gehen grundsätzlich nur so weit, wie es erforderlich ist. Dabei wird davon ausgegangen, dass alle anderen an der gemeinsamen Arbeit Beteiligten ebenfalls sorgfältig handeln.[65]

In Organisationen, die durch eine klare Strukturierung der Verantwortlichkeiten gekennzeichnet sind, sollte der Vertrauensgrundsatz nur dann Anwendung finden, wenn die zuständigen Personen ihrer Auswahl- und Überwachungspflicht nachkommen und klare Anweisungen geben, auch zur Erstellung von Alarm- oder Notfallplänen. Dies gilt insbesondere dann, wenn eine hohe Komplexität der Prozesse zu erwarten ist.[66]

cc) Kritik an der Sorgfaltspflichtverletzung

Da die Sorgfaltspflichtverletzung nur eine Indizfunktion hat, wird häufig kritisiert, das Merkmal der Sorgfaltspflichtverletzung sei zu vage und daher entbehrlich.[67] Anstelle der Sorgfaltspflichtverletzung wird das kognitive Fahrlässigkeitselement der Erkennbarkeit bzw. Kenntnis der Tatbestandsverwirklichung betont. Die Fahrlässigkeit hängt davon ab, ob der Täter die Möglichkeit der Tatbestandsverwirklichung kenne oder erkennen könne[68], oder ob er das erlaubte Risiko überschreitet, obwohl er das Risiko kenne oder erkennen könne[69]. Es wird auch kritisiert, dass der Begriff Sorgfaltspflichtverletzung als Unterlassung von Sorgfalt bei einer an sich erlaubten Tätigkeit interpretiert werde, obwohl es in der Realität viel mehr sorgfältige als unsorgfältige Handlungen gebe.[70] Darüber hinaus spricht sich *Duttge* dagegen aus, den

65 *Wessels/Beulke/Satzger*, AT, § 18 Rn. 1125; *Burgstaller/Schütz*, WK² § 80 Rn. 51, 60.
66 *Kienapfel/Höpfel/Kert*, AT¹⁷, Rn. 26.20; *Burgstaller/Schütz*, WK² § 80 Rn. 51, 60.
67 *Roxin/Greco*, AT I, § 24 Rn. 12.
68 LK-StGB/*Schroeder*, 11. Aufl. 2003, § 16 Rn. 127 ff.
69 *Stratenwerth/Kuhlen*, AT, § 15 Rn. 2 ff.
70 LK-StGB/*Vogel/Bülte*, 13. Aufl. 2020, § 15 Rn. 173.

Begriff der Sorgfaltspflichtverletzung ganz aufzugeben und durch ein neues präziseres Modell des „Veranlassungsmoments" zur Bestimmung des Inhalts der Sorgfaltspflichtverletzung zu ersetzen.[71]

Diese Kritiken überzeugen in der Tat nicht. Bei der Beurteilung, ob ein objektives Verhalten fahrlässig ist, muss weiterhin auf einen objektiven Standard abgestellt werden, um eine Feststellung zu treffen.[72] Als geeignetes rudimentäres Kriterium dient die Abweichung des Verhaltens von der objektiven Verhaltensnorm. Die Sorgfaltspflichtverletzung dient als Filter, um festzustellen, ob dem Verdächtigen überhaupt ein Vorwurf gemacht werden kann. Eine solche Funktion ist gerade im Hinblick auf die Überlastung der Rechtspraxis von Bedeutung.

Angenommen, ein Säugling erstickt, während er auf dem Bauch schläft. Handelt es sich bei der Person, die zum Zeitpunkt des Vorfalls für die Pflege verantwortlich war, um eine professionelle Pflegekraft (wie in den Babysitter-Fällen 2 und 3), können der Verhaltenskodex für den Arbeitsplatz und die Grundkenntnisse, die sich die professionelle Pflegekraft hätte aneignen müssen, herangezogen werden, um zu beurteilen, ob ein fahrlässige Verhalten – hier: eine sorgfaltspflichtwidrige Handlung – vorliegt. Handelt es sich bei der Pflegeperson um einen Laien (z.B. die Eltern des Kindes, Verwandte, die unentgeltlich die Pflege des Kindes übernommen haben), so sind das Alter, die Ausbildung und die Säuglingspflegeerfahrung der Pflegeperson zu berücksichtigen sowie die Frage, ob die Pflegeperson darüber aufgeklärt wurde, dass das Baby zur Vermeidung von Erstickungsanfällen oder des plötzlichen Kindstods nicht auf dem Bauch schlafen sollte.[73] All diese Überlegungen erschweren den Beurteilungsprozess.

In Bezug auf die von *Duttge* geäußerte Kritik ist festzuhalten, dass das von ihm vorgestellte Modell keine handhabbaren Kriterien für die Rechtspraxis angibt, selbst wenn er behaupt, dass sein Modell dies tut.

71 *Duttge*, Zur Bestimmtheit des Handlungsunwerts von Fahrlässigkeitsdelikten, S. 451 ff.; MüKoStGB/*Duttge*, 5. Aufl. 2024, § 15 Rn 122 ff.

72 LK-StGB/*Vogel/Bülte*, 13. Aufl. 2020, § 15 Rn. 174.

73 Bei der vorgeburtlichen Untersuchung erhalten Frauen in Taiwan nun ein Mutterhandbuch, das wichtige Informationen zur Gesundheit des Babys enthält. Darin wird zum Beispiel erklärt, dass das Baby nicht auf dem Bauch schlafen sollte, um den plötzlichen Kindstod zu vermeiden. Die ältere Generation hingegen bekam solche Informationen oft nur durch Hörensagen oder persönliche Erfahrung, da es damals kein solches Handbuch gab.

Das von *Duttge* entwickelte Modell, bei dem die Strafbarkeit eines fahrlässigen Verhaltens anhand bestimmter Indikatoren und deren Mittelwert beurteilt wird, bringt jedoch mehr Unsicherheit mit sich, da bereits die Beurteilung jedes einzelnen Indikators ein Interpretationsprozess ist und jede Interpretation zu unterschiedlichen Entscheidungen führen kann.[74]

Eine handhabbare Beurteilung der Unvereinbarkeit einer Handlung mit der Sorgfaltspflicht ist nicht nur für die Rechtsanwender, sondern auch für die Öffentlichkeit von Nutzen. Je einfacher es ist, die Unvereinbarkeit einer Handlung mit den Normen des Gesetzes zu beurteilen, desto klarer wird für die Menschen sein, was ordnungsgemäß ist und was nicht. Der Begriff der Sorgfaltspflichtverletzung hat daher einen heuristischen Wert, der nicht unterschätzt werden darf.[75]

b) Vorhersehbarkeit

Die Vorhersehbarkeit thematisiert die Frage, ob das Verhalten des Täters nach allgemeiner Lebenserfahrung regelmäßig zum Erfolgseintritt des Tatbestandsmerkmals führen könnte. Sie hängt davon ab, wie ein Beobachter die Situation einschätzt. Diese Einschätzung beruht auf allgemeinem Erfahrungswissen über Kausalzusammenhänge sowie auf der Kenntnis der zum Handlungszeitpunkt erkennbaren tatsächlichen Faktoren. Zusätzliche Informationen, die dem Täter selbst bekannt waren, können ebenfalls eine Rolle spielen.[76]

Bei der Prüfung der Vorhersehbarkeit des Erfolgseintritts ist es nicht erforderlich, dass der Kausalverlauf in jedem Fall in allen Einzelheiten vorhersehbar war; es ist jedoch erforderlich, dass er in seinen wesentlichen Zügen vorhersehbar war.[77]

74 ähnlich *Herzberg*, GA 2001, 568 (581).
75 LK-StGB/*Vogel/Bülte*, 13. Aufl. 2020, § 15 Rn. 174.
76 *Burgstaller/Schütz*, WK² § 6 Rn. 36.
77 *Birnbaum*, aaO. Fn. 2, S. 155.

c) Mögliche Steigerungskriterien

Wie bei der Analyse der Leichtfertigkeit in den oben genannten einschlägigen Lehren wird in der einschlägigen Literatur die Auffassung vertreten, dass die Verletzung der Sorgfaltspflicht unterschiedlich intensiv ausgeprägt ist und eine Verletzung der Fahrlässigkeit in unterschiedlichem Maße darstellt.[78] Dies lässt sich aus der Begründung des § 18 E 1962 ableiten.[79]

Im Anschluss werden potenzielle Wege zur Vertiefung der Intensität der Sorgfaltspflichtverletzung erörtert.

aa) Verletzung einer besonders schwerwiegenden Sorgfaltspflicht

In der Begründung zu § 18 E 1962 wurde eine der Fallgruppen des Leichtfertigkeitsdelikts wie folgt beschrieben: „wenn der Täter eine besonders ernst zu nehmende Pflicht verletzt".[80] Als Grundlage für die Bestimmung der Leichtfertigkeit wird häufig eine Sorgfaltspflichtverletzung von besonderem Gewicht diskutiert.

In Bezug auf eine sogenannte „Sorgfaltspflicht von besonderer Bedeutung" lassen sich zwei Diskussionsrichtungen ausmachen: Einerseits die Schutzfunktion der Sorgfaltspflicht, die sich auf ein besonders bedeutsames Rechtsgut bezieht, und andererseits die Annahme, dass eine Verletzung der Sorgfaltspflicht in der Regel zu einem ernsthaften Risiko der Verletzung anderer Rechtsgüter führt und daher von besonderer Bedeutung ist.

i Sorgfaltspflicht, die ein besonders bedeutsames Rechtsgut schützt

Es lässt sich argumentieren, dass die Bedeutung einer Sorgfaltspflicht darin liege, dass, wenn sie nicht beachtet werde, ein besonders schwerer Schaden drohe, der ein besonders wichtiges Rechtsgut gefährde, d. h.

78 z.B. *Wegscheider*, ZStW 98 (1986), 624 (650); *Maiwald*, GA 1974, 257(259); *Tenckhoff*, ZStW 88 (1976), 897 (911).
79 BT-Drucks IV/650, 132.
80 BT-Drucks IV/650, 132.

wenn es darum geht, ein besonders wertvolles Rechtsgut zu gefährden.[81] Von diesem Standpunkt aus gesehen ist es sorgfaltspflichtwidriger, eine Handlung durchzuführen, die typischerweise eine Gefährdung besonders wichtiger Rechtsgüter mit sich bringt, als eine Handlung durchzuführen, bei der mit einer Gefährdung weniger wichtiger Rechtsgüter zu rechnen ist.

Bei der Beurteilung eines Falles zwischen Fahrlässigkeit und Leichtfertigkeit geht es jedoch immer um dasselbe Rechtsgut. Es geht beispielsweise um die Frage, ob ein bewaffneter Raubüberfall, der zum Tod des Opfers führt, fahrlässige Tötung oder leichtfertige Tötung darstellt. Daher spielt die Wichtigkeit der Sorgfaltspflicht im Hinblick auf den Wert des Rechtsgutes bei der Beurteilung eines Falles keine Rolle. Diese Auffassung, die die Notwendigkeit der Pflicht von der Bedeutung des zu schützenden Rechtsgutes abhängig macht und ihre Verletzung als leichtfertig ansieht, führt zu der unannehmbaren Schlussfolgerung, dass jede fahrlässige Tötung gleichzeitig eine leichtfertige Tötung ist. Der Vergleich der Wertigkeit von Rechtsgütern kann nur auf der Ebene des gesetzgeberischen Entscheidens darüber angestellt werden, ob ein bestimmtes Rechtsgut so wichtig ist, dass seine Verletzung wegen grober Fahrlässigkeit mit einer höheren Strafe bedroht werden soll. Als Kriterium für die Abstufung der Bedeutung der Sorgfaltspflicht ist das Abstellen auf den Wert des gefährdeten Rechtsguts nicht geeignet.

ii Sorgfaltspflicht, deren Verletzung mit hoher Wahrscheinlichkeit zu einer Rechtsgutsverletzung führt

Es ist schwer zu behaupten, dass eine Sorgfaltspflicht so wichtig ist, dass bei ihrer Verletzung eine Schädigung von Rechtsgütern unvermeidbar ist. Eine Verletzung der Sorgfaltspflicht führt nicht unbedingt zur Verletzung eines Rechtsguts. So führt z.B. nicht jeder Rotlichtverstoß zwangsläufig zu einem Verkehrsunfall. Von einer anderen Perspektive betrachtet, sind alle Verletzungen der Sorgfaltspflicht in Bezug auf den Erfolg gleich relevant aus Sicht des geschützten Rechtsguts.[82]

81 *Maiwald*, aaO. Fn. 78, 257 (259); *Birnbaum*, aaO. Fn. 2, S. 168.
82 LK-StGB/*Vogel/Bülte*, 13. Aufl. 2020, § 15 Rn. 296.

Ein weiteres Beispiel soll dies verdeutlichen: Nicht jede Vernachlässigung der Suche nach einem in einer Wunde verbliebenen Fremdkörper führt zwangsläufig zu einer Gesundheitsschädigung. Wenn es jedoch Anzeichen dafür gibt, dass während einer Operation ein Fremdkörper in einer chirurgischen Wunde zurückgeblieben sein könnte (z. B. ein fehlendes Stück Gaze bei der Gazezählung) und die Wunde dennoch ohne Bestätigung des Operationsbereichs geschlossen wird, wäre eine solche Versäumnis nicht akzeptabel.

Obwohl gilt die Faustregel, dass je größer die Wahrscheinlichkeit ist, dass die Vernachlässigung dieser Pflichten zu einem Schaden führt, es desto wichtiger ist, diese Pflichten gewissenhaft zu erfüllen, ist es in der Realität ist jedoch eine allgemeine Erfahrung, dass die Vernachlässigung bestimmter Pflichten nur *unter Umständen* zu Schäden führen kann. Mit anderen Worten: Um die hohe Wahrscheinlichkeit einer Rechtsgutsverletzung durch eine Sorgfaltspflichtverletzung zu bejahen, müssen zusätzliche Voraussetzungen erfüllt sein, was zu einem nachfolgend zu erörternden weiteren Kriterium für die Abgrenzung von Leichtfertigkeit und Fahrlässigkeit führt, nämlich der Verletzung einer Sorgfaltspflicht in großem Ausmaß.

bb) Verletzung einer Sorgfaltspflicht in großem Ausmaß

In der Diskussion über Sorgfaltspflichtverletzungen ist es intuitiv leicht, die Sorgfaltspflicht mit der Geschwindigkeitsbeschränkung in Verbindung zu bringen. Im Allgemeinen wird davon ausgegangen, dass je höher die Geschwindigkeit ist, desto größer ist auch das Verkehrsrisiko, das der Fahrer darstellt.[83] Diese Auffassung ist verständlich, da bei höheren Geschwindigkeiten die Reaktionszeit kürzer ist und eine geübte Fahrzeugsteuerung benötigt wird. In der Praxis ist dies jedoch nicht immer der Fall: Eine Geschwindigkeitsüberschreitung von nur 10 km/h auf einer unübersichtlichen, kurvenreichen Stadtstraße stellt ein höheres Gefährdungspotential dar als eine Geschwindigkeitsüberschreitung von 20 km/h auf einer geraden Autobahn mit sehr geringem Verkehrsaufkommen zur Nachtzeit.

83 *Birnbaum*, aaO. Fn. 2, S. 169, 178.

Dies impliziert, dass bei der Bestimmung des Ausmaßes der Pflichtverletzung stets die Wahrscheinlichkeit des Eintritts einer Rechtsgutsverletzung unter den konkreten Umständen zu berücksichtigen ist. Mit anderen Worten: Der Täter muss für eine auffällige und ungewöhnliche Sorgfaltspflichtverletzung verantwortlich gemacht werden, die über die normale Sorgfaltswidrigkeit hinausgeht, und der Eintritt des tatsächlich herbeigeführten Erfolges muss als wahrscheinlich vorhersehbar und nicht nur als entfernt möglich angesehen werden.[84] Dem entspricht die in der Begründung zu § 18 E 1962 genannte Fallgruppe des Leichtfertigkeitsdelikts, „wenn der Täter in grober Fahrlässigkeit nicht erkennt, dass er den Tatbestand verwirklicht".[85]

i Auffallende und ungewöhnliche Sorgfaltspflichtverletzung

Der Begriff „grob fahrlässig" ist im österreichischen Strafgesetzbuch seit 2016 ausdrücklich als eine der Fahrlässigkeitsarten definiert.[86] Der in der Literatur verwendete Begriff der „auffallenden und ungewöhnlichen" Sorgfaltsverletzung wurde als die gesetzliche Definition der groben Fahrlässigkeit formuliert. Zwar wird kritisiert, dass eine solche Formulierung keine Hilfe ist, die grobe Fahrlässigkeit von der allgemeinen Fahrlässigkeit abzugrenzen, da „normativ betrachtet […] *jede* Sorgfaltswidrigkeit ungewöhnlich [ist], weil sorgfaltsgemäßes Verhalten *normativ* das gewöhnliche Verhalten ist".[87] Ein solches Kriterium bietet jedoch einen guten Anhaltspunkt für die Definition der erhöhten Form der Fahrlässigkeit, da, wie das oben genannte Beispiel der Geschwindigkeitsüberschreitung zeigt, eine fahrlässige Handlung unterschiedliche Ausmaße annehmen kann.

Im Bereich der Fahrlässigkeit stellt die Leichtfertigkeit die Ausnahme dar. Aus diesem Grund kann nur ein extrem starkes Abweichen vom pflichtgemäßen Verhalten (vom erlaubten Risiko) eine erhöhte

84 *Burgstaller*, aaO. Fn. 3, S. 203.
85 BT-Drucks IV/650, 132.
86 § 6 Abs. 3 öStGB lautet: „Grob fahrlässig handelt, wer ungewöhnlich und auffallend sorgfaltswidrig handelt, sodass der Eintritt eines dem gesetzlichen Tatbild entsprechenden Sachverhaltes als geradezu wahrscheinlich vorhersehbar war."
87 *Fuchs/Zerbes*, AT I[12], Kapitel 13, Rn. 23.

Form der Fahrlässigkeit begründen.[88] Eine solche Pflichtverletzung ist als schlechthin unentschuldbar anzusehen, wenn die im täglichen Leben erforderliche Sorgfalt gröblich, in hohem Maße, mutwillig oder leichtsinnig außer Acht gelassen wird.[89]

Die ungewöhnliche und auffällige sorgfaltswidrige Handlung ist mit Hilfe der Maßstabsfigur zu bestimmen. Maßstab ist ein Durchschnittsmensch in dieser Situation unter Berücksichtigung der besonderen Kenntnisse des Handelnden. Grobe Fahrlässigkeit liegt vor, wenn ein solcher Fehler einem Durchschnittsmenschen in dieser Situation niemals unterlaufen wäre.[90]

(2) Der Angeklagte A im *Taroko-Eisenbahnunfall*[91] dient als ein geeignetes Beispiel: A versuchte, den Kranwagen in eine sicherere Position zu bringen, als dieser an der Böschungskante hängen blieb. Dabei wandte er jedoch eine ungewöhnliche Methode an, die die Stabilität und Betriebssicherheit nicht gewährleisten konnte, nämlich die Verwendung eines Seils und eines Baggers.[92]

Ein weiteres Beispiel für einen auffälligen und ungewöhnlichen Sorgfaltsverstoß ist der folgende **Anästhesist-Fall**:[93]

Mit über 30 Jahren Berufserfahrung eröffnete der Anästhesist *Yang* eine Klinik zur Schmerzbehandlung. Seit September 2019 ging das Opfer O wegen Schmerzproblemen zur Behandlung in die Klinik von *Yang*. *Yang* wusste, dass der Zweck des Arzneimittels Isofluran „Inhalationsvollnarkose" ist, das Wirkungen wie Bewusstseinsverlust, Atemdepression und Muskelrelaxation hervorrufen kann, und dass die Anwendung von Isofluran „auf die Verwendung durch Ärzte beschränkt" ist, mit einem speziell für Isofluran entwickelten volatilen Anästhesiegerät

88 *Fuchs/Zerbes*, AT I^{12}, Kapitel 13, Rn. 23.
89 *Kienapfel/Schroll*, BT I^{5}, § 81 Rn. 12.
90 *Kienapfel/Höpfel/Kert*, AT^{17}, Rn. 28.25e.
91 Siehe oben [B. II. 3.]
92 In einer Kultur, die Tricks feiert, könnte A als flexibles und anpassungsfähiges Genie dargestellt werden, wenn es ihm gelungen wäre, den Kran mit dieser ungewöhnlichen Methode wieder auf die Straße zu bringen.
93 Az. 110 Yi-Su 4 von Kaohsiung District Court (高雄地方法院110年度醫訴字第4號刑事判決) Volltext abrufbar unter: https://judgment.judicial.gov.tw/FJUD/data.aspx?ty=JD&id=KSDM,110%2c%e9%86%ab%e8%a8%b4%2c4%2c20220715%2c1, zuletzt abgerufen am 07.01.2025.

erfolgen muss und von qualifiziertem Personal mit geeigneten Anästhesiegeräten zur Überwachung der Vitalfunktionen des Patienten angewendet werden muss. Er verstieß gegen die oben genannte ärztliche Praxis zur Anwendung von Arzneimitteln, indem er dem Opfer in der Praxis am 29. Oktober und 25. Dezember 2019 das Medikament Isofluran und die Inhalationsmaske verschrieb, mit der Anweisung, dass das Opfer das Isofluran selbständig in die Maske eintropfen lassen könne, um seine Schmerzen durch Einatmen des flüchtigen Isofluran durch die Maske zu lindern.[94] Bevor O in der Nacht vom 25. Dezember 2019 ins Bett ging, inhalierte O das Medikament Isofluran und bediente die Inhalationsmaske auf *Yang*s Anordnung selbst, und nahm Beruhigungs- und Schlafmittel sowie Midazolam und Clonazepam ein. Nach dem Einschlafen befand sich das Opfer in einer Schlafposition, in der die Maske nach unten gegen die Matratze gedrückt wurde, wodurch die Atmung behindert wurde. Aufgrund der Hemmung des zentralen Nervensystems und der muskelentspannenden Wirkung des Medikaments Isofluran fehlte dem Körper ein Reaktionsmechanismus, was zum Tod des Opfers durch mehrfache Drogenvergiftung und Ersticken führte.

Im diesen Fall beging der Angeklagte *Yang* einen auffallenden und ungewöhnlichen Verstoß gegen die Sorgfaltspflicht, indem er den Patienten Medikamente zur Vollnarkose, die nur von Ärzten verabreicht werden dürfen, zur Schmerzlinderung mit nach Hause gab.

(3) Hier kann argumentiert werden, dass die Abweichung vom pflichtgemäßen Verhalten als Begründung für die Leichtfertigkeit gegen das Doppelverwertungsverbot verstoßen könnte.[95]

94 Die Verschreibung von Isofluran zur Selbstverabreichung an Patienten entspricht nach dem Sachverständigengutachten nicht den medizinischen Leitlinien und der klinischen Pharmakologie. Deshalb kann es auch nicht als „Off-Label-Use“ eingestuft werden.

95 In der Begründung des Entwurfs zu § 276 tStGB kritisiert das Judicial Yuan, dass „Erheblichkeit“ im Wesentlichen eine Frage des Strafzumessungsermessens sei und dass die Verwendung dieses Begriffs als Tatbestandsmerkmal den Unterschied zwischen einem Strafzumessungsfaktor und einem Tatbestandsmerkmal verwische und dass die Verwendung des Grades der Sorgfaltspflichtverletzung als Tatbestandsmerkmal eine Gefahr in Bezug auf Doppelverwertung bei der Strafzumessung darstellen könne. s. Agenda Related Documents des Legislativen Yuans (立法院議案關係文書) vom 27.05.2021 in: https://lis.ly.gov.tw/lygazettec/mtcdoc?PD100314:LCEWA01_100314_00069, zuletzt abgerufen am 07.01.2025.

Zunächst kann hier vorläufig Folgendes gesagt werden: In dieser Kritik liegt ein logischer Interpretationsfehler. Ein Element, das üblicherweise bei der Strafzumessung berücksichtigt wird, bedeutet nicht notwendigerweise, dass es bei der Bestimmung der Tatbestandsmerkmale einer Straftat nicht berücksichtigt werden kann.[96] Wenn ein Element Teil der Tatbestandsmerkmale geworden ist, kann es aus denselben Gründen nicht mehr erschwerender Umstand bei der Strafzumessung sein. Das Doppelverwertungsverbot bedeutet nur, dass ein Tatbestand, der entweder als strafbegründend oder als strafverschärfend Teil des Tatbestands geworden ist, bei der Strafzumessung nicht als strafverschärfend berücksichtigt werden darf. Die Einstufung des schweren Sorgfaltsverstoßes als Tatbestandsmerkmal eines Leichtfertigkeitsdelikts hat lediglich zur Folge, dass die Unterscheidung zwischen leichtem und schwerem Sorgfaltsverstoß nicht mehr primär für die Strafzumessung von Bedeutung ist.[97]

ii Gesteigerte Wahrscheinlichkeit des Erfolgseintritts

Neben der signifikanten Abweichung vom sorgfaltsgemäßen Verhalten ist eine gesteigerte Gefährlichkeit des Verhaltens im Hinblick auf eine mögliche Erfolgsverwirklichung erforderlich, um die gesteigerte Form der Fahrlässigkeit zu begründen.[98] So wird es in der Literatur formuliert: „Eine besonders intensive Verletzung der Sorgfaltspflicht liegt vor, wenn trotz erhöhter Erkennbarkeit der Gefährdung des Rechtsguts gehandelt wird“[99] oder „Leichtfertigkeit liegt vor, wenn die Verwirklichung des Tatbestandes besonders nahe liegt“.[100]

In diesem Zusammenhang stellt sich die Frage, wie die nahe liegende Gefahr der Tatbestandsverwirklichung zu verstehen ist. Es versteht sich von selbst, dass das Erfordernis einer erhöhten Wahrscheinlichkeit, dass der Tatbestand erfüllt ist, nicht absolut gesetzt oder

96 Näheres zum Doppelverwertungsverbot siehe unten [E. IV.]
97 *Hinterhofer/Wirth*, ÖJZ 2016/104, 764 (766). aA *Tenckhoff*, ZStW 88 (1976), 897 (910).
98 *Burgstaller/Schütz*, WK² § 6 Rn. 56.
99 *H. Lohmeyer*, FR 1964, 374.
100 *Maiwald*, aaO. Fn. 78, 257 (259); *Tenckhoff*, aaO. Fn. 78, 897(911); *Wegscheider*, aaO. Fn. 78, 624 (650).

erwartet werden kann, insofern kann keine Art „Wahrscheinlichkeitsgrad" als Richtwert angeben werden.[101]

Die erhöhte Gefahrenlage ist aus der Sicht eines objektiven Beobachters zur Zeit und am Ort des Ereignisses zu beurteilen. Es ist zu prüfen, ob nach allgemeiner Erfahrung eine hohe Wahrscheinlichkeit für einen Unfall mit Todesfolge oder schweren Folgen besteht und ob diese Wahrscheinlichkeit gerechtfertigt ist.[102] Die Gefahr der Tatbestandsverwirklichung muss so groß sein, dass es offenkundige Notwendigkeit besteht, ein anderes Verhalten zu setzen, um einen drohenden Schadenfall zu vermeiden.[103]
Eine geradezu als wahrscheinlich vorhersehbare Gefährlichkeit des Erfolgseintritts allein begründet die erhöhte Fahrlässigkeit nicht.[104] Selbst in komplexen Tätigkeiten wie einer Hirnoperation kann ein kleinster Fehler des *Arzt*es dennoch zu schwerwiegenden Konsequenzen führen, ohne dass es sich dabei um grobe Fahrlässigkeit handelt.[105] Wenn eine Tätigkeit allgemein zu einem Risiko neigt, muss das Verhalten das Risiko erheblich über das normale Risiko hinaus erhöhen.[106] Darüber hinaus muss eine solche erhöhte Erfolgswahrscheinlichkeit auf auffälligen und ungewöhnlichen Sorgfaltspflichten beruhen.[107]

Umgekehrt kann die Möglichkeit einer Rechtsgutsverletzung, die ex ante im Regelfall nur selten vorstellbar ist, unter bestimmten Umständen nicht von vornherein ausgeschlossen werden. Ebenso kann die Beurteilung einer solchen Tatbestandsverwirklichung als leichtfertig nicht von vornherein ausgeschlossen werden.[108] Am Beispiel der *Pro-*

101 *Burgstaller/Schütz*, WK² § 6 Rn. 56.

102 *Burgstaller/Schütz*, WK² § 81 Rn. 11; *Kienapfel/Schroll*, BT I⁵, § 81 Rn. 14.

103 *Kienapfel/Höpfel/Kert*, AT¹⁷, Rn. 28.25f. Ähnlich diskutiert *Radkte* die erhöhte Vorhersehbarkeit im Rahmen der Leichtfertigkeit beim erfolgsqualifizierten Delikt dahingehend, dass „es um einen über »den Durchschnittsfall [...] hinausgehende« Erkennbarkeit eines grunddeliktsspezifischen Todesrisikos gehen [muss]." *Radkte*, FS-Jung, 737 (747).

104 *Kienapfel/Höpfel/Kert*, AT¹⁷, Rn. 28.25g; *Birnbaum*, aaO. Fn. 2, S. 194.

105 *Fuchs/Reindl-Krauskopf*, BT I⁷, S. 32.

106 *Bertel/Schwaighofer/Venier*, BT I¹⁶, § 81 Rn. 6; *Kienapfel/Schroll*, BT I⁵, § 81 Rn. 26; *Hinterhofer/Wirth*, ÖJZ 2016/104, 764(769).

107 *Burgstaller/Schütz*, WK² § 81 Rn. 12.

108 *Burgstaller/Schütz*, WK² § 6 Rn. 56. Dagegen wird kritisiert, dass dadurch die Gefährlichkeit der konkreten Handlung entleert werden kann. Wenn es sich bei den sog. „selten zu befürchtenden Schadensereignissen" um eine zeitliche Differenz handelt, so ist dennoch anerkannt, dass sich die Handlung über einen längeren Zeitraum erstrecken kann, so

pylen-Explosion[109] ist die in dieser Arbeit vertretene Ansicht, dass das Ergebnis einer Explosion dieses Ausmaßes, ausgelöst durch den Austritt von Propylen, im Allgemeinen nicht vorstellbar ist. Der Empfänger LCY Corporation meldete erstmals um 20:55 Uhr, dass er kein Propylen erhielt. Der Lieferant CGTD Corporation lieferte um 21:23 Uhr erneut Propylen, nachdem er einen Test durchgeführt hatte, um zu bestätigen, dass die Gaseinspeisung des Transporteurs in Ordnung war. Der Empfänger erhielt jedoch immer noch nicht die entsprechende Menge Propylen. Unter diesen Umständen sollte es nicht schwer fallen, nach dem Massenerhaltungssatz ein Leck in der Pipeline zu vermuten. Die Propylenlieferung hätte dann sofort gestoppt werden müssen, anstatt einen unwirksamen Test durchzuführen und dann um 22:10 Uhr erneut Propylen zu liefern.[110] Die Menge an Propylen, die sich nicht in der Pipeline befindet, birgt ein erhebliches Brandrisiko, das zu schweren Schäden an Leib und Leben führen kann. Dieses Risiko ist unter den gegebenen Umständen vorhersehbar.

dass der Beurteilungszeitpunkt zum Beurteilungszeitraum wird, und dass auch eine über einen längeren Zeitraum bestehende Gefährlichkeit mit wechselnder Intensität möglich ist. Schließlich entscheidend ist, dass die Gefährlichkeit so groß ist, dass grob Fahrlässigkeit angenommen werden kann. vgl. *Meusburger*, Die grobe Fahrlässigkeit, S. 170, 176.

109 Siehe oben [B. II. 4.]

110 Taiwan High Court Kaohsiung Branch entschied, dass die fehlerhafte Konstruktion des Kastendurchlasses die Hauptursache für den Unfall war. Sie würde nicht nur dazu führen, dass die Anwohner mehr als 20 Jahre lang unbemerkt einer Gefahr ausgesetzt gewesen sein, sondern auch dazu, dass es nur eine Frage der Zeit gewesen sei, bis die Pipeline brechen und Propylen austreten würde, was zu der Explosion geführt habe. Auch das Personal von LCY Corporation und CGTD Corporation vor Ort habe das Ereignis nicht vorhersehen können, so dass keine Fahrlässigkeit festgestellt werden könne. s. Az. 107 Jhu-Shan-Su 2 von Taiwan High Court Kaohsiung Branch (臺灣高等法院高雄分院107年度矚上訴字第2號刑事判決) Volltext abrufbar unter: https://judgment.judicial.gov.tw/FJUD/data.aspx?ty=JD&id=KSHM,107%2c%e7%9f%9a%e4%b8%8a%e8%a8%b4%2c2%2c20200424%2c1, zuletzt abgerufen am 07.01.2025.) Ein offensichtlicher Fehler in dieser Schlussfolgerung besteht darin, dass, selbst wenn eine fehlerhafte Konstruktion des Kastendurchlasses die Hauptursache für den Unfall war, dies nicht bedeutet, dass das Personal von LCY Corporation und CGTD Corporation vor Ort die Möglichkeit eines Propylenaustritts während ihrer Dienstzeit nicht vorhergesehen hat. Es ist nämlich nicht erforderlich, dass das Personal die spezifische Ursache des Lecks kennt, um die Möglichkeit eines Propylenaustritts abzuleiten.

Es ist hervorzuheben, dass das hier diskutierte Kriterium die Schwere des drohenden Erfolgsunwerts betrifft und nicht die Schwere des eingetretenen Erfolgsunwerts.[111]

cc) Verletzung mehrerer Sorgfaltspflichten – Mosaiktheorie

Eine Methode zur Begründung einer Sorgfaltspflichtverletzung in großem Ausmaß ist die Akkumulation mehrerer unfallursächlicher Faktoren: Je mehr Pflichten im konkreten Fall in gefahrbegründender Weise verletzt werden, desto eher liegt eine gesteigerte Form der Fahrlässigkeit vor.[112]

Eine Gewichtung der Verletzung der Sorgfaltspflicht ist erforderlich. Eine bloße Häufung an Pflichtverletzungen lässt nicht automatisch auf eine qualitativ verschärften Gefahrenlage schließen. Die Schwere des Fehlverhaltens ist in seiner Gesamtheit zu betrachten. Diesbezüglich ist zu berücksichtigen, dass Geschwindigkeitsüberschreitungen unter Berücksichtigung der Fahrbahn- und Sichtverhältnisse beurteilt werden müssen.[113]

In der Praxis werden in der Rechtsprechung alle Sorgfaltspflichtverletzungen des Beklagten detailliert aufgezählt, um die Schwere des fahrlässigen Verhaltens des Beklagten zu unterstreichen. Im Falle des *Taroko-Eisenbahnunfall*[114] verletzte der Angeklagte A seine Sorgfaltspflicht nicht nur dadurch, dass er eine ungewöhnliche und unsichere

111 *Burgstaller/Schütz*, WK² § 6 Rn. 15, 56.; *Kienapfel/Höpfel/Kert*, AT¹⁷, Rn. 28.25c. Es gibt ein einziges österreichisches Urteil in einem Fall bezüglich der grob fahrlässigen Beeinträchtigung von Gläubigerinteressen (§ 159 öStGB), in dem es heißt, dass „bei Beurteilung des Vorliegens grober Fahrlässigkeit eine übergreifende Gesamtbetrachtung im Sinn einer ganzheitlichen Abwägung aller unrechts- und schuldrelevanten konkreten Tatumstände anzustellen ist, wobei der gesamte in der Tat verwirklichte Handlungs- und Gesinnungswert [...], aber beim vorliegenden Delikt auch der Erfolgsunwert [...] zu bewerten ist." (OGH 14 Os 28/02) Diese Auffassung wird jedoch nicht geteilt. Vielmehr wird die Ansicht vertreten, „dass der eingetretene Schaden groß ist, bedeutet nicht, dass ihn der Täter grob fahrlässig herbeigeführt hat." s. *Bertel/Schwaighofer/Venier*, BT I¹⁶, § 159 Rn. 17.

112 *Wegscheider*, aaO. Fn. 78, 624 (650); *Kienapfel/Höpfel/Kert*, AT¹⁷, Rn. 28.25d; *Kienapfel/Schroll*, BT I⁵, § 81 Rn. 17 ff.; *Fuchs/Reindl-Krauskopf*, BT I⁷, S. 32; *Fuchs/Zerbes*, AT I¹², Kapitel 13, Rn. 24; *Hinterhofer/Wirth*, ÖJZ 2016/104, 764 (769).

113 *Bertel/Schwaighofer/Venier*, BT I¹⁶, § 81 Rn. 5; *Kienapfel/Schroll*, BT I⁵, § 81 Rn. 18.

114 Siehe oben [B. II. 3.]

Methode anwandte, um den Kranwagen in eine sicherere Position zu bringen, sondern auch dadurch, dass er den Gefahrenbereich der Baustelle nicht sorgfältig durch Schutzvorrichtungen gegen vom Hang herabfallende Gegenstände sicherte und die Anweisung, die Bauarbeiten entlang der Eisenbahnlinie einzustellen, nicht befolgte.

dd) Verletzung einer Garantenpflicht

In der Literatur wird diskutiert, inwiefern die Garantenstellung eines Unterlassungstäters eine erhöhte Haftung für Leichtfertigkeit begründen könnte.[115] Es wird angenommen, dass bei Unterlassungsdelikten der Grad der Verletzung der Handlungspflicht in der Strafzumessungspraxis entscheidend ist.[116] Es stellt sich die Frage, ob es in diesem Zusammenhang möglich ist, die Haftung nach der Intensität der Verletzung der Garantenpflicht als Fahrlässigkeit oder Leichtfertigkeit zu unterscheiden.

Es wird davon ausgegangen, dass es Fälle gibt, in denen die Verletzung der Handlungspflicht wegen der besonderen Intensität der Pflichten ebenso schwer wiegt wie die Begehung einer unerlaubten Handlung.[117] Ein mögliches Kriterium für die Differenzierung der Gewichtigkeit der Garantenpflicht könnte in der Schutzbedürftigkeit des Rechtsgutsträger zu sehen sein. Dabei ist die besondere Schutzbedürftigkeit von Pflegebedürftigen zu berücksichtigen. Die besondere Schutzbedürftigkeit von Pflegebedürftigen ist insbesondere bei Personen zu beachten, die keinerlei Fähigkeit besitzen, sich selbst vor Gefahren zu schützen, z.B. Säuglinge und Schwerbehinderte. In B*abysitter-Fall 2*[118] und *Babysitter-Fall 3*[119] sind alle Opfer Säuglinge, deren Sicherheit allein von Betreuungspersonen abhängt. Eine einzige Unachtsamkeit in Bezug auf die Freigabe des Atemweges hatte schwerwiegende Folgen.

115 *Birnbaum*, aaO. Fn. 2, S. 172 ff.

116 *Schäfer/Sander/van Gemmeren*, Praxis der Strafzumessung, Rn. 625; MüKoStGB/*Maier*, 4. Aufl., § 46 Rn. 227.

117 *Schäfer/Sander/van Gemmeren*, aaO. Fn. 116.

118 Siehe oben [D. II. 3. a) aa) i. (2)]

119 Siehe oben [D. II. 3. a) aa) ii.]

Eine weitere Möglichkeit, die Verletzung einer Garantiepflicht zur Leihfertigkeit zu führen, ist die Verletzung mehrerer Handlungspflichten.

ee) Wiederholung derselben Sorgfaltspflichtverletzung?

i. In der Vergangenheit sah das tStGB eine Verschärfung der strafrechtlichen Haftung für Fahrlässigkeit im Zusammenhang mit dem Beruf vor. Dies resultierte daraus, dass berufstätige Täter, die eine Handlung im Rahmen ihrer Berufstätigkeit wiederholen, besondere Sorgfaltspflichten erfüllen müssen, wenn durch ihre berufliche Tätigkeit eine Gefahr für das Leben und die körperliche Unversehrtheit anderer entstehen kann. In der Praxis wurde dies wie folgt begründet: „Der Fahrer eines Kraftfahrzeugs ist eine Person, die in der Lage ist, eine Handlung fortzusetzen und zu wiederholen, die jederzeit das Leben eines anderen Menschen gefährden kann. Daher obliegt ihm eine besondere Sorgfaltspflicht, ständig darauf zu achten, dass andere nicht gefährdet werden."[120]

Die wiederholte sorgfaltspflichtwidrige Handlung indiziere zwar einen Gesinnungsunwert, begründe jedoch nicht zwangsläufig einen Handlungsunwert der Leichtfertigkeit. Auf der Unrechtsebene kann sich die Wiederholung einer Sorgfaltspflichtverletzung aber nur dann auswirken, wenn sie zum Tatzeitpunkt durch Akkumulation mit einem früheren pflichtwidrigen Verhalten die Gefahr des Erfolgseintritts erhöht.[121] Dies ist insbesondere bei wiederholten Sorgfaltspflichtverletzungen in Ausübung des Berufes nicht immer der Fall: Ein Busfahrer, der eine abrupte Fahrweise gewohnt ist, befördert jedes Mal unterschiedliche Fahrgäste und begegnet verschiedenen Verkehrsteilnehmern.

v Exkurs: Sorgfaltsverletzung bei Routinetätigkeiten

Auf der anderen Seite wird darüber diskutiert, ob es zugunsten des Täters berücksichtigt werden kann, wenn die verletzte Sorgfaltspflicht

120 Az. 75 Tai-Shan 1685 von Taiwan Supreme Court (最高法院75年度台上字第1685號刑事判決) Volltext abrufbar unter: https://judgment.judicial.gov.tw/FJUD/data.aspx?ty=JD&id=TPSM,75%2c%e5%8f%b0%e4%b8%8a%2c1685%2c19860407%2c1, zuletzt abgerufen am 07.01.2025.

121 *Burgstaller/Schütz*, WK² § 6 Rn. 56; *Burgstaller/Schütz*, WK² § 81 Rn. 17.

im Bereich einer „Routinetätigkeit“ im weiteren Sinne liegt. Dabei wird davon ausgegangen, dass bei arbeitsrechtlichen Routinetätigkeiten typische Fehler auf Dauer nicht vermeidbar sind.[122] Es ist daher unangemessen, von jeder Person lebenslange maschinenartige Präzision zu verlangen, da niemand in der Lage ist, die Anforderungen an fehlerfreies Verhalten ständig zu erfüllen.[123] Unter diesem Gesichtspunkt führt das Argument für die Entkriminalisierung der leichten Fahrlässigkeit zu folgendem Ergebnis.[124]

In dieser Arbeit wird die Auffassung vertreten, dass die Annahme menschlichen Versagens, z.B. bei der Blockierung[125], nicht zwingend zu einer Entkriminalisierung der Fahrlässigkeit wegen Blockierung führen muss. Dieser Zusammenhang soll hier am Beispiel eines Lokführers verdeutlicht werden. Es ist bekannt, dass monotone Arbeit die Aufmerksamkeit des Fahrers beeinträchtigen kann. Es ist jedoch kaum akzeptabel, innerhalb des allgemeinen Rechtsrahmens zu behaupten, dass der Lokführer auf keinen Fall für Fahrunfälle verantwortlich gemacht werden sollte, die auf den Verlust der Aufmerksamkeit infolge der Monotonie seiner Arbeit zurückzuführen sind. Gegen die unvermeidliche Unaufmerksamkeit der Arbeiter sollte von Vornherein Vorsorge getroffen werden. So ist z.B. die Sicherheitsmaßnahme „Shisa kanko“ (engl.: Finger Pointing and Calling (FPC))[126] einzuführen, um Fehler zu vermeiden und Unklarheiten auszuräumen. Dabei wurde auf ausladende Gestikulierung und laute Sprache geachtet, um die Aufmerksamkeit auf das Wesentliche zu lenken und bei eintönigen Aufgaben dennoch fokussiert zu bleiben. Hält sich ein Lokführer nicht an diese Maßnahmen und lässt während der Fahrt seine Aufmerksamkeit nach, sodass es zu einem Unfall mit Todesfolge kommt, macht er sich dennoch wegen fahrlässiger Tötung strafbar. Werden keine Vor-

122 *Birnbaum*, aaO. Fn. 2, S. 179.
123 *Roxin/Greco*, AT I, § 24 Rn. 126; *Burgstaller*, aaO. Fn. 3, S. 201.; *Volk*, aaO. Fn. 24, 161 (176).
124 *Volk*, aaO. Fn. 24, 161 (176).; *Koch*, Die Entkriminalisierung, S. 82 f.
125 Unter Blockierung (blocking) versteht man den Effekt bei der Konditionieren, dass ein bereits gelernter Stimulus bei gleichzeitiger Darbietung die Konditionierung eines weiteren Reizes auf den gleichen unkonditionierten Reiz verhindert. s. *Becker-Carus/Wendt*, Allgemeine Psychologie, S. 571.
126 *Shinohara/Naito/Matsui/Hikono*, International Journal of Industrial Ergonomics, 43 (2013), 129 ff.

kehrungsmaßnahmen gegen diese vorhersehbare Rechtsgutsverletzung getroffen, könnte die Haftung für Fahrlässigkeit bei der Geschäftsleitung liegen.

d) Gesamte Bewertung

Aus der vorangegangenen Analyse lässt sich ableiten, dass die Beurteilung der Leichtfertigkeit unter Berücksichtigung der verschiedenen konkreten Umstände des Ereignisses erfolgen muss.[127] Neben den bereits erwähnten Elementen, nämlich der gesteigerten Sorgfaltspflichtverletzung in Hinblick auf die gesteigerte Wahrscheinlichkeit des Erfolgseintritts, sollten auch andere Elemente zusammengetragen und berücksichtigt werden.

Bei der Beurteilung der Frage, ob eine gesteigerte Form der Fahrlässigkeit vorliegt, ist auf zusätzliche Kriterien abzustellen, z.B. auf die Sozialadäquanz des ausgeübten Verhaltens und auf das Fehlen von Alternativen mit geringerem Risiko. Die gleiche Verletzung der objektiven Sorgfaltspflicht kann daher je nach Art der ausgeübten Tätigkeit unterschiedlich bewertet werden, je nachdem, ob es sich um die Heranziehung eines notwendigen Risikos oder eines vermeidbaren Fehlers handelt. In jedem Fall muss die Gesamtwürdigung ergeben, dass es sich um eine ungewöhnlich schwere Sorgfaltspflichtverletzung handelt, die besondere Maßnahmen zu ihrer Vermeidung erfordert hätte.[128]

Dabei sind auch alle Risikofaktoren, sowohl risikoerhöhende als auch risikomindernde Umstände, umfassend und konkret zu ermitteln.[129] Die Unwertgrenze kann unter Umständen auch dadurch herabgesetzt werden, dass der Täter sein an sich besonders risikoreiches Verhalten durch besondere Vorsichtsmaßnahmen ausgleicht.[130]

127 *Hinterhofer/Wirth*, ÖJZ 2016/104, 764 (769).
128 *Burgstaller/Schütz*, WK² § 6 Rn. 56.
129 *Burgstaller/Schütz*, WK² § 81 Rn. 11; *Kienapfel/Schroll*, BT I⁵, § 81 Rn. 14/1.
130 *Burgstaller/Schütz*, WK² § 81 Rn. 15.; *Bertel/Schwaighofer/Venier*, BT I¹⁶, § 81 Rn. 6. Beispielsweise wurde in einem österreichischen Urteil entschieden, dass das langsame Einfahren in eine gut einsehbare Kreuzung unter Missachtung der Vorfahrt keine grobe Fahrlässigkeit darstellt, s. ZVR 1978, 193.

Eine umfassende Würdigung aller Faktoren in jedem Einzelfall, um festzustellen, ob grobe Fahrlässigkeit vorliegt oder nicht, könnte mit dem Einwand zurückgewiesen werden, dass ein solcher Maßstab nicht eindeutig sei.[131] Diese Annahme ist jedoch unzutreffend. Bei der Feststellung eines konkreten Gefährdungsdelikts nimmt das Gericht stets an, dass das Vorliegen oder Nichtvorliegen einer bestimmten Gefahr keine gesetzliche Vermutung darstellt, sondern zu den Tatbestandsmerkmalen gehört, die der Richter in jedem Fall beurteilen und die Gründe für das Vorliegen der Gefahr darlegen muss.[132] Eine Gesamtbewertung aller relevanten Faktoren zur Feststellung eines Tatbestandsmerkmals ist in der Praxis keineswegs unbekannt, und daher ist es kaum zu behaupten, dass sie nicht angewendet wird.

e) Zwischenfazit

In der vorliegenden Untersuchung lässt sich feststellen, dass der gesteigerter Handlungsunwert als plausible Basis für die Leichtfertigkeit angesehen werden kann.[133]

Der Begriff der Leichtfertigkeit bezeichnet eine gesteigerte Form der Fahrlässigkeit, bei der sowohl die Sorgfaltspflichtverletzung als auch die Vorhersehbarkeit des Erfolgseintritt in gesteigert qualifizierter Form gegeben sein müssen.[134] Eine gesteigerte Sorgfaltspflichtverletzung kann sich aus einer Sorgfaltspflichtverletzung in großem Ausmaß, also einer einzelnen auffallenden und ungewöhnlichen Sorgfaltspflichtverletzung, oder aus Verletzungen mehrerer Sorgfaltspflichten ergeben. Im Hinblick auf die vorhersehbare Gefährlichkeit des Erfolgseintritts

131 So die Kritik des Judicial Yuan am Entwurf des § 276 tStGB. In der Begründung fügte Yuan hinzu, dass eine Aufspaltung der Fahrlässigkeit dazu führe, dass die präventive Funktion wegen Verletzung des Bestimmtheitsgrundsatzes nicht erfüllt werden könne. s. Agenda Related Documents des Legislativen Yuans (立法院議案關係文書) vom 27.05.2021 in: https://lis.ly.gov.tw/lygazettec/mtcdoc?PD100314:LCEWA01_100314_00069, zuletzt abgerufen am 07.01.2025.

132 s. Az. 111 Tai-Shan 3430 von Taiwan Supreme Court (最高法院111年度台上字第3430號刑事判決) Volltext abrufbar unter: https://judgment.judicial.gov.tw/FJUD/data.aspx?ty=JD&id=TPSM,111%2c%e5%8f%b0%e4%b8%8a%2c3430%2c20220803%2c1, zuletzt abgerufen am 07.01.2025.

133 *Burgstaller/Schütz*, WK² § 6 Rn. 56.

134 *Rengier*, AT, § 52 Rn. 9.

bei Leichtfertigkeit muss die Verwirklichung des Tatbestandes besonders nahe liegen. Dies kann als ein sachgemäßer Beurteilungsmaßstab bezeichnet werden.
Hingegen führt die Verletzung einer Garantenpflicht oder eine wiederholte Sorgfaltswidrigkeit nicht zwingend zu einer besonders schwerwiegenden Verletzung der Sorgfaltspflicht, sondern muss im konkreten Fall differenziert betrachtet werden. Bei einer Verletzung der Garantenpflicht kann von einer besonders schweren Verletzung der Sorgfaltspflicht ausgegangen werden, insbesondere wenn die pflegebedürftige Person nicht in der Lage ist, sich selbst vor Gefahren zu schützen. Nur wenn eine wiederholte Verletzung der Sorgfaltspflicht zum Zeitpunkt der Tat durch die Anhäufung mit einem früheren pflichtwidrigen Verhalten die Gefahr des Eintritts eines Schadens erhöht, kann dies als eine erhebliche Verletzung der Sorgfaltspflicht angesehen werden.

4 Objektive Zurechnung

Wie bei der Prüfung eines Vorsatzdeliktes, bei dem sich die von der Handlung ausgehende Gefahr im Erfolg realisiert, stellt sich auch bei Fahrlässigkeitsdelikten die Frage der objektiven Zurechnung. Darunter sind bei Fahrlässigkeitsdelikten vor allem der Pflichtwidrigkeits- und der Schutzzweckzusammenhang von Bedeutung. Auch die nachträgliche Mitverschulden des Opfers ist im Rahmen dieser Arbeit diskussionswürdig.

a) Pflichtwidrigkeitszusammenhang

Der Pflichtwidrigkeitszusammenhang bezieht sich darauf, dass die vom Täter durch sein sorgfaltspflichtwidriges Verhalten geschaffene Gefahr nur dann eintritt, wenn der Erfolg direkt auf die Verletzung der Sorgfaltspflicht zurückzuführen ist. Wenn der Erfolg bei pflichtgemäßem Verhalten mit Sicherheit vermieden worden wäre, so ist der Erfolgseintritt auf fahrlässiges Verhalten des Täters zurückzuführen. Wenn der

Erfolg auch bei pflichtgemäßem Verhalten mit Sicherheit eingetreten wäre, liegt keine Fahrlässigkeit des Täters vor.[135]
Hier stellt sich die Frage, ob der Pflichtwidrigkeitszusammenhang ausgeschlossen ist, wenn nicht mit Sicherheit festgestellt werden kann, ob der Erfolg bei sorgfältigem Verhalten vermieden worden wäre. H.M. argumentiert, dass der Täter nur dann für den Erfolg verantwortlich sein sollte, wenn mit Sicherheit nachgewiesen werden kann, dass der Erfolg vermieden worden wäre, wenn der Täter sich rechtmäßig verhalten hätte. Dagegen genügt nach der Risikoerhöhungstheorie für die Zurechnung des Erfolgs die Feststellung, dass das Risiko des Erfolgseintritts gegenüber dem erlaubten Risiko erhöht war.[136]

Nimmt man die Mitarbeiter von LCY Corporation und CGTD Corporation im *Propylenexplosion-Fall*[137] als Beispiel. Das Auftreten von Lecks in der 4-Zoll-Pipeline konnte von ihnen nicht kontrolliert oder verhindert werden. Nach Ansicht dieser Arbeit verletzte das Personal vor Ort jedoch bei der anschließenden Handhabung die Sorgfaltspflicht, was zu einem kontinuierlichen Anstieg der ausgetretenen Propylenmenge führte. Obwohl die Verletzung der Sorgfaltspflicht nach der Entdeckung des anormalen Durchflusses logischerweise zu einer weiteren Ausweitung der Explosion führen kann, ist es in der Realität nicht zu beweisen, in welchem Ausmaß die nachfolgende Explosion aufgetreten wäre, wenn das Personal vor Ort bei der ersten Entdeckung der Probleme beim Propylentransport den Durchfluss sofort gestoppt hätte.

b) Schutzzweckzusammenhang

Beim Schutzzweckzusammenhang handelt es sich darum, dass eine rechtlich relevante Gefahrenrealisierung nur dann vorliegt, wenn die verletzte Verhaltensnorm gerade dem Schutz des betroffenen Rechtsguts dient.[138] Erforderlich ist eine genaue teleologische Auslegung, also

135 *Wessels/Beulke/Satzger*, AT, § 18 Rn. 1132.; *Rengier*, AT, § 52 Rn. 26
136 *Wessels/Beulke/Satzger*, AT, § 6 Rn. 304, § 18 Rn. 1136.; *Rengier*, AT, § 52 Rn. 33, 34
137 Siehe oben [B. II. 4.]
138 *Wessels/Beulke/Satzger*, AT, § 6 Rn. 262, § 18 Rn. 1131.; *Rengier*, AT, § 13 Rn. 76, § 52 Rn. 37 f.; *Roxin/Greco*, AT I, § 11 Rn. 87.

welche Gefahr die verletzte Sorgfaltsnorm für das jeweilige Schutzgut abwenden soll, und die Prüfung, ob sich diese im Erfolg manifestiert.[139] Der Schutzzweckzusammenhang wird als ohnehin diffus kritisiert. Wenn der Unrechtskern des fahrlässigkeitsspezifischen Verhaltensfehlers von vornherein präzise markiert sei, bedürfe es keiner Spekulationen mehr über den Sinngehalt einzelner „konkreter Spezialnormen", also ob das abstrakte „Sorgfaltsgebot" einen Erfolg wie den eingetretenen überhaupt hätte verhindern sollen.[140] Diese Kritik ist bis zu einem gewissen Grad nicht unbegründet, wenn auch die gesetzgebungstechnischen Aspekte berücksichtigt werden.[141] Die Auslegung des Normzwecks kann nicht immer vollständig durch den Gesetzeswortlaut und die Gesetzesbegründung erfasst werden.

Der Schutzzweck der Norm ist in einigen Fällen umstritten. Am Beispiel eines Unfalls mit einem Gabelstapler sei dies verdeutlicht:[142] Bei einem Gabelstapler handelt es sich um eine Kraftmaschine, die nicht in den Bereich der Kraftfahrzeuge fällt und deren hintere Warn- und Beleuchtungseinrichtungen nicht ausreichend hell und damit nicht verkehrssicher sind. Es ist nicht zulässig, bei der Straßenverkehrsbehörde eine befristete Genehmigung für das Führen eines Gabelstaplers auf öffentlichen Straßen zu beantragen. Wenn ein Gabelstapler auf der Straße transportiert werden soll, muss er auf einen ordnungsgemäßen LKW verladen und transportiert werden. Der Angeklagte A achtete nicht darauf und fuhr gegen 19 Uhr mit einem Gabelstapler auf einer innerstädtischen Straße. Der Gabelstapler fuhr mit relativ langsamer Geschwindigkeit und war so breit, dass er fast die Hälfte der Fahrbahn einnahm. Darüber hinaus waren die Warnleuchten hinter dem Gabelstapler für die Nacht nicht ausreichend. Als A mit dem Gabelstapler auf eine Brücke auffuhr, fuhr der Geschädigte O mit seinem Motor-

139 *Burgstaller/Schütz,* WK² § 6 Rn. 66.; *Burgstaller*, aaO. Fn. 3, S. 97.

140 MüKoStGB/*Duttge*, 5. Aufl. 2024, § 15 Rn. 187 ff.

141 Angesichts des politischen Stils in Taiwan, in dem Gesetze ständig geändert oder in aller Eile verabschiedet werden, um die öffentliche Meinung zu befriedigen, kann sich das Problem der geringen Gesetzgebungskompetenz nur noch verschärfen.

142 Az. 110 Tai-Shan 3063 von Taiwan Supreme Court (最高法院110年度台上字第3063號刑事判決) Volltext abrufbar unter: https://judgment.judicial.gov.tw/FJUD/data.aspx?ty=JD&id=TPSM,110%2c%e5%8f%b0%e4%b8%8a%2c3063%2c20210617%2c1, zuletzt abgerufen am 07.01.2025.

rad hinter A in gleicher Richtung. O achtete nicht auf den Verkehr vor ihm und stieß mit dem von A gelenkten Gabelstapler zusammen, was zu einem traumatischen Schock und letztendlich zum Tod führte. A wurde der fahrlässigen Tötung für schuldig befunden.

In diesem Fall argumentierte A, dass das Verbot, mit einem Gabelstapler auf der Straße zu fahren, nur eine Ordnungswidrigkeit darstelle, deren Schutzzweck im vorliegenden Fall nicht betroffen sei und der Eintritt des Todeserfolges nicht dem Schutzzweck der Straßenverkehrsordnung entspreche.[143] Der Kernpunkt von As Einwand hinsichtlich des Schutzzweckzusammenhangs dürfte sein, dass der Zweck des Verbots des Fahrens mit nicht zugelassenen Kraftmaschinen im Straßenverkehr darin liegt, dass das nicht verkehrssichere Gerät beim Fahren im Straßenverkehr Leib und Leben anderer Verkehrsteilnehmer aktiv gefährden könnte. Im vorliegenden Fall kollidierte O mit dem von A geführten Gabelstapler, was eine passive Gefahr darstellte, so dass der Erfolgseintritt nicht im Rahmen des Schutzzwecks lag. Dann ist hier zu prüfen, ob sich der Zweck des Betriebsverbots verkehrsunsicherer Maschinen im Straßenverkehr darauf beschränkt, deren aktive Schädigung anderer zu verhindern. In der Entscheidung wurde festgestellt, dass der Gabelstapler nicht sicher und nicht für den Straßenverkehr zugelassen war und dass das rücksichtslose Fahren des Gabelstaplers nachts auf der Straße ein Risiko geschaffen hatte, das gesetzlich nicht zulässig war. Darüber hinaus bewegte sich der Gabelstapler langsam, war unzureichend beleuchtet und nahm mehr als die Hälfte der Fahrbahn ein. Das Opfer konnte nicht vorhersehen, dass sich vor ihm ein Gabelstapler befand, und kollidierte mit diesem, wodurch das Risiko im Rahmen des Schutzzwecks der Norm bereits anerkannt war. Zusammenfassend stellte das Gericht fest, dass der Zweck des Verbots des Fahrens unsicherer Kraftmaschinen auf der Straße nicht nur darin besteht, die aktive Gefährdung anderer Verkehrsteilnehmer durch diese Maschinen zu verhindern, sondern auch darin, das Vorhandensein dieser Maschinen im Straßenverkehr als ein unerlaubtes Risiko zu verhindern. Aus dem Urteil geht jedoch nicht eindeutig hervor, welchen

143 In der Urteilsbegr ü ndung ist der Verteidigungsgrund des Schutzzweckzusammenhangs des Angeklagten nur so vage dokumentiert.

Schutzzweck das Verbot des Einsatzes nicht zugelassener Kraftmaschinen auf den Straßen verfolgt.

c) Nachträgliches Mitverschulden des Opfers

Nach dem Verhalten des Täters hat auch die Tat des Opfers einen sehr großen Einfluss auf das Ergebnis. Die medizinischen Entscheidungen, die das Opfer nach der Verletzung trifft, sind von besonderer Bedeutung für die Genesung und die Entwicklung des Gesundheitszustands des Opfers. In solchen Fällen ist umstritten, ob und inwieweit ein schädlicher Erfolg, zu dem die Entscheidung des Opfers führt, der ersten Handlung des Täters zugerechnet werden kann.[144] Auf der einen Seite wird die Auffassung vertreten, dass ein grob fahrlässiges Verhalten des Opfers nichts an der Zurechnung des Enderfolgs an den Erstverursacher ändert[145], auf der anderen Seite wird argumentiert, dass ein grob fahrlässiges Verhalten des Opfers die Zurechnung des Enderfolgs an den Erstverursacher ausschließt.[146] Ferner wird die Auffassung vertreten, dass das Problem differenziert gelöst werden sollte.[147]

Roxin argumentiert zu Recht, dass es keinen Grund gibt, eine bewusste Selbstschädigung des Verletzten dem Erstverursacher zuzurechnen, ebenso wenig wie der Erfolg dem Erstverursacher zuzurechnen ist, wenn der Verletzte vorsätzlich oder grob fahrlässig handelt und bewusst Maßnahmen unterlässt, die zur Erhaltung seines Lebens oder seiner Gesundheit erforderlich sind.[148] Wenn es anerkannt ist, dass eine aktive Behandlung und Rehabilitation des Opfers die möglichen Folgen des vom Täter verursachten Schadens mildern und damit die Verantwortung des Täters für die Ergebnisse mindern kann, scheint es keinen gerechtfertigten Grund zu geben, die Verantwortung des Täters

144 *Roxin*, GA 2020, 183 (184).

145 *Frisch*, Tatbestandsmäßiges Verhalten und Zurechnung des Erfolgs, S. 452.

146 *Burgstaller*, aaO. Fn. 3, S. 123; *Brugstaller/Schütz*, WK² StGB § 6 Rn. 74; *Rengier*, AT, § 13 Rn. 85.; *ders.* Erfolgsqualifizierte Delikte und verwandte Erscheinungsformen, S. 168.; *Roxin* , aaO. Fn. 144, 183 (190). Eine ähnliche Argumentation sieht in einer solchen Fallkonstellation einen atypischen Kausalverlauf und lehnt daher in der Regel eine Zurechnung des Täters ab. *Wessel/Beulke/Satzger*, AT, § 6 Rn. 283, 297 ff.

147 *Wolter*, Objektive und personale Zurechnung, S. 344 f.

148 *Roxin*, aaO. Fn. 144, 183 (190).

für eine unangemessene und irrationale Untätigkeit des Opfers, die den Schaden verschlimmert, anzuerkennen.[149]

Der *Amputationsverweigerung-Fall*[150] dient als ein Beispiel: Der Angeklagte A fuhr einen Sattelschlepper ohne Sicherheitsabstand und kollidierte mit dem Motorrad des Opfers O, wodurch dieser einen offenen Bruch des linken Unterschenkels erlitt. Die anschließend durchgeführte Hauttransplantation war erfolglos und führte zu einer schweren Nekrose des Beines. Der *Arzt* empfahl eine Amputation, um weitere Infektion und die Gefährdung des Lebens zu vermeiden, was O jedoch ablehnte. O starb schließlich an Nierenversagen und Urämie infolge der Nekrosen.

Das Gericht stellte fest, dass die durch den Verkehrsunfall verursachte offene Fraktur zu Nekrose, Nierenversagen und Urämie führte, was eine Einwirkung von Naturkräften darstelle. Es sei schwierig zu behaupten, dass zwischen der Verletzung und dem Tod kein Kausalzusammenhang bestehe. Die Frage des Einflusses der Weigerung des Opfers, sich einer Amputation zu unterziehen, die den Tod durch eine Infektion hätte verhindern können, wurde jedoch nicht erörtert. Es scheint also, dass die Weigerung des Opfers für das Gericht keine Rolle spielte, was nicht plausibel ist.

In diesem Fall bestand bereits akute Lebensgefahr durch Nekrose und die Verweigerung einer wirksamen Behandlung erscheint unvertretbar und grob fahrlässig. Der nachfolgende Todesfall ist dem Verursacher nicht zuzurechnen.

d) Zwischenfazit

Ebenso wie die Feststellung des Kausalzusammenhangs im Einzelfall nur entweder vorhanden oder nicht vorhanden ist, ist auch die Feststel-

149 In diesem Zusammenhang schließt nur eine bewusste grobe Fahrlässigkeit des Verletzten die Zurechnung an den Ersttäter aus. Bei der heutigen Behandlungspraxis ist es jedoch kaum vorstellbar, dass der Patient, also der Verletzte, nicht über die Folgen seiner Entscheidung aufgeklärt wird.

150 Az. 83 Tai-Shan 2770 von Taiwan Supreme Court (最高法院83年度台上字第2770號刑事判決) Volltext abrufbar unter: https://judgment.judicial.gov.tw/FJUD/data.aspx?ty=JD&id=TPSM,83%2c%e5%8f%b0%e4%b8%8a%2c2770%2c19940518%2c1, zuletzt abgerufen am 07.01.2025.

lung der objektiven Zurechnung nur entweder vorhanden oder nicht vorhanden. Eine gesteigerte Form der objektiven Zurechnung, die zu einer erhöhten Fahrlässigkeit führen könnte, liegt daher nicht vor.

5 Fazit auf Tatbestandsebene

Der Begriff der Leichtfertigkeit bezeichnet eine gesteigerte Form der Fahrlässigkeit. Nach der vorliegenden Untersuchung lässt sich feststellen, dass auf der Tatbestandsebene nur das Merkmal „objektive Sorgfaltspflichtverletzung bei objektiver Vorhersehbarkeit des tatbestandsmäßigen Erfolges" die gesteigerte Form der Fahrlässigkeit begründen kann, wobei sowohl die Sorgfaltspflichtverletzung als auch die Vorhersehbarkeit des Erfolgseintritts in gesteigert qualifizierter Form gegeben sein müssen.[151] Zusammenfassend lässt sich sagen, dass der erhöhte Handlungsunwert als Grundlage für Leichtfertigkeit dienen kann.[152]

III Rechtswidrigkeit

Hier wird geprüft, ob ein tatbestandsmäßiges Verhalten im Kontext der Gesamtrechtsordnung gerechtfertigt ist. Wie bei vorsätzlichen Straftaten ist ein Verhalten, das den Fahrlässigkeitstatbestand erfüllt, in der Regel auch ein Indiz für die Rechtswidrigkeit dieses Verhaltens. In Ausnahmefällen wie Notwehr, rechtfertigender Notstand oder Einwilligung des Opfers ist eine tatbestandsmäßige Fahrlässigkeitstat gerechtfertigt. Die Frage nach dem Erfordernis des subjektiven Rechtfertigungsgrundes im Falle der Fahrlässigkeit ist kaum von Bedeutung, da das Erfolgsunrecht durch das Vorliegen der objektiven Rechtfertigungsvoraussetzungen kompensiert wird, was zur Rechtmäßigkeit der Tat führt.[153]
Das Ergebnis der Rechtswidrigkeitsprüfung ist, dass eine Handlung entweder gerechtfertigt, also rechtmäßig, ist oder nicht, also rechtswidrig.

151 *Rengier*, AT, § 52 Rn. 9.
152 *Burgstaller/Schütz*, WK² § 6 Rn. 56.
153 *Wessels/Beulke/Satzger*, AT, § 8 Rn. 395, § 18 Rn. 1145, 1146.; *Rengier*, AT, § 52 Rn. 73.; *Burgstaller/Schütz*, WK² § 6 Rn. 80.

Es ist daher nicht möglich, die gesteigerte Form der Fahrlässigkeit mit Rechtfertigungsgründen zu begründen.

IV Schuld

Bei der Frage der Rechtswidrigkeit geht es um die Frage, ob die Tat von der Rechtsordnung gebilligt und damit nicht als rechtswidrig angesehen wird. Bei der Schuld geht es um die persönliche Vorwerfbarkeit der Tat.[154]

Im Vergleich zu den Vorsatzdelikten wird die Schuld bei den Fahrlässigkeitsdelikten nicht nur auf das Vorliegen der allgemein geregelten Schuldausschließungsgründe geprüft, also der Schuldunfähigkeit aufgrund des Alters, der Schuldunfähigkeit oder der verminderten Schuldfähigkeit aus physischen oder psychischen Ursachen, sondern stets anhand der subjektiven Fahrlässigkeit festgestellt. Subjektive Fahrlässigkeit erfordert, dass der Täter zur Zeit der Tat nach seinen persönlichen Kenntnissen und Fähigkeiten in der Lage war, die nötige Sorgfaltspflicht zu erfüllen und die Tatbestandsverwirklichung vorauszusehen. Darüber hinaus ist die Unzumutbarkeit normgerechten Verhaltens als besonderer Entschuldigungsgrund bei Fahrlässigkeitsdelikten anerkannt.[155]

1 Kernelemente der Fahrlässigkeitsschuld

a) subjektive Sorgfaltspflichtverletzung bei subjektiver Voraussehbarkeit des tatbestandsmäßigen Erfolgs

Der Schuldvorwurf der Fahrlässigkeit erfordert, dass der Täter nach seinen persönlichen Fähigkeiten und Kenntnissen die objektive Sorgfaltspflicht erkennen und danach handeln sowie den Taterfolg und den

154 *Rengier*, AT, § 24 Rn. 1; *Wessels/Beulke/Satzger*, AT, § 13 Rn. 623.
155 *Rengier*, AT, § 52 Rn. 83, 87.; *Wessels/Beulke/Satzger*, AT, § 13 Rn. 1147 ff.

Kausalverlauf in seinen wesentlichen Zügen voraussehen konnte.[156] In der Regel wird das Vorliegen eines Verschuldens durch die Verwirklichung des Handlungsunrecht indiziert.[157]

Da der Schuldvorwurf voraussetzt, dass der Täter subjektiv, d.h. nach seinen persönlichen Verhältnissen, der objektiven Sorgfaltspflicht hätte nachkommen können, stellt sich die Frage, wie es sich mit der unbewussten Fahrlässigkeit verhält, bei der der Täter die objektive Sorgfaltspflicht oder das Erkennen der Gefahr außer Acht lässt/übersieht. Die subjektive Sorgfaltswidrigkeit setzt bei der unbewussten Fahrlässigkeit vor allem voraus, dass der Täter persönlich hätte erkennen müssen, dass er eine Sorgfaltswidrigkeit beging, insbesondere im Hinblick auf die typische Gefährlichkeit seines Tuns.[158]

Wie bei der objektiven Sorgfaltspflicht sind auch hier die individuellen Fähigkeiten und Kenntnisse des Handelnden zu berücksichtigen. Besondere Umstände wie akute Übelkeit, Aufregung oder Übermüdung des Täters können die subjektive Sorgfaltswidrigkeit eines Verhaltens durchaus ausschließen.[159] Zusammenfassend lässt sich festhalten, dass das Vorliegen objektiver Sorgfaltswidrigkeit auf das Vorliegen subjektiver Sorgfaltswidrigkeit hinweist. Besonders wichtig ist die Prüfung der subjektiven Sorgfaltswidrigkeit, wenn konkrete Anhaltspunkte dafür vorliegen, dass gerade dieser Täter den objektiven Sorgfaltspflichten nicht nachkommen konnte.[160]

b) Unzumutbarkeit normgemäßen Verhaltens

Neben der subjektiven Sorgfaltspflichtverletzung erfordert der subjektive Fahrlässigkeitsvorwurf auch den Nachweis, dass dem Täter die Einhaltung der Sorgfaltspflicht subjektiv zumutbar war.[161] Ein normgemäßes Verhalten des Täters ist unzumutbar, wenn auch einem besonnenen,

156 *Wessels/Beulke/Satzger*, AT, § 18 Rn. 1148.; *Burgstaller/Schütz*, WK² § 6 Rn. 84.
157 *Burgstaller/Schütz*, WK² § 6 Rn. 81.
158 *Burgstaller/Schütz*, WK² § 6 Rn. 85.
159 *Burgstaller/Schütz*, WK² § 6 Rn. 87, 88; *Burgstaller*, aaO. Fn. 3, S. 190.
160 *Burgstaller*, aaO. Fn. 3, S. 194.
161 *Wessels/Beulke/Satzger*, AT, § 13 Rn. 713, § 18 Rn. 1149; *Rengier*, AT, § 53 Rn. 87; *Roxin/Greco*, AT I, § 24 Rn. 122.

mit den rechtlich geschützten Werten vertrautem Menschen, der mit der konkreten körperlichen und geistigen Ausstattung des Täters zu denken ist, in der speziellen Tatsituation die Einhaltung der objektiven Sorgfaltspflichten vernünftigerweise nicht zuzumuten war.[162]

Bei unbewusster Fahrlässigkeit wird die Zumutbarkeit in zwei Stufen geprüft: Zum Ersten ist zu prüfen, ob dem Täter die innere Sorgfalt zuzumuten war, die erforderlich war, um die objektive Fahrlässigkeit zu erkennen. Ist dies der Fall, so ist weiter zu prüfen, ob es dem Täter zumutbar gewesen wäre, sich von seinem Verhalten zu distanzieren, wenn er die objektive Fahrlässigkeit erkannt hätte. Im Vergleich dazu kommt bei der bewussten Fahrlässigkeit nur die zweite Stufe zur Anwendung: Die Schuld entfällt, wenn es dem Täter nicht zumutbar war, das als objektiv fahrlässig erkannte Verhalten zu vermeiden.[163]

Unvermeidbare menschliche Versagensfehler, wie die oben genannten menschlichen Versagensfehler bei Routinetätigkeiten aufgrund von Blockierungen oder Augenblicksversagen, werden unter Unzumutbarkeit eingestuft.[164]

Die Unzumutbarkeit wird insbesondere bei notstandsähnlichen Situationen vermutet.[165] In einem Fall wurde der Motorradfahrer M nach einer Kollision zwischen seinem Motorrad und dem Motorroller Ns wegen fahrlässiger Körperverletzung angeklagt. Nach in Augenscheinnahme des Überwachungsvideos vor Ort stellte das Gericht fest, dass M aufgrund des plötzlichen Anhaltens des vor ihm fahrenden Motorrads nach rechts auswich, um eine Kollision zu vermeiden. Zur Kollision zwischen M und N kam es, weil N den Abstand nicht eingehalten hatte. Das Gericht kam zu dem Schluss, dass es für M, der langsam auf derselben Fahrspur fuhr, nicht zumutbar war, sich auf die unerwartete Situation hinter ihm einzustellen.[166] Dies ist ein Fall, der dem entspricht, was *Lewisch* beschreibt, nämlich dass „der Täter mangels

162 *Burgstaller*, aaO. Fn. 3, S. 200; *Kienapfel/Höpfel/Kert*, AT^{17}, Rn. 27.25.
163 *Burgstaller*, aaO. Fn. 3, S. 200.
164 *Birnbaum*, aaO. Fn. 2, S. 207; *Koch*, aaO. Fn. 124, S. 82.
165 *Rengier*, AT, § 52 Rn. 88.
166 Az. 110 Jiao-Shan-Yi 205 von Taiwan High Court (臺灣高等法院110年度交上易字第205號刑事判決) Volltext abrufbar unter: https://judgment.judicial.gov.tw/FJUD/data.aspx?ty=JD&id=TPHM,110%2c%e4%ba%a4%e4%b8%8a%e6%98%93%2c205%2c20210819%2c1, zuletzt abgerufen am 07.01.2025.

Zumutbarkeit rechtmäßigen Alternativverhaltens in Konstellationen straffrei bleibt, in denen ihm nur ein geringer Sorgfaltsverstoß anzulasten ist, die zum Erfolg führende Situation aber durch ein plötzlich auftretendes Ereignis hervorgerufen wurde."[167]

2 Feststellung der Schuld bei Leichtfertigkeit

a) Grad des Schuldelements in der Leichtfertigkeit

Wenn es um das Verschuldenselement der Leichtfertigkeit geht, stellt sich die Frage, welches Maß an Verschulden erforderlich ist. Es wird argumentierte, dass mit Substantivierung der Risikokenntnis beim schuldfähigen Täter auch der Schuldvorwurf steige.[168] Anschließend ist zu prüfen, ob sich der Verschuldensgrad bei Leichtfertigkeit von dem bei allgemeiner Fahrlässigkeit unterscheidet.

aa) subjektive Sorgfaltswidrigkeit bei subjektiver Voraussehbarkeit des tatbestandsmäßigen Erfolgs bei Leichtfertigkeit

In der Regel wird das Vorliegen des Verschuldens durch die Verwirklichung des Handlungsunrechts indiziert, d.h. die Schwere des subjektiven Sorgfaltsverstoßes bei Leichtfertigkeit wird bereits durch das Vorliegen der erforderlichen Unrechtselemente, also der gesteigerte Form der Fahrlässigkeit, indiziert.[169] Bei der Beurteilung dieser individuell-subjektiven Komponente ist zu betonen, dass der Täter nach seinen persönlichen Fähigkeiten und Kenntnissen zur Zeit der Tat in der Lage sein muss, die tatsächlichen Umstände zu erfassen, die das spätere Urteil des Richters, er handele leichtfertig, rechtfertigen. Mit

167 *Lewisch*, ÖJZ 1995, 296 (303).
168 *Uekötter*, aaO. Fn. 1, S. 226.
169 *Burgstaller/Schütz*, WK^2 § 6 Rn. 91.

anderen Worten: Der Täter muss nur die Umstände kennen, die die Beurteilung rechtfertigen, dass sein Handeln als leichtfertig anzusehen ist. Die Bewertung selbst braucht er nicht vorzunehmen.[170]

Ein Schuldvorwurf, der über das Maß des gesteigerten Unrechts hinausgeht, ist nicht erforderlich. Zum einen bildet sich der erhöhte objektive Handlungsunwert spiegelbildlich im subjektiven Fahrlässigkeitsanteil ab.[171] Zum anderen ist der Vorwurf einer solchen gesteigerten Fahrlässigkeit in erster *Lin*ie auf eine besonders gefährliche Handlung und nicht auf eine besonders verwerfliche Gesinnung zurückzuführen.[172] Es genügt also ein durchschnittliches Ausmaß an spezifisch subjektiver Vorwerfbarkeit.[173] Eine der Leichtfertigkeit entsprechendes Schuld des Täters liegt vor, wenn der Täter erkennen konnte, dass er seine gesteigerte Sorgfaltspflicht verletzt hat und die Tatbestandsverwirklichung in gesteigertem Maße vorhersehbar war.

Persönliche Umstände können den Vorwurf erheblich mindern und grobe Fahrlässigkeit ausschließen, selbst wenn trotz erhöhten Handlungsunwerts nur allgemeine Fahrlässigkeit vorliegt.[174] Beispiele für solche Umstände sind Krankheit, körperliche Gebrechen, Arbeitsüberlastung, Intelligenzdefizite, Gedächtnisschwächen, Wissenslücken, Altersschwäche, plötzlicher Leistungsabfall, Schreckhaftigkeit und Verwirrung.[175]

Es wird argumentiert, dass eine gesteigerte Form der Fahrlässigkeit im Einzelfall auch bei erheblich verminderter Schwere des Verschuldens, also bei deutlich unterdurchschnittlicher Vorwerfbarkeit des Verhaltens, angenommen werden kann. Dies ist dann der Fall, wenn die mangelnde Vorwerfbarkeit durch einen extrem hohen Handlungsunwert auf der Unrechtsebene gewissermaßen „kompensiert“ wird. Dies

170 *Maiwald*, aaO. 78, 257(263, 264); *Volk*, aaO. Fn. 24, 161(178).

171 *Hinterhofer/Wirth*, ÖJZ 2016/104, 764 (769).

172 *Roxin/Greco*, AT I, § 24 Rn. 87.

173 Grob fahrlässiges Verschulden, das in der österreichischen Praxis als subjektiv „schwer“ oder „schwerst“ vorwerfbar bezeichnet wird, wird als Ausdruck des gemeinsamen Unwertmaßes des Handlungsunwertes einschließlich des damit verbundenen Gesinnungsunwertes verstanden. s. *Burgstaller/Schütz*, WK² § 6 Rn. 81, 86, § 81 Rn. 11. s.a. *Kienapfel/Schroll*, BT I⁵, § 81 Rn. 7/3.

174 *Burgstaller/Schütz*, WK² § 6 Rn. 86.; *Kienapfel/Höpfel/Kert*, AT¹⁷, Rn. 28.25h

175 *Kienapfel/Höpfel/Kert*, AT¹⁷, Rn. 28.25h.; *Rengier*, AT, § 52 Rn. 84.

gilt jedoch nicht umgekehrt, da die zentrale Funktion des Unrechtselements der gesteigerten Fahrlässigkeit nicht außer Acht gelassen werden darf.[176]

bb) Zumutbarkeitsprüfung bei Leichtfertigkeit

Für die Prüfung der Zumutbarkeit bei einer gesteigerten Form der Fahrlässigkeit gelten die gleichen Kriterien wie bei der allgemeinen Fahrlässigkeit. In der Praxis ist es nur in sehr seltenen Ausnahmefällen denkbar, dass trotz Vorliegens der objektiven und subjektiven Kriterien der groben Fahrlässigkeit die Schuld mangels Zumutbarkeit entfällt. Zu beachten ist jedoch, dass eine eingeschränkte Zumutbarkeit dazu führen kann, dass statt grober Fahrlässigkeit nur einfache Fahrlässigkeit angenommen wird, obwohl der erforderliche Unrechtsgehalt vorliegt.[177]

b) Besondere Gesinnungselement, bzw. Rücksichtslosigkeit oder Gleichgültigkeit?

Im Allgemeinen werden persönliche Eigenschaften wie Rücksichtslosigkeit, Gleichgültigkeit oder Oberflächlichkeit bei der Beurteilung der Schuld nicht berücksichtigt.[178] In Bezug auf das Verschuldenselement der Leichtfertigkeit stellt sich jedoch die Frage, ob im Vergleich zur allgemeinen Fahrlässigkeit andere Anforderungen an das Verschulden verlangt werden. In der Begründung zu § 18 E 1962 wurde eine der Fallgruppen des Leichtfertigkeitsdelikts wie folgt bezeichnet: „wenn [der Täter] sich in frivoler Rücksichtslosigkeit über die klar erkannte Möglichkeit der Tatbestandsverwirklichung hinwegsetzt".[179] Es wird auch die Auffassung vertreten, dass das Merkmal „leichtfertig" mit dem Merkmal „rücksichtslos" gleichzusetzen sei[180], oder dass grobe Fahrlässigkeit ein besonders gefährliches Verhalten nur dann darstelle, wenn es zusätzlich bestimmte Voraussetzungen erhöhter subjektiver

176 *Burgstaller/Schütz*, WK² § 6 Rn. 81.
177 *Burgstaller/Schütz*, WK² § 6 Rn. 107; *Meusburger*, aaO. Fn. 108, S. 215.
178 *Burgstaller/Schütz*, WK² § 6 Rn. 87.; *Burgstaller*, aaO. Fn. 3, S. 189.
179 BT-Drucks IV/650, 132.
180 *Maurach*, FS-Heintz, 403 (417).

Vorwerfbarkeit erfülle, entweder Rücksichtslosigkeit[181] oder Gleichgültigkeit[182] oder Leichtsinn[183].

Unter Rücksichtslosigkeit im Straßenverkehr versteht man die gesteigerte subjektive Vorwerfbarkeit des Täterverhaltens:[184] „Rücksichtslos handelt, wer sich seiner Pflichten im Straßenverkehr bewusst ist, sich aber aus eigensüchtigen Beweggründen, etwa um ungehindert vorwärts zu kommen, über diese hinwegsetzt, ebenso, wer sich aus Gleichgültigkeit nicht auf seine Pflichten besinnt, Hemmungen gegen seine Fahrweise gar nicht erst in sich aufkommen lässt und unbekümmert um die Folgen seiner Fahrweise drauflos fährt."[185] Die Definition macht deutlich, dass rücksichtsloses Verhalten nicht nur vorsätzlich, sondern auch bewusst oder unbewusst fahrlässig sein kann.[186]

Es wird argumentiert, dass die Annahme von Rücksichtslosigkeit nicht allein durch den objektiven Geschehensablauf begründet werden kann, sondern ein zusätzliches, von Leichtsinn, Eigennutz oder Gleichgültigkeit geprägtes Defizit erfordert. Dies geht weit über das hinaus, was normalerweise jedem Verkehrsverstoß innewohnt, der oft aus Gedankenlosigkeit oder Nachlässigkeit begangen wird.[187] Mit anderen Worten: Auch die Motive des Täters müssen in die Betrachtung mit einbezogen werden.[188]

Als Beispiel soll der ***Anästhesist-Fall***[189] dienen. Der Anästhesist *Yang* hat mehr als 30 Jahre Berufserfahrung und muss die Vorschriften für die Anwendung von Arzneimitteln genau kennen. Er verschrieb den Patienten ein Anästhetikum außerhalb der von den Arzneimittelbehörden zugelassenen Anwendung. Eine solche Anwendung erfolgt ohne

181 *Volk* ist der Ansicht, dass Gleichgültigkeit die Basis für Leichtfertigkeit ist, bei der sich die Gleichgültigkeit nicht nur auf den Grund des Sorgfaltsverstoßes, sondern auch auf die Einstellung des Täters bezieht. s. *Volk*, aaO. Fn. 24, 161 (177, 178).

182 *Arzt*, FS-Schröder, 1978, 119 (143)

183 *Vogel*, in: Wirtschaftsstrafrecht in der Europäischen Union, 125 (128).

184 Schönke/Schröder/*Hecker* StGB § 315c Rn. 28.

185 MüKoStGB/*Pegel*, 4. Aufl. 2022, § 315c Rn. 82.; NK-StGB/*Zieschang*, § 315c Rn. 35.; Schönke/Schröder/*Hecker* StGB § 315c Rn. 28.

186 Schönke/Schröder/*Hecker* StGB § 315c Rn. 28.; MüKoStGB /*Pegel*, 4. Aufl. 2022, § 315c Rn. 82.; NK-StGB/*Zieschang*, § 315c Rn. 35.

187 MüKoStGB /*Pegel*, 4. Aufl. 2022, § 315c Rn. 85.

188 NK-StGB/*Zieschang*, § 315c Rn. 35.

189 Siehe oben [D. II. 3. c) bb) i.]

Grundlage gültiger Leitlinien, Empfehlungen oder anerkannter wissenschaftlicher Literatur und stellt somit keinen Off-Label-Use dar. In der Vergangenheit hatte *Yang* ein experimentelles Arzneimittel, das nur an Tieren getestet worden war, an ahnungslosen Patienten angewendet.[190] Die Aufzeichnungen des früheren Falls und des vorliegenden Falls zeigen, dass *Yang*s Arbeitseinstellung dergestalt von Leichtfertigkeit und Rücksichtslosigkeit geprägt ist, dass seine Entscheidungen über die ärztliche Praxis hinausgingen und medizinische Leitlinien eklatant missachteten, was eine Verletzung der Sorgfaltspflicht aus Rücksichtslosigkeit darstellt.

Auf der anderen Seite machen die vorstehenden Ausführungen jedoch deutlich, dass die Leichtfertigkeit auf einem materiellen Substrat beruht und dass die Täter in einer konkreten Situation in hohem Maße gegen die Sorgfaltspflicht verstoßen haben, in der eine erhöhte Aufmerksamkeit geboten ist. Eine solche Feststellung der Leichtfertigkeit ist unabhängig davon, ob der Täter ein niederträchtiges Motiv hat oder nicht.

Im Fall des *Taroko-Eisenbahnunfalls*[191] zeigte der Angeklagte A durch seine letzte Handlung, nämlich den Kranwagen in eine sicherere Position zu bringen, kein besonders niederträchtiges Motiv. Allerdings vernachlässigte er nicht nur viele Sicherheitsvorschriften, sondern wählte auch nachdem der Kranwagen am Rand des Abhangs feststeckte, eine unpassende Vorgehensweise aus. Er entschied sich für eine unkonventionelle Methode, bei der die Stabilität und Betriebssicherheit nicht gewährleistet werden konnten, nämlich die Verwendung eines Seils und eines Baggers.

Sein gesamtes Verhalten begründete schon eine hohe Fahrlässigkeit und sollte eine entsprechend scharfe Strafe nach sich ziehen.

Mit anderen Worten bedeutet dies, dass die Begründung für Leichtfertigkeit nicht zwangsläufig Rücksichtslosigkeit erfordert.[192] Schlechte Motive oder Charaktereigenschaften des Täters werden oftmals mit

190 s. Nachricht am 03.11.2003: https://www.epochtimes.com/b5/3/11/3/n404862.htm, zuletzt abgerufen am 07.01.2025.
191 Siehe oben [B. II. 3.]
192 ähnl. *Tenckhoff*, aaO. Fn. 78, 897 (911).

grob fahrlässigem Verhalten in Verbindung gebracht und können daher ein Indiz für Leichtfertigkeit sein.[193]

3 Exkurs: Schuldelement als besonders Merkmal gegenüber grober Fahrlässigkeit im Zivilrecht?

a) Es wird oft darauf hingewiesen, dass das Erfordernis des Verschuldens, nämlich der persönlichen Vorwerfbarkeit, den Unterschied zwischen Leichtfertigkeit im Strafrecht und grober Fahrlässigkeit im Zivilrecht ausmacht.[194] In der Begründung zu § 18 E 1962 wurde betont, dass durch die Legaldefinition der Leichtfertigkeit keine Verwechslung mit dem zivilrechtlichen Begriff der groben Fahrlässigkeit zu befürchten sei.[195]

Allerdings wird auch im Zivilrecht diskutiert, dass es sich bei der groben Fahrlässigkeit im Gegensatz zur einfachen Fahrlässigkeit „um ein auch in subjektiver Hinsicht unentschuldbares Fehlverhalten handeln“ muss, das „ein gewöhnliches Maß erheblich übersteigt“.[196] Darüber hinaus werde eine subjektive Vorwerfbarkeit verlangt, die weit über das gewöhnliche Maß hinausgehe.[197] Aus diesem Grund bedeute ein objektiv grober Pflichtenverstoß allein noch nicht zwangsläufig, dass eine entsprechend gesteigertes persönliches Verschulden vorliegt, nur weil dies oft der Fall sei.[198] Dies steht somit im Widerspruch dazu, dass Leichtfertigkeit in der Natur von grober Fahrlässigkeit im Zivilrecht abweicht.[199]

193 *Meusburger*, aaO. Fn. 108, S. 219.
194 *Maiwald*, aaO. Fn. 78, 257 (258); *Arzt*, aaO. Fn. 182, 119 (124, 125); ähnl. In *Roxin*/Greco: „[D]as Strafrecht [muss] die persönliche Unfähigkeit (wenigstens bei der Schuld) in weit stärkerem Maße berücksichtigen […] als das Zivilrecht.“ *Roxin*/Greco, AT I, § 24 Rn. 82.
195 BT-Drucks IV/650, 132.
196 *Medicus/Lorenz*, SchuldR I, 22. Aufl. 2021, § 30 Rn. 17; *Brox/Walker*, SchuldR AT, 47. Aufl. 2023, § 20 Rn. 18.; *Looschelders*, SchuldR AT, 21. Aufl. 2023, § 23, Rn. 18.
197 MüKoBGB/*Henssler*, 9. Aufl. 2023, § 619a Rn. 38.
198 *Medicus/Lorenz*, SchuldR I, 22. Aufl. 2021, § 30 Rn. 17.
199 *Birnbaum*, aaO. Fn. 2, S. 203. *Jescheck/Weigend*: „Leichtfertigkeit entspricht der groben Fahrlässigkeit des bürgerlichen Rechts.“ in: AT, 5. Aufl. 1996, S. 569.; *Otto*, Grundkurs Strafrecht AT, 7. Aufl., 2004, §10 Rn. 9.

b) Demgegenüber zeigt die österreichische Strafgesetzgebung zur groben Fahrlässigkeit deutlich, dass die Legaldefinition der groben Fahrlässigkeit im öStGB, die auch in der zivilrechtlichen Judikatur Anwendung findet, darüber hinaus eine gewisse Annäherung zwischen Strafrecht und Zivilrecht ermöglicht. Es wird darauf hingewiesen, dass die teilweise unterschiedlichen Zielsetzungen der beiden genannten Rechtsgebiete die eigenständige strafrechtliche Bewertung nicht völlig aus den Augen verlieren dürfen.[200]

c) Das taiwanische Bürgerliche Gesetzbuch enthält keine Legaldefinition der groben Fahrlässigkeit. In der Rechtsprechung wurde festgestellt, dass sich grobe Fahrlässigkeit auf einen offensichtlichen Mangel an Aufmerksamkeit und die Vernachlässigung der minimalen Sorgfaltspflicht einer gewissen Durchschnittsperson bezieht.[201] In einem Fall, in dem es um Schadenersatzansprüche aus einem Dienstvertrag geht, haftete der Beklagte nach dem Vertrag nur bei Vorsatz oder grober Fahrlässigkeit. In diesem Fall, in dem die Betriebstechnik eine Rolle spielte, hielt es das Gericht für schwierig, grobe Fahrlässigkeit festzustellen, insbesondere angesichts der unterschiedlichen Größe und des unterschiedlichen Gewichts der Waren. Daher wurde der Beklagte nicht zur Zahlung von Schadensersatz verurteilt.[202] Diese Begründung zeigt, dass in der taiwanischen zivilrechtlichen Praxis bei der Beurteilung der groben Fahrlässigkeit auch die subjektive Sorgfaltspflicht der Parteien berücksichtigt wird. Derartige Erfahrungen aus der zivilrechtlichen Praxis können also den Strafrichtern als Anhaltspunkt für die künftige Beurteilung Leichtfertigkeit dienen, wenn die grobe Fahrlässigkeit in das tStGB eingeführt wird.

200 *Burgstaller/Schütz*, WK² § 6 Rn. 15.

201 Az. 42 Tai-Shan 865 in Zivilsachen von Taiwan Supreme Court (最高法院42年度台上字第865號民事判決) Auszug abrufbar unter: https://law.moj.gov.tw/LawClass/ExContent.aspx?ty=J&JC=A&JNO=865&JYEAR=42&JNUM=001&JCASE=%E5%8F%B0%E4%B8%8A, zuletzt abgerufen am 07.01.2025.

202 Az. 92 Shan 223 in Zivilsachen von Taiwan High Court (臺灣高等法院92年度上字第223民事號刑事判決) Volltext abrufbar unter: https://judgment.judicial.gov.tw/FJUD/data.aspx?ty=JD&id=TPHV,92%2c%e4%b8%8a%2c223%2c20031104%2c1, zuletzt abgerufen am 07.01.2025.

4 Zwischenfazit

Die Feststellung einer gesteigerten Form der Fahrlässigkeit wird nicht nur durch das Vorliegen eines tatbestandsmäßigen Handlungsunrechts, sondern auch durch den Grad der Vorwerfbarkeit dieses Handlungsunrechts bestimmt. Ein durchschnittliches Verschulden, das der vorliegenden Voraussetzung des gesteigerten Handlungsunrechts entspricht, genügt dem Schuldvorwurf der Leichtfertigkeit – sofern keine gegenteiligen Anhaltspunkte für eine erheblich verminderte Vorwerfbarkeit vorliegen.

V Fazit – Gesteigerter Handlungsunwert als Basis der Leichtfertigkeit

Die vorliegende Untersuchung gelangt zu dem Ergebnis, dass eine erhöhte Fahrlässigkeit nur dann festgestellt werden kann, wenn das Gesamtbewertungsergebnis des Handlungsunrechts mit dem entsprechende Schuld ohne den konkreten Erfolg betrachtet wird. Sowohl der gesteigerte Handlungswert als auch die entsprechende Schwere des Vorwerfbarkeitsurteils auf Schuldebene, nämlich der Gesinnungsunwert, sind von entscheidender Bedeutung.[203] Auf der Ebene des Unrechts ist die Abweichung des konkreten Verhaltens vom Maßstab der gebotenen Sorgfalt und die damit verbundene nahezu vorhersehbare Wahrscheinlichkeit des Erfolgseintritts Gegenstand der Betrachtung. Auf der Ebene des Verschuldens wird geprüft, ob trotz des erforderlichen Unrechtsmoments schuldmindernde Umstände die erhöhte Fahrlässigkeit, also die Leichtfertigkeit, unter Berücksichtigung des Gesinnungsunwerts entfallen lassen können.[204]

Die Leichtfertigkeit entspricht also dem im Zivilrecht seit langem anerkannten Begriff der groben Fahrlässigkeit. Diese muss sich jedoch in das Aufbauschema des Fahrlässigkeitsdelikts einfügen, woraus sich die Eigenständigkeit des strafrechtlichen Begriffs ergibt.[205]

203 *Burgstaller/Schütz*, WK² § 6 Rn. 15.
204 *Burgstaller/Schütz*, WK² § 6 Rn. 29.
205 *Fischer*, StGB § 15 Rn. 35.

E Weitere wesentliche Probleme zur Leichtfertigkeit

Nachdem der Inhalt des Begriffs Leichtfertigkeit festgelegt wurde, ist es notwendig, die häufig vorgebrachten Einwände gegen die Leichtfertigkeit zu diskutieren.

I Bewusste und unbewusste Leichtfertigkeit

Bei Fahrlässigkeit wird üblicherweise zwischen unbewusster und bewusster Fahrlässigkeit unterschieden. Unbewusste Fahrlässigkeit liegt vor, wenn jemand die erforderliche Sorgfalt außer Acht lässt, ohne dies zu erkennen, und dadurch den gesetzlichen Tatbestand verwirklicht. Bewusste Fahrlässigkeit liegt vor, wenn jemand in Kenntnis der von ihm geschaffenen Gefahr pflichtwidrig darauf vertraut, den gesetzlichen Tatbestand nicht zu erfüllen, obwohl er dies für möglich hält.[1] In § 14 tStGB wird Fahrlässigkeit auch getrennt definiert: „(1) Fahrlässig handelt, wer ohne Vorsatz eine Straftat begeht, obwohl er nach den Umständen darauf hätte achten müssen und hätte achten können, es aber außer Acht lässt. (2) Fahrlässig handelt auch, wer die Tatbestandsverwirklichung voraussieht, aber darauf vertraut, dass sie nicht eintritt."[2]

1 Vergleich der Bewertung von bewusster und unbewusster Fahrlässigkeit

Die psychologische Forschung stellt fest, dass das, was jemand tatsächlich wahrnimmt, einerseits von den Reizen selbst abhängt, die seine

1 *Wessel/Beulke/Satzger*, AT, § 18 Rn 1110.; *Rengier*, AT, § 52 Rn. 7.

2 Im Original: (1) 行為人雖非故意，但按其情節應注意，並能注意，而不注意者，為過失。(2)行為人對於構成犯罪之事實，雖預見其能發生而確信其不發生者，以過失論。Englische Übersetzung verfügbar unter: https://law.moj.gov.tw/ENG/LawClass/LawSearchContent.aspx?pcode=C0000001&norge=14, zuletzt abgerufen am 07.01.2025.

Aufmerksamkeit auf sich ziehen, andererseits aber vor allem in hohem Maße von seinen momentanen kognitiven Aufmerksamkeitsprozessen. Letztere ergeben sich aus inneren persönlichen Faktoren wie inneren Bedürfnissen, Erwartungen, Motiven und durch frühe Erfahrungen erworbenen Voreinstellungen. Von diesen Faktoren hängt es ab, worauf die Aufmerksamkeit gelenkt wird.[3]

Dies bedeutet, dass im Rahmen des psychologischen Effekts der selektiven Aufmerksamkeit die Vernachlässigung der Möglichkeit einer Rechtsgutsverletzung darauf beruhen kann, dass der Täter keine Vorkenntnisse bezüglich einer mögliche Rechtsgutsverletzung durch ein bestimmtes Verhalten hat oder dass der Täter solche Informationen mangels Interesse an den Rechtsgütern Anderer selektiv ignoriert, obwohl er Vorkenntnisse hat, sodass die konkrete Handlung zu einer Rechtsgutsverletzung führen kann. Im letzteren Fall könnte das unbewusste fahrlässige Verhalten in Bezug auf Unrecht und Schuld sogar schwerer wiegen als bewusstes Fehlverhalten.[4] So argumentiert *Hörnle*, dass „im Normalfall [...] aber ein Ausblenden von Risiken bei vorhandenem Wissen um die massive Sorgfaltspflichtverletzung als Ausdruck der Geringschätzung vitaler Interessen anderer Menschen zu sehen und ähnlich tadelnswert wie Handeln mit Risikobewusstsein [ist].“[5] Auch *Wezel* stellte bereits fest: „Die vorwerfbare Gleichgültigkeit und Rücksichtslosigkeit, die dem Täter nicht einmal die Möglichkeit der Rechtsgutsverletzung im Augenblick der Tat zum Bewusstsein brachte, kann schwerer wiegen als der Leichtsinn des bewusst-sorgfaltswidrig Handelnden, dem nur eine verhältnismäßig entfernte Möglichkeit des Erfolgseintritts bewusst war.“[6]

3 *Becker-Carus/Wendt*, Allgemeine Psychologie, 2017, S. 198, 205.
4 *Volk*, GA 1976, 161 (176); *Hirsch*, GA 1972, 65 ff.; *Schimdhäuser*, GA 1957, 305 (313).
5 *Hörnle*, JZ 2019, 440 (446).
6 *Welzel*, Das Deutsche Strafrecht, S. 176.

2 Zusammenhang zwischen Leichtfertigkeit und bewusster bzw. unbewusster Fahrlässigkeit

Bewusste Fahrlässigkeit ist keinesfalls immer Leichtfertigkeit.[7] Wie im letzten Kapitel ausgeführt, liegt Leichtfertigkeit vor, wenn die Sorgfaltspflicht in auffallender und ungewöhnlicher Weise verletzt wird, so dass der Erfolg geradezu voraussehbar ist. Das bedeutet: Bewusste Fahrlässigkeit, die mit der Möglichkeit des Erfolgseintritts nur ganz entfernt gerechnet hat, ist nur „einfache" Fahrlässigkeit, aber noch nicht Leichtfertigkeit.

Bei bewusster Fahrlässigkeit ist sich der Handelnde der Sorgfaltspflichtverletzung und der damit verbundenen Risiken bewusst. Bewusste Leichtfertigkeit ist leicht vorstellbar und festzustellen, wenn sich der Täter zu einer Handlung entschließt, die weit von der Pflicht abweicht. Der *Anästhesist-Fall*[8] ist ein typisches Beispiel: Der Anästhesist *Yang* wusste, dass Isofluran ein Medikament ist, das nur von Ärzten verwendet werden darf. Dennoch verschrieb er es der Patientin zur „Schmerzlinderung", was einen massiven Verstoß gegen die ärztliche Leitlinie zur ärztlichen Anwendung des Medikaments darstellt. Damit ist die naheliegende Gefährdung von Leib und Leben durch die Selbstmedikation eines Laien mit Anästhetika vorhersehbar. Sein Verhalten war daher zweifellos bewusst leichtfertig. Ein Teil der Lehre geht dann davon aus, dass in der Regel grob fahrlässig handele, wer eine gebotene Sorgfaltsnorm bewusst und erheblich überschreite.[9]

Leichtfertigkeit ist aber keineswegs nur als eine Steigerung der bewussten Fahrlässigkeit möglich, sondern auch als eine Steigerung der unbewussten Fahrlässigkeit.[10] Bei der Beurteilung der Frage, ob

7 *Baumann/Weber/Mitsch/Eisele*, AT, 13. Aufl. 2021, § 12 Fn. 12.

8 Siehe oben [D. II. 3. c) bb) i.]

9 *Fuchs/Zerbes*, AT I^{12}, Kapitel 13, Rn. 24.

10 *Uekötter*, Das Merkmal Leichtfertigkeit, S. 217 f.; *Birnbaum*, Die Leichtfertigkeit, S. 213. Auch in Österreich ist es h.M., dass grobe Fahrlässigkeit nicht nur in Form bewusster Fahrlässigkeit, sondern auch in Form unbewusster Fahrlässigkeit vorliegen kann. s. *Burgstaller/Schutz*, WK^{2} § 6 Rn. 15.; *Burgstaller/Schutz*, WK^{2} § 81 Rn. 8.; *Kienapfel/Höpfel/Kert*, AT[illegible], Rn. 28.251.; *Birklbauer/Lehmkuhl/Tipold*, BT I^{6}, § 159 Rn. 21.

Fahrlässigkeit vorliegt, kommt es entscheidend darauf an, wie sich eine besonnene und gewissenhafte Maßfigur aus dem Verkehrskreis des Täters in der gleichen Tatsituation hätte verhalten sollen. Ein Verhalten ist dann als sorgfaltswidrig anzusehen, wenn es nicht dem entspricht, was ein besonnener und gewissenhafter Angehöriger des Verkehrskreises des Täters in der gleichen Sachlage getan hätte. Widerspricht das Verhalten des Täters in hohem Maße dem, was ein besonnener und gewissenhafter Mensch getan hätte, so verletzt der Täter eine Sorgfaltspflicht in hohem Maße. Hätte sich die Möglichkeit der Tatbestandsverwirklichung aus der Sicht eines besonnenen und gewissenhaften Menschen zur Zeit der Handlung des Täters aufgedrängt, so liegt eine erhöhte Wahrscheinlichkeit des Erfolgseintritts vor. Diese zwei Voraussetzungen begründen dann eine gesteigerte Form der unbewussten Fahrlässigkeit, nämlich die unbewusste Leichtfertigkeit. Die Babysitter-Fälle sind passende Beispiele: Entweder die Krippenmitarbeiterin C oder die Babysitterin E hätten dafür sorgen müssen, dass die Atemwege des Babys frei sind. Dies wurde jedoch von beiden versäumt. Da sie mit der Betreuung von Pflegebedürftigen betraut waren, die nicht in der Lage waren, sich selbst vor Gefahren zu schützen, verletzten sie die besondere Garantenpflicht, was zu einer unbewussten Leichtfertigkeit führte.

Da zwischen bewusster und unbewusster Fahrlässigkeit kein Unterschied in der Unrechtsschwere besteht, geht *Steinberg* davon aus, dass die Feststellung der Fahrlässigkeit dann ausschließlich ein objektives rechtliches Kriterium ist, da es darauf ankommt, ob der Täter überhaupt leichtfertig gehandelt hat, unabhängig davon, ob er bewusst oder unbewusst leichtfertig gehandelt hat. Dies hat zur Folge, dass die relevanten objektiven Tatumstände unmittelbar an einem objektiven Maßstab gemessen werden können, was einen praktischen Vorteil darstellt.[11]

11 *Steinberg*, ZStW 131 (2019), 888 (914).

3 Zwischenergebnis

Zusammenfassend ist festzuhalten, dass Leichtfertigkeit nicht mit bewusster Fahrlässigkeit gleichzusetzen ist und sich nicht auf eine gesteigerte Form der bewussten Fahrlässigkeit beschränkt.[12]

II Zur Abgrenzung von Vorsatz und Leichtfertigkeit

1 Fragestellung

Wie bereits ausgeführt, ist Leichtfertigkeit eine gesteigerte Form der Fahrlässigkeit. Die Abgrenzung zwischen Leichtfertigkeit und Vorsatz führt daher direkt zu einem der schwierigsten Probleme des Strafrechts, nämlich der Abgrenzung zwischen Vorsatz und Fahrlässigkeit.[13] Zwischen Vorsatz und Fahrlässigkeit besteht ein deutlicher Wertungsunterschied: Bei vielen Delikten besteht insofern ein Unterschied zwischen strafbar und straflos, als einige Delikte nur bei Vorsatz strafbar sind und der Versuch nur bei vorsätzlichem Verhalten strafbar ist. Darüber hinaus besteht ein wesentlicher Unterschied zwischen Vorsatz und Fahrlässigkeit darin, dass eine Teilnahme nur bei vorsätzlichem Handeln möglich ist.[14]

Es wird jedoch keine scharfe Grenze zwischen Vorsatz und Fahrlässigkeit gezogen, sondern es gibt nur eine breite Skala, die Eventualvorsatz und bewusste Fahrlässigkeit umfasst.[15] Bei schweren Gewaltdelikten, insbesondere bei Tötungsdelikten, ist die Unterscheidung zwischen Eventualvorsatz und bewusster Fahrlässigkeit von erheblicher praktischer Relevanz.[16]

12 *Maiwald*, GA 1974 257(261); *Burgstaller/Schütz*, WK² § 6 Rn. 15; *Kienapfel/Höpfel/Kert*, AT¹⁷, Rn. 28.25i; *Hinterhofer/Wirth*, ÖJZ 2016/104, 764 (768).
13 *Welzel*, aaO. Fn. 6, S. 69.
14 *Wessels/Beulke/Satzger*, AT, § 16 Rn. 799.
15 *Volk*, aaO. Fn. 4, 161 (176)
16 *Fischer*, StGB, § 15 Rn. 15.

In prozessualer Hinsicht ist die Unterscheidung zwischen vorsätzlichem Totschlag und fahrlässiger Tötung in der taiwanischen Rechtspraxis von Bedeutung. Am 1. Januar 2023 wurde in Taiwan das Schwurgerichtsverfahren eingeführt. Nach § 5 Abs. 1 Nr. 2 und Abs. 2 des Bürgerrichtergesetzes (國民法官法) findet ein erstinstanzliches Verfahren unter Beteiligung von Bürgerrichtern statt, wenn es sich bei der in der Anklageschrift vorgeworfenen Straftat um eine vorsätzliche Straftat handelt, die zum Tode geführt hat.[17] Als Beispiel kann der *Taroko-Eisenbahnunfall*[18] angeführt werden, der die jüngste Diskussion über den Strafrahmen für fahrlässige Tötung auslöste. Viele Nebenkläger, nämlich die in § 455-38 Abs. 2 tStPO genannten Angehörigen der Opfer[19], argumentieren, dass die Angeklagten nicht wegen fahrlässiger Tötung, sondern wegen vorsätzlichen Totschlags angeklagt werden sollten.[20]

17 § 5 Abs. 1 und 2 des Bürgerrichtergesetzes lautet wie folgt: „(1) Mit Ausnahme der Jugendstrafsachen und der Fälle von Straftaten nach dem Betäubungsmittelgesetz werden folgende von der Staatsanwaltschaft angeklagte erstinstanzliche Verfahren, die in die Zuständigkeit des Landgerichts fallen, mit Beteiligung des Bürgerrichters verhandelt: 1. Straftaten, die mindestens mit zehn Jahren Freiheitsstrafe bedroht sind. 2. vorsätzliche Straftaten, die zum Tod führen. (2) Die im vorstehenden Absatz genannten Straftaten richten sich nach den in der Anklageschrift angeführten Sachverhalten und Rechtsvorschriften." (Im Original: (1)除少年刑事案件及犯毒品危害防制條例之罪之案件外，下列經檢察官提起公訴且由地方法院管轄之第一審案件應行國民參與審判：一、所犯最輕本刑為十年以上有期徒刑之罪。二、故意犯罪因而發生死亡結果者。(2)前項罪名，以起訴書記載之犯罪事實及所犯法條為準。) Englische Übersetzung verfügbar unter: https://law.moj.gov.tw/ENG/LawClass/LawSearchContent.aspx?pcode=A0030320&norge=5, zuletzt abgerufen am 07.01.2025.

18 Siehe oben [B. II. 3.]

19 Nach § 455-38 Abs. 2 tStPO können folgende Angehörige des Todesopfers als Nebenkläger an der Verhandlung teilnehmen: Gesetzlicher Vertreter, Ehegatte, Verwandter in gerader Linie, Verwandter in der Seitenlinie bis zum dritten Grad, Verschwägerte bis zum zweiten Grad, Familienoberhaupt. (Im Original: 前項各款犯罪之被害人無行為能力、限制行為能力、死亡或因其他不得已之事由而不能聲請者，得由其法定代理人、配偶、直系血親、三親等內之旁系血親、二親等內之姻親或家長、家屬為之。) Englische Übersetzung verfügbar unter: https://law.moj.gov.tw/ENG/LawClass/LawSearchContent.aspx?pcode=C0010001&norge=455.38, zuletzt abgerufen am 07.01.2025.

20 s. Az. 110 Yaun-Jhu-Su 1 von Haulian District Court (花蓮地方法院110年度原矚訴字第1號判決) Volltext abrufbar unter: https://judgment.judicial.gov.tw/FJUD/data.aspx?ty=JD&id=HLDM,110%2c%e7%9f%9a%e8%a8%b4%2c1%2c20221111%2c1,zuletzt abgerufen am 07.01.2025.

2 Theorie zur Abgrenzung von Vorsatz und Fahrlässigkeit

a) Theorie zur Abgrenzung von Vorsatz und Fahrlässigkeit im Allgemeinen

Es ist allgemein anerkannt, dass der Vorsatz aus einem Willenselement und einem Wissenselement besteht.[21] Da bei der unbewussten Fahrlässigkeit das kognitive Element des Täters bereits fehlt, besteht das Abgrenzungsproblem in der Regel zwischen Vorsatz (dolus eventualis) und bewusster Fahrlässigkeit. Die Unterscheidung zwischen bewusster Leichtfertigkeit und Eventualvorsatz ist schwierig, da beide auf dem kognitiven Element beruhen, nämlich dem Wissen um die Tat und deren Erfolg.[22] Aus der Struktur des Vorsatzes aus Wissens- und Willenselement ergibt sich dem Anschein nach leicht, dass der Unterschied zwischen bewusster Fahrlässigkeit und Eventualvorsatz hauptsächlich im Willenselement liegt, da bei der bewussten Fahrlässigkeit die Inkaufnahme des Taterfolgs fehlt.[23] Es ist jedoch sehr schwierig, klar zu unterscheiden, inwieweit der Täter den tatbestandsmäßigen Erfolg akzeptiert und somit vorsätzlich handelt, oder inwieweit der Täter den Erfolg nicht akzeptiert und somit fahrlässig handelt. In der Auseinandersetzung um die Abgrenzung zwischen Vorsatz und bewusster Fahrlässigkeit geht es dann einerseits um die Eindeutigkeit des Erfolgswissens und andererseits um die Intensität des Erfolgswillens.[24] Je nach der unterschiedlichen Würdigung des Wissens- und Willenselements wurden verschiedene Theorien zur Abgrenzung zwischen Vorsatz und Fahrlässigkeit entwickelt. Die Vielzahl unterschiedlicher Theorien kann hier nicht im Detail behandelt, sondern nur im Überblick dargestellt werden.

21 *Wessels/Beulke/Satzger*, AT, § 7 Rn. 314; *Rengier*, AT, § 14 Rn. 10; *Weigend*, ZStW 93 (1981), 657 (658).
22 *Birnbaum*, aaO. Fn. 10, S. 247.
23 *Wessels/Beulke/Satzger*, AT, § 7 Rn. 334; *Rengier*, AT, § 14 Rn. 10; *Burgstaller/Schütz*, WK² § 6 Rn. 9.
24 *Weigend*, aaO. Fn. 21, 657 (661).

aa) Kognitive Theorien

Auf das Wissenselement als Kriterium zur Unterscheidung zwischen Vorsatz und Fahrlässigkeit fokussieren die Möglichkeitstheorie, die Wahrscheinlichkeitstheorie, die Risikotheorien und die Vermeidungstheorie.[25]

i Die Möglichkeitstheorie

Die Möglichkeitstheorie ist die am weitesten gehende Vorsatztheorie.[26] Nach der ursprünglichen Möglichkeitstheorie genügt für den Vorsatz die Vorstellung der bloßen Möglichkeit der Tatbestandsverwirklichung, weil das Strafgesetz nicht nur die Verletzung geschützter Interessen verbiete, sondern – als handlungsbestimmende Norm – das Tätigwerden bei Möglichkeit der Rechtsgutsverletzung und deswegen die wissentliche Übertretung dieses Verbots Vorsatz bedeute.[27] Die modifizierte Möglichkeitstheorie legt nahe, dass ein Vorsatz vorhanden ist, wenn der Täter davon ausgeht, dass die Tat unter gegebenen Umständen und Kausalgesetzen konkret möglich ist.[28] Mit anderen Worten: Der Täter muss bestimmte Anhaltspunkte dafür haben, dass sich die von ihm geschaffene Gefahr tatsächlich in einer Tatbestandsverwirklichung realisiert.[29]

Obwohl die Möglichkeitstheorie den Rechtsgüterschutz am umfassendsten zu gewährleisten scheint, sagt die Lebenserfahrung, dass beim parallelen Einparken in eine stark befahrene Straße ein nachfolgender Fahrzeugführer, insbesondere ein Motorradfahrer, nicht rechtzeitig ausweichen und von hinten auffahren könnte, was zu Verletzungen oder gar zum Tod führen kann. Nach der Möglichkeitstheorie würden alle Parallelparker wegen versuchten Mordes verfolgt und bestraft. In

25 *Rengier*, AT, § 14 Rn. 21 f.
26 *Rengier*, AT, § 14 Rn. 21.
27 *Schröder*, FS-Sauer, 1949, 207 (227).
28 vgl. *Schimdhäuser*, aaO. Fn. 4, 305 (313).
29 *Kindhäuser/Hilgendorf*, LPK-StGB § 15 Rn. 113. Eine solche Modifizierung macht keinen großen Unterschied zwischen ihr selbst und der h.L., nämlich der Ernstnahmetheorie (siehe unten). s. *Rengier*, AT § 14 Rn. 21.

einer Risikogesellschaft könnte die Möglichkeitstheorie dazu führen, dass alltägliches Verhalten kriminalisiert wird.[30]

ii Die Wahrscheinlichkeitstheorie

Strenger als die Möglichkeitstheorie ist die Wahrscheinlichkeitstheorie, nach der beim Täter Vorsatz anzunehmen ist, wenn er die Rechtsgutsverletzung für wahrscheinlich hält[31] oder mit ihr rechnet[32]. Unter „wahrscheinlich" ist „mehr als möglich und weniger als überwiegend wahrscheinlich" zu verstehen.[33] „Rechnet mit" bedeutet „rechnet mit der nahen Möglichkeit".[34]

Die Wahrscheinlichkeitstheorie bietet keine klare Grenze für ihre Anwendung, was zu willkürlichen Entscheidungen führen kann.[35]

iii Die Risikotheorie

Unter der sog. Risikotheorie versteht man einen objektiven Beurteilungsmaßstab für Vorsatz und Fahrlässigkeit, der von den Risikomaximen der Rechtsordnung ausgeht.[36] Nach dieser Theorie ergibt sich der Vorwurf der vorsätzlichen Herbeiführung eines Erfolges „daraus, dass der Täter ein Ziel anstrebt, mit dessen Verwirklichung der Eintritt des Erfolges mit einer derart hohen Wahrscheinlichkeit verknüpft ist, dass er vernünftigerweise diesen Erfolg nicht ablehnen kann, wenn er bei seiner Zielverwirklichung bleibt". Es handelt sich um eine Gefahr, die kein vernünftiger Mensch eingehen würde, da sie die möglichen Konsequenzen akzeptieren müsste.[37] Dies wird als Vorsatzgefahr bezeichnet, da der Täter die Gefahr bewusst als Mittel zur Zielerreichung nutzt.[38] Der Vorsatzgegenstand, die Vorstellung der Tatbestandsverwirklichung, ist also in der Terminologie der objektiven Zurechnung zu erfassen.[39]

30 *Wessels/Beulke/Satzger*, AT, § 7 Rn. 335.
31 *Schumann*, JZ 1989, 427 (431).
32 *Wezel*, aaO. fn. 6, S. 68.
33 *Meyer*, AT, S. 121.
34 *Sauer*, Allgemeine Strafrechtslehre, S. 179.
35 *Wessels/Beulke/Satzger*, AT, § 7 Rn. 336.
36 *Kindhäuser/Hilgendorf*, LPK-StGB § 15 Rn. 116.
37 NK-StGB/*Puppe*, 6. Aufl. 2023, § 15 Rn. 69.
38 NK-StGB/*Puppe*, 6. Aufl. 2023, § 15 Rn. 69.
39 *Kindhäuser/Hilgendorf*, LPK-StGB § 15 Rn. 118.

iv Die Vermeidungstheorie

Nach der sog. Vermeidungstheorie ist Vorsatz zu verneinen, wenn der Täter, der die Möglichkeit des Erfolgseintritts erkennt, dennoch gegensteuernde Maßnahmen zur Vermeidung der tatbestandsmäßigen (Neben-)Folgen ergreift, die zum Ausdruck bringen, dass er die Tatbestandsverwirklichung vermeiden will.[40]

Die Vermeidungstheorie wirft weitere Erklärungsprobleme auf: Wenn z.B. der Täter glaubt, dass eine bestimmte Gegensteuerung wirksam ist, es aber in Wirklichkeit unmöglich ist, den Eintritt des Erfolges zu verhindern, ist dann der Vorsatz trotzdem ausgeschlossen? Außerdem kann der Einsatz von Erfolgsvermeidungsfaktoren nicht als entscheidendes Abgrenzungskriterium dienen, da von äußeren Handlungen einer Person nie mit letzter Sicherheit auf deren psychische Einstellung geschlossen werden kann.[41]

bb) Volitive Theorien

Die Betonung des Willenselements als Kriterium für die Unterscheidung zwischen Vorsatz und Fahrlässigkeit stellen die Gleichgültigkeitstheorie, die Ernstnahmetheorie und die Billigungstheorie in den Vordergrund.[42]

i Die Gleichgültigkeitstheorie

Nach der Gleichgültigkeitstheorie ist dolus eventualis gegeben, wenn der Täter den Erfolgseintritt für möglich hält und er dieser Gefahr völlig gleichgültig gegenübersteht.[43] Vorsatz fehlt, wenn der Täter die Tatbestandsverwirklichung als unerwünschte Folge ansieht und hofft, dass es nicht dazu kommt.[44]

Gegen die Gleichgültigkeitstheorie ist vorzubringen, dass die Kaltblütigkeit, Rücksichtslosigkeit und Gleichgültigkeit des Täters gegen-

40 *Kaufmann*, ZStW 70 (1958), 64, (74). *Kindhäuser/Hilgendorf*, LPK-StGB § 15 Rn. 119.
41 *Weigend*, aaO. Fn. 21, 657 (666 f.)
42 *Rengier*, AT, § 14 Rn. 24 ff.
43 *Schroth*, JR 2003, 248 (252).
44 *Kindhäuser/Hilgendorf*, LPK-StGB § 15 Rn. 111.

über dem bedrohten Rechtsgut die persönliche Vorwerfbarkeit sowie die Schuld- und Strafzumessung beeinflussen.[45]

ii Die Ernstnahmetheorie

Die Ernstnahmetheorie beschreibt den Eventualvorsatz dahingehend, dass der Täter die nahe liegende Möglichkeit des Erfolgseintritts ernst nimmt und die Tat dennoch ausführt, weil er sich mit dem Risiko abfindet, um sein Ziel zu erreichen.[46] Bewusst fahrlässig handelt dagegen, wer darauf vertraut, dass eine mögliche Rechtsgutverletzung nicht eintreten wird.[47]

iii Die Billigungstheorie

Nach der Billigungstheorie liegt Vorsatz vor, wenn der Täter den Eintritt des Erfolges für möglich und nicht ganz fernliegend hält und ihn billigend in Kauf nimmt.[48] Die „Billigung“ bezieht sich hier nicht auf eine emotionale Zustimmung des Täters zur Tat, sondern wird anhand objektiver Kriterien festgestellt. Es ist nicht erforderlich, dass der Täter die Tat im emotionalen Sinne gutheißt, vielmehr wird die „Billigung“ nach realistischen und objektiven Kriterien, also im Rechtssinn, beurteilt.[49] So stellt BGH fest: „Dass dem Täter der Erfolgseintritt möglicherweise unerwünscht war, steht der Annahme dolus eventualis nicht entgegen.“.[50]

Zur Prüfung der „Billigung“ ist eine Gesamtschau der Verhaltensumstände erforderlich. Im Hinblick auf das kognitive Element ist zu beachten, dass je sicherer die Kenntnis ist, desto näher liegt es, dass der Erfolg zumindest billigend in Kauf genommen wird. Daher ist die objektive Gefährlichkeit der Tat für das Rechtsgut ein notwendiger

45 *Weigend*, aaO. Fn. 21, 657 (662).

46 *Wessels/Beulke/Satzger*, AT, § 7 Rn. 338; *Rengier*, AT, § 14 Rn. 26.; *Kindhäuser/Hilgendorf*, LPK-StGB § 15 Rn. 110.

47 *Wessels/Beulke/Satzger*, AT, § 7 Rn. 339.

48 *Wessels/Beulke/Satzger*, AT, § 7 Rn. 342; *Rengier*, AT, § 14 Rn. 27 f.; *Kindhäuser/Hilgendorf*, LPK-StGB § 15 Rn. 108; BeckOK StGB/*Kudlich*, § 15 Rn. 22.

49 *Wessels/Beulke/Satzger*, aaO. Fn. 48; *Rengier*, AT, § 14 Rn. 29; *Kindhäuser/Hilgendorf*, LPK-StGB § 15 Rn. 109; BeckOK StGB/*Kudlich*, § 15 Rn. 23.

50 BGH NStZ-RR 2011, 110.

Prüfungsmaßstab.[51] Ferner sind Indizien zur Abgrenzung zwischen schweigender Inkaufnahme und ernsthaftem Vertrauen auf einen positiven Ausgang zu berücksichtigen, wie z.B. die Wahrnehmungszeit, also ein Vorgehen in Ruhe oder über einen längeren Zeitraum im Vergleich zu einem kurzen, punktuellen Vorgehen, oder die emotionale Nähe zwischen Täter und Opfer.[52]

Billigungstheorie und Ernstnahmetheorie unterscheiden sich inhaltlich nicht mehr und sind heutige herrschende und von der Rechtsprechung verwendete Meinung.[53]

b) Die Abgrenzung von Vorsatz und Fahrlässigkeit bei Tötungsdelikten

Bei Tötungsdelikten ist die Abgrenzung zwischen Eventualvorsatz und Fahrlässigkeit besonders heikel. Die von der Rechtsprechung entwickelte Hemmschwellentheorie war früher ein Konzept zur Einschränkung des Tötungsvorsatzes.[54] Sie ging davon aus, dass in der Regel eine höhere innere Hemmschwelle besteht, einen Menschen zu töten, als ihn zu gefährden oder zu verletzen.[55]

Diese Theorie wurde heftig kritisiert, nicht nur, weil sie eher auf dem Tötungstabu als auf dem Erfahrungssatz beruhte[56], sondern auch, weil sie ein vermeintliches Versagen der Rechtsprechung bei der sachgerechten Abgrenzung von Tatsachenfeststellung und Regelauslegung aufzeigte und zu einer verkürzten Beweiswürdigung zugunsten des Angeklagten führte.[57] Die bisherige Rechtsprechung betont die hohe Hemmschwelle gegenüber der Tötung eines Menschen als Aufforderung an den Tatrichter, die gesamte Beweiswürdigung aller

51 BeckOK StGB/*Kudlich*, § 15 Rn. 23.
52 BeckOK StGB/*Kudlich*, § 15 Rn. 23.
53 *Rengier*, AT, § 14 Rn. 18; *Fischer* StGB § 15 Rn. 12.
54 *Fischer* StGB § 15 Rn. 15.
55 *Wessels/Beulke/Satzger*, AT, § 7 Rn. 344; *Rengier*, At, § 14 Rn. 33 f.; *Kindhäuser/Hilgendorf*, LPK-StGB § 15 Rn. 109; BeckOK StGB/*Kudlich*, § 15 Rn. 24; BeckOK StGB/*Eschelbach*, § 212 Rn. 23; *Fischer*, StGB § 212 Rn. 13.
56 BeckOK StGB/*Eschelbach*, § 212 Rn. 23.
57 *Wessels/Beulke/Satzger*, AT, § 7 Rn. 344; *Fischer*, StGB § 212 Rn. 13, 15.

für und gegen einen Tötungsvorsatz sprechenden Umstände genau darzulegen.[58]

Das Vertrauen darauf, dass ein tödlicher Ausgang ausbleibt, ist in der Regel nicht gerechtfertigt, wenn die Tat extrem gefährlich ist und nur Glück einen tödlichen Ausgang verhindern kann.[59] Dabei ist die große Intensität der Einwirkung von Bedeutung, da bei einer extrem gefährlichen Einwirkung der Schluss auf eine zumindest eventualvorsätzliche Tötung besonders nahe liegt, z.B. massive Gewalteinwirkung auf lebenswichtige Körperteile, mittelbare Einwirkung mit besonderem Gefährlichkeitsgrad etc.[60] Bei der Bejahung oder Verneinung des Tötungsvorsatzes sind alle objektiven und subjektiven Elemente sowie der Wissensstand und die psychische Verfassung des Täters zu berücksichtigen.[61]

In der Rechtspraxis ist das Vorliegen oder Fehlen von Vorsatz des Täters ein Beweisthema. Bei Raserunfällen mit Todesfolge stellt sich in der Rechtspraxis insbesondere das Problem, die inneren Gedanken des Täters zur Tatzeit nachzuweisen, da der Raser zur Tatzeit häufig an gar nichts denkt, weil er voll auf das Lenken seines Fahrzeuges konzentriert ist.[62] Wenn Raser einen Verkehrsunfall mit Todesfolge verursachen, geht die strafrechtliche Bewertung in der Regel in Richtung fahrlässige Tötung.[63] In jüngster Zeit wurde jedoch im Berliner Raser-Fall[64], im

58 *Wessels/Beulke/Satzger*, AT, § 7 Rn. 345; *Rengier*, At, § 14 Rn. 33; *Kindhäuser/Hilgendorf*, LPK-StGB § 15 Rn. 109; BeckOK StGB/*Eschelbach*, § 212 Rn. 23; *Fischer*, StGB § 212 Rn. 16.

59 *Wessels/Beulke/Satzger*, AT, § 7 Rn. 345; BeckOK StGB/*Eschelbach*, § 212 Rn. 24.

60 BeckOK StGB/*Eschelbach*, § 212 Rn. 24.1

61 BeckOK StGB/*Kudlich*, § 15 Rn. 25; BeckOK StGB/*Eschelbach*, § 212 Rn. 24.

62 *Schwaighofer*, ZVR 2019/172, 320 (322).

63 *Schwaighofer*, aaO. Fn. 62, 320 (326).

64 A1 und A2 befuhren nachts mit zwei Autos in gefährlicher Fahrweise die Berliner Straße, wobei sie immer wieder rote Ampeln mit einer Geschwindigkeit von über 160 km/h überfuhren. A1 überfuhr eine rote Ampel und kollidierte mit dem Auto des Opfers, das bei Grün die Kreuzung überquerte, wodurch das Opfer zu Tode kam. A1 wurde wegen Mordes (BGH, Urteil vom 18.6.2020 – 4 StR 482/19 = NJW 2020, 2900), A2 wegen versuchten Mordes (LG Berlin Urteil vom 02.03.2021, Az. 529 Ks 6/20) verurteilt. Die Verfassungsbeschwerde hat keinen Erfolg. Das BVerfG sieht in dem Urteil keinen Verstoß gegen das Bestimmtheitsgebot des Art. 103 Abs. 2 GG. (BVerfG, Beschluss vom 7.12.2022 – 2 BvR 1404/20 – NZV 2023, 118)

Hamburger Raser-Fall[65] sowie Wiener Raser-Fall[66] der Tötungsvorsatz der Raser bestätigt, was zu der Kritik führt, dass die Grenze zwischen bedingtem Vorsatz und bewusster Fahrlässigkeit verschwimmt[67]. Zu Recht argumentiert Schwaighofer, dass Autoraser trotz der Gefährlichkeit ihres Verhaltens meist keinen Tötungs- oder Verletzungsvorsatz haben, weil sie bei ihrer riskanten Fahrweise auf einen glücklichen Ausgang vertrauen, auch wenn dies auf Selbstüberschätzung beruht. Würde man ohne physische und psychische Ausnahmesituation bei Rasern in der Regel bedingten Tötungsvorsatz bejahen, müssten Autoraser, die zufällig keinen Unfall verursachen, häufig wegen versuchten Mordes angeklagt werden.[68] Einige Stellungnahmen gehen sogar von der Schwierigkeit des subjektiven Nachweises des Täters aus und meinen, auf den bedingten Vorsatz sei zu verzichten.[69]

3 Stellungnahme

Das taiwanische Strafgesetzbuch sieht eine Legaldefinition von Vorsatz und Fahrlässigkeit vor. § 13 tStGB definiert den Vorsatz, wobei Abs. 2 festlegt: „Vorsatz liegt auch dann vor, wenn der Täter einen Sachverhalt voraussieht, der den Tatbestand eines Strafgesetzes erfüllen wird, und diese Verwirklichung seinem Willen nicht zuwiderläuft.“[70] § 14 definiert die Fahrlässigkeit, wobei Abs. 2 festlegt: „Fahrlässig handelt auch, wer die Tatbestandsverwirklichung voraussieht, aber darauf vertraut,

65 Um vor der Polizei zu fliehen, fuhr A mit einem gestohlenen Taxi in Hamburg entgegen der Fahrtrichtung und mit überhöhter Geschwindigkeit und stieß schließlich mit 130 km/h mit dem Taxi des Opfers zusammen, was den Tod des Taxifahrers zur Folge hatte. BGH Beschluss von 16.1.2019 – 4 StR 345/18 = NStZ 2023, 232.

66 T fuhr mit einem PKW mit einer Blutalkoholkonzentration von 2,32 Promille und einer Geschwindigkeit von 102 km/h in einer 30 km/h Zone und stieß mit einem Moped zusammen, wobei der Mopedfahrer und sein Beifahrer ums Leben kamen. OGH 15 Os 141/18a.

67 *Mitsch*, ZIS 2019, 234 (235); *Schwaighofer*, aaO. Fn. 62, 320 (325); *Walter*, NJW 2017, 1350 (1351 f.)

68 *Schwaighofer*, aaO. Fn. 62, 320 (326).

69 *Hörnle*, NJW 2018, 1576 (1578); *Deiters*, ZIS 2019, 401 (405 f.).

70 Im Original: 行為人對於構成犯罪之事實，預見其發生而其發生並不違背其本意者，以故意論。Englische Übersetzung verfügbar unter: https://law.moj.gov.tw/ENG/LawClass/LawSearchContent.aspx?pcode=C0000001&norge=13, zuletzt abgerufen am 07.01.2025.

dass sie nicht eintritt.“[71] In der Lehre ist allgemein anerkannt, dass § 13 Abs. 2 StGB den Eventualvorsatz regelt, während § 14 Abs. 2 StGB die bewusste Fahrlässigkeit beschreibt.[72]

a) Abgrenzung von Vorsatz und Fahrlässigkeit im Allgemeinen

Da der Eventualvorsatz und die bewusste Fahrlässigkeit rechtlich bereits durch die oben genannten Bestimmungen definiert sind, hängt die Auslegung der Unterscheidung zwischen diesen beiden Begriffen zwangsläufig vom Vorliegen oder Fehlen des Willenselements ab. Unabhängig davon, welche Theorie zur Unterscheidung zwischen Vorsatz und Fahrlässigkeit in der Lehre vertreten wird, kommt es in der Praxis sehr oft nur darauf an, ob objektive Beweise dafür, dass der Täter den Erfolg billigend in Kauf genommen hat, festgestellt werden können, also auf die Beweisführung und die Beweiswürdigung im Prozess.[73]

Die Analyse des Urteils kann auch zur Verdeutlichung folgenden Umstandes beitragen: In der Praxis ist die Unterscheidung zwischen Eventualvorsatz und bewusster Fahrlässigkeit eine Frage der Beweiswürdigung hinsichtlich des Unterschieds zwischen stillschweigender Inkaufnahme und ernsthaftem Vertrauen auf einen günstigen Ausgang. In der Rechtsprechung wird die Abgrenzung zwischen Eventualvorsatz und bewusster Fahrlässigkeit wie folgt formuliert: „§ 13 Abs. 2 bezieht sich auf den Eventualvorsatz und § 14 Abs. 2 auf die bewusste Fahrlässigkeit. In den Gesetzestexten findet sich das Wort ‚voraussehen‘, das sich auf die Möglichkeit bezieht, dass nach den Grundsätzen der Erfahrung und der Logik ein bestimmter Erfolg als Folge einer Handlung voraussehbar ist. Der Unterschied besteht darin, dass der Täter im ersten Fall die Verwirklichung des Tatbestands (einschließlich der Hand-

71 aaO. Fn. 2.

72 *Hui-Fang Tsai*, Taiwan Law Journal, Vol. 72, 2005, 166 (172). (Im Original: 蔡蕙芳，故意犯罪(一)－直接故意與間接故意，台灣本土法學雜誌，第72期，2005年，第166頁以下。) *Yu-Hsiung Lin*, Taiwan Jurist, Vol. 15, 2004, 58 (61, 62) (Im Original: 林鈺雄, 主觀不法構成要件(上)，月旦法學教室，第15期，2004年，第61頁。)

73 *Yu-Hsiung Lin*, aaO. Fn. 72, 58 (65).

lung und des Erfolgs, d.h. der betroffenen Opfer, der Sache und des Ereignisses) voraussieht und dass diese Verwirklichung seinem Willen nicht widerspricht. Dies bedeutet, dass die Elemente ‚Wissen' und ‚Wollen' vorliegen. Im Vergleich dazu sieht der Täter im zweiten Fall zwar die Möglichkeit der Tatbestandsverwirklichung voraus, glaubt aber fest daran, dass sie nicht eintreten wird. Mit anderen Worten, er hat nur das ‚Wissen', aber es fehlt ihm die Billigung der Tatbestandsverwirklichung. Zusammenfassend lässt sich sagen, dass der Täter in beiden Fällen (Eventualvorsatz und bewusste Fahrlässigkeit) die möglichen Folgen seines Handelns kennt und voraussieht, wobei er im einen Fall den Erfolgseintritt billigend in Kauf nimmt, während er im anderen Fall vom Ausbleiben des Erfolgs überzeugt ist."[74] Oder: „Der Unterschied zwischen ‚bewusster Fahrlässigkeit' und ‚Eventualvorsatz' liegt im Vorhandensein des ‚Willenselements'. Im ersten Fall hat der Handelnde das Wissen, aber nicht den Willen, gegen die Rechtsnormen zu verstoßen; es besteht lediglich eine Diskrepanz zwischen Wunsch und Wirklichkeit. Im zweiten Fall hat der Täter sowohl Wissen als auch billigende Inkaufnahme des Erfolgseintritts, d.h. es besteht subjektiv der Wille, sich den gesetzlichen Normen zu widersetzen. Ob der Täter den Erfolg tatsächlich billigend in Kauf nimmt, ist eine innere Tatsache. Bei der Urteilsfindung sollte das Gericht das objektive und äußere Verhalten des Täters sowie andere relevante Beweismittel berücksichtigen und den Fall im Lichte der sozialen Normen sowie der allgemeinen Regeln und Grundsätze der Logik analysieren."[75]

74 Az. 103 Tai-Shan 1322 von Taiwan Supreme Court (最高法院103年度台上字第1322號刑事判決) Volltext abrufbar unter: https://judgment.judicial.gov.tw/FJUD/data.aspx?ty=JD&id=TPSM,103%2c%e5%8f%b0%e4%b8%8a%2c1322%2c20140429, zuletzt abgerufen am 07.01.2025.

75 Az. 111 Tai-Shan 3323 von Taiwan Supreme Court (最高法院111年度台上字第3323號刑事判決) Volltext abrufbar unter: https://judgment.judicial.gov.tw/FJUD/data.aspx?ty=JD&id=TPSM,111%2c%e5%8f%b0%e4%b8%8a%2c3323%2c20220818%2c1, zuletzt abgerufen am 07.01.2025.

b) Die Abgrenzung von Vorsatz und Fahrlässigkeit bei Tötungsdelikten

Die Feststellung des Tötungsvorsatzes ist in der Praxis nach wie vor am schwierigsten. Zur Feststellung des Tötungsvorsatzes ist eine umfassende Beweiswürdigung der Gesamtumstände erforderlich. So erklärt beispielsweise das taiwanische Supreme Court: „Ob der Täter zum Zeitpunkt der Tat subjektiv die Absicht hatte zu töten, sollte nicht nur anhand der Art der verwendeten Waffe, des Ortes des Angriffs und der Haltung des Täters zum Zeitpunkt der Tat beurteilt werden, sondern auch durch eine eingehende Analyse der Beziehung zwischen Täter und Opfer, der Ursachen des Konflikts, der Provokation zum Zeitpunkt der Tat, der Schwere der angewandten Gewalt, der Verletzungen des Opfers und des Verhaltens des Täters nach der Tat.“[76]

Das erstinstanzliche Urteil des *Taroko-Eisenbahnunfall*[77] wies die Behauptung der Nebenkläger, der Angeklagte A hätte eventualvorsätzlich Tötung begangen, aus folgenden Gründen zurück: Erstens nahm A (zusammen mit B) an der Ausschreibung des Bauprojekts K51 unter dem Namen des Unternehmens von C teil, um den Zuschlag für das Bauprojekt und die Vergütung für die Bauarbeiten zu erhalten. A sollte offensichtlich nicht wollen, dass ein Unfall auf der Baustelle zu einem Rechtsstreit und zum Stillstand der Bauarbeiten führt. Zweitens unterließ es A zwar, ausreichende Sicherungsmaßnahmen gegen Abstürze am Hang zu treffen, doch reicht dies allein nicht aus, um einen Tötungsvorsatz zu bejahen, indem ein vom Hang herabstürzender Gegenstand, hier ein Kranwagen, mit einem Eisenbahnfahrzeug kollidiert und dadurch zu Todesfällen und schweren Verletzungen führt. Nachdem sich der Kranwagen in der Böschung festgefahren hatte, ergriff A zwar untaugliche Maßnahmen, um den Kranwagen an einen sichereren Ort zu bringen, was sich als grob fahrlässig erwies. Dies zeigt jedoch gerade, dass As Ziel und Motiv darin bestanden, zu verhindern, dass

76 Az. 100 Tai-Shan 5978 von Taiwan Supreme Court (最高法院100年度台上字第5978號刑事判決) Volltext abrufbar unter: https://judgment.judicial.gov.tw/FJUD/data.aspx?ty=JD&id=TPSM,100%2c%e5%8f%b0%e4%b8%8a%2c5978%2c20111103, zuletzt abgerufen am 07.01.2025.

77 Siehe oben [B. II. 3.]

der Kranwagen den Hang hinunterstürzt und einen Unfall verursachte. Ein eventualvorsätzlicher Tötungsvorsatz des As ist damit nicht bewiesen. Drittens dauerte es nur eine Minute und 30 Sekunden, nachdem der Kranwagen den Hang hinuntergestürzt war, bis der Taroko-Express Nr. 408 die Unfallstelle passierte. Die Tatsache, dass A in dieser kurzen Zeitspanne keine wirksamen Maßnahmen ergriff, lässt nicht auf einen Tötungsvorsatz schließen. Diese Argumente sind unbestreitbar.

In der Praxis sind diese Grundsätze, die eine Unterscheidung zwischen Eventualvorsatz und Fahrlässigkeit ermöglichen sollen, leider zu „Leerformeln" verkommen und werden lediglich als Begründungsansatz verwendet.

In Bezug auf die Lage der Verletzungen an lebenswichtigen Körperteilen führte das Revisionsgericht auf der einen Seite aus, dass der Grad der Verletzung des Opfers, der mit der Sterblichkeit zusammenhängt, wie z.B. die Anzahl und die Schwere der Verletzungen, nur als Indiz für das Vorliegen eines Tötungsvorsatzes dienen könne, und dass daher die Tatsache, wo der lebenswichtige Körperteil des Opfers verletzt wurde, nicht den Schluss auf das Vorliegen eines Tötungsvorsatzes zulasse.[78] Auf der anderen Seite wurde ausgeführt, dass das Vorliegen oder Nichtvorliegen von Tötungsvorsatz zwar nicht absolut anhand der Art der Tatwaffe und der Anzahl der Verletzungen festgestellt werden könne, dass aber die Körperstelle, an der der Täter zugeschlagen hat, und der Grad der von ihm angewandten Gewalt dennoch als Grundlage für die Beurteilung des Vorliegens von Tötungsvorsatz dienen können.[79] Das Tatgericht übernimmt lediglich die ihm passend erscheinende Erklärung als Urteilsbegründung.[80]

78 Az. 94 Tai-Shan 6857 von Taiwan Supreme Court (最高法院94年度台上字第6857號刑事判決) Volltext abrufbar unter: https://judgment.judicial.gov.tw/FJUD/data.aspx?ty=JD&id=TPSM,94%2c%e5%8f%b0%e4%b8%8a%2c6857%2c20051208, zuletzt abgerufen am 07.01.2025.

79 Az. 87 Tai-Shan 3123 von Taiwan Supreme Court (最高法院87年度台上字第3123號刑事判決) Volltext abrufbar unter: https://judgment.judicial.gov.tw/FJUD/data.aspx?ty=JD&id=TPSM,87%2c%e5%8f%b0%e4%b8%8a%2c3123%2c19980917, zuletzt abgerufen am 07.01.2025.

80 Dies gilt z. B. für einen Messerstecher-Fall: Der Angeklagte A hatte den Verdacht, dass das Opfer O eine intime Beziehung zu As Freundin gehabt habe. A schnitt O zunächst mit einem 20 cm langen Messer in den Hals und brachte ihm eine 10 cm tiefe Wunde bei – die Wunde war so schwer, dass er in eine Universitätsklinik eingeliefert werden musste -, dann schlug und trat A auf den Kopf und die Brust von O ein. Bevor A den Ort des Geschehens

Vergleicht man die beiden folgenden Fälle, so wird deutlich, wie das Gericht nach der Gesamtschau der Verhaltensumstände zu dem Ergebnis kommt, indem sich hier kein einheitlicher Maßstab für die Feststellung des Tötungsvorsatzes zeigt:

Um sich an einem Freund zu rächen, schlug A1 mit einer Schaufel auf den Hinterkopf des Opfers O1 ein. Nachdem O1 zu Boden gefallen war, schlug A1 mit derselben Schaufel einmal auf O1s linken Ellenbogen und einmal auf den unteren Teil des linken Schlüsselbeins. O1 starb am nächsten Tag an einer diffusen Subarachnoidalblutung, einer schweren Gehirnschwellung und Gehirnnekrose, einer eitrigen Lungenentzündung, einer ischämischen Darmerkrankung, einem neurogenen Schock und Atemversagen. Das Gericht stellte fest, dass A1 zum Zeitpunkt der Tat keinen Tötungsvorsatz hatte, sondern lediglich die Todesfolge voraussehen konnte – also in Bezug auf die Todesfolge fahrlässig handelte – und verurteilte A1 schließlich wegen Körperverletzung mit Todesfolge zu einer Freiheitsstrafe von 10 Jahren.[81] (*Schaufel-Fall*)

verließ, öffnete A den Mund Os und sprühte ihm Insektizid in den Mund. O wurde ins Krankenhaus gebracht und überlebte tiefe Risswunden am Hals, ein Schädeltrauma mit intrakranieller Blutung, Risswunden im Gesicht und mehrere Abschürfungen. Das erstinstanzliche Urteil zitierte die erste Ansicht des Höchstgerichts und kam zu dem Schluss, dass A diese Handlungen nicht mit Tötungsvorsatz, sondern nur mit Körperverletzungsvorsatz begangen habe. Das Berufungsurteil hingegen zitierte die zweite Auslegung des Höchstgerichts und stellte fest, dass A mit Tötungsvorsatz gehandelt habe. A wurde rechtskräftig wegen versuchten Totschlags verurteilt. Das erstinstanzliche Urteil s. Az. 104 Su 845 von Kaohsiung District Court (高雄地方法院104年度訴字第845號刑事判決) Volltext abrufbar unter: https://judgment.judicial.gov.tw/FJUD/data.aspx?ty=JD&id=KSDM,104%2c%e8%a8%b4%2c845%2c20160510%2c1; Das Berufungsurteil s. Az. 105 Shan-Su 445 von Taiwan High Kaohsiung Branch Court (臺灣高等法院高雄分院105年度上訴字第445號刑事判決) Volltext abrufbar unter: https://judgment.judicial.gov.tw/FJUD/data.aspx?ty=JD&id=KSHM,105%2c%c4%b8%8a%e8%a8%b4%2c445%2c20160824%2c1, zuletzt abgerufen am 07.01.2025.

81 Das erstinstazliche Urteil (Az. 105 Chung-Su 26 von Kaohsiung District Court (高雄地方法院105年度重訴字第26號刑事判決)) ist nicht im Internet verfügbar. Das Berufungsurteil s. Az. 106 Shan-Su 1299 von Taiwan High Kaohsiung Branch Court (臺灣高等法院高雄分院106年度上訴字第368號刑事判決) Volltext abrufbar unter: https://judgment.judicial.gov.tw/FJUD/data.aspx?ty=JD&id=KSHM,106%2c%e4%b8%8a%e8%a8%b4%2c368%2c20170606%2c1; Das Revisionsurteil s. Az. 107 Tai-Shan 735 von Taiwan Supreme Court (最高法院107年度台上字第735號刑事判決) Volltext abrufbar unter: https://judgment.judicial.gov.tw/FJUD/data.aspx?ty=JD&id=TPSM,107%2c%e5%8f%b0%e4%b8%8a%2c735%2c20180308%2c1, zuletzt abgerufen am 07.01.2025.

A2 geriet mit dem unbekannten O2 wegen einer Kleinigkeit in Streit, schlug O2 zweimal mit der Faust in den Bauch und einmal gegen den Kopf, packte O2 am Hals, drückte O2 gegen die Wand und schlug O2 sechsmal gegen den Kopf. Nachdem O2 vergeblich versucht hatte, A2 aufzuhalten, warf A2 O2 zu Boden, setzte sich auf O2 und schlug dann neunmal mit der Faust auf den Hinterkopf von O2. Nachdem O2 ins Koma gefallen war, drehte A2 O2 wieder auf den Rücken und trat dann einmal heftig auf O2s Arm und in sein Gesicht. O2 erlitt ein Schädelhirntrauma mit Hirnblutungen, Platzwunden im Gesicht und Gedächtnisverlust. A2 wurde wegen versuchten Totschlags zu einer Freiheitsstrafe von vier Jahren verurteilt.[82] (*Faust-Fall*)

Es ist sicher richtig, dass die Wundstelle für sich allein kein überzeugendes Argument für den Tötungsvorsatz des Täters ist. Eine tiefe Wunde am Hals kann z.B. dadurch entstanden sein, dass der Täter das Opfer während einer Schlägerei zwischen Täter und Opfer aus Versehen ungezielt schnitt. Bei der Beurteilung konkreter Fälle stellt sich jedoch häufig heraus: „Gleiche Umstände, unterschiedliche Interpretationen".

Im *Schaufel-Fall* stellte das Gericht beispielsweise fest, dass A1, wenn er den Eventualvorsatz gehabt hätte, O1 zu töten, mit der schmalen Seite der Schaufel auf den Kopf von O1 hätte schlagen müssen, wobei der Kraftpunkt kleiner und die Wahrscheinlichkeit einer schweren Verletzung größer gewesen wäre.[83] Es kann jedoch auch umgekehrt argumentiert werden: A1 verursachte die Verletzung einer diffusen Subarachnoidalblutung an der Schädelbasis durch einen einzigen Schlag

82 Az. 106 Su 26 von Kaohsiung District Court (高雄地方法院106年度訴字第26號刑事判決) Volltext abrufbar unter: https://judgment.judicial.gov.tw/FJUD/data.aspx?ty=JD&id=KSDM,106%2c%e8%a8%b4%2c26%2c20171115%2c1, und Az. 106 Shan-Su 1299 von Taiwan High Kaohsiung Branch Court (臺灣高等法院高雄分院106年度上訴字第1299號刑事判決) Volltext abrufbar unter: https://judgment.judicial.gov.tw/FJUD/data.aspx?ty=JD&id=KSHM,106%2c%e4%b8%8a%e8%a8%b4%2c1299%2c20180320%2c1, zuletzt abgerufen am 07.01.2025.

83 Das Berufungsurteil enthält unter anderem schwer nachvollziehbare Vermutungen: Obwohl A1 aus Rache zu O1 ging, gab es zwischen A1 und O1 keine wesentlichen Feindseligkeiten oder Konflikte, so dass es schwer nachvollziehbar ist, dass A1 ein Motiv oder einen Grund für die Tötung von O1 hatte; wenn A1 jemanden töten wollte, sollte er dies an einem eher versteckten Ort ohne Zeugen tun, um die Tötung auszuführen und unentdeckt zu entkommen. Wenn A1 O1 in Tötungsabsicht angreift, warum sollte A1 dann das Wohnheim von O1 wählen, wo viele Menschen vorbeikommen können? s. Az. 106 Shan-Su 1299 von Taiwan High Kaohsiung Branch Court aaO. Fn. 82.

mit der Schaufel. Dies zeigt bereits die Wucht, mit der A1 auf den Kopf von O1 einschlug. Hätte A1 nicht den Vorsatz gehabt, O1 zu töten, wäre der Schlag nicht so heftig gewesen.

Im *Faust-Fall* stellte das Gericht Folgendes fest: „A2 schlug ohne zu zögern und mit voller Wucht auf den Kopf von O2 ein. Daraus ist zu schließen, dass A2 am Tattag die Möglichkeit einer Todesfolge durch Schläge und Tritte auf den Kopf des O2 hätte voraussehen müssen und dennoch so handelte, was zeigt, dass der Eintritt der Todesfolge seinem Willen nicht zuwiderlief. Es ist nicht zulässig, aus der Tatsache, dass O2 überlebt, den Schluss zu ziehen, dass A2 keinen eventualvorsätzlichen Tötungsvorsatz hatte oder dass zwischen A2 und O2 keine tiefe Feindschaft bestand." Im Vergleich zum *Schaufel-Fall* ist das Gericht jedoch der Ansicht, dass A1 zwar zu O1 ging, um sich an einem Freund zu rächen, jedoch A1 und O1 keine tiefgreifenden Feindschaften oder Konflikte hatten, sodass es schwierig ist, einen Tötungsvorsatz oder ein Motiv für die Tötung von O1 festzustellen.

Es zeigt sich, dass die Gerichte bei der Gesamtwürdigung aller für und gegen einen Tötungsvorsatz sprechenden Umstände sehr unterschiedliche Maßstäbe bei der Feststellung des Vorsatzes anlegen.[84]

c) Zusammenfassung

Aus der vorstehenden Analyse geht hervor, dass die Frage, ob Vorsatz oder Fahrlässigkeit vorliegt, in der Praxis im Wesentlichen durch eine Beweiswürdigung entschieden wird, also wie alle „inneren" Merkmale

84 Die in Deutschland viel diskutierte Frage, ob der Raser, der einen Verkehrsunfall verursacht, mit (Eventual-)Vorsatz tötet oder verletzt, spielt in der taiwanischen Rechtspraxis keine Große Rolle. Solche Fälle werden in der taiwanischen Rechtspraxis seit langem nach § 185 tStGB wegen Herbeiführung einer Verkehrsgefahr mit Todesfolge oder Körperverletzung bestraft, der bereits eine sehr hohe Strafandrohung vorsieht. § 185 Abs. 1 und 2 tStGB lautet: „(1) Wer Land- oder Wasserwege, Brücken oder andere öffentliche Verkehrseinrichtungen zerstört oder versperrt oder auf andere Weise den Verkehr gefährdet, wird mit Freiheitsstrafe bis zu fünf Jahren, Haftstrafe oder mit Geldstrafe bis zu fünfzehntausend Yuan bestraft. (2) Wird dadurch der Tod eines Menschen verursacht, so ist die Strafe lebenslange Freiheitsstrafe oder Freiheitsstrafe nicht unter sieben Jahren; bei schwerer Körperverletzung mit Freiheitsstrafe von mehr als drei bis zu zehn Jahren." Englische Übersetzung verfügbar unter: https://law.moj.gov.tw/ENG/LawClass/LawSearchContent.aspx?pcode=C0000001&norge=185, zuletzt abgerufen am 07.01.2025.

aus objektiven Umständen abgeleitet werden kann, und „dass die mangelnde ‚Abgeschirmtheit' dabei ein Anhaltspunkt ist"[85]. Unabhängig davon, wie weit die Theorie entwickelt wurde, kann sie nur als Grundsatz und Referenzprinzip bei der Beurteilung von Fällen verwendet werden. Ob die Deduktion und die Begründung überzeugend sind, kann nur im Einzelfall geprüft werden.

Daher ist es kein Wunder, dass es auch in der Lehre Meinungen gibt, die angesichts der Schwierigkeit, Vorsatz und Fahrlässigkeit voneinander abzugrenzen, die Einführung der groben Fahrlässigkeit oder Leichtfertigkeit befürworten. Auf diese Weise wird zumindest bei Tötungsdelikten, bei denen die Unterscheidung zwischen Vorsatz und Fahrlässigkeit schwierig ist, unabhängig davon, ob Vorsatz oder Fahrlässigkeit festgestellt wird, der Unterschied in der Strafzumessung nicht allzu groß sein, da sich die Strafen für beide Fälle annähern.[86]

III Leichtfertigkeit als Beweiserleichterung für Vorsatz?

1 Überblick über die Fragestellung

Die oben erwähnte Abgrenzung zwischen Vorsatz und Fahrlässigkeit spiegelt auch die prozessuale Schwierigkeit wider, dieses subjektive Element nachzuweisen, da psychische Fakten nicht direkt beobachtet werden können. In der Literatur wird argumentiert, dass sich die psychischen Tatsachen aus einer normativ zurechenbaren Schlussfolgerung ergeben.[87] In der Praxis kann der Vorsatz immer nur indirekt durch den Nachweis von Indizien nachgewiesen werden. Diese Indiztatsachen müssen nicht unbedingt einen eindeutigen Beweis für den Vorsatz des Angeklagten darstellen, sie sind aber so naheliegend, dass das Gericht

85 *Roxin/Greco*, AT I, § 12 Rn. 68.
86 Siehe oben [B. III. 1. f)]
87 NK-StGB/*Puppe*, 6. Aufl. 2023, § 15 Rn. 23.

im Rahmen seiner freien Beweiswürdigung berechtigterweise vom Vorsatz überzeugt sein kann.[88]
Fahrlässigkeit ist grundsätzlich leichter zu beweisen als Vorsatz, da es schwieriger ist, eine Handlung mit »Wollen« zu erklären als eine unbewusste Handlung. Wenn aber die Anforderungen an die objektiven Tatbestandsmerkmale reduziert werden, können sich die Verhältnisse zugunsten des Vorsatzes verschieben.[89]

Im Rückblick auf die Geschichte der Gesetzgebung über die Leichtfertigkeit ist festzustellen, dass die Leichtfertigkeit oft als Auffangtatbestand für den Vorsatzverdacht dient.[90] Mit anderen Worten kann die Leichtfertigkeitsstrafbarkeit als Auffangtatbestand für Fälle eingesetzt werden, in denen Vorsatz nicht nachweisbar, aber naheliegend ist.[91] Diese Auffangfunktion wird von einigen Strafrechtswissenschaftlern als Missbrauch des materiellen Strafrechts zur prozessualen Erleichterung der Überzeugungsbildung kritisiert,[92] während sie von anderen als Fortschritt angesehen wird, da sich das Beweisdilemma für die Gerichte heute nicht anders darstelle.[93]

2 Stellungnahme

Im Hinblick auf den Schwerpunkt dieser Arbeit – die Leichtfertigkeit als strafschärfender Faktor bei der fahrlässigen Tötung – spielt die Frage der Beweiserleichterung keine besondere Rolle, da die fahrlässige Tötung ohnehin als strafwürdiges Verhalten anerkannt ist. Die Leichtfertigkeit als Strafschärfungsgrund heranzuziehen, geht nicht von der Schwierigkeit des Vorsatznachweises aus, sondern von einer rationale Strafzumessung, die sich am Grad des Unrechtsgehalts der Fahrlässigkeit orientiert.

Wenn aber in anderen Bereichen, insbesondere im Wirtschaftsstrafrecht, wie etwa in § 264 StGB zum Subventionsbetrug oder § 261 Abs. 6 zum leichtfertige Geldwäsche, Leichtfertigkeit allein als subjektives

88 LK-StGB/*Vogel/Bülte*, 13. Aufl. 2020, vor §§ 15 ff. Rn. 72.
89 *Volk*, aaO. Fn. 4, 161 (175)
90 *Arzt*, FS-Schröder, 1978, 119 (122, 142).
91 LK-StGB/*Vogel/Bülte*, 13. Aufl. 2020, § 15 Rn. 297.
92 *Bülte*, JZ 2014, 603 (606); Matt/Renzikowski/*Gaede*, § 15 Rn. 45.
93 *Weigend*, aaO. Fn. 21, 657 (691).

Tatbestandsmerkmal vorgesehen ist, stellt sich die Frage nach einer Beweiserleichterung durch Vorschriften des materiellen Strafrechts, was ein Problem des Verdachtsstrafrechts aufwirft. In Taiwan gibt es eine Diskussion über Leichtfertigkeit, die von der Schwierigkeit des Vorsatznachweises ausgeht und die Einführung von Leichtfertigkeit als Strafbarkeitsschwelle fordert, wie in der Einleitung über Finanzagenten bei Geldwäschedelikten dargestellt.[94]

Wenn man die Frage der Vorsatzvermutung aus einem anderen Blickwinkel betrachtet, kann man sogar sagen, dass es sich um eine falsche Prämisse handelt: Wie allgemein bekannt ist, konzentriert sich das Strafrecht auf die Bestrafung vorsätzlichen Verhaltens; nicht jede fahrlässige Begehung einer Rechtsgutsverletzung fällt unter die Sanktionen des Strafrechts. Fahrlässiges Verhalten ist nur strafbar, wenn das Gesetz es ausdrücklich vorsieht oder sich die Strafbarkeit aus dem Zusammenhang der gesetzlichen Bestimmungen oder aus dem Sinn und Zweck des Gesetzes eindeutig ergibt.[95] Dabei spielt die Bedeutung des rechtlichen Interesses eine wesentliche Rolle.

Die gesetzgeberische Politik bei der Leichtfertigkeit beruht ebenfalls auf den gleichen Erwägungen: Wenn ein entsprechendes kriminalpolitisches Bedürfnis besteht, kann von der Unterstellung eines Vorsatzes abgesehen werden.[96] Zwingendes Erfordernis ist, dass die leichtfertige Tatbestandsverwirklichung einen Unwertgehalt aufweist, der ihre Bestrafung rechtfertigt.[97] Mit anderen Worten: Die Leichtfertigkeitsstrafbarkeit darf nicht nur der Beweislasterleichterung dienen.[98] So war z.B. bei § 261 Abs. 5 aF (heutige § 261 Abs. 6) die Begründung des Gesetzgebers ausschließlich auf ein Beweisproblem gestützt[99] und stand daher unter dem Verdacht der Verfassungswidrigkeit, was der BGH durch eine restriktive, vorsatznahe Auslegung der Leichtfertigkeit

94 Siehe oben [A. I. 1. d)]
95 *Bülte*, aaO. Fn. 92, 603 (606)
96 *Birnbaum*, aaO. Fn. 10, S. 224.
97 *Birnbaum*, aaO. Fn. 10, S. 242.
98 *Lagodny*, Strafrecht vor den Schranken der Grundrechte, S. 313; *Bülte*, aaO. Fn. 92, 603 (608).
99 BT-Drucks. 12/989, 27.

löste, die weder gegen das Schuldprinzip noch gegen das Bestimmtheitsgebot verstieß.[100]

Soll jedoch eine Rechtsgutsverletzung außerhalb der Vorsatzdelikte strafrechtlich sanktioniert werden, so setzt das Tatbestandsmerkmal der Leichtfertigkeit ein höheres Maß an Sorgfaltspflichtverletzung des Täters voraus als die Strafbarkeit der einfachen Fahrlässigkeit. Die Auseinandersetzung um die Vorsatzvermutung läuft daher im Kern auf einen Konflikt um die Notwendigkeit des Rechtsgüterschutzes und eine Abwägung um die Durchsetzbarkeit der gesetzlichen Tatbestandsmerkmale in der gerichtlichen Praxis hinaus.

Bei der Analyse, ob eine neue Strafnorm lediglich der Beweiserleichterung dient oder einen Unwertgehalt aufweist, geht *Weigend* von kriminalpolitischen Gesichtspunkten aus: „Neukriminalisierungen sind nur dann als proportionale Eingriffe in die allgemeine Handlungsfreiheit zulässig, wenn sie geeignet und auch unter Berücksichtigung alternativer Regelungsmöglichkeiten notwendig sind, um sozialschädliche Angriffe gegen schützenswerte und schutzbedürftige Rechtsgüter zu verhindern.“[101] Dieses Kriterium umfasst drei Prüfungsaspekte: das Rechtsgüterprinzip, das Erfordernis der Sozialschädlichkeit und die Ultima-Ratio-Bedingung. Unter dem Einfluss der Funktionalisierung des Strafrechts werden diese drei Kriterien schwächer: Die Definition des Rechtsguts wird verändert, z.B. vom Vermögensschutz zur Funktionsfähigkeit des Kapitalmarktes[102]; die Sozialschädlichkeit eines Verhaltens ergibt sich schon aus der Tendenz zur Risikoerhöhung, z.B. im Umweltstrafrecht werden viele frühere Bagatelldelikte unter Strafe gestellt[103]; das ultima-ratio-Prinzip wird aufgeweicht durch die Vorstellung, die Wirkung des Strafrechts bestehe darin, die durch die Übertretung in ihrer Geltung gefährdeten Normen im Bewusstsein der Allgemeinheit zu stabilisieren.[104]

100 BeckOK StGB/*Ruhmannseder*, StGB § 261 Rn. 54.2. Nach der Streichung der Vortatenkataloge ist die Verfassungsmäßigkeit des § 261 Abs. 6 wieder fraglich. s. NK-StGB/*Altenhain*, § 261 Rn. 91; Joecks/Jäger/Randt/*Bülte*, Steuerstrafrecht, StGB § 261 Rn.166.

101 *Weigend*, FS-Triffterer, 695 (706, 707).

102 *Weigend*, aaO. Fn. 101, 695 (708, 709).

103 *Weigend*, aaO. Fn. 101, 695 (709).

104 *Weigend*, aaO. Fn. 101, 695 (709, 710).

Diese Kritik übersieht jedoch, dass die Komplexität der heutigen Gesellschaft weit über die Zeit hinausreicht, in der diese strafrechtlichen Prinzipien entstanden sind. Im Bereich des Umweltstrafrechts hat die in der Vergangenheit angehäufte Umweltverschmutzung die heutige ökologische Umwelt bereits geschwächt, und die früheren nur kleinsten Kavaliersdelikte haben heute viel stärkere Auswirkungen auf die Umwelt, die schutzbedürftig ist.[105] Im Wirtschaftsstrafrecht, wenn die Auswirkungen internationaler Bewertungen auf die nationale Handelsordnung im internationalen Finanzsystem nicht berücksichtigt werden.[106]

Zusammenfassend lässt sich sagen, dass eine neue Strafnorm mit dem Merkmal der Leichtfertigkeit nicht per se verfassungswidrig ist, auch wenn sie aus Rücksicht auf Beweisschwierigkeiten eingeführt wird. Solange Strafwürdigkeit und Strafbedürftigkeit bestehen, sei eine solche Formulierung ein Zeichen dafür, dass die Entwicklung der gesellschaftlichen Verhältnisse neue Schutzbedürfnisse hervorgebracht habe, denen durch neue, vorverlagerte Straftatbestände Rechnung getragen werden müsse, meint *Tiedemann*.[107] Schließlich muss man bei der Überlegung zur Strafbarkeit der Leichtfertigkeit unter dem Gesichtspunkt der Effizienz der Strafverfolgung jedoch auch berücksichtigen, dass die Effizienz der Strafverfolgung umso mehr beeinträchtigt werden könnte, je mehr strafbare Handlungen es gibt.[108]

105 *Tiedemann*, Die Neuordnung des Umweltstrafrecht, S. 30, 31.
106 vgl. https://www.fatf-gafi.org/en/topics/high-risk-and-other-monitored-jurisdictions.html, zuletzt abgerufen am 07.01.2025.
107 *Tiedemann*, Wirtschaftsstrafrecht und Wirtschaftskriminalität, 1976, S. 114; *ders./Engelhart*, Wirtschaftsstrafrecht, 5. Aufl. 2017, Rn. 225.
108 *Bülte*, aaO. Fn. 92, 603 (608).

IV Leichtfertigkeit als Tatbestandsmerkmal gegen Doppelverwertungsverbot?

Der Begriff der Leichtfertigkeit als straferhöhendes Tatbestandsmerkmal könnte als Verstoß gegen das Doppelverwertungsverbot angesehen werden.[109]

1 Normzweck des Doppelverwertungsverbots

Unter Doppelverwertungsverbot ist zu verstehen, dass Tatbestandsmerkmale, die bereits bei der Bestimmung des gesetzlichen Strafrahmens als maßgeblich verwertet wurden, bei der Strafzumessung nicht erneut berücksichtigt werden dürfen.[110]

Normzweck des Doppelverwertungsverbots ist es, eine Überbewertung der Schuld zu verhindern, so dass sich die Strafe nach dem Maß der Schuld des Täters zu richten hat.[111] Mit der tatbestandsmäßigen Umschreibung des strafbaren Verhaltens und der daran geknüpften Strafdrohung nimmt der Gesetzgeber eine generelle, für alle Tatbestandsverwirklichungen geltende Strafzumessung vor. Die Tatbestandsverwirklichung als solche stellt daher weder einen straferhöhenden noch einen strafmildernden Umstand dar.[112] Das Doppelverwertungsverbot bezieht sich nicht nur auf die Tatbestandsmerkmale, sondern auch auf die strafrahmenbestimmenden Umstände und die kriminalpolitischen Erwägungen, die zur Formulierung bestimmter Straftatbestände zum Schutz bestimmter Rechtsgüter führten.[113]

109 Siehe oben [D. II. 3. c) bb) i. (3)]

110 MüKo-StGB/*Maier*, 4. Aufl. 2020, § 46 Rn. 530; *Sander*, in: Schäfer/Sander/van Gemmeren, Praxis der Strafzumessung, Rn. 689; NK-StGB/*Streng*, § 46 Rn. 125; BeckOK StGB/*von Heintschel-Heinegg*, § 46 Rn. 143.

111 BeckOK StGB/*von Heintschel-Heinegg*, § 46 Rn. 143.

112 Sander, aaO. Fn. 110; NK-StGB/*Streng*, § 46 Rn. 125; BeckOK StGB/*von Heintschel-Heinegg*, § 46 Rn. 143.

113 Sander, aaO. Fn. 110; BeckOK StGB/*von Heintschel-Heinegg*, § 46 Rn. 145; MüKo-StGB/*Maier*, 4. Aufl. 2020, § 46 Rn. 534.

2 Grenzen des Doppelverwertungsverbots

Das Doppelverwertungsverbot schließt jedoch eine differenzierende Strafzumessung hinsichtlich der individuellen Tatschuld im Hinblick auf Erfolgsunwert und Handlungsunwert nicht aus. Ein Verstoß gegen das Doppelverwertungsverbot liegt also nicht vor, wenn ein Tatbestandsmerkmal qualitativ oder quantitativ graduell veränderbar ist, solange das Tatbestandsmerkmal bereits ein bestimmtes Mindestmaß an Qualität oder Quantität aufweist oder bei steigerungsfähigen Tatbestandsmerkmalen ausreicht.[114] So ist z.B. bei der Strafzumessung bereits anerkannt, dass Leichtfertigkeit einen erhöhten Grad der Fahrlässigkeit bedeutet und sich bei allen Fahrlässigkeitsdelikten straferhöhend auswirkt.[115]

3 Doppelverwertungsverbot bei Leichtfertigkeit

Hier stellt sich die Frage, ob die erhöhte Sorgfaltspflichtverletzung und die erhöhte Vorhersehbarkeit bei der Strafzumessung erschwerend berücksichtigt werden können, wenn die Leichtfertigkeit als qualifiziertes Merkmal mit erhöhtem Strafrahmen formuliert wird.

Nach der Einführung des Tatbestandes der groben Fahrlässigkeit in das öStGB, insbesondere in § 81 öStGB (grob fahrlässige Tötung) und § 88 Abs. 3 öStGB (grob fahrlässige Körperverletzung), wird die Ansicht vertreten, dass der Umstand eines grob fahrlässigen Verhaltens bei der Strafzumessung nicht zusätzlich strafschärfend berücksichtigt werden dürfe, da bei solchen Delikten, bei denen die grobe Fahrlässigkeit qualifizierend wirke, bereits die erhöhte Strafdrohung den Strafrahmen bestimme.[116]

114 *Sander*, aaO. Fn. 110, Rn. 689, 694; NK-StGB/*Streng*, § 46 Rn. 128; BeckOK StGB/*von Heintschel-Heinegg*, § 46 Rn. 145; MüKo-StGB/*Maier*, 4. Aufl. 2020, § 46 Rn. 536; LK-StGB/*Schneider*, § 46 Rn. 253; SSW-StGB/*Eschelbach*, § 46 Rn. 249.

115 LK-StGB/*Schneider*, § 46 Rn. 108.

116 *Hinterhofer/Wirth*, ÖJZ 2016/104, 764 (766).

Mit Blick auf die oben genannte Grenze des Doppelverwertungsverbots wird deutlich, dass die Berücksichtigung der Schwere der Tat bei der Strafzumessung erforderlich ist. Nur so kann eine gerechte Strafe bestimmt werden. Mit anderen Worten: „‚Verbraucht' ist lediglich das abstrakte ‚Dass' der Verwirklichung des fraglichen Tatbestandsmerkmals, soweit dieses für die Eröffnung des Strafrahmens relevant war, nicht aber das ‚Wie' iSv ‚wie groß', ‚wie schwer', ‚wie intensiv' oder ‚wie stark'."[117] Bei steigerungsfähigen Tatbeständen sind quantifizierende Ausfüllungen von Tatbestandsmerkmalen dann nur bis zu einer bestimmten Schwelle, hier der groben Fahrlässigkeit bzw. Leichtfertigkeit, von Bedeutung. Der Grad der Sorgfaltspflichtverletzung, der über die Schwelle der Leichtfertigkeit hinausgeht, sollte weiterhin als strafschärfender Umstand bei der Strafzumessung berücksichtigt werden können.

V Ein Widerspruch in sich, Leichtfertigkeit als Strafverschärfungsgrund?

Da Leichtfertigkeit ein der Fahrlässigkeit untergeordneter Begriff ist, ist auf Fälle von Leichtfertigkeit das geltende Recht der fahrlässigen Tötung anwendbar. Hier könnte sich die Frage stellen, wie es gerechtfertigt ist, für die schwerwiegendere fahrlässige Tötung höhere Strafen zu verhängen.

Bevor diese Frage beantwortet werden kann, muss der logische Zusammenhang zwischen der Frage und dem in dieser Arbeit fokussierten Thema, nämlich der Notwendigkeit der Schließung der Strafrahmenslücke zwischen vorsätzlicher und fahrlässiger Tötung, geklärt werden. Die Urteile aus den Ausgangsfällen, dem *Gebäudeeinsturz-Fall (Weiguan-Jinlong)*[118] und dem Staubbrand-Fall[119], zeigten bereits, dass die höchste Strafe für fahrlässige Tötung nicht dem Handlungs- und

117 NK-StGB/*Streng*, 6. Aufl. 2023, § 46 Rn. 128.
118 Siehe oben [B. II. 1.]
119 Siehe oben [B. II. 2.]

Erfolgsunwert in solchen Fällen entspricht, und daher die Notwendigkeit besteht, die Strafe für fahrlässige Tötung nach oben zu erhöhen. Dies bedeutet, dass die ursprüngliche Strafe nicht ausreicht, um den Unwert der Tat widerzuspiegeln. Jedes Strafschärfungsmerkmal für die fahrlässige Tötung stößt daher auf dasselbe Problem, da die fahrlässige Tötung mit Strafschärfungsmerkmal nunmehr durch die fahrlässige Tötung nach geltendem Recht erfasst werden würde.

Jede strafschärfende Ergänzung eines Tatbestandsmerkmals als Qualifikation ist dann sinnvoll, wenn die Fälle einen erhöhten Unrechtsgehalt aufweisen, der von der Ausgangsnorm nicht hinreichend erfasst wird. Allerdings muss eine Voraussetzung erfüllt sein: Der eigentlich nur für die Strafzumessungsfrage relevante Strafschärfungsgrund muss eine damit einhergehende Strafschärfung sachlich tragen.[120]

In Fällen, in denen das Verhalten des Täters über einfache Fahrlässigkeit hinausgeht und es sich nicht um eine vorsätzliche Tötung handelt, wäre eine angemessene Bestrafung denkbar, indem das Verhalten als Verbrechen mit einem neu zu schaffenden Tatbestand der leichtfertigen Tötung qualifiziert wird.[121] Angesichts des großen Ausmaßes des Sorgfaltsverstoßes und der sich aufdrängenden Vorhersehbarkeit der Tatbestandsverwirklichung ist die Leichtfertigkeit schwerer zu entschuldigen als die Fahrlässigkeit, die erst bei näherer Prüfung des Sachverhalts erkennbar wird. Das Schuldprinzip führt dazu, dass Leichtfertigkeit einen höheren Unwertgehalt hat als einfache Fahrlässigkeit.[122]

120 *J. Lohmeyer*, Fahrlässige Tötungen, S. 110
121 *J. Lohmeyer*, aaO. Fn. 120, S. 117.
122 *Maiwald*, GA 1974, 257 (261).

VI Die nachträgliche Ex-ante-Beurteilung und die Feststellung von Leichtfertigkeit

1 Fragestellung

In der Praxis kommt es immer wieder vor, dass es bereits einen Fall mit tatbestandsmäßigem Erfolg gab und dann die Verantwortung des Täters auf den Zeitpunkt der Tat zurückgeführt wird. Eine solche nachträgliche ex-ante-Prognose der Wahrscheinlichkeit des Erfolgseintritts kann zu Lasten des Täters gehen – ein Rückschaufehler (eng. hinsight bias), bei dem negativen Ereignisse als wahrscheinlicher, vorhersehbarer und/oder unvermeidbarer eingeschätzt werden, wenn dem Beurteiler bereits bekannt ist, dass diese Ereignisse eingetreten sind.[123] Hier stellt sich die Frage: Wird unter dem Einfluss des Rückschaufehlers im Einzelfall eher zu Lasten des Täters bewertet, d.h. dem Täter die Verantwortung für Leichtfertigkeit zugeschrieben – auch wenn Leichtfertigkeit eine auffallende und ungewöhnliche Sorgfaltspflichtverletzung sowie eine erhöhte Vorhersehbarkeit des Erfolgseintritts voraussetzt?[124]

Bei einer nachträglichen ex-ante Beurteilung muss der Beurteiler die Verantwortlichkeit des Handelnden auf der Grundlage der Wissens- und Handlungsmöglichkeiten zum Zeitpunkt der Handlung einschätzen. Es kommt darauf an, die im Nachhinein gewonnenen gesicherten Erkenntnisse über den Geschehensablauf auszublenden und die Situation aus der damaligen Sicht des Handelnden zu betrachten.[125]

123 *Oeberst*, RW, 2/2019, 180 (181).
124 vgl. *Radtke*, FS-Jung, 2007, 737 (746).
125 *Kuhlen*, in *Jung/Müller-Dietz/Neumann* (Hrsg.), Recht und Moral, 341 (354).

2 Analyse aus Sicht der moralischen Attributionstheorie

Ausgehend von der moralischen Attributionstheorie erläuterte *Kuhlen* die heiklen Probleme der nachträglichen Ex-ante-Bewertung. Erstens bestehe ein Bewertungsunterschied zwischen Akteur und Beobachter: Der Akteur führe sein Verhalten eher auf die Umstände der Handlungssituation zurück, während der Beobachter das Verhalten eher mit persönlichen Eigenschaften des Akteurs erkläre.[126] Zweitens sei es bei einer nachträglichen Ex-ante-Bewertung nicht so einfach, das nachträgliche Wissen auszublenden. Die Bearbeitung von Informationen werde, so eine allgemeine kognitive Hypothese, von der Zugänglichkeit der einzelnen Informationen beeinflusst. Besonders zugängliche Informationen, wie z.B. die tatsächliche Ausgestaltung von Sachverhalten im Vergleich zu nicht realisierten Alternativen, dienen als Ausgangspunkt für die Lösung von Informationsproblemen. Dies könne dazu führen, dass sich Beurteiler nicht mehr ausreichend von diesem Anker lösen können, insbesondere bei der Frage nach der Vorhersagbarkeit eines Handlungserfolges.[127] Drittens werde die Verantwortungszuschreibung stark von der Schwere der negativen Handlungsfolgen beeinflusst. Je schwerwiegender die Folgen und Enttäuschungen von Sicherheitserwartungen, desto schwieriger sei es, von diesen Enttäuschungen Abstand zu nehmen. Dies erfordere eine ex ante-Beurteilung der Fehlerhaftigkeit des Verhaltens.[128]

3 Analyse aus psychologischer Sicht

Der Rückschaufehler (hinsight bias) beschreibt das Phänomen, dass Menschen immer wieder übertreiben, was in der Vorausschau hätte vorhergesehen werden können. Sie neigen dazu, das Voraussehbare überzubewerten, indem sie Ereignisse sowohl als unvermeidlich als

126 *Kuhlen*, aaO. Fn. 125, 341 (355). ähnl. *Duttge*, RW, 2/2019, 153 (166).
127 *Kuhlen*, aaO. Fn. 125, 341 (358, 359).
128 *Kuhlen*, aaO. Fn. 125, 341 (359). ähnl. *Duttge*, aaO. Fn. 126, 153 (167).

auch als vorhersehbar ansehen.[129] Insbesondere bei negativen Ereignissen sind Rückschaufehler leichter zu beobachten.[130]

a) Allgemeine Forschung zur Erklärung des Rückschaufehlers

Aus psychologischer Sicht wird der Rückschaufehler im Rahmen von empirischen Untersuchungen beobachtet.[131] *Blank* und Kollegen stellten ein Dreifacettenmodell auf, um die Ursachen des Phänomens der Rückschaufehler zu erklären: verstärkter Eindruck der Zwangsläufigkeit, verstärkter Eindruck der Vorhersehbarkeit und Gedächtnisverzerrung.[132] Verstärkter Eindruck der Zwangsläufigkeit beschreibt den Effekt, dass ein Ereignis nach Kenntnis des Ereignisausgangs wahrscheinlicher, unvermeidbarer oder zwangsläufiger erscheint. Kurzform: „Es musste so kommen (it had to turn out like this).".[133] Die Zwangsläufigkeitseindrücke beziehen sich auf den objektiven Zustand der Welt. Es geht um die Frage, inwieweit Umstände zwangsläufig zu einem bestimmten Ereignis führen müssen oder – im Nachhinein betrachtet – führen mussten.[134] Unter dem verstärkten Eindruck der Vorhersehbarkeit versteht man das Phänomen, dass man nach dem Eintreten eines Ereignisses glaubt, selbst gewusst oder vorausgesehen zu haben, dass es so kommen würde. Kurzform: „Ich wusste, dass es so kommen würde (I knew it all along).".[135] Vorhersehbarkeitseindrücke betreffen die subjektive Überzeugung, ein Ereignis vorhersehen zu können oder bereits

129 *Fischhoff*, in: *Kahneman/Slovic/Tversky* (ed.), Judgment under uncertainty, 335 (341).
130 *Schkade/Kilbourne*, Organizational Behavior and Human Decision Processes, 1991, 105 ff.; *Sommer*, Effektive Strafverteidigung, Kapitel 2, Rn. 99.
131 *Oeberst*, aaO. Fn. 123, 180 (182 ff.); *Linnenbank*, Der Rückschaufehler bei strafrechtlichen Fahrlässigkeitsbeurteilungen, S. 317 ff.
132 *Oeberst*, aaO. Fn. 123, 180 (184).
133 *Oeberst*, aaO. Fn. 123, 180 (184); *Linnenbank*, aaO. Fn. 131, S. 310; *Blank/Nestler/von Collani/Fischer*, Cognition, 106 (2008), 1408 (1413); *Nestler/Egloff*, Journal of Experimental Psychology: Learning, Memory, and Cognition, 2009, 1539 (1540).
134 *Oeberst*, aaO. Fn. 123, 180 (185).
135 *Oeberst*, aaO. Fn. 123, 180 (184); *Linnenbank*, aaO. Fn. 131, S. 313, 314; *Blank/Nestler/von Collani/Fischer*, aaO. Fn. 133, 1408 (1413).

vorhergesehen zu haben.[136] Bei der Gedächtnisverzerrung handelt es sich um den Befund, dass man, nachdem man das tatsächliche Ergebnis erfuhr, dazu neigt, eine frühere Einschätzung so zu verändern, dass sie dem tatsächlichen Ergebnis entspricht. Kurzform: „Ich sagte voraus, dass es so kommen würde (I said it would happen.)".[137]

b) Rückschaufehler im juristischen Kontext

aa) Besonders relevante Komponenten zum Rückschaufehler im rechtlichen Kontext

Bei der juristischen Entscheidungsfindung spielen der verstärkte Eindruck der Zwangsläufigkeit und der verstärkte Eindruck der Vorhersehbarkeit eine Rolle, während die Gedächtnisverzerrung keinen Bezug zur juristischen Entscheidungsfindung hat.[138] Zwangsläufigkeitseindrücke basieren auf der Annahme der kausalen Modelle (Causal Model Theory, CMT), einer menschlichen Tendenz, dem Eintreten von Ergebnissen einen Sinn zu geben, indem kausale Zusammenhängen zwischen den vorhergehenden Bedingungen und dem Ergebnis hergestellt werden, was zu einer verstärkten Wahrnehmung der a priori Wahrscheinlichkeit oder sogar Unvermeidbarkeit des Ergebnisses führt, dem sog. „creeping determinism".[139] Bei der Suche nach kausalen Zusammenhängen zwischen vorhergehenden Bedingungen und dem Ergebnis konzentriert man sich dann vorrangig auf Informationen, die mit dem eingetretenen Ereignis konsistent sind, und vernachlässigt inkonsistente Informationen.[140] Vorhersehbarkeitseindrücke werden wahrscheinlich stärker von Metakognitionen beeinflusst, also von nachträglichen Gedanken über

136 *Oeberst*, aaO. Fn. 123, 180 (185).
137 *Oeberst*, aaO. Fn. 123, 180 (184); *Linnenbank*, aaO. Fn. 131, S. 316; *Nestler/Blank/Egloff*, Journal of Experimental Psychology: Learning, Memory, and Cognition 2010, 1399 (1400); *Roese/Vohs*, Perspectives on Psychological Science, 2012, 411 (412).
138 *Oeberst*, aaO. Fn. 123, 180 (184). aA *Linnenbank*, aaO. Fn. 131, S. 328 f.
139 *Blank/Nestler*, Social Cognition, 2007, 132 (136); *Nestler/Blank/von Collani*, Social psychology, 2008, 182.; *Fischhoff*, Journal of Experimental Psychology: Human Perception and Performance, 1975, 288; *Linnenbank*, aaO. Fn. 131, S. 312, 313.
140 *Nestler/Blank/von Collani*, aaO. Fn. 139, 182 (183).

die Vorhersagbarkeit von Ereignissen im Allgemeinen und wahrscheinlich auch über die eigene Vorhersagekompetenz.[141]

bb) Rückschaufehler aus Sicht eines Dritten

Um festzustellen, ob ein Dritter aufgrund von Fahrlässigkeit strafrechtlich zur Verantwortung gezogen werden kann, muss der Richter aus der Sicht eines Dritten (d. h. des Täters) beurteilen, ob der Dritte zum Zeitpunkt der Handlung die Möglichkeit hatte, den Eintritt des tatbestandsmäßigen Erfolgs vorherzusehen. Hier stellt sich daher die Frage, auf welche Informationen sich der Richter bei der oben genannten Beurteilung stützt, wenn die Vorhersehbarkeit auf Metakognitionen, also auf Reflexionen über die eigenen früheren Gedanken, beruht.[142]

Auch wenn bei der Fahrlässigkeitsprüfung die Sorgfaltspflichtverletzung und die Vorhersehbarkeit des Erfolgseintritts anhand einer fiktiven Maßstabfigur, eines besonnenen und gewissenhaften Menschen in der konkreten Situation und in der sozialen Situation des Täters, zu ermitteln ist[143], könnte ein solcher Maßstab jedoch durch Verallgemeinerung des persönlichen Vorhersehbarkeitseindrucks angenommen werden. Dies bedeutet, dass man von seinem persönlichen Eindruck ausgeht und erwartet, dass andere Personen mit ähnlichen Kenntnissen und Fähigkeiten das Ereignis ebenso hätten voraussehen können oder müssen.[144]

Eine weitere Möglichkeit, die Vorhersehbarkeit aus der Sicht Dritter zu beurteilen, ist die Heranziehung von kausalen Modellen, also die tendierende Suche nach dem Kausalzusammenhang zwischen vorhergehenden Bedingungen und dem Ergebnis. Nachdem ein Ereignis bekannt wurde, beginnt eine intensive Suche nach Erklärungen. Dabei werden nur ereigniskonsistente Informationen gesammelt, wäh-

141 *Blank/Nestler/von Collani/Fischer*, aaO. Fn. 133, 1408 (1425); *Oeberst*, aaO. Fn. 123, 180 (186); *Linnenbank*, aaO. Fn. 131, S. 314.

142 *Oeberst*, aaO. Fn. 123, 180 (187); *Linnenbank*, aaO. Fn. 131, S. 337 f.

143 *Wessels/Beulke/Satzger*, AT, § 18 Rn. 1118.

144 *Oeberst*, aaO. Fn. 123, 180 (188).

rend ereignisinkonsistente Informationen entweder fehlen oder keine Beachtung finden.[145]

Psychologische Experimente zeigten bereits, dass auch Laienrichter bei der Fahrlässigkeitsbewertung nicht gegen Rückschaufehlern immun sind.[146]

cc) Recherchen zu Rückschaufehlern beim juristischen Personal – inkonsistentes Resultat

Die Frage, ob Berufsrichter bei der Beurteilung von Fahrlässigkeit eher gegen Rückschaufehlern resistent sind, wurde in der empirischen Forschung nicht einheitlich beantwortet:

Die Studie von *Anderson et al.* in 1997[147] zeigt, dass Berufsrichter als Probanden das Verhalten eines Wirtschaftsprüfers bei negativen Ereignissen deutlich kritischer beurteilen als eine Kontrollgruppe. Dies deutet darauf hin, dass auch Berufsrichter für den Rückschaufehler anfällig sind, was leichter zur Feststellung der (zivilrechtlichen) Fahrlässigkeitshaftung des Schädigers führt.[148]

Hastie und *Viscusi* verglichen in einer Studie in 1998 Berufsrichter und Laienrichter hinsichtlich ihrer Anfälligkeit für Rückschaufehler.[149] Dabei stellten sie fest, dass Laienrichter bei der Beurteilung der Vorhersehbarkeit oder Wahrscheinlichkeit von Schadensereignissen größeren Rückschaufehlern unterliegen als Berufsrichter. Zwar weisen auch Berufsrichter Rückschaufehler auf, diese sind jedoch weniger stark ausgeprägt. Es wird vermutet, dass Berufsrichter aufgrund ihrer Erfahrung weniger anfällig für Rückschaufehler sind.[150]

Die Untersuchungen von *Guthrie et al.* in 2001 mit amerikanischen Berufsrichtern[151] und von *Schweizer* in 2003 mit schweizerischen Richtern[152] zeigten, dass Berufsrichter bei der Beurteilung von Fahrlässig-

145 *Oeberst*, aaO. Fn. 123, 180 (188).
146 *Linnenbank*, aaO. Fn. 131, S. 37 f.
147 *Anderson/Jennings/Lowe/Reckers*, A Journal of Practice & Theory, 1997, 20 f.
148 *Anderson/Jennings/Lowe/Reckers*, aaO. Fn. 147, 20 (28); *Linnenbank*, aaO. Fn. 131, S. 46 f.
149 *Hastie/Viscusi*, Arizona Law Review, 1998, 901 f.
150 *Hastie/Viscusi*, aaO. Fn. 149, 906, 907; *Linnenbank*, aaO. Fn. 131, S. 49 f.
151 *Guthrie/Rachlinski/Wistrich*, Cornell Law Review, 2001, 777 f.
152 *Schweizer*, Kognitive Täuschungen vor Gericht, 2005, Rn. 652 ff.

keitsfällen dem Rückschaufehler unterliegen. Mit anderen Worten, sie können ihr Wissen über den Ausgang eines Ereignisses nicht völlig neutral ausschalten, was ihre Entscheidungsbildung beeinflusst.[153]

Im Gegensatz zu den oben genannten Ergebnissen berichtet *Schweizer* in einer Studie aus dem Jahr 2005 von einem umgekehrten Rückschaufehler: Die Richter der Rückschaugruppe, d.h. die über die Ausgangsergebnisse informiert waren, bejahten signifikant seltener Fahrlässigkeit als die Richter der Vorschaugruppe.[154] *Schweizer* ging davon aus, dass die Fallkonstellation in dieser Studie möglicherweise durch eine Verkettung mehrerer unerwarteter Ereignisse gekennzeichnet war und das Ergebnis daher sehr überraschend sein könnte.[155] Es könne auch sein, dass die Richter der Rückschaugruppe davon ausgegangen seien, dass von ihnen die Bejahung der Fahrlässigkeit erwartet werde, und deshalb bewusst gegen diese Erwartung gehandelt hätten.[156]

Oeberst und *Goeckenjan* führten 2016 ein Studie durch[157], um mit an einen tatsächlichen *Psychiatriefall*[158] angepassten Fallkonstellationen den Rückschaufehler der deutschen Berufsrichter zu untersuchen. Das Ergebnis bestätigte einen signifikanten Effekt des tatsächlichen Wissens über den Ergebnisausgang auf die Einschätzung der Vorhersehbarkeit durch die Probanden: Berufsrichter, die über den Ausgang des Ereignisses informiert waren, überschätzten die Vorhersehbarkeit des Ereignisses. Diese Überschätzung führte dazu, dass die Richter eher von einem Fahrlässigkeitsurteil gegen den Chefarzt ausgingen.[159]

Aus den oben dargestellten Studien mit unterschiedlichen Ergebnissen lässt sich ableiten, dass Berufsrichter im Vergleich zur Allge-

153 *Guthrie/Rachlinski/Wistrich*, aaO. Fn. 151, 802 f.; *Schweizer*, aaO. Fn. 152, Rn. 656; *Linnenbank*, aaO. Fn. 131, S. 50, 51.

154 *Schweizer*, aaO. Fn. 152, Rn. 666.

155 *Schweizer*, aaO. Fn. 152, Rn. 670. Aus juristischer Sicht handelt es sich bei dieser Fallkonstellation um einen atypischen Kausalverlauf, s. *Linnenbank*, aaO. Fn. 131, S. 53. Aus psychologischer Sicht dient ein hoher Grad an Überraschung als metakognitiver Hinweis darauf, dass das Ereignis unerwartet und damit unvorhersehbar war. s. *Müller/Stahlberg*, Social Cognition, 2007, 165 (179).

156 *Schweizer*, aaO. Fn. 152, Rn. 671; *Linnenbank*, aaO. Fn. 131, S. 53.

157 *Oeberst/Goeckenjan*, Psychology, Public Policy and Law, 2016, 271 f.

158 BGHSt 49, 1; NJW 2004, 237; *Roxin*, StV 2004, 485 f.; *Saliger*, JZ 2004, 977 f.

159 *Oeberst/Goeckenjan*, aaO. Fn. 157, 271 (275); *Linnenbank*, aaO. Fn. 131, S. 55.

meinheit weniger anfällig für Rückschaufehler sind, aber dennoch in gewissem Maße beeinflusst werden.

4 Maßnahmen zur Vermeidung von Rückschaufehlern

Ob eine wirksame Methode zur Beseitigung des Rückschaufehlers existiert, ist in der Wissenschaft umstritten. Eine Fallstudie in Österreich mit Jura- und Wirtschaftsstudenten als Probanden deutet darauf hin, dass eine konkrete Anleitung zur Entscheidungsfindung zu einer weniger strengen Haltung führen kann.[160] Dies bedeutet, dass entsprechende Hilfestellungen im Entscheidungsprozess dazu beitragen können, Rückschaufehler vollständig zu eliminieren.[161] Im Vergleich dazu gehen viele Studien davon aus, dass eine vollständige Eliminierung des Rückschaufehlers nicht möglich ist[162], sondern nur durch geeignete Strategien, wie z.B. Berücksichtigung von Alternativen (oder „consider-the-opposite“ technique)[163] oder im juristischen Kontext das „Debiasing“-Plädoyer[164], der Rückschaufehler möglicherweise reduziert werden kann.[165] Darüber hinaus wird die Berücksichtigung von

160 *Knötzl/Schacherreiter/Schopper*, JBl. 2017, 2 (6).
161 Auch die Ergebnisse der oben genannten Studie von Schweizer aus dem Jahr 2005 könnten diese Einschätzung stützen.
162 *Oeberst*, aaO. Fn. 123, 180 (192); *Duttge*, aaO. Fn. 126, 168.
163 Die Studie von *Slovic* und *Fischhoff* in 1977 zeigt, dass der Rückschaufehler reduziert wurde, indem die Versuchspersonen gezwungen wurden, darüber nachzudenken, wie das Ereignis hätte enden können. *Slovic/Fischhoff*, Journal of Experimental Psychology: Human Perception and Performance 1977, 544 (548).
164 Die Studie von *Stallard* und *Worthington* aus dem Jahr 1998 zeigt, dass im Vergleich zu der Versuchsgruppe, die nur den Ereignisausgang kannte, die Versuchsgruppe, die sowohl Informationen über den Ausgang des Verfahrens als auch das Plädoyer der Verteidigung gehört hatte, zu einer eher ähnlichen Einschätzung der Verantwortung des Täters kam wie die Kontrollgruppe, die den Ereignisausgang nicht kannte. Dies deutet darauf hin, dass das Plädoyer den Rückschaufehler reduzieren kann, indem es die Aufmerksamkeit auf die Zeit vor dem negativen Ergebnis lenkt. *Stallard/Worthington*, Law and Human Behavior, 1998, 671 (682).
165 *Roberto/Grechenig*, ZSR, 130 (2011), 5 (18 f.).

Alternativen als bisher praktikable Methode zur Reduzierung von Rückschaufehlern angesehen.[166]

Obwohl die Berücksichtigung von Alternativen als praktikable Methode zur Verringerung des Rückschaufehlers angesehen wird, gibt es einige Einschränkungen. Eine wichtige davon ist, dass diese Methode mehr Zeit und eine stärkere Motivation auf Seiten des Beurteilers erfordert, um sie anzuwenden.[167] Es wird daher vorgeschlagen, bei der Gestaltung des Verfahrens alle Möglichkeiten von Rückschaufehlern zu vermeiden. So werden z.B. den medizinischen Sachverständigen nur die Informationen übermittelt, die dem Angeklagten zum damaligen Zeitpunkt bekannt waren, so dass sie das Verhalten ohne Rückblick auf die Folgen beurteilen können.[168]

In jedem Fall ist eine Sensibilisierung erforderlich, um das Problem der Fehlzuschreibung bei der nachträglichen Ex-ante-Bewertung zu lösen.[169] Im juristischen Kontext werden formale Verfahrensgrundsätze, die Ausgestaltung der Beweisregeln, der Beweislast und des Beweismaßes im Verfahrensrecht als wirksame Mittel zur Reduzierung von Rückschaufehlern angesehen.[170]

5 Der Einfluss des Rückschaufehlers auf Leichtfertigkeit

Aus der obigen Analyse lässt sich zusammenfassen, dass der Rückschaufehler zu einer für den Täter nachteiligen Schlussfolgerung führt, wenn es darum geht, im Nachhinein festzustellen, ob es zum Zeitpunkt der Tat des Täters möglich war, den Ausgang des Ereignisses vorherzusehen oder nicht. Dies kann dazu führen, dass die Fahrlässigkeitshaftung des Täters im Nachhinein leichter überbewertet wird. Einige

166 *Oeberst/Goeckenjan*, aaO. Fn. 157, 271 (276); *Arkes*, Journal of Consulting and Clinical Psychology, 1981, 323 (326 f.); *Roese/Vohs*, aaO. Fn. 137, 411 (418 f.)
167 *Oeberst*, aaO. Fn. 123, 180 (199).
168 *Oeberst*, aaO. Fn. 123, 180 (199).
169 *Kuhlen*, aaO. Fn. 125, 368.
170 *Rachlinski*, The University of Chicago Law Review, 1998, 571 (602 f.); *Knötzl/Schacherreiter/Schopper*, aaO. Fn. 160, 2 (9).

Studien zeigen auch, dass Berufsrichter nicht absolut immun gegen Rückschaufehler sind.

Das Vorhandensein dieses Phänomens des Rückschaufehlers reicht jedoch nicht aus, um gegen den Begriff der Leichtfertigkeit zu argumentieren. Erstens kann der Rückschaufehler bereits die Beurteilung der Fahrlässigkeitshaftung beeinflussen, und zwar bei der Beurteilung der Frage, ob die Vorhersehbarkeit des Erfolgseintritts gegeben ist. Wenn die Möglichkeit eines Rückschaufehlers gegen die Leichtfertigkeit ins Feld geführt wird, müsste die Begründung des gesamten Fahrlässigkeitsdelikts in Frage gestellt werden. Zweitens ist es nicht völlig unmöglich, das Phänomen des Rückschaufehlers zu minimieren. Zusätzlich zu den verschiedenen Verfahrensgarantien im Strafverfahren sollte bei der Urteilsfindung in allen Fällen von Fahrlässigkeit darauf geachtet werden, dass z. B. die Methode der Berücksichtigung von Alternativen angewandt wird. Schließlich und am wichtigsten ist, wie die vorangegangene Analyse zeigt, dass die Abgrenzung zwischen Fahrlässigkeit und Leichtfertigkeit nicht nach der Schwere des Erfolgs[171], sondern nach dem Grad der Sorgfaltspflichtverletzung und der Vorhersehbarkeit erfolgt. Auch wenn die Vorhersehbarkeit durch den Rückschaufehler beeinflusst werden kann, gibt es immer noch objektive Kriterien für die Bestimmung der Sorgfaltspflicht, wie z.B. die Sondernormen.

Rückschaufehler sind ein Problem, das bei der Beurteilung des Einzelfalls berücksichtigt werden sollte. Zusätzlich zu den Verfahrensvorschriften, die ohnehin eingehalten werden müssen, sollte der Beurteiler geeignete Maßnahmen ergreifen, wie z. B. die Prüfung von Alternativen. Dieses Phänomen allein kann jedoch nicht als Argument gegen den Begriff der Leichtfertigkeit dienen.

171 Das Phänomen des Rückschaufehlers erklärt auch, warum die Anzahl der Opfer nicht geeignet ist, eine Verschärfung der Strafe bei fahrlässiger Tötung zu rechtfertigen. Weiters siehe Unten [F. I. 3. b)]

F Gründe, Leichtfertigkeit ins taiwanischen StGB einzuführen

Nachdem die Kriterien der Leichtfertigkeit näher beleuchtet wurden, soll zunächst geklärt werden, ob der Begriff der groben Fahrlässigkeit in das taiwanischen Strafrecht eingeführt werden sollte oder nicht.

Wie bereits in der Einleitung ausgeführt, geht es bei der Diskussion um die Einführung des Leichtfertigkeitsbegriffs vor allem um die Schließung der Strafrahmenlücke zwischen vorsätzlicher und fahrlässiger Tötung. Da die Möglichkeiten zur Schließung dieser Strafrahmenlücke vielfältig sind, stellt sich die Frage, ob der Leichtfertigkeitsbegriff als gesetzgeberisches Instrument eingesetzt werden sollte.

I Gründe gegen Schließung der Strafrahmenlücke zwischen vorsätzlichem Totschlag und fahrlässiger Tötung durch objektive Kriterien

1 Sackgasse bei der generellen Herabsetzung der Mindeststrafe für vorsätzlichen Totschlag

In Bezug auf die *Lücke* zwischen den Strafrahmen für fahrlässige Tötung und vorsätzlichen Totschlag gibt es einen Ansatz, der darauf abzielt, die Mindeststrafe für fahrlässige Tötung auf fünf Jahre herabzusetzen. Der Ausspruch „In einer unübersichtlichen Welt sind die strengsten Strafen anzuwenden (刑亂國用重典)“ hat seinen Ursprung in den „Riten der Zhou (周禮)“ aus dem 2. Jahrhundert v. Chr.[1] In

1 in: The Revised Mandarin Chineses Dictionary from the Ministry of Education (教育部重編國語辭典修訂本), https://dict.revised.moe.edu.tw/dictView.jsp?ID=120460&la=0&powerMode=0, zuletzt abgerufen am 07.01.2025.

der taiwanesischen Gesellschaft ist diese Ansicht stark verwurzelt und deshalb wird ein Vorschlag zur Herabsetzung des Strafmaßes kaum Unterstützung in der Bevölkerung finden. Die Abgeordneten bringen nur Gesetzesentwürfe ein, die auf eine Erhöhung der Strafen abzielen, da solche Ansätze in der Öffentlichkeit populär sind. In einer Gesellschaft, in der die Abschaffung der Todesstrafe noch in weiter Ferne liegt, ist eine Minderung des Stafmaßes unvorstellbar.[2]

Dass die Öffentlichkeit die härteste Strafe fordert, zeigt das folgende Beispiel, das aus der jüngsten Vergangenheit stammt: Nachdem die Medien Anfang März 2024 über den Tod eines einjährigen Kindes berichtet hatten, das im Dezember 2023 von seiner Babysitterin misshandelt und getötet worden war, wurde eine Online-Petition auf der offiziellen „Public Policy Online Participation Platform" innerhalb von weniger als drei Tagen über 19.000 Mal mitunterzeichnet: Wer ein Kind misshandelt und dadurch tötet, sollte ausschließlich mit der Todesstrafe bestraft werden.[3] In der Folge wurden innerhalb von zwei Monaten

2 Das am 20. September 2024 verkündete Urteil des Verfassungsgerichts von Taiwan erklärt die Todesstrafe unter bestimmten Voraussetzungen für verfassungsgemäß. Das taiwanische Verfassungsgericht ist der Auffassung, dass Tötungsdelikte die schwerste Form von Verbrechen gegen das Recht auf Leben darstellen. Wenn die Todesstrafe nicht als ausschließliche Strafe nur für diese schwersten Verbrechen vorgesehen sei und nur in den Fällen verhängt werde, in denen die Umstände des Verbrechens am schwersten seien und das Strafverfahren in höchstem Maße den verfassungsrechtlichen Anforderungen an ein faires Verfahren entspreche, stehe die Todesstrafe in diesem Rahmen nicht im Widerspruch zum verfassungsrechtlichen Schutz des Rechts auf Leben. Die strengen Anforderungen an das Verfahren umfassen Folgendes: Erstens solle sowohl im Ermittlungsverfahren als auch in der dritten Instanz eine Pflichtverteidigung vorgesehen sein. Zweitens solle in der dritten Instanz eine mündliche Verhandlung stattfinden. Drittens müsse die Todesstrafe von den Richtern, die das Urteil aussprechen, einstimmig beschlossen werden. Viertens dürfe die Todesstrafe nicht verhängt werden, entweder wenn der Angeklagte zum Zeitpunkt der Tat aufgrund einer seelischen Störung oder einer anderen geistigen Beeinträchtigung schuldunfähig gewesen sei oder wenn seine Fähigkeit, sich vor Gericht zu verteidigen, offensichtlich unzureichend sei. Darüber hinaus dürfe die Todesstrafe nicht vollstreckt werden, wenn der Verurteilte zum Zeitpunkt der Vollstreckung nicht strafmündig sei. s. TCC Judgment 113-Hsien-Pan-8 (113年度憲判字第8號): https://cons.judicial.gov.tw/docdata.aspx?fid=38&id=351689, zuletzt abgerufen am 07.01.2025. Die englische Übersetzung dieses Verfassungsurteils ist noch nicht verfügbar (Stand: 07.01.2025.).

3 Dieser Vorschlag s. https://join.gov.tw/idea/detail/1da48653-59e5-4d5c-af84-b3a9cbc2d334, zuletzt abgerufen am 07.01.2025. Gemäß der „Verordnung zur Umsetzung der Online-Politikbeteiligung" (im Original: 公共政策網路參與實施要點) müsse zu jedem Vorschlag innerhalb von 60 Tagen 5.000 Unterstützungsanträge eingereicht werden. Nach der Einreichung eines Vorschlags muss die zuständige Regierungsstelle innerhalb von zwei Monaten

im Eiltempo mindestens neun neue Entwürfe für die Todesstrafe im Falle des Todes infolge Mißbrauchs vorgelegt.[4]

Aus der geschilderten gesellschaftlichen und politischen Situation lässt sich ableiten, dass eine falsche Signalwirkung der Herabsetzung der Mindeststrafe für vorsätzliche Tötung offenbar vermieden werden sollte.

2 Sackgasse bei der generellen Erhöhung der Höchststrafe für fahrlässige Tötung

Im Hinblick auf die *Lüc*ke zwischen den Strafrahmen für fahrlässige Tötung und vorsätzlichen Totschlag besteht ein weiterer Ansatz darin, die Höchststrafe für fahrlässige Tötung anzuheben. Unter Berücksichtigung der Beschränkung bei der Ersetzung der Strafe nach § 41 tStGB[5]

eine konkrete Antwort ausarbeiten und der Inhalt des Vorschlags dient den Verwaltungseinheiten als Referenz, um die Richtung der Governance in Zukunft anzupassen. Volltext der Verordnungen auf Englisch: https://db.lawbank.com.tw/Eng/FLAW/FLAWDAT0201.aspx?lsid=FL077436, zuletzt abgerufen an 07.01.2025.

4 s. Agenda Related Documents des Legislativen Yuans (立法院議案關係文書) vom 20.03.2024 in: https://lis.ly.gov.tw/lygazettec/mtcdoc?PD110106:LCEWA01_110106_00131; vom 27.03.2024 in: https://lis.ly.gov.tw/lygazettec/mtcdoc?PD110107:LCEWA01_110107_00114, https://lis.ly.gov.tw/lygazettec/mtcdoc?PD110107:LCEWA01_110107_00040 und https://lis.ly.gov.tw/lygazettec/mtcdoc?PD110107:LCEWA01_110107_00007; vom 29.03.2024 in: https://lis.ly.gov.tw/lygazettec/mtcdoc?PD110107:LCEWA01_110107_00033; vom 03.04.2024 in: https://lis.ly.gov.tw/lygazettec/mtcdoc?PD110108:LCEWA01_110108_00036; vom 17.04.2024 in: https://lis.ly.gov.tw/lygazettec/mtcdoc?PD110110:LCEWA01_110110_00112; vom 24.04.2024 in: https://lis.ly.gov.tw/lygazettec/mtcdoc?PD110111:LCEWA01_110111_00027 und https://lis.ly.gov.tw/lygazettec/mtcdoc?PD110111:LCEWA01_110111_00115, zuletzt abgerufen an 07.01.2025. Schließlich wurde beschlossen, in § 286 tStGB einen Abs. 5 einzufügen, wonach die Strafe bis auf die Hälfte erhöht werden kann, wenn der Missbrauch in den vorstehenden Absätzen § 286 gegen Kinder unter sieben Jahren begangen wird. Englische Übersetzung § 286 tStGB verfügbar unter: https://law.moj.gov.tw/ENG/LawClass/LawSearchContent.aspx?pcode=C0000001&norge=286, zuletzt abgerufen am 07.01.2025.

5 § 41 tStGB lautet wie folgt: „(1) Begeht eine Person eine Straftat, die mit einer Freiheitsstrafe im Höchstmaß von höchstens fünf Jahren bedroht ist, und wird sie zu einer Freiheitsstrafe von höchstens sechs Monaten oder zu einer kurzen Haftstrafe verurteilt, so kann die Freiheitsstrafe oder die kurze Haftstrafe durch eine Geldstrafe von eintausend New Taiwan Dollar, zweitausend New Taiwan Dollar oder dreitausend New Taiwan Dollar pro Tag ersetzt werden. Diese Klausel gilt jedoch nicht in Fällen, in denen es schwierig ist, die Wirkung der Korrektur wiederherzustellen oder in denen die Aufrechterhaltung von Recht und Ordnung erschwert wird. (2) Wer nach den Bestimmungen des vorstehenden Absatzes zu einer Ersatzgeldstrafe verurteilt wurde, diese aber nicht beantragt hat, kann seine

führt eine solche Strafrahmenänderung jedoch dazu, dass die Strafdrohung bei allgemeiner fahrlässiger Tötung im ganzen erhöht wird: Nach dieser Vorschrift kann die Freiheitsstrafe einer Straftat, die mit einer Hauptstrafe von höchstens fünf Jahren Freiheitsstrafe geahndet werden kann, nur dann durch eine Geldstrafe ersetzt werden, wenn der Täter zu einer Freiheitsstrafe von nicht mehr als sechs Monaten oder einer kurzfristigen Haftstrafe verurteilt wird. Wird die Höchststrafe für fahrlässige Tötung auf bis zu sieben oder zehn Jahre erhöht, so überschreitet die Höchststrafe dieses Deliktes die Voraussetzungen für die Ersetzung der Freiheitsstrafe durch Geldstrafe. Auch wenn wegen fahrlässiger Tötung eine Freiheitsstrafe von weniger als sechs Monaten verhängt wird, kann diese Strafe nicht durch eine Geldstrafe ersetzt werden. Obwohl es noch Mechanismen gibt, Freiheitsstrafen durch gemeinnützige Arbeit zu ersetzen, ist es in der Praxis für Arbeitnehmer, die zu einer kurzen Freiheitsstrafe verurteilt werden, unmöglich, die ersetzte gemeinnützige Arbeit zu leisten. Geht man davon aus, dass ein Angeklagter wegen fahrlässiger Tötung zu einer Freiheitsstrafe von zwei Monaten[6] verurteilt wird und die Gesamtzahl der Tage 60 beträgt,

Strafe in Form von gemeinnütziger Arbeit verbüßen, wobei ein Tag Freiheitsstrafe sechs Stunden gemeinnütziger Arbeit entspricht. (3) Wer zu einer Freiheitsstrafe von weniger als sechs Monaten oder zu einer kurzen Freiheitsstrafe verurteilt wurde, kann, wenn die Bedingungen des Absatzes eins über die Ersetzbarkeit von Geldstrafen nicht erfüllt sind, zu gemeinnütziger Arbeit nach den im vorstehenden Absatz vorgesehenen Ersetzungsbestimmungen verurteilt werden. … (5) Die gemeinnützige Arbeit nach den Absätzen 2 und 3 ist innerhalb eines Jahres zu leisten. …" (Im Original: (1)犯最重本刑為五年以下有期徒刑以下之刑之罪，而受六月以下有期徒刑或拘役之宣告者，得以新臺幣一千元、二千元或三千元折算一日，易科罰金。但易科罰金，難收矯正之效或難以維持法秩序者，不在此限。(2) 依前項規定得易科罰金而未聲請易科罰金者，得以提供社會勞動六小時折算一日，易服社會勞動。
(3)受六月以下有期徒刑或拘役之宣告，不符第一項易科罰金之規定者，得依前項折算規定，易服社會勞動。 …(5)第二項及第三項之易服社會勞動履行期間，不得逾一年。) Englische Übersetzung verfügbar unter: https://law.moj.gov.tw/ENG/LawClass/LawSearchContent.aspx?pcode=C0000001&norge=41, zuletzt abgerufen am 07.01.2025. Haftstrafe im Sinne des tStGB ist eine kurzfristige Freiheitsentziehung von weniger als zwei Monaten. s. § 33 Nr. 4 tStGB, Englische Übersetzung verfügbar unter: https://law.moj.gov.tw/ENG/LawClass/LawSearchContent.aspx?pcode=C0000001&norge=33, zuletzt abgerufen am 07.01.2025.

6 Mindestmaß der zeitigen Freiheitsstrafe im tStGB, s. § 33 Nr. 3 Satz 1.: „3. Zeitige Freiheitsstrafe: Das Höchstmaß der zeitigen Freiheitsstrafe beträgt fünfzehn Jahre, das Mindestmaß zwei Monate. Sie kann jedoch im Falle einer Heraufsetzung oder Herabsetzung auf weniger als zwei Monate verkürzt oder auf zwanzig Jahre erhöht werden." (Im Original:

so muss der Angeklagte, wenn sechs Stunden Sozialarbeit als ein Tag Freiheitsstrafe gezählt werden, insgesamt 360 Stunden Sozialarbeit leisten (6 Stunden x 60 Tage = 360 Stunden). Bei einer durchschnittlichen Arbeitszeit von 8 Stunden pro Tag würde der Angeklagte 45 Arbeitstage benötigen, um die Sozialarbeit abzuleisten. Auf dem angespannten taiwanesischen Arbeitsmarkt ist es nicht in allen Berufe möglich, bis zu 45 Tage Urlaub im Jahr nehmen zu können.

Unter Berücksichtigung der Bestimmungen des tStGB zur Strafrechtspflege und der sozialen und arbeitsmarktpolitischen Situation in Taiwan kann eine unmittelbare Erhöhung des Höchstmaßes der Strafe für fahrlässige Tötung auf mehr als fünf Jahre dazu führen, dass der Täter sein soziales Leben unterbrechen muss, um seine Strafe zu verbüßen, was sich in Zukunft noch gravierender nachteilig auf die Resozialisierung dieser Betroffenen auswirken würde.

3 Gründe gegen einen objektiven Strafverschärfungsgrund

In Bezug auf die Erhöhung des Höchststrafmaßes für fahrlässige Tötung gibt es auch verschiedene legislative Ansätze, die durch objektive Kriterien zu formulieren sind, um eine Strafschärfung zu rechtfertigen. Beispielsweise könnte eine Strafverschärfung „in besonders schweren Fällen" in § 212 Abs. 2 StGB oder für Fälle „unter besonders gefährlichen Verhältnissen" in § 81 Abs. 1 Z 1 öStGB aF vorgesehen werden.

Im Folgenden werden die Varianten für die Festlegung der Strafverschärfung bei der fahrlässigen Tötung mit Hilfe eines objektiven Kriteriums analysiert.

三、有期徒刑：二月以上十五年以下。但遇有加減時，得減至二月未滿，或加至二十年。）
Englische Übersetzung verfügbar unter: https://law.moj.gov.tw/ENG/LawClass/LawSearchContent.aspx?pcode=C0000001&norge=33, zuletzt abgerufen am 07.01.2025.

a) Formulierung ähnlich wie in § 82 Abs. 3 und 4 des taiwanischen Gesetzes zur medizinischen Versorgung

Wie in der Einleitung erwähnt, drängte die Ärzteschaft intensiv auf Gesetzesänderungen, um die Fahrlässigkeitshaftung des medizinischen Personals, insbesondere des *Arzt*es, einzuschränken. Dies führte 2018 zur Hinzufügung der Absätze 3 und 4 zu § 82 des Gesetzes zur medizinischen Versorgung (醫療法).[7] Nach § 82 Abs. 3 und 4 macht sich ein *Arzt* der fahrlässigen Tötung nur schuldig, wenn er die ärztliche Sorgfaltspflicht verletzt und den Rahmen des klinisch vertretbaren Ermessens überschreitet. Obwohl nach dem Wortlaut des Gesetzes das eigentliche Beurteilungskriterium ist, ob der Tatbestand einer Fahrlässigkeitsstraftat erfüllt ist oder nicht[8], ging der Supreme Court davon aus, dass das Ziel der Gesetzesänderung darin bestand, den Umfang der Haftung eines *Arzt*es für Fahrlässigkeit zu begrenzen, das Risiko einer strafrechtlichen Verfolgung bei der Ausübung der ärztlichen Tätigkeit zu verringern und die Tatbestandsmerkmale der Haftung eines *Arzt*es für Fahrlässigkeit zu präzisieren und klarzustellen.[9] In den Kommentaren wird auch argumentiert, dass das „klinische Ermessen" in § 83 Absätze 3 und 4 des Gesetzes zur medizinischen Versorgung in

7 Der vollständige Wortlaut dieser ergänzten Absätze lautet wie folgt: „(3) Verursacht ein Angehöriger eines Gesundheitsberufs bei der Ausübung der Heilkunde fahrlässig den Tod oder die Körperverletzung eines Patienten, so ist er strafrechtlich verantwortlich, wenn er die medizinisch gebotene Sorgfaltspflicht verletzt und den Rahmen des klinisch vertretbaren Ermessens überschreitet. (4) Die Verletzung der Sorgfaltspflicht nach den vorstehenden Absätzen und der Rahmen des klinischen Ermessens richten sich nach den objektiven Umständen der örtlichen medizinischen Leitlinien, des medizinischen Standards, der medizinischen Einrichtungen, der Arbeitsbedingungen und der Dringlichkeit am Ort und zum Zeitpunkt des medizinischen Eingriffs in Bezug auf den jeweiligen medizinischen Fachbereich." Englische Übersetzung verfügbar unter: https://law.moj.gov.tw/ENG/LawClass/LawSearchContent.aspx?pcode=L0020021&norge=82, zuletzt abgerufen am 07.01.2025.

8 so auch *Huang-Yu Wang*, Formosan Journal of Medicine, Vol. 28 Heft 3 (2024), 330 (335). (Im Original: 王皇玉，醫療法第82條修正後醫療常規與合理臨床專業裁量之法界現況探討，台灣醫學，第28卷第3期，2024年，第335頁。)；*Chen-Ying Lee*, Angle Health Law Review, Vol. 70, 17 ff. passim. (Im Original: 李貞瑩，醫療法第82條修法後實務之應用－以刑事判決為中心，月旦醫事法報告，第70期，2022年，第17-19頁。)

9 Az. 107 Tai-Shan 4587 (107年度台上字第4587號), Volltext abrufbar unter: https://judgment.judicial.gov.tw/FJUD/data.aspx?ty=JD&id=TPSM,107%2c%e5%8f%b0%e4%b8%8a%2c4587%2c20190402%2c1, zuletzt abgerufen am 07.01.2025.

Wirklichkeit eine Konkretisierung des Begriffs „Leichtfertigkeit“ oder „grobe Fahrlässigkeit“ sei.[10]

Unabhängig davon, ob sich aus dem Gesetz zur medizinischen Versorgung ableiten lässt, inwiefern die Strafbarkeit ärztlicher Fahrlässigkeit auf grobe Sorgfaltspflichtverletzungen oder Leichtfertigkeit beschränkt ist[11], ist es für das Strafrecht schwierig, das Modell der Novellierung des Medizinrechts als Vorbild für die Strafverschärfung bei Fahrlässigkeit zu übernehmen.

Eine individuelle Ausformulierung des Grades der Sorgfaltspflichtverletzung nach dem Inhalt der jeweiligen Spezialnorm, die der Beurteilung der Sorgfaltspflicht zugrunde liegt, ist im Recht jedoch nicht möglich, da dies zum einen den Besonderen Teil des tStGB mit zu detaillierten Tatbeständen überfrachten oder zu einer Ausweitung des Nebenstrafrechts führen würde und zum anderen in vielen Fällen die Sondernormen fehlen und die Beurteilung der Sorgfaltspflichtverletzung auf differenzierte Maßstabsfiguren abstellen müsste. Der erste Fall lässt sich mit den Worten von *Arzt* gut begründen: „Je mehr in einer Gesellschaft der Konsens darüber verloren geht, was man andren vernünftigerweise an Sorgfalt und Rücksicht schuldig ist, desto notwendiger werden ‚bestimmte‘, d.h. detaillierte Regelungen.“[12] Letzteres würde dazu führen, dass in Fallkonstellationen ohne Sondernormen keine Strafverschärfung einträte, was dem Gleichheitsgrundsatz widerspräche.

b) Formulierung nach Anzahl der Todesopfer

Das Judicial Yuan schlug bereits in der Begründung des Entwurfs zu § 276 tStGB eine Alternative nach objektiven Kriterien vor, indem die Anzahl der Todesopfer von drei oder mehr als Strafschärfungsgrund

10 *Pang-Yang Liu*, Court Case Times, Vol. 143 (2024), 62 (69). (Im Original: 劉邦揚，被架空的臨床專業裁量權—簡評最高法院112年度台上字第3373號判決及歷審裁判，裁判時報，第143期，2024年，第69頁).

11 Wenn die Politik des Gesetzgebers darin besteht, die Haftung für ärztliche Fahrlässigkeit auf grobe Fahrlässigkeit zu beschränken, kann die Einfügung der Wörter „grob“, „auffallend“ oder „ungewöhnlich“ vor der Sorgfaltspflichtverletzung in § 82 Abs. 3 des Gesetzes zur medizinischen Versorgung die Auseinandersetzung lösen.

12 *Arzt*, GS-Schröder, 1978, 119 (138).

dient. In der vom Judicial Yuan vorgeschlagenen Fassung wird ein zweiter Satz zu dem bestehenden Text hinzugefügt, in dem die Anzahl der Todesopfer als Grund für den Richter gilt, bei der Verurteilung eine höhere Strafe zu verhängen. Der gesamte Text lautet wie folgt: „Wer durch Fahrlässigkeit den Tod eines Menschen verursacht, wird mit Freiheitsstrafe bis zu fünf Jahren, mit kurzfristiger Freiheitsstrafe oder mit Geldstrafe bis zu einer halben Million bestraft. Verursacht der Täter in diesen Fällen den Tod von mehr als drei Personen, so kann das Höchstmaß der angedrohten Freiheitsstrafe um bis zur Hälfte heraufgesetzt werden."[13] Dieser Vorschlag stößt jedoch auf einige Probleme.

aa) Unzureichende Bewertung des Handlungsunrechts

In der Tat geben nur Fälle mit einer großen Zahl von Opfern, wie der Staubbrand-Fall, der Gebäudeeinsturz-Fall und das Taroko-Eisenbahnunglück, Anlass zu Diskussionen über die Notwendigkeit einer Strafschärfung bei fahrlässiger Tötung. Ein Strafschärfungsgrund, der allein auf die Zahl der Todesopfer abstellt, lässt jedoch den Handlungsunwert außer Acht und bewertet ihn daher nicht gerecht. Der *Anästhesist-Fall*[14] ist in diesem Zusammenhang ein geeignetes Beispiel.

Der Anästhesist ignorierte die Tatsache, dass Isofluran ein Medikament ist, das nur von Fachkräften für Anästhesie mit professioneller Ausrüstung verwendet werden darf, und verschrieb es Patienten zur Selbstverabreichung zur Schmerzlinderung. Der Anästhesist verletzte seine Sorgfaltspflicht als Anästhesist in auffallender und ungewöhnlicher Weise, was auf ein schwerwiegendes Handlungsunrecht hinweist. Nach der Fassung des Judicial Yuans besteht dennoch keine Möglichkeit, das Unrecht des fahrlässigen Verhaltens des Anästhesisten als hochgradig einzustufen, sondern nur die Möglichkeit, es als Strafzumessungsfaktor für eine schwere Strafe zu berücksichtigen.

13 Im Original: „因過失致人 於死者，處五年以下有期徒刑、拘役或五十萬元以下罰金；因而致三人以上於死者 ，得加重其刑至二分之一。" s. Agenda Related Documents des Legislativen Yuans (立法院議案關係文書) vom 27.05.2021 in: https://lis.ly.gov.tw/lygazettec/mtcdoc?PD100314:LCEWA01_100314_00069, zuletzt abgerufen am 07.01.2025.

14 Siehe oben [D. II. 3. c) bb) i.]

In den Fällen, die Anlass zur Diskussion gegeben haben, war zwar eine Mehrzahl an Opfern betroffen, die Ursache für den schweren Erfolg war jedoch die schwere Verletzung der Fürsorgepflicht durch den Täter. Unter dem Gesichtspunkt der Präventionszwecke des Strafrechts ist es eher geeignet, die Schwere der Sorgfaltspflichtverletzung des Täters als Abstufungskriterium bei der Strafverschärfung heranzuziehen.

bb) Struktureller Fehler der Strafverschärfung

Das große Problem dieser Fassung liegt in dem darin formulierten Strafrahmen. Dies kann unter verschiedenen Aspekten näher analysiert werden.

i Problem der Strafrahmenlücke ungelöst

Eine Strafverschärfung um die Hälfte der Strafe beseitigt das Ausgangsproblem nicht und die *Lü*cke der Strafrahmen zwischen vorsätzlichem Totschlag und fahrlässiger Tötung bleibt: Die Höchststrafe für fahrlässige Tötung beträgt fünf Jahre Freiheitsstrafe. Wenn diese Höchststrafe um die Hälfte verschärft wird, beträgt sie sieben Jahre und sechs Monate. Zwischen dieser Höchststrafe und der Mindeststrafe von zehn Jahren Freiheitsstrafe für vorsätzliche Tötung besteht noch eine *Lü*cke.

ii Weitere Auslegungs- und Anwendungsprobleme

Übermäßiger Ermessensspielraum bei der Strafzumessung

Der Vorschlag des Judicial Yuan legt die gesetzliche Höchststrafe nicht direkt fest, sondern nennt eine bestimmte Anzahl von Todesfällen als Grund, bei dessen Vorliegen der Richter bei der Verurteilung eine höhere Strafe verhängen kann. Eine Strafverschärfung ist in diesem Fall nicht zwingend, d.h. der Richter kann auch bei mehr als drei Todesopfern eine „ordentliche" Strafe für fahrlässige Tötung verhängen.

Hier stellt sich die Frage: In der taiwanischen Rechtspraxis wird die Straferhöhung in „Strafschärfung im Allgemeinen" und „Strafschärfung im Besonderen" unterteilt.[15] Diese Unterschiede betreffen drei

15 Nicht alle im Besonderen Teil geregelten Strafschärfungsklauseln werden in der Rechtsprechung als „Strafschärfung im Besonderen" ausgelegt. s. *Chi-Chiang Sun*, The Military Law Journal, Vol. 56 Heft 3 (2010), 246 passim. (Im Original: 孫啟強，刑罰加重之研究，

Fragen. Erstens, ob das Urteil mit einer Revision angefochten werden kann.[16] Die Strafschärfung im Besonderen wirkt sich nach der Rechtsprechung auf die gesetzliche Höchststrafe für die ursprüngliche Straftat aus. Übersteigt die verschärfte gesetzliche Höchststrafe drei Jahre Freiheitsstrafe, so kann gegen das Urteil in diesem Fall Revision eingelegt werden.[17] Zweitens, ob die Freiheitsstrafe durch eine Geldstrafe ersetzt werden kann.[18] Wird die Höchststrafe für eine Straftat aufgrund einer Strafschärfungsklausel im Besonderen heraufgesetzt und beträgt sie mehr als fünf Jahre, so kann eine wegen dieser Straftat verhängte Freiheitsstrafe auch dann nicht durch eine Geldstrafe ersetzt werden, wenn die verhängte Freiheitsstrafe weniger als sechs Monate beträgt.[19] Schließlich der dritte Punkt, ob der Grund für die Straferhöhung im Tenor mitgeteilt werden muss. Es ist anerkannt, dass in Fällen, in denen es um die Strafverschärfung im Besonderen geht, im Tenor auf die

軍法專刊，第56卷第3期，2010年，第246-258頁。)

16 Nach § 376 Abs. 1 Nr. 1 tStPO ist ein Urteil wegen eines Verbrechens, das im Höchstmaß mit Freiheitsstrafe bis zu drei Jahren bedroht ist, in der Regel nicht mehr mit der Revision anfechtbar. § 376 Abs. 1 Nr. 1 tStPO lautet wie folgt: „Die folgenden Straftaten können nicht mit der Revision angefochten werden, wenn sie in der Berufungsinstanz abgeurteilt worden sind. In Fällen, in denen das Urteil des erstinstanzlichen Gerichts auf Freispruch, Strafbefreiung, Einstellung des Verfahrens oder Zuständigkeitsfehler lautet und vom Gericht der zweiten Instanz aufgehoben und ein Schuldspruch ausgesprochen wird, kann der Angeklagte oder die Person, die zu Gunsten des Angeklagten zur Revision berechtigt ist, Revision einlegen: 1. Straftaten, die im Höchstmaß mit Freiheitsentzug von höchstens drei Jahren, mit Freiheitsstrafe oder nur mit Geldstrafe bedroht sind." (Im Original: 下列各罪之案件，經第二審判決者，不得上訴於第三審法院。但第一審法院所為無罪、免訴、不受理或管轄錯誤之判決，經第二審法院撤銷並諭知有罪之判決者，被告或得為被告利益上訴之人得提起上訴：一、最重本刑為三年以下有期徒刑、拘役或專科罰金之罪。) Englische Übersetzung verfügbar unter: https://law.moj.gov.tw/ENG/LawClass/LawSearchContent.aspx?pcode=C0010001&norge=376, zuletzt abgerufen am 07.01.2025.

17 *Chih-An Kuo*, Judicial Aspirations , Vol. 117, 75 (79). (Im Original: 郭智安，「總則加重」與「分則加重」區分論之檢討，司法新聲，第117期，2016年，第79頁。)

18 Yuan-Jie-Zi 3755 vom Judicial Yuan am 23.12.1947 (司法院院解字第3755號解釋): „§ 40 StGB [derzeitiger § 41 Abs. 1] bezieht sich auf eine Höchststrafe von weniger als drei Jahren Freiheitsstrafe [derzeitiger Bestimmung geändert in „ein Höchstmaß der Freiheitsstrafe von weniger als fünf Jahren"] und enthält keine Erschwerungs- oder Milderungsgründe im Sinne des Allgemeinen Teils." Volltext abrufbar unter: https://bit.ly/4d7hHpK, zuletzt abgerufen am 07.01.2025. Obwohl diese Auslegung für den Richter nicht bindend ist und die Richter bei der Beurteilung eines Falles nach eigenem Ermessen unterschiedliche Standpunkte einnehmen können, stellt diese Auslegung in der Praxis die herrschende Meinung dar. Zum Mechanismus der Ersetzung von Freiheitsstrafe durch Geldstrafe. Siehe oben [F. I. 2.]

19 *Chih-An Kuo*, aaO. Fn. 17. 75 (80).

erschwerte Straftat und ihre Tatbestandsmerkmale hingewiesen werden muss.[20]

Eine Strafverschärfung wegen einer großen Anzahl von Todesopfern stellt in diesem Zusammenhang zweifellos eine Strafverschärfung im Besonderen dar. Ein großes Problem stellt jedoch die nicht-zwingende Verschärfung der Strafen dar. In der Rechtsprechung, die sich mit ähnlichen Strafschärfungsklauseln[21] befasst, wird die Auffassung vertreten, dass bei Vorliegen der Voraussetzungen dieses Strafschärfungsgrundes noch zu ermessen ist, ob im konkreten Fall die Strafschärfung zur Anwendung kommt und wenn ja, welche Strafe nach dem neuen Strafrahmen zu verhängen ist.[22]

Dies hat zur Folge, dass bei fahrlässiger Tötung mit mehr als drei Todesopfern in zwei Gruppen unterschieden wird, je nachdem, ob der Richter die Strafschärfungsklausel im Einzelfall für anwendbar hält oder nicht. In den Fällen, in denen die Strafschärfungsklausel zur Anwendung kommt, beträgt die Höchststrafe mehr als fünf Jahre nach der Erhöhung des gesetzlichen Strafrahmens. Daher kann die verhängte Freiheitsstrafe bei einer Verurteilung von weniger als sechs

20 Az. 95 Tai-Shan 3389 (95年度台上字第3389號), Volltext abrufbar unter: https://judgment.judicial.gov.tw/FJUD/data.aspx?ty=JD&id=TPSM,95%2c%e5%8f%b0%e4%b8%8a%2c3389%2c20060622, zuletzt abgerufen am 07.01.2025.„Die Strafschärfungsklausel im Besonderen Teil erhöht die gesetzliche Strafdrohung für bestimmte Straftaten, weil sich die Art der Straftat geändert hat und sie zu einer eigenständigen Straftat geworden ist, deren Tatbestand und Tatbestandsmerkmale nicht mit denen der ursprünglichen Art der Straftat übereinstimmen. Der Schuldspruch muss daher im Tenor auf die verschärfte Straftat und ihre Straftatbestände Bezug nehmen, um mit dem Gesetz in Einklang zu stehen."

21 z.B. § 150 Abs. 2 tStGB: „Das Höchstmaß der angedrohten Freiheitsstrafe kann bis um die Hälfte heraufgesetzt werden, wenn der Täter die im vorstehenden Absatz genannte Straftat [Versammlung von mehr als drei Personen an öffentlichen Orten unter Anwendung von Gewalt oder Drohungen] begeht und eine der folgenden Voraussetzungen erfüllt: 1. eine Waffe oder einen anderen gefährlichen Gegenstand in der Absicht mit sich führt, damit die Tat zu begehen, 2. dadurch die Allgemeinheit oder den Verkehr gefährdet." (Im Original: 犯前項之罪，而有下列情形之一者，得加重其刑至二分之一：一、意圖供行使之用而攜帶兇器或其他危險物品犯之。二、因而致生公眾或交通往來之危險。) Englische Übersetzung verfügbar unter: https://law.moj.gov.tw/ENG/LawClass/LawSearchContent.aspx?pcode=C0000001&norge=150, zuletzt abgerufen am 07.01.2025.

22 Die Bemessungskriterien im Fall des § 150 Abs. 2 sind im Wesentlichen das Motiv des Täters, die Anzahl der Personen, die Frage, ob die Anzahl der Personen weiter zunimmt, die Dauer des Konflikts und die Frage, ob das Opfer mit dem Täter einen Ausgleich vereinbart. s. *Heng-da Hsu*, Contemporary Law Journal, Vol. 19, 2023, 115 (126). (Im Original: 許恒達，聚眾施強暴脅迫罪的犯罪結構與加重要件，當代法律，第19期，2023年，第126頁。)

Monaten nicht durch eine Geldstrafe ersetzt werden. In den Fällen, in denen die Strafverschärfungsklausel keine Anwendung findet, beträgt die gesetzliche Höchststrafe nicht mehr als fünf Jahre. Folglich kann die verhängte Freiheitsstrafe bei einer Verurteilung von weniger als sechs Monaten durch eine Geldstrafe ersetzt werden.

Auf den ersten Blick macht eine solche Unterscheidung Sinn. Die Strafschärfungsklausel kommt in der Regel nur dann zur Anwendung, wenn der Unwert des Falles erheblich ist. Wenn die verhängte Freiheitsstrafe in solchen Fällen unersetzbar ist, erscheint dies auch logisch. Unter Berücksichtigung der strafrechtlichen Struktur ergibt sich aber ein Problem: Das taiwanische Strafrechtssystem sieht einen Gesetzesvorbehalt für die Ersetzung der Freiheitsstrafe vor. Es ist Sache des Gesetzgebers zu entscheiden, ob die Freiheitsstrafe für eine bestimmte Straftat durch eine Geldstrafe ersetzt werden kann. Die vorgeschlagene Fassung des Judicial Yuan würde diesen Gesetzesvorbehalt durchbrechen, indem sie die Anwendbarkeit der Ersetzung der Freiheitsstrafe für ein und dasselbe Delikt, hier fahrlässige Tötung mit mehr als drei Opfern, je nach richterlicher Entscheidung unterschiedlich behandeln würde. Eine solche Regelung würde die Stabilität der Rechtsfolgen untergraben.[23]

c) Formulierung nach „in besonders schweren Fällen" oder „unter besonders gefährlichen Verhältnissen"

Der Regierungsentwurf ergänzt § 276 tStGB um einen neuen zweiten Absatz: „In besonders schweren Fällen ist die Strafe Freiheitsstrafe von einem Jahr bis zu sieben Jahren. Wer in besonders schweren Fällen den Tod von mehr als drei Menschen herbeiführt, wird mit Freiheitsstrafe

23 Bei den Straftaten, die eine ähnliche Struktur der Strafschärfungsklausel aufweisen, stellt sich diese Frage nicht, da der Strafrahmen dieser Straftaten, wenn er erhöht wird, noch unter der Grenze der Voraussetzung für die Ersetzung der Freiheitsstrafe liegt.

von drei Jahren bis zu zehn Jahren bestraft."[24] Eine solche Struktur ist dem Besonderen Teil des tStGB fremd und führt zu Kontroversen über die Auslegung dieses Begriffs.

Ähnliche Formulierungen für eine erhöhte Strafdrohung bei Delikten gegen das höchstpersönliche Rechtsgut Leben finden sich in § 212 Abs. 2 StGB „in besonders schweren Fällen" und in § 81 Abs. 1 Z 1 öStGB aF „unter besonders gefährlichen Verhältnisse"[25]. Es lohnt sich daher, die Diskussionen um diese ähnlichen Begriffe in der deutschen und österreichischen Praxis und Lehre zu untersuchen. Im Folgenden werden diese Begriffe in der deutschen und österreichischen Praxis dargestellt und die Gründe erläutert, warum eine solche Formulierung nach der in dieser Arbeit vertretenen Ansicht nicht zu empfehlen ist.

aa) Vorbild des § 212 Abs. 2 StGB „in besonders schweren Fällen"

§ 212 StGB regelt die Strafbarkeit des vorsätzlichen Totschlags, wobei Abs. 2 als Strafschärfungsgrund den „besonders schweren Fall" enthält. Obwohl es sich bei dieser Vorschrift um andere subjektive Tatbestandsmerkmale einer Straftat gegen das Rechtsgut Leben handelt, ist es dennoch sinnvoll, die Anwendungsmöglichkeit des Begriffs „besonders schwerer Fall" als Anhaltspunkt zu untersuchen.

i Auslegung des Begriffs „besonders schwere Fälle"

Ohne ein gesetzliches Regelbeispiel wird die Anwendungsmöglichkeit dieser Klausel eng ausgelegt. Der Hauptgrund dafür ist, dass die Rechtsfolge des Totschlags in besonders schweren Fällen in § 212 Abs. 2 ausschließlich die lebenslange Freiheitsstrafe vorsieht, die der Strafdrohung bei Mord entspricht. „Ein besonders schwerer Fall ist danach anzunehmen, wenn das gesamte Tatbild nach einer Gesamtwertung aller objektiven, subjektiven und die Persönlichkeit des Täters betref-

24 s. Agenda Related Documents des Legislativen Yuans (立法院議案關係文書) vom 27.05.2021 in: https://lis.ly.gov.tw/lygazettec/mtcdoc?PD100314:LCEWA01_100314_00069, zuletzt abgerufen am 07.01.2025.

25 BGBl. Nr. 60/1974, 655.

fenden Umstände, die der Tat selbst innewohnen oder die sonst im Zusammenhang mit ihr stehen, vom

Durchschnitt der erfahrungsgemäß vorkommenden Fälle in einem Maße abweicht, dass die Anwendung des höheren Strafrahmens geboten erscheint."[26] Mit anderen Worten, das Unrecht und die Schuld des Täters müssen ausnahmsweise so groß sein, dass sie dem Unrecht und der Schuld des Mordes entsprechen.[27]

ii Anerkannte Anwendungsfälle der „besonders schwere Fälle"

Unter Berücksichtigung der oben genannten hohen Anforderungen ist eine Sachverhaltskonstellation als besonders schwerer Fall denkbar, also die Tötung mehrerer Opfer durch dieselbe Tat oder in engem zeitlichen und räumlichen Zusammenhang. Dies ist jedoch nicht als zwingend anzusehen.[28]

Weitere von der Rechtsprechung anerkannte Sachverhaltskonstellationen für besonders schwere Fälle, deren Konstellation auch bei der fahrlässigen Tötung vorliegen kann, sind, wenn der Täter bereits zuvor ein anderes Tötungsdelikt beging, etwa bei Wiederholungstaten, insbesondere unter Bruch von Bewährung oder Führungsaufsicht, oder bei sonst hoher Rückfallgeschwindigkeit[29], oder wenn sich die Tat gegen ein konstitutionell wehrloses Opfer richtet oder die Tat zugleich eine Garantenpflicht für das Leben des Opfers verletzt.[30]

26 Schönke/Schröder/*Kinzig*, 30. Aufl. 2019, StGB Vor § 38 Rn 54.

27 MüKoStGB/*Schneider*, 4. Aufl. 2021, § 212 Rn 111; Matt/Renzikowski/*Schafferling*, 2. Aufl. 2020, StGB § 212 Rn 93; BeckOK StGB/*Eschelbach*, StGB § 212 Rn. 59; LK-StGB/*Rissing-van Saan/Zimmermann*, § 212 Rn. 85; SSW-StGB/*Momsen*, § 212 Rn. 15; *Sander*, in: Schäfer/Sander/van Gemmeren, Praxis der Strafzumessung, Rn. 1642.

28 MüKoStGB/*Schneider*, 4. Aufl. 2021, § 212 Rn 113; Matt/Renzikowski/*Schafferling*, 2. Aufl. 2020, StGB § 212 Rn 93; BeckOK StGB/*Eschelbach*, StGB § 212 Rn. 61; *Sander*, aaO. Fn. 27, Rn. 1642; LK-StGB/*Rissing-van Saan/Zimmermann*, § 212 Rn. 85; *Fischer*, StGB, § 212 Rn. 19.

29 MüKoStGB/*Schneider*, 4. Aufl. 2021, § 212 Rn 112; BeckOK StGB/*Eschelbach*, StGB § 212 Rn. 61; *Sander*, aaO. Fn. 27, Rn. 1642; LK-StGB/*Rissing-van Saan/Zimmermann*, § 212 Rn. 85. krit. *Ahle*, Der besonders schwere Fall des Totschlags, 2020, S. 146 ff.

30 BeckOK StGB/*Eschelbach*, StGB § 212 Rn. 62; *Ahle*, aaO. Fn. 29, S. 222 ff.

iii Kritik an „in besonders schweren Fällen" in § 212 Abs. 2 StGB

§ 212 Abs. 2 StGB ist zwar nach einer formal begründeten Entscheidung des BVerfG verfassungsgemäß.[31] Die Verfassungsmäßigkeit im Hinblick auf das Bestimmtheitsgebot dieser Klausel und die Entscheidung des BVerfG werden jedoch weiterhin kritisiert, da ein Qualifikationstatbestand oder zumindest ein Regelbeispiel als Auslegungshilfe für die Tatbestandsvoraussetzung in dieser Klausel fehlt und die Strafdrohung stark springt.[32]

Angesichts des schwer abgrenzbaren Anwendungsbereichs und der geringen praktischen Bedeutung dieser Klausel[33] stellt sich jedoch die Forderung nach Streichung dieses Absatzes.[34]

iv Übertragbarkeit des Konzepts auf fahrlässige Tötung?

Wenn der gesetzgeberische Ansatz der „besonders schweren Fälle" für die Strafverschärfung bei fahrlässiger Tötung übernommen werden soll, muss als nächster Schritt diskutiert werden, wie die Auslegung eines solchen Begriffs auf Fahrlässigkeitsfälle übertragen werden kann. Wenn der Schwerpunkt auf der Schließung der Strafrahmenlücke zwischen fahrlässiger Tötung und vorsätzlichem Totschlag im tStGB liegt, würde die vorgesehene Höchststrafe für fahrlässige Tötung auch bedeuten, dass das Gewicht der fahrlässigen Tötung in besonders schweren Fällen nahe an der Mindestschwere der vorsätzlichen Tötung liegt. Ohne Regelbeispiele ist ein solcher Begriff nach der erhöhten Strafdrohung so zu verstehen, dass der Unrechts- und Schuldgehalt einer fahrlässigen Tötung nur bei einer wertenden Gesamtbetrachtung der äußeren und inneren Tatseite einer solchen gesetzlichen Strafverschärfung entspricht.

Ausgehend von einem erhöhten Unrechts- und Schuldgehalt der Fahrlässigkeit ist es dann nach dem Aufbauschema des Fahrlässigkeits-

31 BVerfG JR 1979, 28.

32 *Momsen*, NStZ 1998, 487; *Ahle*, aaO. Fn. 29, 2020, S. 277 f.; BeckOK StGB/*Eschelbach*, StGB § 212 Rn. 58.

33 *Ahle*, aaO. Fn. 29, S. 212 f.; BeckOK StGB/*Eschelbach*, StGB § 212 Rn. 57; *Sander*, aaO. Fn. 27, Rn. 1642.

34 NK-StGB/*Saliger*, § 232 Rn. 42.; *Küpper*, FS-Kriele, 1977, 777 (792); *Rengier*, ZStW 92 (1980), 459 (479).

delikts denkbar, auf der Unrechtsseite eine erhöhte objektive Sorgfaltspflichtverletzung sowie eine hohe Wahrscheinlichkeit des tatbestandsmäßigen Erfolgseintritts und auf der Schuldseite einen der objektiven Seite entsprechende erhöhte subjektive Sorgfaltspflichtverletzung sowie eine subjektive Vorhersehbarkeit zu fordern, was dem oben diskutierten Begriff der Leichtfertigkeit oder groben Fahrlässigkeit entspricht.

Der Regelungsmodus der Leichtfertigkeit oder groben Fahrlässigkeit lässt sich in den oben genannten, von der deutschen Rechtsprechung anerkannten „besonders schweren Fällen" näher begründen. So ist beispielsweise in den Fällen, in denen sich die Tat gegen ein konstitutionell wehrloses Opfer richtet oder in denen die Tat zugleich eine Garantenpflicht für das Leben des Opfers verletzt, eine höhere Strafdrohung gerechtfertigt, wenn die Garantenpflicht die besondere Schutzbedürftigkeit von Pflegebedürftigen betrifft, die nicht in der Lage sind, sich selbst vor Gefahren zu schützen.[35]
Bei der bereits stark kritisierten Anwendung des besonders schweren Falles auf Wiederholungstäter[36] könnte die Kenntnis des Täters von bestimmten Sorgfaltspflichten, also die subjektive Sorgfaltspflichtverletzung, unter bestimmten Umständen, nämlich bei ähnlichen Fallkonstellationen wie den vorgenannten, leichter begründet werden. Dagegen wäre eine erhöhte Sorgfaltspflichtverletzung noch in jedem Einzelfall zu prüfen.

Während die Mehrzahl der Todesfälle bei vorsätzlichen Tötungsdelikten intuitiv zur Annahme eines entsprechend höheren Unrechts- und Schuldgehalts verleitet[37] und „sozialpsychologische Mechanismen der kollektiven Sicherheit" zu berücksichtigen sind[38], sei der höhere Erfolgsunwert bei Fahrlässigkeitsdelikten, insbesondere bei Verkehrsunfällen, häufig vor allem das Ergebnis von Zufällen[39]. Das Unrecht der

35 Eine (fahrlässige) Tötung lediglich durch Verletzung einer Garantenpflicht reicht für einen erhöhten Strafrahmen nicht aus. Siehe oben [D. II. 3. c) dd)]. aA *Ahle*, aaO. Fn. 29, S. 221 f.

36 *Ahle*, aaO. Fn. 29, S. 146 ff.

37 *Momsen*, aaO. Fn. 32, 487 (489); *Ahle*, aaO. Fn. 29, S. 196.

38 *Ahle*, aaO. Fn. 29, S. 207.

39 *Meusburger*, Die grobe Fahrlässigkeit, S. 25. Der Eintritt mehrerer Todesopfer ist nicht immer auf Zufall zurückzuführen. Unter bestimmten Umständen kann die Wahrscheinlichkeit des Eintritts mehrerer Todesfälle vorhersehbar sein, z. B. beim *Taroko-Eisenbah-*

Fahrlässigkeitsdelikte liegt in einer fehlerhaften Verhaltenssteuerung[40], und nach heutigem Verständnis sind gerade Verhaltensweisen verboten, nicht Erfolge[41]. Ein besserer Weg zur Regelung der fahrlässigen Tötung mit einer großen Zahl von Opfern ist daher meines Erachtens die ausdrückliche Strafrahmenerhöhung durch Erhöhung der Zahl der Opfer, wie in § 80 Abs. 2 öStGB und § 81 Abs. 3 öStGB.

bb) Vorbild des § 81 Abs 1 Z 1 öStGB aF „unter besonders gefährlichen Verhältnissen"

Vor dem Strafrechtsänderungsgesetz 2015 galt in § 81 Abs. 1 Z 1 öStGB aF: „Wer fahrlässig den Tod eines anderen herbeiführt, 1. unter besonders gefährlichen Verhältnissen [...], ist mit Freiheitsstrafe bis zu drei Jahren zu bestrafen."[42] § 81 Abs. 1 war der Form nach ein eigenständiges Delikt, der Sache nach aber eine Qualifikation von fahrlässiger Tötung.[43]

i Auslegung des Konzepts „besonders gefährliche Verhältnisse"

Unter „besonders gefährlichen Verhältnissen" wurde ausschließlich die besondere Gefährlichkeit der *Handlung* verstanden, die der Täter unter Umständen ausführte, welche aus der Sicht ex ante nach allgemeiner Erfahrung eine außergewöhnlich hohe Wahrscheinlichkeit eines Unfalls mit tödlichem Ausgang oder schweren Folgen begründete. Die außergewöhnlich hohe Unfallwahrscheinlichkeit war aus der ex ante-Sicht eines objektiven Beobachters zur Zeit und am Ort der Handlung zu beurteilen. Dabei war eine umfassende konkrete Bewertung und Gewichtung aller risikoerhöhenden und risikomindernden Umstände vorzunehmen.[44] Nach der Rechtsprechung genügte es, wenn

nunfall siehe oben [B. II. 3.].

40 *Meusburger*, aaO. Fn. 39, S. 85.

41 *Birnbaum*, Die Leichtfertigkeit, S. 163.

42 BGBl. 60/1974, 655.

43 *Kienapfel/Schroll*, BT I³, § 81, Rn 4; *Fuchs/Reindl-Krauskopf*, BT I⁴, 35. aA *Fabrizy*, StGB¹¹, § 81, Rn. 1.

44 *Kienapfel/Schroll*, BT I³, § 81, Rn 9-11; *Bertel/Schwaighofer*, BT I¹², § 81 Rn. 2; *Fuchs/Reindl-Krauskopf*, BT I⁴, 36; *Fabrizy*, StGB11, § 81, Rn. 2a.

die außergewöhnlich hohe Wahrscheinlichkeit eines tödlichen Ausgangs nur eine Person betraf, während in der Lehre die Auffassung vertreten wurde, dass regelmäßig eine Gefährlichkeit von besonderem Ausmaß hinzukommen müsse, also die Gefährlichkeit der Handlung für mindestens zwei Personen betreffen müsse, um die Anwendung dieser Klausel einzuschränken.[45]

Die außergewöhnlich hohe Wahrscheinlichkeit eines Todeserfolgs konnte sich daraus ergeben, dass entweder mehrere Sorgfaltsverstöße und damit mehrere gefahrerhöhende Faktoren zusammentrafen (Mosaiktheorie) oder dass ein einzelner, besonders gewichtiger gefahrerhöhender Umstand vorlag, der die Situation als hochgradig gefährlich erscheinen ließ.[46]
Die weiteren Voraussetzungen eines Fahrlässigkeitsdelikts mussten erfüllt sein, wie der Risikozusammenhang in der objektiven Zurechnung sowie die subjektive Sorgfaltswidrigkeit, die Unzumutbarkeit auf der Schuldebene.[47]

ii Rechtsprechung zu „besonders gefährlichen Verhältnissen"

Der Straßenverkehr machte die meisten Fälle von § 81 Abs. 1 Z 1 aus, wobei Alkohol eine wichtige Rolle spielte. Als „unter besonders gefährlichen Verhältnissen" wurden anerkannt: Fahren in stark alkoholisiertem Zustand mit überhöhter Geschwindigkeit zur Nachtzeit und bei mangelnder Fahrpraxis; Fahren in alkoholisiertem Zustand zur Nachtzeit bei nasser Fahrbahn, sichtbehinderndem Nebel und einer Geschwindigkeit von 100 km/h; Fahren nach 12 Stunden Nachtarbeit mit einer Blutalkoholkonzentration von mehr als 0,3 Promille auf einer Straße mit nicht unerheblichem Verkehrsaufkommen.[48] Verneint wurde die qualifizierte Gefährlichkeit hingegen in folgenden Fällen: Zusammentreffen von Alkoholisierung und normaler Nachtmüdigkeit; Missach-

45 *Kienapfel/Schroll*, BT I³, § 81, Rn 10; *Bertel/Schwaighofer*, BT I12, § 81 Rn. 3; aM *Fuchs/Reindl-Krauskopf*, BT I⁴, 36.
46 *Kienapfel/Schroll*, BT I³, § 81, Rn 18-20; *Bertel/Schwaighofer*, BT I¹², § 81 Rn. 4, 5; *Fuchs/Reindl-Krauskopf*, BT I⁴, 36.
47 *Kienapfel/Schroll*, BT I³, § 81, Rn 31-41; *Bertel/Schwaighofer*, BT I¹², § 81 Rn. 9; *Fuchs/Reindl-Krauskopf*, BT I⁴, 36, 37. aA *Fabrizy*, StGB¹¹, § 81, Rn. 1.
48 *Fuchs/Reindl-Krauskopf*, BT I⁴, 36.

tung des Haltesignals „Halt" bei 0,75 Promille Alkoholisierung[49]; Einfahren bei „Rot" in eine Kreuzung im Ortsgebiet mit 60 km/h in leicht alkoholisiertem Zustand[50].

Außerdem wurden als außergewöhnlich hohe Unfallwahrscheinlichkeiten eingestuft: Durchfahren einer Kurve mit doppelt so hoher Geschwindigkeit wie erlaubt; Fahren mit überhöhter Geschwindigkeit, z. B. bei starkem Schneetreiben, dichtem Nebel, defekten Bremsen oder überhöhter Geschwindigkeit[51]; Bewerfen eines fahrenden Autos mit Ziegelsteinen; Zufahren auf einen im Dienst befindlichen Polizeibeamten mit Vollgas[52].

iii Kritik an „unter besonders gefährlichen Verhältnissen" und Strafrechtsänderungsgesetz 2015

Durch die „besonders gefährlichen Verhältnisse" in § 81 Abs. 1 Z 1 öStGB aF wurden zu viele Zufälligkeiten einbezogen: „Zum einen sind die diesbezüglichen tatsächlichen Feststellungen oft heuristischer Natur, zum anderen erfolgt deren Bewertung, auch wenn dies formal unanfechtbar iSd herrschenden Rspr (Mosaiktheorie) geschieht, auf zum Teil irrationaler Basis."[53]

Um die Komplexität der besonders gefährlichen Verhältnisse in § 81 Z 1 öStGB zu vereinfachen und eine einheitliche Auslegung zu erreichen, wurde mit dem Strafrechtsänderungsgesetz 2015 die Legaldefinition der „groben Fahrlässigkeit" eingeführt und „besonders gefährliche Verhältnisse" in § 81 Z 1 öStGB durch „grob fahrlässige Tötung" ersetzt.[54] Inwieweit die Neufassung des Begriffs der groben Fahrlässigkeit in der Praxis zu einer Erleichterung führen wird, ist allerdings zweifelhaft. Das Tatbestandsmerkmal „besonders gefährliche Verhältnisse" im Sinne einer hohen Erfolgswahrscheinlichkeit, dessen Feststellung

49 *Kienapfel/Schroll*, BT I³, § 81, Rn 24.
50 *Bertel/Schwaighofer*, BT I¹², § 81 Rn. 7.
51 *Kienapfel/Schroll*, BT I³, § 81, Rn 23.
52 *Kienapfel/Schroll*, BT I³, § 81, Rn 21.
53 *Kienapfel/Schroll*, BT I³, § 81, Rn 2.
54 *Stricker*, ÖJZ 2016, 16 (18); *Birklbauer/Oberlaber/Schmidthuber*, Die Strafrechtsreform 2015, S. 43; AGB 111-104 BlgNR XXV. GP 18; *Meusbruger*, aaO. Fn. 39, S. 2.

in der Praxis besonders problematisch ist[55], verbleibt bei der Definition der groben Fahrlässigkeit und soll auch im Kriterium der „Vorhersehbarkeit" geprüft werden. Darüber hinaus müssen die Gerichte noch weitere Feststellungen zum qualifizierten Sorgfaltsverstoß, der bei dogmatisch richtiger Auslegung der besonders gefährlichen Verhältnisse in der alten Regelung zu fordern ist, und zur entsprechenden Schuldkomponente treffen.[56]

Durch das klarstellende Kriterium der ungewöhnlichen und auffallenden Sorgfaltswidrigkeit wird jedoch die Auslegung der grob fahrlässigen Tötung nicht auf die von vornherein mit einer bestimmten Situation verbundene Gefährlichkeit, sondern auf diese Verhaltensweisen präzisiert, was zu begrüßen ist.[57]

Es wurde davon ausgegangen, dass dies zu einer zurückhaltenderen Anwendung der Qualifikation der fahrlässigen Tötung in risikoreichen Lebensbereichen, wie z.B. der ärztlichen Tätigkeit, führen könnte.[58] In der Praxis ist dies jedoch umstritten[59]: Einige Urteile verlangen eine außergewöhnlich hohe Wahrscheinlichkeit der Tatbestandsverwirklichung, um grobe Fahrlässigkeit annehmen zu können[60], während in anderen Entscheidungen eine erhöhte Gefährlichkeit ausreicht und eine außergewöhnlich hohe Wahrscheinlichkeit der Risikoverwirklichung nicht erforderlich ist[61]. Diese strittige Rechtsprechung entspricht der Prognose von Schwaighofer zur Rechtsanwendung bei Behandlungsfehlern: Während die Staatsanwaltschaften seltener Anklage nach § 81 öStGB gegen Ärzte erheben können, dürfte das Verurteilungsrisiko bei Behandlungsfehlern nach § 81 öStGB steigen, da die Anforderungen an die grobe Fahrlässigkeit herabgesetzt wurden – statt der

55 „Die Bestimmung der ‚fahrlässigen Tötung unter besonders gefährlichen Verhältnissen' (§ 81 StGB) ist sehr komplex und bereitet in der Praxis immer wieder Schwierigkeiten. So sind in diesem Zusammenhang oft umfangreiche Sachverständigengutachten erforderlich." AGB III-104 BlgNR 25. GP 18.

56 *Meusbruger*, aaO. Fn. 39, S. 183.

57 *Schwaighofer*, RdM 2015/139, 217 (225); *Birklbauer*, FS-Neumayer, 2187 (2191); *Birklbauer/Oberlaber/Schmidthuber*, Die Strafrechtsreform 2015, S. 43; *Meusbruger*, aaO. Fn. 39, S. 184.

58 *Meusbruger*, aaO. Fn. 39, S. 184.

59 *Birklbauer*, aaO. Fn. 57, 2187 (2189 f).

60 OLG Linz 7 Bs 88/17s RIS-Justiz RL0000183.

61 LG Steyer 15 Hv 40/18v vom 28.06.2018, zit. aus *Birklbauer*, JMG 2019, 16 (21 f).

außergewöhnlichen Wahrscheinlichkeit bei „besonders gefährlichen Verhältnissen“ genügt für grobe Fahrlässigkeit nur eine Wahrscheinlichkeit „geradezu“.[62]

iv Empfehlenswerte Lösung für das tStGB

Aus der vorstehenden Analyse wird deutlich, dass sich die dogmatische Interpretation der früheren „besonders gefährlichen Verhältnisse“ des österreichischen Strafgesetzbuches und der heutigen „groben Fahrlässigkeit“ nicht im Kern unterscheiden: Es muss eine gesteigerte Sorgfaltswidrigkeit der Handlung vorliegen und die gesteigerte Sorgfaltswidrigkeit muss zu einer erhöhten Wahrscheinlichkeit der Gefahrverwirklichung führen. Umstritten ist in der Rechtsprechung zwischen dem Grad der Sorgfaltswidrigkeit und der Wahrscheinlichkeit der Gefahrverwirklichung. Diese Kontroverse dürfte leicht zu lösen sein, da die Erklärung der Entwürfe schon klarstellt, dass bei der Auslegung des Begriffs der groben Fahrlässigkeit restriktiv vorzugehen ist.[63]

Die klare Aussage bei der groben Fahrlässigkeit, dass es entscheidend auf die Schwere der Sorgfaltswidrigkeit des Verhaltens des Täters ankommt und nicht auf die erhöhte Wahrscheinlichkeit des Erfolgseintritts aufgrund der allgemeinen Gefährlichkeit der Umstände, bietet jedoch eine bessere Orientierung bei der Auslegung.

Im Hinblick darauf, dass Taiwan, als ein Staat, der andere Rechtssysteme übernahm, ein größeres Bedürfnis verspürt, bei der Rechtsauslegung auf ausländisches Recht zurückzugreifen, und es einfacher wäre, Literatur über Rechtsprechung oder Auslegung im Rahmen des geltenden Rechts zu erhalten, wäre es darüber hinaus sinnvoll, auf die derzeitigen österreichischen Rechtsmodelle der groben Fahrlässigkeit und der groben fahrlässigen Tötung zu verweisen.

cc) Kritik am Entwurf des § 276 tStGB

Bei § 276 Abs. 2 tStGB des Regierungsentwurfs handelt es sich um eine Kombination einerseits eines objektiven Straferhöhungsgrundes wie in

62 *Schwaighofer*, aaO. Fn. 57, 217 (225 f). krit. *Birklbauer*, aaO. Fn. 57 2187 (2197).
63 ErläutRV 689 BlgNR 25 GP 6.

§ 212 Abs. 2 StGB „in besonders schweren Fällen" oder wie in § 81 Abs. 1 Z 1 „unter besonders gefährlichen Verhältnissen" und andererseits einer Straferhöhung durch Erhöhung der Opferzahl wie in § 80 Abs. 2 öStGB und § 81 Abs. 3 öStGB.

Der Wortlaut dieses Entwurfs enthält keine Anhaltspunkte zur Klärung des normativ vorausgesetzten Unrechts- und Schuldgehalts für die entsprechende Strafschärfung. Die Entwurfsbegründung zitiert nicht nur die in Bezug genommenen Paragraphen des österreichischen Strafgesetzbuches falsch[64], sondern identifiziert auch fälschlich den Erfolgsunwert als eines der Kriterien für die Bestimmung, ob ein besonders schwerer Fall vorliegt[65].

Angesichts der Unbestimmtheit der Strafschärfungsvoraussetzung sollte eine solche „unbenannte Strafschärfung"[66] möglichst vermieden werden.[67]

II Positive Gründe für die Einführung des Merkmals der Leichtfertigkeit in das tStGB

Neben dem Problem der Strafrahmenlücke zwischen vorsätzlichem Totschlag und fahrlässiger Tötung gibt es weitere Probleme, die mit

64 In der Begründung des Entwurfs werden §§ 80 Abs. 2, 81 Abs. 2 öStGB als legislative Beispiele genannt. Die Nummerierung der Paragraphen ist entweder nach der öStGB aF oder nach der geltenden Fassung inkorrekt. Nicht erwähnt wird, dass die objektive Bedingung als Grund für die Erhöhung des Strafrahmens bei fahrlässiger Tötung eine alte Fassung des öStGB ist und dass die Anzahl der Todesopfer als Qualifikation der fahrlässigen Tötung nur im geltenden öStGB vorliegt. s. Agenda Related Documents des Legislativen Yuans (立法院議案關係文書) vom 27.05.2021 in: https://lis.ly.gov.tw/lygazettec/mtcdoc?PD100314:LCEWA01_100314_00069, zuletzt abgerufen am 07.01.2025.

65 Aus der Begründung des Entwurfs geht hervor, dass die Feststellung der „besonders schweren Fälle" vom Gericht unter Berücksichtigung des Ausmaßes der Sorgfaltspflichtverletzung oder der Folgen der Rechtsgutverletzung im Einzelfall zu treffen ist. Allerdings stellt nicht der eingetretene Erfolgsunwert eine gesteigerte Form der Fahrlässigkeit dar, sondern die Schwere des drohenden Erfolgsunwerts, also die gesteigerte Wahrscheinlichkeit des Erfolgseintritts, kann das gesteigerte Handlungsunrecht eines Fahrlässigkeitsdelikts begründen. Siehe oben [D. II. 1. 2)] [D. II. 3. c) bb) ii.]

66 Lackner/Kühl/Heger/*Heger*, StGB § 46 Rn. 7.

67 *Rengier*, aaO. Fn. 34, 459 (479); *Hettinger*, FS-Maiwald, 293 (*passim*.).

Hilfe des Begriffs der Leichtfertigkeit gelöst werden können. Im Folgenden werden die Vorteile der Einführung des Begriffs der Leichtfertigkeit in das taiwanische Strafrecht dargestellt.

1 Als Oberbegriff der systematischen einheitlichen Auslegung

Der Begriff der Leichtfertigkeit existiert bereits in der taiwanischen Rechtsprechung und im taiwanischen Strafrecht. Allerdings findet sich der Begriff der Leichtfertigkeit in verschiedenen Sondergesetzen oder als Kriterium für die Rechtsfertigungsgründe bei bestimmten Straftaten. Die Einführung des Begriffs der groben Fahrlässigkeit in das Strafrecht wird dazu beitragen, die einheitliche Auslegung dieser ähnlichen, divergierenden Begriffe zu vereinheitlichen.

a) Leichtfertigkeit als in der Rechtspraxis anerkannter Begriff

Obwohl das Merkmal der Leichtfertigkeit im taiwanischen Strafrecht weder im Kernstrafrecht noch im Nebenstrafrecht vorgesehen ist, ist es in der Rechtsprechung weitgehend angenommen. Im Folgenden werden einige Beispiele aus der Rechtsprechung der höchsten Instanzen dargestellt, in denen der Begriff der Leichtfertigkeit in der Begründung verwendet wurde.

aa) Leichtfertigkeit bei fahrlässiger Tötung

Der Begriff „Leichtfertigkeit" wird in vielen Entscheidungen des Taiwan Supreme Court zur fahrlässigen Tötung verwendet, um die Sorgfaltspflichtverletzung des Täters zu bezeichnen.

Zum Beispiel wies der Taiwan Supreme Court eine Revision mit der Begründung zurück, dass auf der Grundlage des vom Berufungsgericht festgestellten Sachverhalts die Sorgfaltspflichtverletzung des Angeklagten als leichtfertig einzustufen war und die Revisionsgründe, die sich auf unzureichende Ermittlungen bezogen, die Tatsachenfeststellung nicht beeinflussten. In diesem Fall fuhr der Angeklagte mit seinem Sattelzug verkehrswidrig über die Gegenfahrbahn, weil er nicht an einer roten Ampel warten wollte. Der entgegenkommende Motorradfahrer konnte nicht mehr rechtzeitig ausweichen, kollidierte mit dem Sattelzug und verstarb schließlich an den Verletzungen.[68]

Der Taiwan Supreme Court wies eine Revision mit der gleichen Begründung zurück. In diesem Fall war der Angeklagte Leiter eines Ingenieurbüros. Bei der Reparatur eines Abwassersystem im Keller ignorierte er die Gefahren von Methangas, obwohl er über Fachkenntnisse verfügte. Er traf keine Sicherheitsvorkehrungen, was dazu führte, dass zwei Arbeitnehmer des Angeklagten ohne Schutzausrüstung arbeiteten und eine Methangasvergiftung erlitten, an der beide starben. Dies wurde als schwerer Arbeitsunfall aufgrund von Leichtfertigkeit eingestuft.[69]

Ein Berufungsurteil bezüglich eines Behandlungsfehlers wurde vom Taiwan Supreme Court aufgehoben und der Fall zurückverwiesen.[70] Der Oberste Gerichtshof verlangte eine genaue Untersuchung nicht nur des Ortes der versehentlichen Verletzung während einer Hernienoperation, die zu Blutungen führte, sondern auch der postoperativen Behandlung der Angeklagten. Aus dem Gutachten ging hervor, dass das Pflegepersonal ab 11.30 Uhr mehrfach beobachtet hatte, dass sich der Zustand des Opfers verschlechterte, und dass die Ärzte informiert worden waren, damit entsprechende Maßnahmen ergriffen werden

68 Az. 92 Tai-Shan 1888 von Taiwan Supreme Court (最高法院92年度台上字第1888號刑事判決) Volltext abrufbar unter: https://judgment.judicial.gov.tw/FJUD/data.aspx?ty=JD&id=TPSM,92%2c%e5%8f%b0%e4%b8%8a%2c1888%2c20030410, zuletzt abgerufen am 07.01.2025.

69 In diesem Fall starb ein drittes Opfer an einer Methangasvergiftung. Das Gericht kam zu dem Schluss, dass der Tod des dritten Opfers auf ein selbstverschuldetes Risiko und nicht auf eine Sorgfaltspflichtverletzung des Angeklagten zurückzuführen war. s. Az. 92 Tai-Shan 1811 von Taiwan Supreme Court (最高法院92年度台上字第1811號刑事判決) Volltext abrufbar unter: https://judgment.judicial.gov.tw/FJUD/data.aspx?ty=JD&id=TPSM,92%2c%e5%8f%b0%e4%b8%8a%2c1811%2c20030409, zuletzt abgerufen am 07.01.2025.

70 Az. 86 Tai-Shan 2779 von Taiwan Supreme Court (最高法院86年度台上字第2779號刑事判決) Volltext abrufbar unter: https://judgment.judicial.gov.tw/FJUD/data.aspx?ty=JD&id=TPSM,86%2c%e5%8f%b0%e4%b8%8a%2c2779%2c19970515, zuletzt abgerufen am 07.01.2025.

konnten. Der niedrige Hämoglobinwert von 2,2 g/dl wurde zwar erst um 13.30 Uhr festgestellt, die lebensrettende Bluttransfusion allerdings erst um 17.00 Uhr durchgeführt. Die Verzögerung und die unzureichende Notfallhilfe führten zum Tod durch hypovolämischen Schock. Der Supreme Court wies gemäß dem Gutachten darauf hin, dass die massiven Blutungen nach der Operation und die verspätete Bluttransfusion sowie das Unterlassen angemessener Maßnahmen ebenfalls auf Leichtfertigkeit hindeuteten, wobei die Verantwortung der Angeklagten näher zu klären sei.[71]

Diese exemplarisch angeführten Urteile des höchsten Gerichts in Taiwan verdeutlichen, dass in der Rechtsprechung unterschiedliche Grade der Fahrlässigkeit anerkannt werden. Aus diesen Fällen lässt sich jedoch noch kein Standard ableiten, welche Art von Sorgfaltspflichtverletzung Leichtfertigkeit begründet. Ohne nähere Erläuterung wird die Verletzung einer einzigen Sorgfaltspflicht (z.B. Fahren entgegen der Fahrtrichtung) bereits als Leichtfertigkeit bezeichnet.

bb) Rechtfertigungsgrund bei Beleidigungsdelikten

Fälle von Beleidigungsdelikten gehören wohl zu den lästigsten Fällen in der Rechtspraxis – besonders für die staatsanwaltschaftlichen Praxis. § 310 tStGB legt die Strafe für üble Nachrede fest. Während § 310 Abs. 1 tStGB[72] die Tatbestände der üblen Nachrede regelt, sieht § 310 Abs. 3 tStGB einen gesetzlichen Rechtfertigungsgrund vor: „Wer die Wahrheit

71 Schließlich wurde der Chief Resident, der die Operation durchgeführt hatte, rechtskräftig für schuldig befunden, während der Arzt im zweiten Jahr der Facharztausbildung, der an der Operation beteiligt war, freigesprochen wurde. s. 88 Chung-Shan-Geng-San 257 von Taiwan High Court (臺灣高等法院88年度重上更(三)字第257號刑事判決) Volltext abrufbar unter: https://judgment.judicial.gov.tw/FJUD/data.aspx?ty=JD&id=TPHM,88%2c%e9%87%8d%e4%b8%8a%e6%9b%b4(%e4%b8%89)%2c257%2c20000315, zuletzt abgerufen am 07.01.2025.

72 § 310 Abs. 1 tStGB lautet: „Wer in der Absicht, eine Behauptung öffentlich zu verbreiten, einen Vorwurf erhebt oder eine Äußerung tätigt, die den Ruf eines anderen schädigen kann, wird wegen übler Nachrede mit Freiheitsstrafe bis zu einem Jahr, mit Haftstrafe oder mit Geldstrafe bis zu fünfzehntausend NTD bestraft.“ (Im Original:意圖散布於眾，而指摘或傳述足以毀損他人名譽之事者，為誹謗罪，處一年以下有期徒刑、拘役或一萬五千元以下罰金。) Englische Übersetzung verfügbar unter: https://law.moj.gov.tw/ENG/LawClass/LawSearchContent.aspx?pcode=C0000001&norge=310, zuletzt abgerufen am 07.01.2025.

einer ehrverletzenden Tatsache beweisen kann, wird nicht wegen übler Nachrede bestraft. Dies gilt jedoch nicht für die Privatsphäre, die nicht im öffentlichen Interesse liegt."[73]

Die Verfassungsmäßigkeit der Vorschrift wurde bereits mehrfach angezweifelt. Die Interpretation Nr. 509 des Verfassungsgerichtshofes im Jahr 2000 besagt: „§ 310 Abs. 3 bedeutet nicht, dass derjenige, der die verleumderische Äußerung tätigt, selbst beweisen muss, dass seine Äußerung wahr ist, um von der strafrechtlichen Verantwortung befreit zu werden. Auch wenn er nicht beweisen kann, dass seine Äußerung wahr ist, aber aufgrund der vorgelegten Beweise vernünftigen Grund zu der Annahme hat, dass sie wahr sein könnte, kann er nicht wegen übler Nachrede bestraft werden."[74] Danach konzentrierte sich die Diskussion auf die Auslegung des „vernünftigen Grundes" für die Annahme der Wahrheit. Der taiwanische Supreme Court führte im Fall bezüglich § 310 Abs. 3 tStGB weiter aus: „Auch wenn der Täter die Wahrheit seiner Äußerung nicht beweisen kann, aber aufgrund der vorgelegten Beweise davon ausgegangen werden kann, dass er vernünftige Gründe für die Annahme hatte, dass seine Äußerung wahr sei und er nicht absichtlich falsche Tatsachen erfunden hat, oder dass die Diskrepanz zwischen seiner Äußerung und den Tatsachen nicht auf Leichtfertigkeit oder Rücksichtslosigkeit (重大過失或輕率) beruht, kann er nicht wegen übler Nachrede strafrechtlich verfolgt werden."[75] Das am 09.06.2023 verkündete Urteil des taiwanischen Verfassungsgerichts 112 Hsien-Pan 8 (112年度憲判字第8號) führt im Tenor mit anderem Wort-

73 Im Original: 對於所誹謗之事，能證明其為真實者，不罰。但涉於私德而與公共利益無關者，不在此限。 Englische Übersetzung a.a.O. Fn. 72.

74 Im Original: 至刑法同條第三項前段以對誹謗之事，能證明其為真實者不罰，係針對言論內容與事實相符者之保障，並藉以限定刑罰權之範圍，非謂指摘或傳述誹謗事項之行為人，必須自行證明其言論內容確屬真實，始能免於刑責。惟行為人雖不能證明言論內容為真實，但依其所提證據資料，認為行為人有相當理由確信其為真實者，即不能以誹謗罪之刑責相繩…。Englische Übersetzung verfügbar unter: https://cons.judicial.gov.tw/en/docdata.aspx?fid=100&id=310690, zuletzt abgerufen am 07.01.2025. Von 1948 bis 2021 werden Entscheidungen des taiwanischen Verfassungsgerichtshofes in Form von Interpretationen veröffentlicht.

75 s. Az. 109 Tai-Shan 5012 von Taiwan Supreme Court (最高法院109年度台上字第5012號刑事判決) Volltext abrufbar unter: https://judgment.judicial.gov.tw/FJUD/data.aspx?ty=JD&id=TPSM,109%2c%e5%8f%b0%e4%b8%8a%2c5012%2c20201126%2c1, zuletzt abgerufen am 07.01.2025.

laut aus, dass betreffs der Subjektivität eines Täters, der im Zuge einer Verleumdung unrichtige Behauptungen aufstellt, gilt: „Selbst wenn die Beweise, die die Person, die die Erklärung abgibt, in einem angemessenen Untersuchungsverfahren erlangt wurden, nicht der Wahrheit entsprechen, sollte dies nicht bestraft werden, sofern die Person, die die Erklärung abgibt, bei der Benutzung der falschen Beweise nicht vorsätzlich oder grob rücksichtslos (明知或重大輕率) handelte.“[76] Es ändert jedoch nichts an der Formulierung „Leichtfertigkeit“ im Berufungsurteil, wenn auf subjektiver Tatseite des Täters festgestellt wird, dass er die später geäußerte unwahre Tatsache prüfte.[77]
Eine solche Auslegung der subjektiven Seite des Täters – nämlich wie er zu der unwahren Äußerung gekommen ist – als Rechtfertigungsgrund bei Beleidigungsdelikten in der taiwanischen Rechtsprechung lehnt sich an die Auslegung des Begriffs „actual malice“ in der Rechtsprechung in der USA an[78], wo Beleidigung nur als Zivilsache behandelt wird.[79]

Die Begründung des Rechtfertigungsgrundes bei Beleidigungsdelikten zu § 310 Abs. 3. tStGB in der taiwanischen Rechtsprechung zeigt, dass es unterschiedliche Grade der Fahrlässigkeit gibt und dass unter-

76 Im Original: 即使表意人於合理查證程序所取得之證據資料實非真正，如表意人就該不實證據資料之引用，並未有明知或重大輕率之惡意情事者，仍應屬不罰之情形。Volltext abrufbar unter: https://cons.judicial.gov.tw/docdata.aspx?fid=38&id=340775, zuletzt abgerufen am 07.01.2025. Eine englische Übersetzung des vollständigen Textes des Urteils ist zur Zeit noch nicht verfügbar (Zustand: 07.01.2025).

77 so z.B. Az. 112 Shan-Yi 578 von Taiwan High Court (臺灣高等法院112年度上易字第578號刑事判決) Volltext abrufbar unter: https://judgment.judicial.gov.tw/FJUD/data.aspx?ty=JD&id=TPHM,112%2c%e4%b8%8a%e6%98%93%2c578%2c20230815%2c1, zuletzt abgerufen am 07.01.2025; Az. 113 Shan-Yi 509 von Taiwan High Court (臺灣高等法院113年度上易字第509號刑事判決) Volltext abrufbar unter: https://judgment.judicial.gov.tw/FJUD/data.aspx?ty=JD&id=TPHM,113%2c%e4%b8%8a%e6%98%93%2c509%2c20240702%2c1, zuletzt abgerufen am 07.01.2025. In diesem Fall wurde der Angeklagte der üblen Nachrede für schuldig befunden, weil er die Mindestanforderungen an die Überprüfung des Inhalts seiner Äußerungen nicht erfüllt hatte.

78 New York Times Co. v. Sullivan, 376 U.S. 254 (1964)

79 „actual malice“ wird häufig als Begründung in Verleumdungsurteilen angeführt. z.B. Az. 93 Tai-Fei 162 von Taiwan Supreme Court (最高法院93年度台非字第162號刑事判決) Volltext abrufbar unter: https://judgment.judicial.gov.tw/FJUD/data.aspx?ty=JD&id=TPSM,93%2c%e5%8f%b0%e9%9d%9e%2c162%2c20040715, zuletzt abgerufen am 07.01.2025; Az. 96 Shan-Geng-Yi 468 von Taiwan High Court (臺灣高等法院96年度上更(一)字第468號刑事判決) Volltext abrufbar unter: https://judgment.judicial.gov.tw/FJUD/data.aspx?ty=JD&id=TPHM,96%2c%e4%b8%8a%e6%9b%b4(%e4%b8%80)%2c468%2c20070823%2c1, zuletzt abgerufen am 07.01.2025.

schiedliche Grade der Fahrlässigkeit zu unterschiedlichen Ergebnissen bei der Rechtsanwendung führen können. Ähnlich der gesetzlichen Entwicklung des Begriffs der Leichtfertigkeit in Deutschland, der zunächst als ungeschriebener negativer Rechtfertigungsgrund verwendet wurde[80], wird der Begriff der Leichtfertigkeit auch in der taiwanischen Rechtsprechung als negativer Rechtfertigungsgrund verwendet.

cc) Voraussetzung der Einziehung

§ 38 Abs. 3 tStGB regelt die Voraussetzungen für die Einziehung von Tatprodukten und Tatmitteln, die sich im Besitz eines Dritten befinden. Danach können Tatprodukte und Tatmittel eingezogen werden, wenn der Besitzer sie ohne rechtfertigenden Grund zur Verfügung stellt oder verschafft.[81] Der taiwanische Supreme Court erklärte: Die Einziehung von Tatprodukten und Tatmitteln, die sich im Besitz eines Dritten befinden, hänge davon ab, ob der Dritte dem Täter die Tatmittel rücksichtslos oder leichtfertig (輕率或重大過失) zur Verfügung gestellt habe oder sich die Tatprodukten verschafft habe, und nicht davon, ob der Dritte selbst eine Straftat begangen habe.[82] Mit anderen Worten, der Supreme Court von Taiwan zieht § 74a StGB heran, um den Begriff „ohne rechtfertigenden Grund" tStGB auszulegen.

80 Siehe Oben [C. I. 1.]

81 § 38 Abs. 2 und 3 tStGB lautet wie folgt: „(2) Gegenstände, die zur Begehung einer Straftat, zur Vorbereitung einer Straftat oder durch eine Straftat hervorgebracht worden sind und sich im Besitz des Täters befinden, können eingezogen werden. Sofern besondere Vorschriften bestehen, sind diese anzuwenden. (3) Gegenstände im Sinne des vorstehenden Absatzes, die sich im Besitz anderer natürlicher Personen, juristischer Personen oder Vereinigungen als des Täters befinden und die ohne rechtfertigenden Grund zur Verfügung gestellt oder verschafft worden sind, können eingezogen werden. Sofern besondere Vorschriften bestehen, sind diese anzuwenden." (Im Original: (2) 供犯罪所用、犯罪預備之物或犯罪所生之物，屬於犯罪行為人者，得沒收之。但有特別規定者，依其規定。(3) 前項之物屬於犯罪行為人以外之自然人、法人或非法人團體，而無正當理由提供或取得者，得沒收之。但有特別規定者，依其規定。) Englische Übersetzung verfügbar unter: https://law.moj.gov.tw/ENG/LawClass/LawSearchContent.aspx?pcode=C0000001&norge=38, zuletzt abgerufen am 07.01.2025.

82 s. Az. 112 Tai-Shan 4879 von Taiwan Supreme Court (最高法院112年度台上字第4879號刑事判決) Volltext abrufbar unter: https://judgment.judicial.gov.tw/FJUD/data.aspx?ty=JD&id=TPSM,112%2c%e5%8f%b0%e4%b8%8a%2c4879%2c20240423%2c1, zuletzt abgerufen am 07.01.2025.

dd) Leichtfertigkeit als Strafzumessungsgrund

§ 344 Abs. 3 tStPO sieht vor, dass der Antragsteller oder das Opfer die Staatsanwaltschaft unter Angabe von Gründen ersuchen kann, für sie Berufung oder Revision einzulegen, wenn sie mit dem Urteil einer unteren Instanz nicht einverstanden sind.[83] Unzufriedenheit mit dem Ergebnis der Strafzumessung ist nach meiner eigenen Erfahrung in der Praxis einer der häufigsten Gründe, aus denen ein Antragsteller oder Opfer die Staatsanwaltschaft ersucht, für ihn Rechtsmittel einzulegen.

Ähnlich wie § 46 Abs. 2 S. 2 Var. 3 StGB sieht § 57 Var. 8 tStGB den Grad der Pflichtwidrigkeit als eines der Abwägungskriterien bei der Strafzumessung vor.[84] Der Begriff „Leichtfertigkeit" wird in vielen Entscheidungen des Taiwan Supreme Court zu Fahrlässigkeitsdelikten verwendet, um eine Revision wegen ungerechter Strafzumessung zurückzuweisen.

Die Gerichte erster und zweiter Instanz stellten in einem dem *Gebäudeeinsturz-Fall (Weiguan-Jinlong)*[85] ähnlichen Gebäudeeinsturz-Fall (Haus des Doktors) fest, dass dass es beim Bau des „Hauses des Doktors" zu schwerwiegenden Leichtfertigkeiten gekommen sei, die sich aus der gegenseitigen Abhängigkeit der beteiligten Personen ergeben haben, wie z.B. die Missachtung der technischen Vorschriften für die Sicherheit von Gebäuden bei der Planung, der Bau mit Genehmigungen anderer, die Umgehung der Vorschriften für die Bauaufsicht bis hin zur unzureichenden Aufsicht über die Bauarbeiten vor Ort, was dazu führte, dass das „Haus des Doktors", obwohl es beim Erdbeben 921 vom 21. September 1999 nur von einem Erdbeben der Stärke 5 auf der Richterskala getroffen wurde, einstürzte und 43 Menschen ums Leben

83 Englische Übersetzung verfügbar unter: https://law.moj.gov.tw/ENG/LawClass/LawSearchContent.aspx?pcode–C0010001&norge=344, zuletzt abgerufen am 07.01.2025.

84 § 57 tStGB lautet: „Das Strafmaß richtet sich nach der Verantwortlichkeit des Täters und berücksichtigt alle Umstände, insbesondere die folgenden Gesichtspunkte, die als Kriterien für die Bestimmung der Schwere der Strafe dienen: … viii das Ausmaß, in dem der Täter seine Pflichten verletzt hat." (Im Original: 科刑時應以行為人之責任為基礎，並審酌一切情狀，尤應注意下列事項，為科刑輕重之標準：八、犯罪行為人違反義務之程度犯罪行為人違反義務之程度) Englische Übersetzung verfügbar unter: https://law.moj.gov.tw/ENG/LawClass/LawSearchContent.aspx?pcode=C0000001&norge=57, zuletzt abgerufen am 07.01.2025.

85 Siehe oben [B. II. 1.]

gekommen sind.[86] Die Revisionsgerichte wiesen die Revision durch die Angeklagten mit der Begründung zurück, dass der Einsturz des Gebäudes „Haus des Doktors“ nicht auf eine Naturkatastrophe, sondern auf eine gravierende Leichtfertigkeit während des gesamten Planungs-, Ausführungs-, Überwachungs- und Bauprozesses zurückzuführen sei. Die vorinstanzlichen Urteile hätten die Angeklagten entsprechend der Schwere ihrer eigenen Sorgfaltspflichtverletzung zu angemessenen Strafen verurteilt, was nicht gegen das Gesetz verstoße und die Strafe, z.B. vier Jahre Freiheitsstrafe für den Aufsichtsführer auf der Baustelle, sei verhältnismäßig.[87]

In einem Fall, in dem der Angeklagte A mit der häuslichen Pflege des Opfers O begann, als dieses 75 Jahre alt war. Als O 95 Jahre alt war, wusste A genau, dass O an verschiedenen chronischen Krankheiten wie koronarer Herzkrankheit und Bluthochdruck litt und dass nach dem Essen die Gefahr bestand, dass O durch verschüttete Nahrung ersticken könnte. Nachdem A O an einem Tag gegen 23 Uhr gefüttert hatte, übersah A die Erstickungsgefahr, ging zum Schlafen ins andere Zimmer und ließ O allein, ohne dessen Zustand zu beobachten. In der Folge erstickte O, weil Mageninhalt in seine Atemwege gelangte. Das Berufungsgericht ging davon aus, dass A den körperlichen Zustand von O und die Möglichkeit eines Verschluckens nach der Nahrungsaufnahme gekannt habe, sich aber nach dem Füttern nicht darum kümmerte und das Opfer allein gelassen habe, was eine Leichtfertigkeit begründete habe. Unter Berücksichtigung der nahezu böswilligen Leichtfertigkeit von A wurde A wegen fahrlässiger Tötung infolge Berufs

86 Az. 96 Jhu-Shan-Geng-Er 6 von Taiwan High Court (臺灣高等法院96年度矚上更(二)字第6號判決) Volltext abrufbar unter: https://judgment.judicial.gov.tw/FJUD/data.aspx?ty=JD&id=TPHM,96%2c%e7%9f%9a%e4%b8%8a%e6%9b%b4(%e4%ba%8c)%2c6%2c20090812%2c2, zuletzt abgerufen am 07.01.2025; Az. 91 Shan 2040 von Taiwan High Court (臺灣高等法院91年度上字第2040號判決) Volltext abrufbar unter: https://judgment.judicial.gov.tw/FJUD/data.aspx?ty=JD&id=TPHM,91%2c%e4%b8%8a%e8%a8%b4%2c2040%2c20020930%2c1, zuletzt abgerufen am 07.01.2025.

87 Az. 92 Tai-Shan 216 von Taiwan Supreme Court (最高法院92年度台上字第216號刑事判決) Volltext abrufbar unter: https://judgment.judicial.gov.tw/FJUD/data.aspx?ty=JD&id=TPSM,92%2c%e5%8f%b0%e4%b8%8a%2c216%2c20030110, zuletzt abgerufen am 07.01.2025; Az. 98 Tai-Shan 7830 von Taiwan Supreme Court (最高法院98年度台上字第7830號刑事判決) Volltext abrufbar unter: https://judgment.judicial.gov.tw/FJUD/data.aspx?ty=JD&id=TPSM,98%2c%e5%8f%b0%e4%b8%8a%2c7830%2c20091224, zuletzt abgerufen am 07.10.2025.

zu einer Freiheitsstrafe von 2 Jahren verurteilt.[88] Das Berufungsgericht wies die Berufung von A mit der Begründung zurück, dass die Strafzumessung im Ermessen des Tatrichters liege. Das Revisionsgericht führte weiter aus, dass die Feststellung des Berufungsgerichts, dass A trotz eines beträchtlichen Gehalts seinen Pflegepflichten nicht nachgekommen sei und durch geradezu böswillige Leichtfertigkeit das Ersticken und den Tod des Opfers herbeigeführt habe, und die Berücksichtigung dieser Feststellungen bei der Strafzumessung keinen Ermessensmissbrauch darstelle.[89]

Aus dem vorgenannten Urteil ergibt sich, dass in der taiwanischen Strafzumessungspraxis bereits anerkannt ist, dass Leichtfertigkeit einen erhöhten Grad der Fahrlässigkeit darstellt und sich insbesondere bei fahrlässiger Tötung straferhöhend auswirkt.

b) einheitliche Erfassung

Die vorstehende Analyse der Rechtsprechung zeigt, dass der Begriff der „Leichtfertigkeit“ in der Praxis bereits verwendet wird. Der Anwendungsbereich reicht von der Begründung des Tatbestandes der fahrlässigen Tötung, des negativen Rechtfertigungsgrundes bei Beleidigungsdelikten, der Voraussetzung der erweiterten Einziehung bis hin zur Erörterung von Strafzumessungsgründen. Zwar zeigt sich bei diesen Anwendungen immer wieder, dass es in der Praxis anerkannt ist, bei der Feststellung der Fahrlässigkeit zwischen verschiedenen Graden zu unterscheiden, doch ist es sehr schwierig, die Beurteilungskriterien in diesen Einzelfallentscheidungen zu erkennen. Im Hinblick auf die taiwanische Strafrechtspraxis ist eine klare Definition von „Leichtfertigkeit“ als Bezugspunkt für die systematische Auslegung in der Tat erforderlich.

88 Az. 103 Shan 2466 von Taiwan High Court (臺灣高等法院103年度上字第2466號判決) Volltext abrufbar unter: https://judgment.judicial.gov.tw/FJUD/data.aspx?ty=JD&id=TPHM,103%2c%e4%b8%8a%e8%a8%b4%2c2466%2c20150930%2c1, zuletzt abgerufen am 07.01.2025.

89 Az. 106 Tai-Shan 23 von Taiwan Supreme Court (最高法院106年度台上字第23號刑事判決) Volltext abrufbar unter: https://judgment.judicial.gov.tw/FJUD/data.aspx?ty=JD&id=TPSM,106%2c%e5%8f%b0%e4%b8%8a%2c23%2c20170621, zuletzt abgerufen am 07.01.2025.

2 Weitere Anwendungsmöglichkeiten bei Einführung des Konzepts der Leichtfertigkeit

a) Leichtfertigkeit als Voraussetzung für erfolgsqualifizierte Delikte mit Todesfolge oder schwerer Körperverletzung

aa) Erfolgsqualifizierte Delikte im tStGB

Das tStGB sieht zahlreiche erfolgsqualifizierte Delikte vor, die fast immer sowohl die Todesfolge als auch die schwere Körperverletzung als qualifizierten Erfolg vorsehen. § 17 tStGB sieht vor: „Knüpft das Gesetz an eine bestimmte Folge der Tat eine schwerere Strafe, so tritt sie nicht ein, wenn der Täter den Eintritt der Folge nicht voraussehen konnte.“[90] In der taiwanischen Rechtspraxis und Lehre ist anerkannt, dass bei erfolgsqualifizierten Delikten dem Täter die besondere Tatfolge der Fahrlässigkeit nachzuweisen ist.[91]

Ähnlich wie die Strafdrohung bei den erfolgsqualifizierten Delikten des StGB steigt die Strafdrohung bei den erfolgsqualifizierten Delikten des tStGB im Vergleich zu den Grunddelikten deutlich im Verhältnis zum Schweregrad. Beispielsweise wird Körperverletzung als Grunddelikt mit Freiheitsstrafe nicht unter fünf Jahren, Haftstrafe oder Geld-

90 Englische Übersetzung verfügbar unter: https://law.moj.gov.tw/ENG/LawClass/LawSearchContent.aspx?pcode=C0000001&norge=17, zuletzt abgerufen am 07.01.2025.

91 So wird z.B. in der Begründung zu Az. 112 Tai-Shan 3056 von Taiwan Supreme Court (最高法院112年度台上字第3056號刑事判決) die Voraussetzung eines erfolgsqualifizierten Deliktes wie folgt erläutert: „Bei dem erfolgsqualifizierten Delikt des § 17 StGB handelt es sich um eine besondere Strafschärfungsvorschrift, die ein vorsätzliches Grunddelikt mit einem qualifizierten Fahrlässigkeitsdelikt kombiniert und nur dann anwendbar ist, wenn ‚der Täter den Erfolgseintritt voraussehen kann.‘ Da nach der vorsätzlichen Begehung eines bestimmten Grunddelikts zusätzlich schwere fahrlässige Folgen eintreten und zwischen beiden ein unmittelbarer Zusammenhang im Hinblick auf das besondere Unrecht besteht, sieht der Gesetzgeber solche Sonderdelikte ausdrücklich zur Erhöhung des Strafrahmens vor.“ Volltext abrufbar unter: https://judgment.judicial.gov.tw/FJUD/data.aspx?ty=JD&id=TPSM,112%2c%e5%8f%b0%e4%b8%8a%2c3056%2c20230831%2c1, zuletzt abgerufen am 07.01.2025.

strafe bis zu fünfhunderttausend Yuan bestraft, während Körperverletzung mit Todesfolge mit lebenslanger Freiheitsstrafe oder Freiheitsstrafe nicht unter sieben Jahren und Körperverletzung mit der Folge schwerer Körperverletzung mit Freiheitsstrafe von drei Jahren bis zu zehn Jahren bestraft wird.[92] Schwere Körperverletzung als Grunddelikt wird mit Freiheitsstrafe von fünf Jahren bis zu zwölf Jahren bestraft, während schwere Körperverletzung mit Todesfolge mit lebenslanger Freiheitsstrafe oder Freiheitsstrafe nicht unter zehn Jahren bedroht ist.[93]

Der Strafrahmen des erfolgsqualifizierten Raubs weist sogar eine verfassungswidrige Strafdrohung auf. Ein Raub als Grunddelikt ist mit Freiheitsstrafe nicht unter fünf Jahren bedroht, während ein Raub mit Todesfolge mit Todesstrafe, lebenslanger Freiheitsstrafe oder mit Freiheitsstrafe nicht unter zehn Jahren und ein Raub mit schwerer Körperverletzung mit lebenslanger Freiheitsstrafe oder mit Freiheitsstrafe nicht unter sieben Jahren bedroht werden.[94] Dies bedeutet, dass der Raub mit Todesfolge mit derselben Strafdrohung bedroht ist wie der vorsätzliche Totschlag und dass der Raub mit schwerer Körperverletzung mit einer höheren Strafdrohung als die vorsätzliche schwere Kör-

92 § 227 tStGB lautet: „(1) Wer eine andere Person körperlich mißhandelt oder an der Gesundheit schädigt, wird mit Freiheitsstrafe bis zu fünf Jahren, Haftstrafe oder mit Geldstrafe bis zu fünfhunderttausend Yuan bestraft. (2) Verursacht der Täter durch die vorgenannte Straftat den Tod des Verletzten, so ist die Strafe lebenslange Freiheitsstrafe oder Freiheitsstrafe nicht unter sieben Jahren; verursacht der Täter eine schwere Körperverletzung des Verletzten, so ist die Strafe Freiheitsstrafe von drei Jahren bis zu zehn Jahren." Englische Übersetzung verfügbar unter: https://law.moj.gov.tw/ENG/LawClass/LawSearchContent.aspx?pcode=C0000001&norge=277, zuletzt abgerufen am 07.01.2025.

93 § 278 tStGB lautet: „(1) Wer eine andere Person schwer verletzt, wird mit Freiheitsstrafe von fünf bis zu zwölf Jahren bestraft. (2) Verursacht der Täter durch die vorgenannte Straftat den Tod des Verletzten, so ist die Strafe lebenslange Freiheitsstrafe oder Freiheitsstrafe nicht unter zehn Jahren. (3) Im Fall des Absatzes 1 ist der Versuch strafbar." Englische Übersetzung verfügbar unter: https://law.moj.gov.tw/ENG/LawClass/LawSearchContent.aspx?pcode=C0000001&norge=278, zuletzt abgerufen am 07.01.2025.

94 § 328 Abs1, 3 tStGB lautet „ (1) Wer durch Gewalt, Drohung, Nötigung, Betrug, Hypnose oder andere Mittel eine Sache in der Absicht wegnimmt, sie sich oder einem Dritten rechtswidrig zuzueignen, wird mit Freiheitsstrafe nicht unter fünf Jahren bestraft. …(3) Verursacht der Täter durch die Wegnahme den Tod eines Menschen, so ist die Strafe Todesstrafe, lebenslange Freiheitsstrafe oder Freiheitsstrafe nicht unter zehn Jahren; verursacht der Täter schwere Körperverletzung, so ist die Strafe lebenslange Freiheitsstrafe oder Freiheitsstrafe nicht unter sieben Jahren." Englische Übersetzung verfügbar unter: https://law.moj.gov.tw/ENG/LawClass/LawSearchContent.aspx?pcode=C0000001&norge=328, zuletzt abgerufen am 07.01.2025.

perverletzung bedroht ist, nämlich mit einer Freiheitsstrafe von mehr als fünf Jahren bis zu zwölf Jahren. Da § 332 Abs. 1 tStGB lautet: „Wer bei einem Raub vorsätzlich einen Menschen tötet, wird mit Todesstrafe oder mit lebenslanger Freiheitsstrafe bestraft“[95], sollte ein Raub mit Todesfolge in § 328 Abs. 2 tStGB den Fall ausnehmen, dass der Täter vorsätzlich zum Eintritt der schweren Folge beigetragen hat. Nach Artikel 6 Abs. 2 von International Covenant on

Civil and Political Rights und Absatz 35 von General comment No. 36[96] darf die Todesstrafe nur für „the most serious crimes“ verhängt werden, und „crimes not resulting directly and intentionally in death“ dürfen kein Grund für die Verhängung der Todesstrafe sein. § 328 Absatz 2 tStG ist insofern verfassungswidrig, soweit er die Todesstrafe für Raub mit fahrlässiger Todesfolge vorsieht.[97]

bb) Leichtfertigkeit als Voraussetzung für die Herbeiführung der schweren Folge

Im Hinblick auf die stark verschärften Strafdrohungen bei erfolgsqualifizierten Delikten in Taiwan wird seit langem – wenn die erfolgsqualifizierten Delikte nicht ganz aus dem tStGB gestrichen werden können – eine Anpassung der erfolgsqualifizierten Delikte dahingehend befürwortet, dass die Voraussetzung der besonderen Schwere der Tatfolge bei erfolgsqualifizierten Delikten zumindest „Leichtfertigkeit“ sein sollte.[98] Hier könnte kritisiert werden, dass das Erfordernis der Leichtfertigkeit als Voraussetzung für erfolgsqualifizierte Delikte nicht zu dem gewünschten Ergebnis führt, die Strafbarkeit der erfolgsqualifizierten Delikte in geringerer Zahl festzustellen: Wenn der Tatbestand des Grunddelikts erfüllt ist, werde automatisch die Leichtfertigkeit der schweren Folge bejaht. So etwa *Wolter*: „Schon angesichts der regelmäßig beson-

95 Englische Übersetzung verfügbar unter: https://law.moj.gov.tw/ENG/LawClass/LawSearchContent.aspx?pcode=C0000001&norge=332, zuletzt abgerufen am 07.01.2025.
96 https://documents.un.org/doc/undoc/gen/g19/261/15/pdf/g1926115.pdf, zuletzt abgerufen am 07.01.2025.
97 Das gleiche Problem stellt sich bei der Piraterie mit Todesfolge in § 333 Abs. 3 tStGB und bei der Erpressung mit Todesfolge in § 347 Abs. 2 StGB.
98 Siehe oben [B. III. 1. b), c) und e)]

ders gefährlichen vorsätzlichen Grundtat wird man nicht nur den Vorwurf herkömmlicher leichter Fahrlässigkeit, sonder (vielfach) auch den Vorwurf der Leichtfertigkeit fast automatisch erheben können.“[99]

Eine derartige Kritik missachtet jedoch die Tragweite des Kriteriums der Vorhersehbarkeit. Genau wie *Küpper* argumentiert, ist der Begriff der Leichtfertigkeit beim erfolgsqualifizierten Delikt in zweierlei Hinsicht von Bedeutung. Auf objektiver Seite muss der Verstoß eine erhebliche Sorgfaltspflichtverletzung darstellen, die sich von der bloßen Begehung des Grunddelikts deutlich abhebt. Auf der subjektiven Seite spielt die subjektive Vorhersehbarkeit des tatbestandsmäßigen Erfolges eine Rolle, insbesondere bei Todesfällen durch psychischen Schock. So kommt es z.B. beim Tod eines herzkranken Opfers[100] darauf an, ob der Täter Kenntnis von der bestehenden Herzerkrankung hat. Im Vergleich zur Leichtfertigkeit sollte das Erfordernis der Fahrlässigkeit bei erfolgsqualifizierten Delikten (wie § 18 StGB) eher als entbehrlich angesehen werden, da die einfache Fahrlässigkeit als minderer Grad der Leichtfertigkeit nach *Küppers* Auffassung ohnehin durch die Verwirklichung des vorsätzlichen Grunddelikts gegeben wäre. Die Funktion des Merkmals der Leichtfertigkeit im Rahmen der erfolgsqualifizierten Delikte kann daher nicht gänzlich verneint werden.[101]
Angesichts der enormen Strafverschärfung bei erfolgsqualifizierten Delikten wird daher immer wieder die Auffassung in der deutschen Lehre vertreten, dass die Leichtfertigkeit als verallgemeinergunsfähiges Kriterium eingeführt werden sollte.[102]

99 *Wolter*, JuS 1981, 168 (169). ähnl. *Arzt*, aaO. Fn. 12, 119 (120); *Maiwald*, GA 1974, 257 (269).
100 OLG Nürnberg, Beschluß vom 04.09.1986 - Ws 696/86 = NStZ 1986, 556. Siehe oben [C. II. l).]
101 *Küpper*, Der „unmittelbare“ Zusammenhang zwischen Grunddelikt und schwerer Folge beim erfolgsqualifizierten Delikt, S. 31. ähn.: *Tenckhoff*, ZStW 88 (1976), 897 (912); *Rengier*, Erfolgsqualifizierte Delikte und verwandte Erscheinungsformen, S. 125.; *Steinberg*, ZStW 131 (2019), 888 (909, 910). Es war geplant, das Gesetz entsprechend zu ändern, s. BT-Drucks 13/8587, 19.
102 NK-StGB/*Paeffgen*, § 18 Rn. 43 ff.; *Steinberg*, ZStW 131 (2019), 888 (913, 914); *Wolter*, aaO. Fn. 99, 168 (178); *Küpper*, ZStW 111 (1999), 785 (797 F.); *Bussmann*, GA 1999, 21 (27 f.). ähnl. *Hirsch*, GA 1972, 65 (77); *Roxin/Greco*, AT I, § 10 Rn. 110. Forderung nach weiteren erfolgsqualifizierten Straftatbeständen: *Mitsch*, ZIS 2019, 234 (240).

cc) Fazit

Aus der geschilderten gesellschaftlichen und politischen Situation[103] lässt sich ableiten, dass die Abschaffung der Erfolgsdelikte ein falsches Signal an die Öffentlichkeit senden könnte und daher keine kriminalpolitisch optimale Alternative darstellt. Die Einführung der Leichtfertigkeit als Kriterium für erfolgsqualifizierte Delikte wäre ein gangbarer Weg, um die Strafverschärfung zu rechtfertigen.

b) Rationale Begründung bei Abgrenzung der Verantwortungsbereichen

Bei der objektiven Zurechnung stellt sich die Frage nach der Abgrenzung der Verantwortungsbereiche immer dann, wenn das Verhalten eines Dritten oder des Opfers zeitlich auf die Tat folge, aber dennoch im Zusammenhang mit dem Verhalten des Ersttäters steht.

aa) eigenverantwortliches Dazwischentreten des Opfers, besonders bei nachträglichen Fehlverhalten des Verletzten

Neben der oben erwähnten medizinischen Entscheidung des Opfers, die die Zurechnung des Verhaltens des Täters unterbrechen kann[104], kann sich die Zurechnungsfrage auch in Bezug auf andere Verhaltensweisen des Opfers nach der ursprünglichen Tat des Ersttäters stellen.

Hier ist ein Motorradunfall aufgrund plötzlicher Beschleunigung als Beispiel: A fuhr mit seinem Motorrad und wendete, ohne auf den Gegenverkehr zu achten, so dass O, der ebenfalls mit seinem Motorrad auf der Gegenfahrbahn fuhr, nicht mehr rechtzeitig ausweichen konnte und die beiden Motorräder kollidierten (hier die erste Kollision). A und O stürzten mit ihren Fahrzeugen zu Boden, wobei O von seinem eigenen Motorrad niedergedrückt wurde, O auf dem Motorrad von A lag und A von seinem eigenen Motorrad niedergedrückt wurde. Um

103 Siehe oben [F. I. 1.]
104 Siehe oben [D. 4. c)]

sein Motorrad aufzuheben, stellte O seine Beine auf beide Seiten des Motorrads von A, drückte mit seiner linken Hand auf das Motorrad von A und zog mit seiner rechten Hand am Gasgriff von Os Motorrad. Kurz nachdem sich das Motorrad des O wieder aufgerichtet hatte, raste sein Motorrad mit O nach vorne und kollidierte erneut mit dem am Straßenrand geparkten Pkw Ds (hier die zweite Kollision). O stürzte erneut zu Boden, blutete an der Augenbraue und stand wieder auf, um sein Motorrad aufzuheben. Mit Hilfe von Passanten wartete O an der Unfallstelle auf das Eintreffen der Rettungskräfte, die ihn ins Krankenhaus brachten, wo er notoperiert wurde. O erlitt schwere Verletzungen, darunter ein Schädelhirntrauma mit intrakranieller Blutung, eine verzögerte intrakranielle Blutung mit Hydrozephalus, einen Schädelbruch, Atemnot, die ein Beatmungsgerät erforderlich machte, sowie Blindheit auf dem rechten Auge, vollständige Lähmung, Bewusstseinsstörung und extreme Funktionsbeeinträchtigung des zentralen Nervensystems. O wurde schließlich gerichtlich entmündigt.[105]

A argumentierte, dass die schwere Verletzung von O, die durch die zweite Kollision verursacht wurde, nicht der ersten Kollision hätte zugerechnet werden können, die durch das Wendemanöver von A verursacht wurde. Das Gericht erkannte zwar an, dass O fehlerhaft gehandelt habe, als er versuchte, sein Motorrad zu stabilisieren. Das Gericht war jedoch der Ansicht, dass sich O zu diesem Zeitpunkt unter dem Einfluss des ersten Zusammenstoßes in einem anormalen Geisteszustand befunden habe, so dass von O nicht hätte erwartet werden können, dass er das Motorrad wie eine gewöhnliche Person korrekt und fehlerfrei hätte steuern können. Das Fehlverhalten von O beim Aufheben des Motorrads sei nicht die unabhängige oder alleinige Ursache für die schweren Verletzungen von O gewesen. Mit anderen Worten: Hätte A nicht gegen die Regeln verstoßen und die erste Kollision verursacht, wodurch O gezwungen war, das Motorrad in einer Notsituation aufzuheben, wäre O nicht in die Lage gekommen, das Motorrad fehlerhaft

105 Az. 112 Jiao-Shan 1982 von Taiwan High Court (臺灣高等法院112年度交上訴字第1982號刑事判決) Volltext abrufbar unter: https://judgment.judicial.gov.tw/FJUD/data.aspx?ty=JD&id=TCHM,108%2c%e4%ba%a4%e4%b8%8a%e8%a8%b4%2c1982%2c20200409%2c1, zuletzt abgerufen am 07.01.2025. A wurde mit diesem Urteil wegen fahrlässiger schwerer Körperverletzung rechtskräftig verurteilt.

zu steuern, was die Möglichkeit einer zweiten Kollision zur Folge hatte. Die Fahrlässigkeit von A und O stehe in kausalem Zusammenhang mit den schweren Verletzungen, die sich in diesem Fall ereignet hätten. Die zweite Kollision sei eine Folge der ersten Kollision und stelle ein unzulässiges Risiko dar, ohne vom gewöhnlichen Verlauf der Dinge nach allgemeiner Lebenserfahrung abzuweichen. Das fehlerhafte Aufheben des Motorrads durch O reiche nicht aus, um den Kausalzusammenhang zwischen der Fahrlässigkeit des As und den schweren Verletzungen des Os vollständig auszuschließen. Es könne nur festgestellt werden, dass auch O in Bezug auf seine eigenen schweren Verletzungen leichtfertig gehandelt hat.

Die Begründung dieses Urteils ist jedoch in sich widersprüchlich: Einerseits wird angenommen, dass das Verhalten von O beim Aufheben des Motorrads leichtfertig war und dadurch die zweite Kollision verursacht hat, andererseits wird angenommen, dass der Eintritt der zweiten Kollision nicht vom gewöhnlichen Verlauf der Dinge nach allgemeiner Lebenserfahrung abwich. Im Hinblick auf den Grundsatz der Eigenverantwortung ist es kritikwürdig, wenn dem Ersttäter die Folgen eines leichtfertigen Verhaltens des Verletzten nicht zugerechnet werden. Es könnte sein, dass das Urteil einfach den Ausdruck „leichtfertig“ verwendete, um ein höheres Maß an Versäumnis des Opfers in seinem späteren Verhalten zu beschreiben, ohne zu erkennen, dass, wenn das Versäumnis des Opfers das Niveau der „Leichtfertigkeit” erreicht, dies zu einer Unterbrechung des Zurechnungszusammenhangs führen könnte.

bb) eigenverantwortliches Dazwischentreten eines Dritten, besonders bei „Retterfällen"

Im „*Bowling-Halle-Fall*“ in Xinwu, Taiwan, starben am 20. Januar 2015 sechs Berufsfeuerwehrleute bei einem Einsatz, bei dem es zu einem Brand in einem kombiniert-genutzten Gebäude mit einer gewerblich genutzten Bowling-Halle und dem Wohnhaus des Betreibers kam. Der Eigentümer und Betreiber der Bowling-Halle B versäumte es, die automatische Sprinkleranlage und die automatische Brandmeldeanlage bzw. die Rauchmelder regelmäßig zu warten und in betriebsbereitem Zustand zu halten. In den frühen Morgenstunden des 20. Januar

2015 kam es zu einem Schwelbrand aufgrund einer nicht vollständig erloschenen Zigarettenkippe eines Gastes. Da die Brandschutzeinrichtungen nicht funktionierten, wurde die Feuerwehr erst von Nachbarn der Bowling-Halle über den Brand informiert, als Rauch und offene Flammen außerhalb der Bowling-Halle sichtbar wurden. Die Feuerwehr begann mit der Rettung um 2:09 Uhr und rettete B und seinen Bruder um 2:16 Uhr. Die Feuerwehr setzte ihre Suche nach dem Ausgangspunkt des Feuers fort und überprüfte, ob sich noch weitere Personen in der Bowling-Halle befanden. Am selben Tag gegen 2:55 Uhr brannte der vordere Teil des Gebäudes vollständig aus und stürzte um 2:57 Uhr ein, wobei sechs Feuerwehrleute, die sich noch im Gebäude befanden, ums Leben kamen.

Das erstinstanzliche und das erste zweitinstanzliche Urteil befanden B für schuldig, gegen das Feuerwehrgesetz verstoßen und den Tod verursacht zu haben.[106] Das Revisionsgericht hob das erste Berufungsurteil auf und verwies die Sache zurück, wobei es die Auffassung vertrat, dass der Schaden in den Verantwortungsbereich der professionellen Rettungsinstitutionen falle und der Ersttäter nicht zur Verantwortung gezogen werden könne.[107] B wurde im zweiten Berufungsurteil nur der

106 § 35 des Feuerwehrgesetzes lautet: „Wer als Verwalter einer gewerblich genutzten Stätte Brandschutzeinrichtungen nicht entsprechend den Anforderungen des § 6 Abs. 1 installiert oder wartet oder als Verwalter einer Wohnstätte Feuermelder nicht entsprechend den Anforderungen des § 6 Abs. 4 installiert oder wartet, wird mit Freiheitsstrafe von einem Jahr bis zu sieben Jahren und einer Geldstrafe von einer Million bis zu fünf Millionen NTD bestraft, wenn ein Brand in der Stätte den Tod eines Menschen verursacht. Er wird mit Freiheitsstrafe von sechs Monaten bis zu fünf Jahren und einer Geldstrafe von fünfhunderttausend bis zweihundertfünfzigtausend NTD bestraft, wenn ein Brand in der Stätte die schwere Körperverletzung einer anderen Person verursacht." Englische Übersetzung verfugbar unter: https://law.moj.gov.tw/ENG/LawClass/LawSearchContent.aspx?pcode=D0120001&norge=35, zuletzt abgerufen am 07.01.2025. s. Az. 104 Jhu-Su 12 von Taoyuan District Court (桃園地方法院104年度矚訴字第12號判決) Volltext abrufbar unter: https://judgment.judicial.gov.tw/FJUD/data.aspx?ty=JD&id=TYDM,104%2c%e7%9f%9a%e8%a8%b4%2c12%2c20201231%2c1, zuletzt abgerufen am 07.01.2025.; Az. 110 Jhu-Shan 1 von Taiwan High Court (臺灣高等法院110年度矚上字第1號判決) Volltext abrufbar unter: https://judgment.judicial.gov.tw/FJUD/data.aspx?ty=JD&id=TPHM,110%2c%e7%9f%9a%e4%b8%8a%e8%a8%b4%2c1%2c20220531%2c1, zuletzt abgerufen am 07.01.2025.

107 Az. 111 Tai-Shan 4258 von Taiwan Supreme Court (最高法院111年度台上字第4258號刑事判決) Volltext abrufbar unter: https://judgment.judicial.gov.tw/FJUD/data.aspx?ty=JD&id=TPSM,111%2c%e5%8f%b0%e4%b8%8a%2c4258%2c20230531%2c1, zuletzt abgerufen am 07.01.2025.

fahrlässigen Brandstiftung für schuldig befunden.[108] In Bezug auf den Zurechnungszusammenhang zwischen der Tötung der Feuerwehrleute und der Verletzung der Brandschutzvorschriften widmete das Berufungsgericht einen großen Teil der Begründung den Organisationsmängeln bzw. Anweisungsfehlern des Einsatzleiters, der mangelnden Ausbildung und der mangelnden Ausrüstung. Dabei argumentierte das Berufungsgericht, dass der Schaden, den der Retter während seiner Rettungstätigkeit erleidet, dem Ersttäter nicht zugerechnet werden sollte, wenn Versäumnisse seitens der professionellen Rettungsinstitutionen vorliegen, unabhängig von der Form und dem Grad dieser Versäumnisse.[109]

Eine solche Festlegung des Verantwortungsbereichs ist durchaus widerlegbar. Einerseits sind die Berufsretter unter dem Gesichtspunkt der Eigenverantwortung nicht freiwillig, sondern öffentlich-rechtlich verpflichtet, in Gefahrensituationen einzugreifen.[110] Auch wenn der Beruf auf der freien Entscheidung des Berufsretters beruht, bedeutet dies nicht, dass der Ersttäter die Gefahrensituation für den Einsatz des Retters nach Belieben schaffen kann, und natürlich auch nicht, dass das Gehalt des Retters ein Ausgleich für den Einsatz seines Leben darstellt.[111]

Andererseits ist es ungerecht, dass der Ersttäter von einer erfolgreichen Rettungsmaßnahme profitieren kann – die strafrechtliche Verantwortlichkeit des Ersttäters wird durch den letztlich geringeren realisierten Erfolgsunwert gemindert -, ohne die vorhersehbaren Gefahren tragen zu müssen, die der Retter bei seiner Rettungstätigkeit hätte ein-

108 Az. 112 Chung-Jhu-Shan-Geng-Yi 19 von Taiwan High Court (臺灣高等法院112年度重矚上更一字第19號判決) Volltext abrufbar unter: https://judgment.judicial.gov.tw/FJUD/data.aspx?ty=JD&id=TPHM,112%2c%e9%87%8d%e7%9f%9a%e4%b8%8a%e6%9b%b4%e4%b8%80%2c19%2c20240813%2c1, zuletzt abgerufen am 07.01.2025.

109 Ermittlungsverfahren wegen fahrlässiger Tötung aufgrund solcher Organisationsmängel, wie z.B. mangelhafte Anweisungen des Einsatzleiters, werden jedoch üblicherweise mangels Tatverdachts eingestellt.

110 Wessels/Beulke/Satzger, AT, § 6 Rn. 289; *Satzger/Kriegsch*, ZfL 2022, 205 (213); *Rengier*, AT, § 52, Rn. 49; MüKoStGB/*Duttge*, 5. Aufl. 2024, § 15 Rn. 160; *Kindhäuser/Hilgendorf*, LPK-StGB, vor § 13 Rn. 157; Schönke/Schröder/*Eisele*, 30. Aufl. 2019, StGB vor § 13 Rn. 101f; *Bosch*, JURA (JK) 2022, 257.

111 vgl. früher *Roxin*, AT I, 4. Aufl. 2006, § 11 Rn. 139.

gehen müssen.[112] Hinzu kommt, dass in der modernen Gesellschaft der Einsatz von Berufsrettern in einer gegebenen Situation, hier einem Brand, für jedermann geradezu vorhersehbar ist und die Berufsretter daher besonders deutlich in den Schutzbereich der verletzten Verhaltensnorm fallen sollten.[113]

Beim Organisationsverschulden handelt es sich nicht um ein Fehlverhalten des Geschädigten selbst, in diesem Fall der professionellen Retter, sondern um das Fehlverhalten eines Dritten. Die Zurechnung an den Ersttäter bleibt unberührt, es sei denn, dass die Nachlässigkeit anderer im Organisationskreis des Retters eine neue, von der durch den Ersttäter herbeigeführten Bedingung völlig unabhängige Kausalreihe eröffnete, mit anderen Worten der Erfolg erst nachträglich durch Mängel der Rettungsorganisation herbeigeführt wurde.[114] Entscheidend ist dabei der Grad des Organisationsmangels. Nur grob fahrlässige oder (bedingt) vorsätzliche Organisationsmängel, die zu einer Schädigung der Retter führen, schließen eine Zurechnung des Verletzungserfolgs zum Ersttäter aus.[115] Die Argumentation des zweiten Berufungsurteils ist nicht überzeugend, wenn es die angeblichen Organisationsfehler der Feuerwehr und des Einsatzleiters darlegt und dann zu dem Schluss springt, dass B nicht für den Tod des Feuerwehrmanns verantwortlich ist. Eine solche Auffassung steht im Widerspruch zu dem anerkannten Grundsatz, dass im Fall von mehreren Sorgfaltspflichtverletzungen durch mehrere Täter eine Sorgfaltspflichtverletzung die anderen Sorgfaltspflichtverletzer nicht von ihrer Haftung befreien kann.[116]

Gerechterweise ist vielmehr davon auszugehen, dass erst die von vornherein sinnlose und offensichtlich unverhältnismäßig riskante

112 *Wessels/Beulke/Satzger*, AT, § 6 Rn. 289; *Satzger/Kriegsch*, aaO. Fn. 110, 205 (213); BGH, Beschluss v. 05.05.2021 - 4 StR 19/20 Rn. 27, NJW 2021, 3340 (3341).

113 *Satzger/Kriegsch*, aaO. Fn. 110, 205 (212 f.); *Walter*, JR 2022, 224 (228).

114 *Satzger/Kriegsch*, aaO. Fn. 110, 205 (216); *Wessels/Beulke/Satzger*, AT, § 6 Rn. 285; BGH, Beschluss v. 05.05.2021 - 4 StR 19/20 Rn. 27, NJW 2021, 3340 (3341 f.).

115 *Satzger/Kriegsch*, aaO. Fn. 110, 205 (216). ähnl. Wenn mehrere Retter gemeinsam an einem Rettungsversuch beteiligt sind, ist die Frage, ob Leichtfertigkeit seitens der Retter vorliegt, für den gesamten Rettungstrupp zu stellen. s. *Walter*, aaO. Fn. 113, 224 (231).

116 BGH, Beschluss v. 05.05.2021 - 4 StR 19/20 Rn. 27, NJW 2021, 3340 (3342).

Rettungshandlung den Zurechnungszusammenhang unterbricht[117] – solche Rettungshandlungen könnten als leichtfertig bezeichnet werden.[118] Im Falle von Organisationsmängeln sollte der gleiche Maßstab gelten, d.h. nur fahrlässiges oder vorsätzliches Organisationsverschulden unterbricht den Zurechnungszusammenhang zwischen dem Erfolg und dem Verhalten des Ersttäters.

cc) Fazit

Es liegt auf der Hand, dass der Zurechnungszusammenhang über die Eigenverantwortung, der von „leichtfertigem" oder „grob fahrlässigem" Verhalten eines Dritten oder des Geschädigten ausgeht, vor allem die objektive Verletzung erhöhter Sorgfaltspflichten meint. Der Begriff der Leichtfertigkeit im Sinne des Aufbauschemas des Fahrlässigkeitsdelikts und der Begriff der Leichtfertigkeit im Sinne des nachträglichen Verschuldens des Dritten oder des Verletzten sind daher nicht völlig identisch.[119] Die Einführung des Begriffs der Leichtfertigkeit, nämlich die Formulierung einer Legaldefinition der Leichtfertigkeit, könnte jedoch als Bezugsrahmen dazu beitragen, das nachträgliche Fehlverhalten eines Dritten oder eines Verletzten näher zu charakterisieren und bei der Entscheidung helfen, ob das Fehlverhalten eines Dritten oder eines Verletzten den Zurechnungszusammenhang zwischen dem Verhalten des Täters und dem Erfolg unterbricht.

c) Möglichkeit der Kostenpflicht für den Anzeigeerstatter im Falle der leichtfertigen oder vorsätzlichen Erstattung einer unwahren Anzeige

Aus strafprozessualer Sicht ist die Einführung des Begriffs der Leichtfertigkeit ebenfalls sinnvoll.

117 *Wessels/Beulke/Satzger*, AT, § 6 Rn. 289; *Satzger/Kriegsch*, aaO. Fn. 110, 205 (214); *Mitsch*, NJW 2021, 3340 (3342); *Fischer*, StGB, vor §13 Rn. 36c.
118 *Walter*, aaO. Fn. 113, 224 (228).
119 *Burgstaller/Schütz*, WK² StGB § 6, Rn. 72.

Ursprünglich war die taiwanische Gesellschaft an eine moralische Sichtweise von Ungerechtigkeit und Bestrafung gewöhnt und betrachtete Schuldenstreitigkeiten als ein Ereignis, das das Eingreifen der Staatsgewalt zur Bestrafung und Wiederherstellung des Guten erforderte. Ungeachtet des heutigen Rechtssystems, das zwischen Zivil- und Strafrecht unterscheidet, bringen die Bürger immer noch eine große Zahl von Schuldenstreitigkeiten vor die Strafverfolgungsbehörden.[120] Darüber hinaus missbrauchen einige Rechtsanwälte das Klagerecht als Prozessstrategie.[121] All dies führt zu den folgenden Phänomenen in der taiwanischen Rechtspraxis: Enorme Fälle von „Strafanzeigen zur Lösung zivilrechtlicher Streitigkeiten", „Anzeigemissbrauch" oder „Antragsmissbrauch" tragen zu einer massiven Belastung der Strafverfolgungsbehörden, insbesondere der Staatsanwaltschaft, bei. Um solche Missbräuche des Strafverfahrens einzudämmen und die Strafverfolgungsbehörden zu entlasten, wird im Schlussbericht der Nationalen Konferenz zur Justizreform (司法改革國是會議) 2017 die Einführung der bedingten Verfahrenskosten in Strafsachen vorgeschlagen.[122]

In diesem Zusammenhang wird § 469 StPO besonders als Vorbild erwähnt, um eine bestimmte Belastung des Anzeigers zu geben. Unter den Voraussetzungen des § 469 StPO hat der Urheber einer unwahren Anzeige die Kosten und Auslagen zu tragen, die er durch sein vorwerfbares Verhalten, und zwar durch eine vorsätzliche oder leichtfertig unwahre Anzeige, mittelbar verursacht hat.[123]

Unbegründete Falschanzeigen belasten nicht nur den angeblichen Beschuldigten, sondern missbrauchen auch die Strafverfolgungsbehörden durch unnötige Ermittlungen und verursachen zugleich unnötige Aufwendungen der Staatskasse. Es ist daher angemessen, die Erstattung

120 *Sheng-Wei Huang*, Journal for Legal History Studies, Vol. 38., 2021, 345 *passim*. (Im Original: 黃勝韋，「以刑逼民」與法文化衝突—論近現代臺灣假性財產犯罪現象，法制史研究，第38期，2021年，第345-378頁。)

121 *Hung-En Liu*, Taiwan Jurist, Vol. 201, 2019, 28 f. (Im Original: 劉宏恩，律師代當事人提起顯無理由之訴訟的倫理問題，月旦法學教室，第201期，2019，第28-31頁。)

122 Schlussbericht der Nationalen Konferenz zur Justizreform (司法改革國是會議成果報告), 2017, S. 102, 124. Volltext abrufbar unter: https://www.president.gov.tw/File/Doc/1754f2f0-c60d-4de1-a2e3-4c967610bcaa, zuletzt abgerufen am 07.01.2025.

123 KK-StPO/*Gieg*, StPO § 469. Rn. 1

der überflüssigen Kosten dem Anzeigeerstatter anzulasten.[124] Mit der Beschränkung auf Fälle der vorsätzlichen oder leichtfertigen Anzeigeerstattung wird lediglich eine rechtsstaatlich gebotene Einschränkung des Grundsatzes vorgenommen.[125]

Das japanische Rechtssystem, das einen tiefen Einfluss auf das taiwanische Rechtssystem hat, weist ähnliche Bestimmungen auf. §183 Abs. 1 jStPO sieht vor: „Wird in einer Sache, in der auf Grund einer Anzeige, eines Antrages oder eines Ersuchens ein öffentliches Verfahren eingeleitet worden ist, der Beschuldigte freigesprochen oder von der Anklage befreit, so können der Person, die die Anzeige, den Antrag oder das Ersuchen gestellt hat, die Kosten des Verfahrens auferlegt werden, wenn sie vorsätzlich oder grob fahrlässig gehandelt hat."[126] Die Verpflichtung, die Kosten einer unwahren Meldung oder eines unwahren Antrags zu tragen, beruht auf der Voraussetzung des Vorsatzes oder der groben Fahrlässigkeit, wobei letztere im japanischen Strafrecht vorgesehen ist.[127]

Es ist jedoch schwierig, ein System bedingter Verfahrenskosten gegen den Missbrauch von Strafverfahren einzuführen, da die tStPO keinen Mechanismus für Verfahrenskosten vorsieht und es im taiwanischen Strafrechtssystem keinen Begriff der Leichtfertigkeit gibt. Einerseits wäre es nicht praktisch, wenn nur der vorsätzlich falsche Anzeiger die Verfahrenskosten zu tragen hätte, da es schwierig ist, dem Anzeiger Vorsatz nachzuweisen; andererseits erscheint es unverhältnismäßig, wenn auch der leicht fahrlässige Anzeiger die Verfahrenskosten zu tragen hätte. Wenn das Konzept der Leichtfertigkeit in das taiwanische Strafrechtssystem eingeführt wird, erscheint es angemessener, die Ver-

124 Löwe-Rosenberg/*Kurtze*, § 469 StPO Rn. 1, 8.

125 KK-StPO/*Gieg*, StPO § 469. Rn. 1; MüKo-StPO/*Grommes*, § 469 Rn. 1.

126 Im Original: 告訴、告発又は請求により公訴の提起があつた事件について被告人が無罪又は免訴の裁判を受けた場合において、告訴人、告発人又は請求人に故意又は重大な過失があつたときは、その者に訴訟費用を負担させることができる。Englische Übersetzung verfügbar unter: https://www.japaneselawtranslation.go.jp/en/laws/view/3739/en, zuletzt abgerufen am 07.01.2025.

127 So sieht z.B. § 211 Satz 2 jStGB die grob fahrlässige Tötung sowie Körperverletzung vor. Im Original: 業務上必要な注意を怠り、よって人を死傷させた者は、五年以下の懲役若しくは禁錮又は百万円以下の罰金に処する。重大な過失により人を死傷させた者も、同様とする。Englische Übersetzung verfügbar unter: https://www.japaneselawtranslation.go.jp/en/laws/view/3581/en, zuletzt abgerufen am 07.01.2025.

fahrenskosten demjenigen aufzuerlegen, der vorsätzlich oder leichtfertig eine falsche Anzeige erstattet. Es wäre dann wahrscheinlicher, dass die Verfahrenskostenpflicht des Anzeigenden in der tStPO umgesetzt wird, was den Missbrauch des Strafverfahrens verhindern könnte.

3 Fazit

Sowohl bei der Feststellung des Verschuldens des Angeklagten bei fahrlässiger Tötung als auch bei negativen Rechtfertigungsgründen bei Beleidigungsdelikten, bei der Voraussetzung der erweiterten Einziehung oder bei der Strafzumessung insbesondere bei Fahrlässigkeitsdelikten ist die Anwendbarkeit des Begriffs der Leichtfertigkeit in der taiwanischen Strafrechtsprechung erkennbar. Ein eindeutiger Beurteilungsmaßstab lässt sich aus den Urteilen jedoch nicht ableiten, weshalb eine klare Definition für eine einheitliche Auslegung erforderlich ist. Andererseits wird in der Strafrechtswissenschaft seit langem gefordert, Leichtfertigkeit als Kriterium für erfolgsqualifizierte Delikte zu berücksichtigen. Im Rahmen der Diskussion um die objektive Zurechnung und Abgrenzung des Verantwortungsbereichs des Täters, insbesondere bei nachträglichem Fehlverhalten des Opfers oder in Retterfällen, ist es für eine differenzierte Diskussion erforderlich, mit Hilfe des Begriffs der Leichtfertigkeit als Kriterium die Verantwortungsbereiche nuancierter und sachgerechter zu unterscheiden. Auch in prozessualer Hinsicht kann eine Unterscheidung nach Leichtfertigkeit getroffen werden, wenn es um die Auferlegung von Verfahrenskosten gegen Verfahrensmissbrauch geht.

Diese Punkte zeigen die Notwendigkeit, den Begriff der Leichtfertigkeit in das taiwanische Strafrecht einzuführen.

G Änderungsvorschlag zum taiwanischen Strafgesetzbuch in Bezug auf leichtfertigen Tötung

Nachdem der Inhalt des Begriffs der Leichtfertigkeit analysiert und die Unzweckmäßigkeit denkbarer Alternativen zur Schließung der *Lücke* zwischen den Strafrahmen für fahrlässige Tötung und vorsätzlichen Totschlag im tStGB dargelegt wurden, wird im Folgenden der Vorschlag zur Reform des tStGB in Bezug auf die fahrlässige Tötung – und damit zusammenhängende Bestimmungen bzw. die fahrlässige Körperverletzung – diskutiert.

I Entwurfvorschlag

1 Legaldefinition der Leichtfertigkeit

Da § 13 tStGB bereits die gesetzliche Definition des Vorsatzes und § 14 tStGB die gesetzliche Definition der Fahrlässigkeit enthält[1], ist es sinnvoll, eine gesetzliche Definition der Leichtfertigkeit im allgemeinen Teil tStGB vorzusehen.

a) Entwurf zu § 14 Abs. 3 tStGB

Die vorstehende Analyse führt zu dem Ergebnis, dass unter Leichtfertigkeit eine Tat zu verstehen ist, die in ungewöhnlich hohem Maße von der gebotenen Sorgfaltspflicht abweicht und mit der damit verbundenen nahezu vorhersehbaren Wahrscheinlichkeit des Erfolgseintritts verbunden ist und damit eine gesteigerte Form der Fahrlässigkeit darstellt.[2] Vorzuschlagen ist hier eine Ergänzung des § 14 tStGB um einen Abs. 3 mit einer Definition der Leichtfertigkeit:

1 Siehe oben [E. II. 3.]
2 Siehe oben [D.]

§ 14 Abs. 3 AE tStGB: „Leichtfertig handelt, wer in ungewöhnlich hohem Grad und auffallend sorgfaltswidrig handelt und dadurch die Verwirklichung des Tatbestands geradezu voraussieht."

b) Auslegung

Eine Sorgfaltspflichtverletzung in ungewöhnlich hohem Grad und in auffallender Weise liegt vor, wenn entweder eine Sorgfaltspflicht in hohem Maße[3] oder mehrere Sorgfaltspflichten[4] verletzt werden. Bei der Beurteilung, ob eine gesteigerte Sorgfaltspflichtverletzung vorliegt oder nicht, ist eine Gesamtwürdigung aller risikoerhöhenden und risikomindernden Faktoren im Einzelfall vorzunehmen. Die Verletzung einer Garantenpflicht stellt nicht notwendigerweise eine auffallende Sorgfaltspflichtverletzung dar. Sie zählt zu den auffälligen Sorgfaltspflichtverletzungen, wenn z.B. die besondere Schutzbedürftigkeit von Pflegebedürftigen zu beachten ist.[5] Die Verwirklichung des Tatbestands im Sinne der Leichtfertigkeitsdefinition bedeutet, dass die Verwirklichung des Tatbestands in der Kausalität geradezu voraussehbar ist, nicht notwendigerweise in der zeitlichen Unmittelbarkeit der Tatbestandsverwirklichung.[6]

Obwohl der Text keine klare Bestimmung des Verschuldenselements enthält, liegt es auf der Hand, dass bei Leichtfertigkeit ein dem erhöhten Handlungsunwert entsprechendes Verschulden erforderlich ist.[7]

c) Exkurs: § 17 tStGB zur schwereren Strafe bei besonderen Tatfolgen

aa) Übersicht

§ 17 tStGB regelt die schwerere Strafe bei besonderen Tatfolgen: „Knüpft das Gesetz an eine bestimmte Folge der Tat eine schwerere Strafe, so tritt sie nicht ein, wenn der Täter den Eintritt der Folge nicht voraus-

3 Siehe oben [D. II. 3. c) bb)]
4 Siehe oben [D. II. 3. c) cc)]
5 Siehe oben [D. II. 3. c) dd)]
6 Siehe oben [D. II. 3. c) bb) ii.]
7 Siehe oben [D. III.]

sehen konnte."[8] Angesichts der erheblichen Strafverschärfungen bei erfolgsqualifizierten Delikten im tStGB – bei einigen erfolgsqualifizierten Delikten ist die Strafdrohung sogar identisch mit der des vorsätzlichen Totschlags[9] – könnte nach Ansicht dieser Arbeit[10] gleichzeitig mit der Einführung des Leichtfertigkeitsbegriffs auch § 17 tStGB wie folgt geändert werden:

„Knüpft das Gesetz an eine besondere Folge der Tat eine schwerere Strafe, so trifft sie den Täter oder Teilnehmer nur, wenn ihm hinsichtlich dieser Folge wenigstens Leichtfertigkeit zur Last fällt."

Die Erörterung der Schwere der Strafe bei besonderen Tatfolgen ist nicht Gegenstand dieser Arbeit und wird hier nur kurz angesprochen.

bb) Keine Abschaffung der Qualifikationsdelikte

Hier könnte sich die Frage stellen, ob mit der Einführung der allgemeinen Tatbestände der leichtfertigen Tötung bzw. leichtfertigen schweren Körperverletzung[11] die Qualifikationsdelikte mit Todesfolge sowie schwere Körperverletzung abgeschafft werden sollten.[12]

Führt eine ungewöhnlich gravierende und auffallende Sorgfaltspflichtverletzung zum Tod eines Opfers und erfüllt diese Sorgfaltspflichtverletzung ein Grunddelikt eines erfolgsqualifizierten Deliktes, wie z.B. illegale Rennen in Innenstädten, so besteht Tateinheit zwischen leichtfertiger Tötung und dem todeserfolgsqualifizierten Delikt, wie z.B. Herbeiführen einer Verkehrsgefahr mit Todesfolge (§ 185 Abs. 2 tStGB[13]). Allerdings sind die Strafdrohungen der todesferfolgsqualifi-

8 Englische Übersetzung verfügbar unter: https://law.moj.gov.tw/ENG/LawClass/LawSearchContent.aspx?pcode=C0000001&norge=17, zuletztabgerufenam07.01.2025.
9 Siehe oben [F. II. 2. a) aa)]
10 Siehe oben [F. II. 2. a) aa)]
11 Siehe unten [G. I. 3.]
12 Die Qualifikationsdelikte des tStGB umfassen die durch die Grunddelikte verursachte Todesfolge und die schwere Körperverletzung. Siehe Oben [F. II. 2. a) aa)]. Vorschlag zur Abschaffung des erfolgsqualifizierten Deliktes nach Einführung eines allgemeinen Tatbestandes der leichtfertigen Tötung vgl. *J. Lohmeyer*, Fahrlässige Tötung, S. 177 f.
13 § 185 Abs. 1 und 2 tStGB lautet: „(1) Wer Land- oder Wasserwege, Brücken oder andere öffentliche Verkehrseinrichtungen zerstört oder versperrt oder auf andere Weise den Verkehr gefährdet, wird mit Freiheitsstrafe bis zu fünf Jahren, Haftstrafe oder mit Geldstrafe bis zu fünfzehntausend Yuan bestraft. (2) Wird dadurch der Tod eines Menschen verur-

zierten Delikte im tStGB deutlich strenger als die hier vorgeschlagene Strafdrohung der leichtfertigen Tötung.[14] Soweit der Gedanke, Kriminalität mit schweren Strafen zu bekämpfen, noch im gesellschaftlichen Mainstream verankert ist, besteht keine Möglichkeit, diese Strafverschärfungen bei erfolgsqualifizierten Delikten abzuschaffen. Umgekehrt ist die Anhebung der Schwelle für die Feststellung eines erfolgsqualifizierten Deliktes umso notwendiger, um die drastische Strafverschärfung zu rechtfertigen, insbesondere unter der Prämisse, dass die Abschaffung des erfolgsqualifizierten Deliktes kaum zu erwarten ist.

2 Entwurf zur leichtfertigen Tötung

Die vorstehende Analyse führt zu dem Schluss, dass die Einführung eines allgemeinen Straftatbestands der fahrlässigen Tötung die geeignete Lösung ist, um die Strafbarkeitslücke zwischen vorsätzlichem Totschlag und fahrlässiger Tötung zu schließen.[15]

a) Entwurf zu § 276 Abs. 2 tStGB

Der geltende § 276 tStGB legt die fahrlässige Tötung fest; es ist daher geeignet, in diesen Paragraphen einen Absatz zur leichtfertigen Tötung einzufügen. Nach dem Vorbild des § 81 Abs. 1 und 3 öStGB zur grob fahrlässigen Tötung wird eine Änderung des § 276 Abs. 2 tStGB wie folgt vorgeschlagen:

§ 276 Abs. 2 AE tStGB: „Wer leichtfertig den Tod eines Menschen verursacht, wird mit Freiheitsstrafe nicht unter einem Jahr bis zu sieben Jahren bestraft; bei Tod von drei oder mehr Menschen mit Freiheitsstrafe nicht unter drei Jahren bis zu zehn Jahren.“

sacht, so ist die Strafe lebenslange Freiheitsstrafe oder Freiheitsstrafe nicht unter sieben Jahren; bei schwerer Körperverletzung mit Freiheitsstrafe von mehr als drei bis zu zehn Jahren.“ Englische Übersetzung verfügbar unter: https://law.moj.gov.tw/ENG/LawClass/LawSearchContent.aspx?pcode=C0000001&norge=185, zuletzt abgerufen am 07.01.2025.

14 Beispielsweise siehe oben [F. II. 2. a) aa)]

15 Zudem wird die Einführung eines allgemeinen Tatbestandes der fahrlässigen Tötung in das deutsche Strafgesetzbuch von verschiedenen Strafrechtswissenschaftlern vorgeschlagen. s. *Freund*, FS-Frisch, 677 (693-695).; *Rostalski*, GA 2017, 585 (595).; *Grünewald*, JZ 2017, 1079 (1071 f); *J. Lohmeyer*, Fahrlässige Tötungen, S. 137.

b) Auslegung

aa) Allgemeines

§ 276 Abs. 2 Hs. 1 AE tStGB ist ein selbständiges Delikt im Sinne der Deliktsqualifikation des § 276 Abs. 1 AE tStGB, der fahrlässigen Tötung.[16] Für die Annahme § 276 Abs. 2 AE müssen alle Voraussetzungen von § 276 (Abs. 1) tStGB erfüllt sein. § 276 Abs. 2 Hs. 2 AE tStGB ist eine selbständigen Qualifikation des § 276 Abs. 2 Hs. 1 AE tStGB bei Todesfolge von mehr als drei Personen.

Aufgrund der folgenden Überlegungen wird der Strafrahmen für leichtfertige Tötung nach der Anzahl der Todesopfer differenziert: Um die Mindeststrafe für vorsätzliche Totschlag mit der Freiheitsstrafe von zehn Jahren zu verknüpfen, muss die Höchststrafe für leichtfertige Tötung bis zu zehn Jahren betragen. Bei Straftaten, die im tStGB mit einer Höchststrafe von Freiheitsstrafe bis zu zehn Jahren bedroht sind, wird jedoch in den meisten Fällen eine Mindeststrafe von drei Jahren vergehängt, um eine zu große Diskrepanz zwischen den Strafrahmen zu vermeiden. Würde die leichtfertige Tötung als *Gan*zes mit einem Strafrahmen von drei Jahren bis zu zehn Jahren ausgestaltet, hätte dies zur Folge, dass in allen Fällen der leichtfertigen Tötung ohne besondere Strafmilderungsgründe[17] keine Möglichkeit der Strafaussetzung zur Bewährung[18] bestünde. Zu harte Strafen führen nur dazu, dass entweder die Rechtsbegriffe von den Richtern zu streng ausgelegt werden, wodurch die Rechtsbegriffe ihre praktische Wirksamkeit verlieren,

16 Zur Erläuterung wird auf § 81 öStGB Bezug genommen, s. *Burgstaller/Schütz*, WK² § 81 Rn. 4; *Kienapfel/Schroll*, BT I⁵, § 81 Rn. 4; Leukauf/Steininger/*Nimmervoll*, StGB4 (2017) § 81 Rn. 3

17 § 59 tStGB regelt die Strafmilderung nach Ermessen: „Sind die Umstände der Tat so offensichtlich mildernd, dass die Mindeststrafe als zu hoch erscheint, so kann die Strafe nach Ermessen gemildert werden." Englische Übersetzung verfügbar unter: https://law.moj.gov.tw/ENG/LawClass/LawSearchContent.aspx?pcode=C0000001&norge=59, zuletzt abgerufen am 07.01.2025.

18 § 74 tStGB regelt die Voraussetzung der Strafaussetzung zur Bewährung. Nur bei einer Verurteilung zu einer Freiheitsstrafe von nicht mehr als zwei Jahren kann das Gericht die Vollstreckung der Strafe zur Bewährung aussetzen. Englische Übersetzung verfügbar unter: https://law.moj.gov.tw/ENG/LawClass/LawSearchContent.aspx?pcode=C0000001&norge=74, zuletzt abgerufen am 07.01.2025.

oder dass § 59 tStGB[19] von der Rechtsprechung im Übermaß angewandt wird.[20]

bb) § 276 Abs. 2 Hs. 1 AE tStGB – leichtfertige Tötung

i Grundsatz

Die leichtfertige Tötung in § 276 Abs. 2 Hs. 1 AE tStGB ist ein selbständiges Delikt im Sinne der Qualifikation des § 276 (Abs. 1) tStGB fahrlässige Tötung. Alle Voraussetzungen der fahrlässigen Tötung müssen für die Strafbarkeit der fahrlässigen Tötung erfüllt sein, bei einem Schuldspruch ist § 276 (Abs.1) tStGB jedoch nicht zu zitieren.[21]

ii Tatbestand

(1) Objektive Sorgfaltspflichtverletzung in ungewöhnlich hohem Grad bei objektiver Vorhersehbarkeit des besonders naheliegenden tatbestandsmäßigen Erfolges

Der erhöhte Handlungsunwert der leichtfertigen Tötung liegt sowohl in einem erhöhten Grad der Abweichung vom Sorgfaltsmaßstab als auch in einem qualifizierten Gefährlichkeitsgrad, der sich aus einer Gesamtwürdigung aller im konkreten Fall risikoerhöhenden und -mindernden Faktoren ergibt, die aus der Sicht ex ante nach allgemeiner Erfahrung die außergewöhnlich hohe Wahrscheinlichkeit eines Unfalls mit tödlichem Ausgang begründen.[22]

In der Rechtspraxis ist der Straßenverkehrsunfall bei fahrlässiger oder leichtfertiger Tötung von Bedeutung. In der österreichischen Praxis werden folgende Möglichkeiten zur Feststellung einer Sorg-

19 aaO. Fn. 17.

20 Beispielsweise wird nach § 4 Abs. 2 des taiwanischen Betäubungsmittelgesetzes der Verkauf von Betäubungsmitteln zweiten Grades, wie z.B. Amphetamin und MDMA, mit Freiheitsstrafe nicht unter zehn Jahren oder mit lebenslanger Freiheitsstrafe bestraft. Die Gerichte verurteilen den Straßenhändler häufig nach § 59 zu einer milderen Strafe, auch wenn der Drogenhandel nachgewiesen ist, der Angeklagte den Drogenhandel aber nicht eingesteht. S. z.B. das rechtkräftige Urteil von Az. 113 Shan-Su 2309 von Taiwan High Court (臺灣高等法院113年度上訴字第2309號刑事判決) Volltext abrufbar unter: https://judgment.judicial.gov.tw/FJUD/data.aspx?ty=JD&id=TPHM,113%2c%e4%b8%8a%e8%a8%b4%2c2309%2c20241105%2c1, zuletzt abgerufen am 07.01.2025.

21 vgl. *Burgstaller/Schütz*, WK² § 81 Rn. 4

22 vgl. *Burgstaller/Schütz*, WK² § 81 Rn. 11, 12; *Kienapfel/Schroll*, BT I⁵, § 81 Rn. 14, 14/1.

faltspflichtverletzung in ungewöhnlich hohem Maße im Straßenverkehr in Betracht gezogen: Fahruntüchtigkeit aufgrund von besonders starkem Alkoholeinfluss, Übermüdung, Krankheit oder mangelnder Fahrpraxis; Sicherheitsmängel am Fahrzeug wie defekte Bremsen, abgefahrene Reifen oder unzureichende Beleuchtung; mangelnde Anpassung an schwierige Fahrbedingungen wie schlechte Sicht oder widrige Witterungsverhältnisse.[23] Diese Erwägungspunkte sind für die künftige Praxis bei der Feststellung, ob eine Sorgfaltspflichtsverletzung in ungewöhnlich hohem Maße vorliegt, von Bedeutung.

Bestimmte berufliche Tätigkeiten, wie z.B. Hirnoperationen, sind naturgemäß mit einem hohen Risiko verbunden. Dies bedeutet jedoch nicht ohne Weiteres, dass in diesen Fällen immer von Leichtfertigkeit ausgegangen werden kann. Leichtfertigkeit ist vielmehr so zu verstehen, dass das bei solchen Eingriffen ohnehin hohe normale Risiko durch ein sorgfaltspflichtwidriges Verhalten erheblich gesteigert wird.[24]

(2) Objektive Zurechnung

Der Tod muss unmittelbar auf das sorgfaltswidrige Verhalten zurückzuführen sein. Dies bedeutet, dass der Tod vom Schutzzweck der Sorgfaltsnorm erfasst sein muss und sich gerade die durch das sorgfaltswidrige Verhalten geschaffene Gefahr verwirklicht haben muss. Andernfalls macht sich der Täter nur der fahrlässigen Tötung schuldig.[25]

iii Rechtfertigungsgründe

Die Erfüllung des Leichtfertigkeitstatbestandes indiziert die Rechtswidrigkeit, sofern nicht ein gesetzlicher Rechtfertigungsgrund, z.B. Notwehr, rechtfertigender Notstand oder ein anerkannter Rechtfertigungsgrund, z.B. Einwilligung, vorliegt.[26]

iv Schuld

Die leichtfertige Tötung erfordert die Schuldkomponente, die dem objektiven Tatbestand entspricht. Dem Täter ist die gefahrerhöhende

23 *Burgstaller/Schütz*, WK² § 81 Rn. 14; *Kienapfel/Schroll*, BT I⁵, § 81 Rn. 23.
24 *Burgstaller/Schütz*, WK² § 81 Rn. 16; *Kienapfel/Schroll*, BT I⁵, § 81 Rn. 26.
25 *Burgstaller/Schütz*, WK² § 81 Rn. 18; *Kienapfel/Schroll*, BT I⁵, § 81 Rn. 28.
26 *Kienapfel/Schroll*, BT I⁵, § 80 Rn. 98 f., § 81 Rn. 34.

Bedeutung der spezifischen Bedingungen entweder bekannt oder zumindest aufgrund seiner Kenntnisse und Fähigkeiten erkennbar.[27] Ein ungewöhnlich hohes und auffälliges sorgfaltspflichtwidriges Verhalten des Täters indiziert eine entsprechende subjektive Sorgfaltspflichtverletzung. Eine nähere Prüfung der subjektiven Voraussetzungen der Leichtfertigkeit findet lediglich dann statt, wenn beim Täter ein geistiger oder körperlicher Defekt vorliegt.[28]

v Strafdrohung und Strafenpraxis

Der Strafrahmen bei leichtfertiger Tötung beträgt Freiheitsstrafe von einem Jahr bis zu sieben Jahren. Bei einer solchen Strafe besteht keine Möglichkeit, die Freiheitsstrafe durch eine Geldstrafe zu ersetzen.[29] Liegt ein Strafmilderungsgrund vor[30] und wird eine Freiheitsstrafe von weniger als sechs Monaten verhängt, so können an Stelle der Verbüßung der Freiheitsstrafe Sozialstunden geleistet werden.[31] Wenn eine Freiheitsstrafe nicht über zwei Jahren verhängt wird, kann die Strafe zur Bewährung ausgesetzt werden.[32] Nach § 80 Abs. 1 Nr. 2 verjährt die leichtfertige Tötung nach zwanzig Jahren.[33] Für die Aburteilung

27 vgl. *Burgstaller/Schütz*, WK² § 81 Rn. 22; *Kienapfel/Schroll*, BT I⁵, § 81 Rn. 36.

28 vgl. *Hinterhofer/Wirth*, ÖJZ 2016/104, 764 (770)

29 Ersetzung der Strafe nach § 41 tStGB, siehe oben [F. I. 2].

30 Ein möglicher Strafmilderungsgrund ist die Strafmilderung nach Ermessen, die in § 59 tStGB geregelt ist, s. aaO. Fn. 17.

31 Nach § 41 Abs. 1 tStGB ist Voraussetzung für die Ersetzung einer Freiheitsstrafe durch Geldstrafe, dass die Höchststrafe für die verurteilte Tat nicht mehr als fünf Jahre beträgt. Siehe oben [F. I. 2]. Die hier vorgeschlagene Höchststrafe für leichtfertige Tötung beträgt sieben Jahre und erfüllt somit nicht die Voraussetzung für die Ersetzung durch eine Geldstrafe. § 41 Abs. 3 tStGB sieht eine mögliche Alternative zur Freiheitsstrafe in Form von Sozialstunden für die Fälle vor, in denen die abgeurteilten Delikte die Voraussetzung des § 41 Abs. 1 nicht erfüllen. § 41 Abs. 3 tStGB lautet: „Wer zu einer Freiheitsstrafe von weniger als sechs Monaten oder zu einer Haftstrafe verurteilt worden ist und die Bestimmungen des ersten Absatzes über die Aussetzung von Geldstrafen nicht erfüllt, kann nach Maßgabe des vorstehenden Absatzes zur Leistung von Sozialstunde zugelassen werden." (Im Original: 受六月以下有期徒刑或拘役之宣告，不符第一項易科罰金之規定者，得依前項折算規定，易服社會勞動。) Englische Übersetzung verfügbar unter: https://law.moj.gov.tw/ENG/LawClass/LawSearchContent.aspx?pcode=C0000001&norge=41, zuletzt abgerufen am 07.01.2025.

32 vgl. § 74 Abs. 1. aaO. Fn. 18.

33 § 80 Abs. 1. Nr. 2 lautet: „(1) Die Strafverfolgung verjährt, wenn sie nicht innerhalb der folgenden Fristen eingeleitet wird: […] 2. Bei Verbrechen, deren Höchststrafe eine Freiheitsstrafe von drei Jahren oder mehr, aber weniger als zehn Jahren vorsieht, beträgt

des § 276 Abs. 2 AE tStGB ist das District Court als Dreirichter-Senat zuständig.

cc) § 276 Abs. 2 Hs. 2 AE tStGB – leichtfertige Tötung von drei oder mehr Menschen

i Grundsatz

§ 276 Abs. 2 Hs. 2 AE tStGB ist eine Qualifikation des § 276 Abs. 2 Hs. 1 AE tStGB. Wenn § 17 über die schwere Strafe bei besonderen Tatfolgen gleichzeitig mit der Voraussetzung der Leichtfertigkeit geändert wird, kann § 276 Abs. 2 Hs. 2 E tStGB als Erfolgsqualifikation bezeichnet werden. § 276 Abs. 2 Hs. 2 AE tStGB ist eine selbständige Qualifikation, so dass zur vollständigen Bezeichnung des Delikts kein Grunddelikt angeführt werden muss.[34]

Der Grund für die Festlegung von drei oder mehr Toten als Qualifikationsmerkmal liegt zum einen darin, dass es im Chinesischen das Konzept „drei Personen bilden eine Menge (三人成眾)“ gibt, und zum anderen darin, dass im tStGB „drei Personen“ als Qualifikationsmerkmal betrachtet werden, z.B. bei schwerem Diebstahl[35] oder schwerem Betrug.[36] Bei diesen Vergehen umfasst eine der Qualifikationen die gemeinschaftliche Begehung durch drei oder mehr Personen.

die Verjährungsfrist zwanzig Jahre.“ (Im Original: 追訴權，因下列期間內未起訴而消滅：…二、犯最重本刑為三年以上十年未滿有期徒刑之罪者，二十年。) Englische Übersetzung verfügbar unter: https://law.moj.gov.tw/ENG/LawClass/LawSearchContent.aspx?pcode=C0000001&norge=80, zuletzt abgerufen am 07.01.2025.

34 Zur Erläuterung wird auf § 81 öStGB Bezug genommen. s. *Burgstaller/Schütz*, WK² § 81 Rn. 107.

35 § 321 Abs. 1 Nr. 4. tStGB lautet. „(1) Wer eine Straftat nach Abs. 1 oder 2 des vorstehenden Paragraphen [des Diebstahls] begeht und eine der folgenden Tatbedingungen erfüllt, wird mit Freiheitsstrafe von sechs Monaten bis zu fünf Jahren und einer Geldstrafe bis zu fünfhunderttausend Yuan bestraft: […] 4. Wenn sich drei oder mehr Personen zur Begehung der Straftat zusammenschließen.“ (Im Original: 犯前條第一項、第二項之罪 而有下列情形之一者，處六月以上五年以下有期徒刑，得併科五十萬元以下罰金：…四、結夥三人以上而犯之。)Englische Übersetzung verfügbar unter: https://law.moj.gov.tw/ENG/LawClass/LawSearchContent.aspx?pcode=C0000001&norge=321, zuletzt abgerufen am 07.01.2025.

36 § 339-4 Abs. 1 Nr. 2 tStGB lautet: „(1) Wer den Straftatbestand des Betrugs nach § 339 unter einer der folgenden Tatbedingungen erfüllt, wird mit Freiheitsstrafe von mindestens einem Jahr bis zu sieben Jahren und mit Geldstrafe bis zu einer Million Yuan bestraft. ii. Wenn drei oder mehr Personen die Tat gemeinschaftlich begehen.“ (Im Original: 犯前條第

ii Tatbestand

§ 276 Abs. 2 Hs. 2 AE tStGB müssen alle Voraussetzungen § 276 Abs. 2 Hs. 1 AE tStGB. Im Folgenden wird nur auf die Besonderheiten der leichtfertigen Tötung von drei oder mehr Menschen eingegangen.

(1) Objektive Sorgfaltspflichtverletzung in ungewöhnlich hohem Grad bei objektiver Vorhersehbarkeit des naheliegenden tatbestandsmäßigen Erfolges

§ 276 Abs. 2 Hs. 2 AE tStGB setzt die Verwirklichung aller Tatbestandsvoraussetzungen der §§ 276 (Abs. 1) tStGB und Abs. 2 Hs. 1 AE tStGB voraus. Die Bejahung des § 276 Abs. 2 Hs. 2 AE tStGB setzt voraus, dass die gravierende Sorgfaltspflichtverletzung im Sinne des § 14 Abs. 3 AE tStGB als in ungewöhnlich hohem Maße und auffallend sorgfaltswidrig in Bezug auf die mögliche Todesfolge von drei oder mehr Personen zu beurteilen ist. Ist diese erforderliche besondere Vorhersehbarkeit des Verhaltens ex ante nur in Bezug auf wenige Personen gegeben, erscheint also die Todesfolge von drei oder mehr Personen nur entfernt möglich, so scheidet § 276 Abs. 2 Hs. 2 AE tStGB aus. Mit anderen Worten: Der gesteigerte Handlungsunwert muss sich auf den gesteigerten Erfolgsunwert, die daraus resultierende schwere Todesfolge von drei oder mehr Personen beziehen. Auch die Voraussetzung auf der Ebene des Verschuldens, die subjektive Vorhersehbarkeit, muss sich auf den erhöhten Handlungsunwert hinsichtlich des erhöhten Erfolgsunwerts beziehen.[37]

(2) Objektive Zurechnung

Alle Voraussetzungen der objektiven Zurechnung müssen im Hinblick auf die erforderliche Anzahl der eingetretenen Todesfälle erfüllt sein. So z.B.: Ein Täter begeht schwere Verkehrsverstöße – handelt also leichtfertig – und verursacht einen Unfall, bei dem drei Menschen ums Leben kommen. Eines der Opfer lehnt jedoch nach dem Unfall ohne

一項、第二項之罪而有下列情形之一者，處六月以上五年以下有期徒刑，得併科五十萬元以下罰金：四、結夥三人以上而犯之。) Englische Übersetzung verfügbar unter: https://law.moj.gov.tw/ENG/LawClass/LawSearchContent.aspx?pcode=C0000001&norge=339.4, zuletzt abgerufen am 07.01.2025.

37 Zur Erläuterung wird auf § 81 öStGB Bezug genommen. s. *Burgstaller/Schütz*, WK² § 81 Rn. 109; *Fuchs/Reindl-Krauskopf*, BT I⁷ 2020, S. 36.

triftigen Grund die ärztliche Behandlung ab, was zu seinem Tod führt. Die unbegründete Ablehnung der ärztlichen Behandlung stellt ein grob fahrlässiges Mitverschulden des Opfers dar, so dass die Todesfolge dem Täter nicht zugerechnet werden kann. Der Täter kann daher nicht wegen leichtfertiger Tötung von drei oder mehr Menschen (§ 276 Abs. 2 Hs. 2 AE tStGB), sondern nur wegen leichtfertiger Tötung (§ 276 Abs. 2 Hs. 1 AE tStGB) bestraft werden.

iii Schuld

Auf der Schuldebene sind die Voraussetzungen auf den jeweils erhöhten tatbestandlichen Unwert zu beziehen. Der konkrete Täter muss nach seinen individuellen Kenntnissen und Fähigkeiten in der Lage sein, die objektiv an seine Person gestellten Anforderungen zu erfüllen und den Erfolg vorauszusehen.[38]

iv Strafdrohung und Strafenpraxis

Der Strafrahmen bei leichtfertiger Tötung von drei oder mehr Menschen beträgt Freiheitsstrafe von drei Jahren bis zu zehn Jahren. Bei einer solchen Strafe besteht keine Möglichkeit, die Freiheitsstrafe durch eine Geldstrafe zu ersetzen[39] oder die Strafe zur Bewährung auszusetzen[40]. Nach § 80 Abs. 1 Nr. 1 Satz 2 verjährt die leichtfertige Tötung von drei oder mehr Menschen nicht.[41]

Wird ein Angeklagter der leichtfertigen Tötung von drei oder mehr Personen beschuldigt, so ist die Mitwirkung eines Verteidigers not-

38 *Burgstaller/Schütz*, WK² § 81 Rn. 109.

39 Ersetzung der Strafe nach § 41 tStGB, siehe oben [F. I. 2]

40 § 74 tStGB aaO. Fn. 18.

41 § 80 Abs. 1. Nr. 1 lautet: „(1) Die Strafverfolgung verjährt, wenn sie nicht innerhalb der folgenden Fristen eingeleitet wird: 1. Bei Verbrechen, deren Höchststrafe die Todesstrafe, lebenslange Freiheitsstrafe oder eine Freiheitsstrafe von mehr als zehn Jahren vorsieht, beträgt die Verjährungsfrist dreißig Jahre. Diese Verjährungsfrist gilt nicht für Straftaten, die den Tod zur Folge haben." (Im Original: 追訴權，因下列期間內未起訴而消滅：一、犯最重本刑為死刑、無期徒刑或十年以上有期徒刑之罪者，三十年。但發生死亡結果者，不在此限。) Englische Übersetzung verfügbar unter: https://law.moj.gov.tw/ENG/LawClass/LawSearchContent.aspx?pcode=C0000001&norge=80, zuletzt abgerufen am 07.01.2025.

wendig.[42] Bei leichtfertiger Tötung von drei oder mehr Menschen ist ein Absehen von der Strafverfolgung unter Auflagen und Weisungen nicht möglich.[43] Für die Aburteilung des § 276 Abs. 2 AE tStGB ist das District Court als Dreirichter-Senat zuständig.[44]

3 Entwurf zur leichtfertigen Körperverletzung

Auch wenn sich die bisherigen Erörterungen nur auf fahrlässige Tötungsdelikte konzentriert haben, ist eine gleichzeitige entsprechende Rechtsänderung bei fahrlässiger Körperverletzung von Bedeutung. Im alltäglichen Umgang und in der Rechtspraxis treten fahrlässige Körperverletzung oder schwere Körperverletzung häufig zusammen mit fahrlässiger Tötung auf. Wenn die fahrlässige Körperverletzung nicht

42 § 31 Abs. 1 Nr. 1 tStPO lautet: „Wenn einer der folgenden Umstände vorliegt und kein Verteidiger für das Verfahren gewählt wurde, bestellt der Vorsitzende dem Angeklagten einen Pflichtverteidiger: 1. in Fällen, in denen die Mindeststrafe eine Freiheitsstrafe von drei Jahren oder mehr ist." (Im Original: 有下列情形之一，於審判中未經選任辯護人者，審判長應指定公設辯護人或律師為被告辯護：一、最輕本刑為三年以上有期徒刑案件。) Englische Übersetzung verfügbar unter: https://law.moj.gov.tw/ENG/LawClass/LawSearchContent.aspx?pcode=C0010001&norge=31, zuletzt abgerufen am 07.01.2025.

43 § 253-1 Abs. 1 tStPO sieht als Voraussetzung für das Absehen von der Strafverfolgung unter Auflagen und Weisungen vor, dass es sich bei den zur Last gelegten Straftaten um solche handelt, die nicht mit Todesstrafe, lebenslanger Freiheitsstrafe oder Freiheitsstrafe im Mindestmaß von drei Jahren oder mehr bedroht sind. (Im Original: 被告所犯為死刑、無期徒刑或最輕本刑三年以上有期徒刑以外之罪，檢察官參酌刑法第五十七條所列事項及公共利益之維護，認以緩起訴為適當者，得定一年以上三年以下之緩起訴期間為緩起訴處分，其期間自緩起訴處分確定之日起算。) Englische Übersetzung verfügbar unter: https://law.moj.gov.tw/ENG/LawClass/LawSearchContent.aspx?pcode=C0010001&norge=253.1, zuletzt abgerufen am 07.01.2025.

44 Nach § 273-1 Abs. 1 tStPO ist ein Verbrechen, das im Mindestmaß mit Freiheitsstrafe von drei Jahren oder mehr bedroht ist, auch dann nicht für ein beschleunigtes Verfahren geeignet, wenn der Angeklagte das Verbrechen eingesteht. § 449 Abs. 3 sieht als Voraussetzung für das vereinfachte Verfahren vor, dass die verhängte Strafe eine Geldstrafe oder eine Freiheitsstrafe ist, die zur Bewährung ausgesetzt oder durch eine Geldstrafe oder durch Sozialstunden ersetzt werden kann. Aufgrund § 284-1 Abs. 1 tStPO ist die Hauptverhandlung in erster Instanz im Regelfalle im Dreier-Senat durchzuführen. Englische Übersetzungen dieser Paragrafen sind verfügbar unter: https://law.moj.gov.tw/ENG/LawClass/LawSearchContent.aspx?pcode=C0010001&norge=273.1, https://law.moj.gov.tw/ENG/LawClass/LawSearchContent.aspx?pcode=C0010001&norge=449, https://law.moj.gov.tw/ENG/LawClass/LawSearchContent.aspx?pcode=C0010001&norge=284.1, zuletzt abgerufen am 07.01.2025.

entsprechend angepasst wird, kann es zu systematischen Auslegungskonflikten kommen. Wenn z.B. nur der Strafrahmen für fahrlässige Tötung bei Leichtfertigkeit angepasst wird, könnte Folgendes passieren: Ein leichtfertiger Raser R fährt mit hoher Blutalkoholkonzentration in die falsche Richtung und kollidiert mit einem verkehrsgerecht fahrenden Motorrad, wobei der Motorradfahrer getötet und der Motorrad-Mitfahrer verletzt wird. Hinsichtlich der Todesfolge wird die Tat wegen der auffallend schwerwiegenden Sorgfaltspflichtverletzung als leichtfertig qualifiziert, während hinsichtlich der Körperverletzung die auffallend schwerwiegende Sorgfaltspflichtverletzung nur als Strafzumessungsgrund, nämlich als Maß der Pflichtwidrigkeit, herangezogen werden kann. In einem solchen Fall macht sich R nach der Idealkonkurrenz der leichtfertigen Tötung in Tateinheit mit fahrlässiger Körperverletzung strafbar und wird nur auf eine Strafe, die der leichtfertigen Tötung, erkannt. Hier besteht eine Uneinheitlichkeit in der Auslegung und Anwendung der erheblichen Sorgfaltspflichtverletzung. In einem Fall wird die erhebliche Sorgfaltspflichtverletzung teils als Tatbestandsmerkmal, teils als Strafzumessungsgrund angesehen. Es wäre daher zweckmäßiger, sich an der österreichischen Gesetzgebung zu orientieren und einen neuen Straftatbestand der Leichtfertigkeit bei fahrlässiger Körperverletzung einzuführen.

Der geltende § 284 tStGB lautet wie folgt: „Wer durch Fahrlässigkeit die Körperverletzung eines anderen Menschen verursacht, wird mit Freiheitsstrafe bis zu einem Jahr, mit Haftstrafe oder mit Geldstrafe bis zu hunderttausend Yuan bestraft; bei schwerer Körperverletzung mit Freiheitsstrafe bis zu drei Jahren, mit Haftstrafe oder mit Geldstrafe bis zu dreihunderttausend Yuan.“[45] Es ist angemessen, einen Absatz zur leichtfertigen Körperverletzung in diesen Paragraphen einzufügen.

45 Im Original: 因過失傷害人者，處一年以下有期徒刑、拘役或十萬元以下罰金；致重傷者，處三年以下有期徒刑、拘役或三十萬元以下罰金。Englische Übersetzung verfügbar unter: https://law.moj.gov.tw/ENG/LawClass/LawSearchContent.aspx?pcode=C0000001&norge=284, zuletzt abgerufen am 07.01.2025.

a) Entwurf zu § 284 Abs. 2 tStGB

Nach dem Vorbild des § 88 Abs. 2, 3 und 4 öStGB zur fahrlässigen Körperverletzung wird § 284 Abs. 2 tStGB so vorgeschlagen:

§ 284 Abs. 2 AE tStGB: „Wer leichtfertig die Körperverletzung eines anderen Menschen verursacht, wird mit Freiheitsstrafe bis zu zwei Jahren, mit Haftstrafe oder mit Geldstrafe bis zu zweihunderttausend Yuan bestraft; bei schwerer Körperverletzung eines anderen Menschen mit Freiheitsstrafe bis zu fünf Jahren, mit Haftstrafe oder mit Geldstrafe bis zu fünfhunderttausend Yuan; bei schwerer Körperverletzung von drei oder mehr Menschen mit Freiheitsstrafe bis zu sieben Jahren."

b) Auslegung

§ 284 Abs. 2 Hs. 1 AE tStGB erfasst die leichtfertige Körperverletzung, während § 284 Abs. 2 Hs. 2 AE tStGB die leichtfertige schwere Körperverletzung und § 284 Abs. 2 Hs. 3 AE tStGB die leichtfertige schwere Körperverletzung von drei oder mehr Personen regelt. Im Vergleich zu § 284 (Abs. 1) StGB ist der Qualifikationsfall des § 284 Abs. 2 Hs. 1 AE StGB (leichtfertige Körperverletzung) als eigenständige Qualifikation anzusehen. Dieser Qualifikationstatbestand dient als Grundtatbestand für die beiden unselbständigen Qualifikationstatbestände in § 284 Abs. 2 Hs. 2 (leichtfertige schwere Körperverletzung) und Hs. 3 (leichtfertige Körperverletzung von drei oder mehr Menschen) AE tStGB. Bei der bloßen Verwirklichung der leichtfertigen Körperverletzung bedarf es daher keiner Angabe der fahrlässigen Körperverletzung, während bei der leichtfertigen schweren Körperverletzung oder der leichtfertigen schweren Körperverletzung von drei oder mehr Personen konsequenterweise die Angabe des Grundtatbestandes im Sinne der leichtfertigen Körperverletzung erforderlich ist.[46]

46 Zur Erläuterung wird auf § 81 öStGB Bezug genommen. s. *Burgstaller/Schütz*, WK² § 88 Rn. 5. aA sieht die fahrlässige Körperverletzung als Grundtatbestand, während die grob fahrlässige Körperverletzung und die grob fahrlässige schwere Körperverletzung jeweils die unselbständigen Qualifikationen hierzu enthalten. vgl. *Kienapfel/Schroll*, BT I⁵, § 88 Rn. 2; Leukauf/Steiniger/*Nimmervoll*, StGB4 (2017) § 88 Rn. 1.

aa) § 284 Abs. 2 Hs 1 AE tStGB – leichtfertige Körperverletzung

Diese Klausel zur leichtfertigen Körperverletzung normiert gesteigerte Verhaltensanforderungen, d.h. die Qualifikation wird ausschließlich durch einen gesteigerten Handlungsunwert im Sinne des § 14 Abs. 3 AE tStGB konstituiert und als Erfolg genügt bereits eine leichte Körperverletzung.[47] Gravierende Sorgfaltspflichtverletzungen, die sich nicht in der Verletzung niedergeschlagen haben, bleiben unberücksichtigt.[48] Die Erfüllung des Leichtfertigkeitstatbestandes indiziert die Rechtswidrigkeit, sofern keine Rechtfertigungsgründe wie Notwehr, rechtfertigender Notstand oder Einwilligung vorliegen.[49] Die extreme Abweichung vom gebotenen Sorgfaltsmassstab muss dem Täter auch in ihrer Schwere persönlich vorwerfbar sein.[50]

Der Strafrahmen für leichtfertige Körperverletzung beträgt Freiheitsstrafe bis zu zwei Jahren. In diesem Fall kann die Freiheitsstrafe durch eine Geldstrafe oder durch Sozialstunden ersetzt werden.[51] Die Strafe kann zur Bewährung ausgesetzt werden.[52] Nach § 80 Abs. 1 Nr. 3 verjährt die leichtfertige Körperverletzung in zehn Jahren.[53] Für die Aburteilung des § 284 Abs. 2 Hs. 1 AE tStGB ist schließlich das District Court als Einzelrichter zuständig.[54] Die leichtfertige Körperverletzung

47 *Burgstaller/Schütz*, WK² § 88 Rn. 56, 58; *Kienapfel/Schroll*, BT I⁵, § 88 Rn. 65.

48 *Birklbauer/Lehmkuhl/Tipold*, BT I⁶, § 88 Rn. 8.

49 Siehe oben [G. I. 2. b) bb) iii.]

50 *Fuchs/Reindl-Krauskopf*, BT I⁷, S. 32.

51 Ersetzung der Strafe nach § 41 tStGB, siehe oben [F. I. 2]. Ersetzung einer Freiheitsstrafe durch Sozialstunden nach § 41 Abs. 3 siehe oben Fn. 31.

52 vgl. § 74 Abs. 1. aaO. Fn. 18.

53 § 80 Abs. 1. Nr. 3 lautet: „(1) Die Strafverfolgung verjährt, wenn sie nicht innerhalb der folgenden Fristen eingeleitet wird: […] 3. Bei Verbrechen, deren Höchststrafe eine Freiheitsstrafe von einem Jahr bis unter drei Jahren vorsieht, beträgt die Verjährungsfrist zehn Jahre." (Im Original: 追訴權，因下列期間內未起訴而消滅：…三、犯最重本刑為一年以上三年未滿有期徒刑之罪者，十年。) Englische Übersetzung verfügbar unter: https://law.moj.gov.tw/ENG/LawClass/LawSearchContent.aspx?pcode=C0000001&norge=80, zuletzt abgerufen am 07.01.2025.

54 § 284-1 Abs. 1 Nr. 1 tStPO lautet: „(1) Mit Ausnahme des vereinfachten Verfahrens, des beschleunigte Verfahrens und der folgenden Straftaten findet die Hauptverhandlung in erster Instanz im Dreier Senat statt: 1. Straftaten, deren Höchststrafe eine Freiheitsstrafe von nicht mehr als drei Jahren, eine Haftstrafe oder eine Geldstrafe ist." (Im Original: 除簡式審判程序、簡易程序及下列各罪之案件外，第一審應行合議審判：一、最重本刑為三年

sollte nach der hier vertretenen Ansicht wie die fahrlässige Körperverletzung im tStGB als bloßes Antragsdelikt eingestuft werden.[55]

bb) § 284 Abs. 2 Hs. 2 AE tStGB – leichtfertige schwere Körperverletzung

§ 284 Abs. 2 Hs. 2 AE tStGB enthält die Verhaltensqualifikation des § 284 Abs. 2 Hs. 1 AE tStGB einerseits und die Erfolgsqualifikation im Sinne des § 10 Abs. 4 andererseits.[56] Der qualifizierte Erfolgsunwert muss dem gesteigerten Handlungsunwert zuzurechnen sein und bereits ex ante eine entsprechend gesteigerte Reichweite aufweisen.[57]

Der Strafrahmen für leichtfertige schweren Körperverletzung beträgt Freiheitsstrafe bis zu fünf Jahren. In diesem Fall kann die Freiheitsstrafe durch eine Geldstrafe oder durch Sozialstunden ersetzt werden.[58] Nach § 80 Abs. 1 Nr. 2 verjährt die leichtfertige schwere Körperverletzung in zwanzigen Jahren.[59] Die Strafe kann zur Bewährung

以下有期徒刑、拘役或專科罰金之罪。) Englische Übersetzung verfügbar unter: https://law.moj.gov.tw/ENG/LawClass/LawSearchContent.aspx?pcode=C0010001&norge=284.1, zuletzt abgerufen am 07.01.2025.

55 § 287 Satz 1 tStGB lautet: „Die vorsätzliche Körperverletzung nach § 277 Abs. 1 und § 281 sowie die fahrlässige Körperverletzung nach § 284 werden nur auf Antrag verfolgt.“ (Im Original: 第二百七十七條第一項、第二百八十一條及第二百八十四條之罪，須告訴乃論。) Englische Übersetzung verfügbar unter: https://law.moj.gov.tw/ENG/LawClass/LawSearchContent.aspx?pcode=C0000001&norge=287, zuletzt abgerufen am 07.01.2025.

56 § 10 Abs. 4 tStGB regelt die Legaldefinition der schweren Körperverletzung: „(4) Als schwere Körperverletzungen gelten: 1. die Zerstörung oder schwere Beeinträchtigung des Augenlichts auf einem oder beiden Augen; 2. die Zerstörung oder schwere Beeinträchtigung des Gehörs auf einem Ohr oder auf beiden Ohren; 3. die Zerstörung oder schwere Beeinträchtigung der Fähigkeit zu sprechen, zu schmecken oder zu riechen; 4. Zerstörung oder schwere Beeinträchtigung der Funktion eines oder mehrerer Glieder; 5. Zerstörung oder schwere Beeinträchtigung der Fortpflanzungsfähigkeit; 6. sonstige schwere, unheilbare oder irreversible Schädigungen des Körpers oder der Gesundheit.“ (Im Original: 稱重傷者，謂下列傷害：一、毀敗或嚴重減損一目或二目之視能。二、毀敗或嚴重減損一耳或二耳之聽能。三、毀敗或嚴重減損語能、味能或嗅能。四、毀敗或嚴重減損一肢以上之機能。五、毀敗或嚴重減損生殖之機能。六、其他於身體或健康，有重大不治或難治之傷害。) Englische Übersetzung verfügbar unter: https://law.moj.gov.tw/ENG/LawClass/LawSearchContent.aspx?pcode=C0000001&norge=10, zuletzt abgerufen am 07.01.2025.

57 *Burgstaller/Schütz*, WK² § 88 Rn. 78; *Kienapfel/Schroll*, BT I⁵, § 88 Rn. 67.

58 Ersetzung der Strafe nach § 41 tStGB, siehe oben [F. I. 2]. Ersetzung einer Freiheitsstrafe durch Sozialstunden nach § 41 Abs. 3 siehe oben Fn. 31.

59 aaO. Fn. 33.

ausgesetzt werden.[60] Die leichtfertige schwere Körperverletzung sollte nach der hier vertretenen Ansicht wie die fahrlässige Körperverletzung im tStGB als bloßes Antragsdelikt eingestuft werden.[61]

cc) § 284 Abs. 2 Hs. 3 AE tStGB – leichtfertige schwere Körperverletzung von drei oder mehr Menschen

§ 284 Abs. 2 Hs. 3 AE tStGB ergänzt die vorher genannte Kombination von schwerer Verletzung und den Umständen des § 276 Abs. 2 Hs. 2 AE tStGB mit der Anzahl der Opfer.

Der Strafrahmen für leichtfertige schwere Körperverletzung von drei oder mehr Menschen beträgt Freiheitsstrafe bis zu sieben Jahren. Bei einer solchen Strafe besteht keine Möglichkeit, die Freiheitsstrafe durch eine Geldstrafe zu ersetzen.[62] Wird eine Freiheitsstrafe von weniger als sechs Monaten verhängt, so können an Stelle der Verbüßung der Freiheitsstrafe Sozialstunden geleistet werden.[63] Wenn eine Freiheitsstrafe nicht über zwei Jahre verhängt wird, kann die Strafe zur Bewährung ausgesetzt werden.[64] Nach § 80 Abs. 1 Nr. 2 verjährt die leichtfertige leichtfertige schwere Körperverletzung von drei oder mehr Menschen nach zwanzig Jahren.[65]

60 vgl. § 74 Abs. 1. aaO. Fn. 18.

61 § 287 Satz 1 tStGB lautet: „Die vorsätzliche Körperverletzung nach § 277 Abs. 1 und § 281 sowie die fahrlässige Körperverletzung nach § 284 werden nur auf Antrag verfolgt." (Im Original: 第二百七十七條第一項、第二百八十一條及第二百八十四條之罪，須告訴乃論。) Englische Übersetzung verfügbar unter: https://law.moj.gov.tw/ENG/LawClass/LawSearchContent.aspx?pcode=C0000001&norge=287, zuletzt abgerufen am 07.01.2025.

62 Ersetzung der Strafe nach § 41 tStGB, siehe oben [F. I. 2].

63 Ersetzung einer Freiheitsstrafe durch Sozialstunden nach § 41 Abs. 3 siehe oben Fn. 31.

64 aaO. Fn. 18. § 74 Abs. 1.

65 aaO. Fn. 41. § 80 Abs. 1. Nr. 1

II Erprobung des Änderungsvorschlags an den Ausgangsfällen

Im Folgenden ist zu prüfen, ob die oben vorgeschlagene Gesetzesänderung auf die Ausgangsfälle anwendbar ist. Um die Diskussion zu fokussieren, werden sich die Fallarbeiten auf die schwerste Todesfolge um den Tatbestand der leichtfertigen Tötung beschränken. Es ist zu prüfen, ob eine schwerwiegende Sorgfaltspflichtverletzung im Sinne des § 14 Abs. 3 vorliegt, wodurch der naheliegende Erfolgseintritt vorhersehbar ist.

1 Gebäudeeinsturz-Fall (Weiguan-Jinlong)[66]

a) Verantwortung von A

aa) Objektive Sorgfaltspflichtverletzung in ungewöhnlich hohem Grad bei objektiver Vorhersehbarkeit des naheliegenden tatbestandsmäßigen Erfolges

Eine Sorgfaltspflichtverletzung in außergewöhnlichem Ausmaß liegt vor, wenn entweder eine erhebliche Verletzung einer einzelnen Pflicht oder eine Vielzahl von Pflichten aufeinander folgend verletzt werden.

A und C entwarfen trotz Kenntnis der Tatsache, dass sie weder als Architekten noch als Tragwerksplaner qualifiziert waren, selbst die Baupläne für das Gebäude. Dabei verkürzten sie willkürlich die Bewehrung der Träger-Säulen-Verbindungen und ersetzten willkürlich große Träger durch kleinere, ohne die (schon unzureichende) Tragwerksplanung von B zu berücksichtigen. Während der Bauarbeiten reduzierten A und C nochmals den Säulenquerschnitt sowie die Bewehrungsmenge und entfernten die Trennwände. A und C besaßen keine ausreichenden

66 Siehe oben [B. II. 1.]

Kenntnisse in Architektur und Tragwerksplanung und konnten daher nicht sicherstellen, dass die von ihnen entworfenen Pläne eine ausreichende Erdbebensicherheit und andere Sicherheitsmerkmale aufwiesen. Dieses Verhalten stellt bereits einen offensichtlichen Verstoß gegen die Sicherheitsvorschriften im Bauwesen dar.

A stellte während der Bauarbeiten nicht ausreichend qualifiziertes Personal zur Aufsicht zur Verfügung, um sicherzustellen, dass die verwendeten Baumaterialien den Anforderungen der Entwurfspläne entsprachen und dass der Bauprozess den Sicherheitsvorschriften entsprach.

Um Kosten zu sparen, beauftragte A keinen Architekten mit der Erstellung der Baupläne oder der Bauaufsicht, sondern benutzte den Namen des Architekten E für eine (im Vergleich zur tatsächlichen Beauftragung mit der Erstellung der Baupläne und der Bauaufsicht) relativ geringe Gebühr, um die Unterlagen formell ordnungsgemäß zu erstellen. Von der Planung bis zum Bau fehlte es an einer fachgerechten Überprüfung und Überwachung der Sicherheit, was zu einem völligen Versagen des Überwachungsmechanismus für die Sicherheit des Gebäudes führte und wiederum einen erheblichen und offensichtlichen Verstoß gegen die Sorgfaltspflicht darstellte.

Häuser mit unzureichender Erdbebensicherheit sind bei einem Erdbeben einsturzgefährdet, was in Taiwan, das in der pazifischen Erdbebenzone liegt, eine allgegenwärtige Gefahr darstellt. Es ist auch unvermeidlich, dass der Einsturz eines Mehrfamilienhauses zu schweren Verletzungen und Todesfällen führt. A entwarf und baute Wohngebäude, die nicht ausreichend erdbebensicher waren, was die Möglichkeit eines Einsturzes in sich barg.

bb) Objektive Zurechnung

Durch das Planen und Bauen von Wohngebäuden mit unzureichendem Sicherheitsstandard schuf A die Gefahr, dass die Wohngebäude mit unzureichendem Sicherheitsstandard einstürzen und dadurch Todesopfer herbeiführen. Diese Gefahr verwirklichte sich im tatbestandlichen Erfolg.

cc) Subjektive Sorgfaltspflichtverletzung in ungewöhnlich hohem Grad bei subjektiver Vorhersehbarkeit des naheliegenden tatbestandsmäßigen Erfolges

Die objektiv schwerwiegende Sorgfaltspflichtverletzung bei objektiv naheliegender Vorhersehbarkeit des Erfolgseintritts indiziert das Verschulden des Täters. In diesem Fall liegt keine Ausnahme vor, die bei A einen Schuldminderungsgrund darstellen könnte.

dd) Ergebnis

Daraus ergibt sich, dass sich A wegen leichtfertiger Tötung von drei oder mehr Menschen gemäß § 276 Abs. 2 Hs. 2 AE tStGB strafbar machte.

b) Verantwortung von C

C, der weder als Architekt noch als Tragwerksplaner zertifiziert war, entwarf zusammen mit A die Baupläne für das Gebäude und reduzierte willkürlich die Säulenquerschnitte sowie die Bewehrungsmengen und entfernte die Trennwände. Dieses Verhalten verstieß in erheblichem Maße gegen die Sorgfaltspflicht für die Sicherheit des Bauwerks und machte somit einen Gebäudeeinsturz im Falle eines Erdbebens vorhersehbar.

In der Todesfolge verwirklichte sich die von C geschaffene Lebensgefährdung durch Planung und Bau von Wohngebäuden mit unzureichendem Sicherheitsstandard. Bei C liegt kein Schuldminderungsgrund vor.

c) Verantwortung von D und E

D und E waren sich als Architekten der Notwendigkeit bewusst, dass die Bauplanung und die Bauaufsicht von einem lizenzierten Architekten durchgeführt werden müssen, um sicherzustellen, dass das Gebäude und die Bauqualität den Sicherheitsstandards entsprechen. E war jedoch damit einverstanden, dass A gegen Entgelt den Namen von E verwendete, damit A die Unterlagen formell ordnungsgemäß erstellen konnte. Inzwischen erledigte D im Namen von E die Büroarbeiten. Dies hatte zur Folge, dass während des gesamten Planungs- und Bauprozesses kein qualifizierter Architekt die Sicherheit der Planung des Gebäudes überprüfte und die Kontrollmechanismen de facto nicht existierten. Dadurch wurde die Sorgfaltspflicht in erheblichem Maße verletzt, was die Möglichkeit eines Einsturzes des Gebäudes aufgrund fehlender Sicherheitsstandards in sich barg.

Hätten D und E die Prüf- und Überwachungsarbeiten tatsächlich durchgeführt, hätte die mangelhafte Tragfähigkeit des Gebäudes rechtzeitig erkannt und gelöst werden können. In der Todesfolge verwirklichte sich die von D und E geschaffene Lebensgefährdung durch Planung und Bau von Wohngebäuden mit unzureichendem Sicherheitsstandard. Ein Schuldminderungsgrund liegt bei D und E nicht vor.

D und E machten sich wegen leichtfertiger Tötung von drei oder mehr Menschen gemäß § 276 Abs. 2 Hs. 2 AE tStGB strafbar.

d) Verantwortung von B

B berechnete die Eigenlast des Baukörpers um 44,3 % zu niedrig, was zu einer um 16,3 % zu niedrigen Querkraftabschätzung führte. Zusammen mit den unsachgemäßen Kürzungen der Säulenquerschnitte ergibt sich für Bs Tragwerksplanung eine Gesamtfehlerquote von 76 %. Angesichts der hohen Gesamtfehlerquote ist festzustellen, dass diese fachliche Nachlässigkeit erheblich ist.

Die Gutachten kommen zu dem Schluss, dass der von B begangene Berechnungsfehler, die von A und C eigenmächtig vorgenommene Reduzierung der Säulenquerschnitte und die Verwendung von Baumaterial mit unzureichender Festigkeit zu den Ursachen gehören, die zusammen zum Einsturz des Gebäudes führten. Ohne einen dieser Faktoren wäre das Gebäude möglicherweise nicht eingestürzt. Hier stellt sich daher eine Frage: Im vorliegenden Fall erstellten A und C den Bauplan, folgten jedoch nicht Bs Tragwerksplanung, sondern reduzierten die Säulenquerschnitte aufs Neue. A ließ die Bauarbeiten wiederum ohne Aufsicht durchführen und verwendete ungeeignete Baustoffe. Das leichtfertige Verhalten von A und C lag weit außerhalb der allgemeinen Lebenserfahrung und war für B nicht vorhersehbar. Es muss dann untersuchte werden, ob B der Einsturz des Gebäudes unter eigenverantwortlicher Mitwirkung von A und C zuzurechnen ist. Aufgrund der obigen Analyse ist festzustellen, dass das Verhalten von A und C weit außerhalb der allgemeinen Lebenserfahrung liegt, was als Leichtfertigkeit einzustufen ist und für B nicht vorhersehbar war. Bs fehlerhafte Tragwerksplanung begründete das Risiko einer unzureichenden Tragfähigkeit des Gebäudes, aber bei diesem Risiko handelt es sich nicht um die Verhinderung einer vorsätzlichen oder fahrlässigen Begehung durch Dritte. Die Zurechnung an B ist daher nach der in dieser Arbeit vertretenen Ansicht[67] auszuschließen.

B machte sich – entgegen dem Ergebnis des Urteils – weder wegen fahrlässiger Tötung nach § 276 (Abs. 1) tStGB noch wegen leichtfertiger Tötung nach § 276 Abs. 2 AE tStGB strafbar.

2 Staubbrand-Fall[68]

Nach § 14 Abs. 3 AE tStGB ist das Kriterium der Leichtfertigkeit erfüllt, wenn die Sorgfaltspflicht in ungewöhnlich hohem Maße und in auffallender Weise verletzt wird und daher dem Täter die Tatbestandsverwirklichung geradezu voraussehbar ist. Bei Unterlassungsdelikten kann die Häufung von Handlungspflichtverletzungen, also mehrere Garantenpflichtverletzungen, zur Begründung der Leichtfertigkeit führen.

Lü organisierte bereits mehrere Veranstaltungen mit Farbpulverstaub und verfügte über ein Grundverständnis für die Entflammbarkeit von Staub. Als gewerblicher Organisator von Großveranstaltungen übernahm er die aktive Kontrolle über die Sicherheitseinrichtungen für die Unfallverhütung, den Personenverkehr und die Notfallrettung, was seine Garantenstellung des Überwachergaranten begründete. Das Personal vor Ort wurde nie über die Gefahren von Maisstärkestaub informiert und es fehlten nicht nur Sicherheitsanweisungen für den Umgang mit Maisstärkestaub, wie z.B: Sprühhäufigkeit, Dichte, Sprührichtung usw., sondern auch Notfallpläne, damit das Personal im Not-

67 vgl. Siehe oben [F. II. 2. b)]
68 Siehe oben [B. II. 2.]

fall die Anweisungen befolgen und den Partygästen weitergeben kann. Der Veranstaltungsort nutzte das leere Schwimmbecken als Tanzfläche, wobei der Zugang zum Schwimmbecken/Tanzfläche nur über einige wenige Leitern am Schwimmbeckenrand möglich war, was zu offensichtlich unzureichenden Fluchtwegen führte. Mit anderen Worten, es fehlten jegliche Sicherheitsvorkehrungen für die gesamte Veranstaltung. Angesichts der mehrfachen Unterlassung von Maßnahmen zur Gefahrenabwehr, die *Lüs* Garantenpflicht als Organisator verletzte, ist ein gesteigertes Maß an Sorgfaltspflichtverletzung zu bejahen.

Von Anfang an wurden mehr als 4000 Teilnehmer erwartet. Ohne entsprechende Sicherheitsvorkehrungen kann ein besonnener und gewissenhafter Mensch die durch brennenden Staub in Kombination mit fehlenden Fluchtwegen verursachte Menge an Todesfällen in Betracht ziehen.

In Unkenntnis der Entflammbarkeit des Staubes sprühte das Personal den Staub in Richtung der Bühnenbeleuchtung, was zur Entzündung des Staubes führte. Aufgrund unzureichender Fluchtwege konnten die Partygäste, die sich auf dem Boden des Swimmingpools / der Tanzfläche versammelt hatten, den Brandort nicht schnell verlassen, wodurch sich die Katastrophe ausweitete. Die durch *Lüs* Unterlassung geschaffene Gefahr verwirklichte sich im tatbestandlichen Erfolg. Der Erfolg ist *Lü* somit objektiv zurechenbar.

Lü verfügte über Grundkenntnisse über die Brennbarkeit von Maisstärkestaub und hatte daher das Wissen und die Fähigkeit, geeignete Sicherheitsmaßnahmen zu ergreifen. Er konnte also die schwerwiegenden Folgen des Unfalls vorhersehen, die eintraten, weil geeignete Unfallverhütungsmaßnahmen fehlte.

Folglich ist festzustellen: *Lü* machte sich daher der leichtfertigen Tötung von drei oder mehr Menschen strafbar.[69]

69 Das leichtfertige Verhalten von A und C ist dazwischengetreten. Der Einsturz des Gebäudes und die dadurch verursachten Todesfälle und (schweren) Verletzungen sind daher nicht Bs beruflichem Berechnungsfehler zuzurechnen. Es kann daher außer Betracht bleiben, ob sich B wegen fahrlässiger oder leichtfertiger Körperverletzung strafbar machte.

3 Taroko-Eisenbahnunfall[70]

a) Verantwortung von A

Als Bauleiter auf der Baustelle vernachlässigte A zuerst die Errichtung von Schutzmaßnahmen im Bereich einer Eisenbahnstrecke, um zu verhindern, dass von der Baustelle herabfallende Gegenstände auf das Gleis gelangen. A vernachlässigte die Einstellanweisung weiter und arbeitete am Tag des Unfalls ohne Schutzmaßnahmen weiter. Nachdem der Kranwagen am Rand des Abhangs abgestellt worden war, wandte A eine ungeeignete Methode an, indem er einen Bagger mit einem nicht ausreichend tragfähigen Seil an der Kranwange hochzog, um den Kranwagen an einen sicheren Ort zu bringen. Diese Abhilfemaßnahme liegt außerhalb der normalen Lebenserfahrung und stellt einen erheblichen Verstoß gegen die Sorgfaltspflicht im Bereich der Bausicherheit dar. Angesichts einerseits der Unterlassung von Schutzmaßnahmen zur Gefahrenabwehr und andererseits der ungewöhnlich riskanten Methode, den auf der Kante abgestellten Kranwagen in Sicherheit zu bringen, ist ein erhöhter Grad der Sorgfaltspflichtverletzung zu bejahen.

Es war der erste Ferientag und daher mit einem großen Reiseverkehr zu rechnen. Ein Zusammenstoß mit einem Zug und ein Fremdkörper auf dem Gleis können somit zu einer Vielzahl von Todesopfern führen, was ohne weiteres vorhersehbar ist.

Die von A geschaffene Gefahr verwirklichte sich in der tödlichen Folge des Zusammenstoßes von Zug und Kranwagen. Bei A liegt kein Schuldminderungsgrund vor.

Infolgedessen machte sich A wegen leichtfertiger Tötung von drei oder mehr Menschen gemäß § 276 Abs. 2 Hs. 2 AE tStGB strafbar.

b) Verantwortung von E, F, G und H

E, F, G und H hatten eine eigene Aufsichtspflicht über die Bauarbeiten K51. Bereits im März 2019 sowie im Juni und Oktober 2020 geschahen an der Baustelle K5 vereinzelte Vorfälle, bei denen LKWs auf der Berg-

70 Siehe oben [B. II. 3.]

straße der Baustelle abrutschten, was auf das Risiko hindeutete, dass Gegenstände bzw. LKWs den Hang hinunterstürzen könnten. Alle vier unterließen es jedoch, A entsprechend zu ermahnen, die Sicherungsmaßnahmen zu verbessern. Sie vernachlässigten es auch, die Schutzmaßnahmen entlang der Baustellengrenze und die Schutzeinrichtungen am Hang zu überprüfen. Die vorliegenden Vorkommnisse waren für sie ein Warnsignal, dass ein Risiko durch herabfallende Gegenstände von der Baustelle auf die Strecke vor Ort besteht. Sie reagierten jedoch in vielen Fällen nicht darauf, was eine erhebliche Sorgfaltspflichtverletzung darstellt. Die vorliegenden Vorfälle zeigten auch, dass ein Unfall durch herabfallende Gegenstände am Hang vorhersehbar war.

Hätten E, F, G und H ihre Kontroll- und Überwachungsaufgaben tatsächlich wahrgenommen, hätte die mangelhafte Sicherung der Baustelle rechtzeitig erkannt und behoben werden können. Hier stellt sich daher die Frage, ob das unvorstellbar leichtfertige Verhalten von A, den Kranwagen mit einem Bagger an einen sicheren Ort zu bringen, die Zurechnung der Vernachlässigung ihrer Überprüfungspflicht an E, F, G und H ausschließt. Im Gegensatz zu B im *Gebäudeeinsturz-Fall (Weiguan-Jinlong)* haben E, F, G und H die Aufsicht über As Arbeit. Mit anderen Worten: Sie schufen eine rechtlich relevante Gefahr, indem sie ihre Aufsichtspflicht verletzten, die gerade dem Schutz vor vorsätzlichen oder fahrlässigen Handlungen Dritter (hier: A) diente. Unabhängig davon, durch welches Fehlmanöver As ein Gegenstand von der Baustelle auf den Gleiskörper fällt, handelt es sich um eine solche Gefahr, die sich typischerweise als durch Unterlassen von E, F, G und H herbeigeführte Erstgefahr darstellt. Eine Zurechnung an E, F, G und H ist daher zu bejahen. Bei E, F, G und H liegt kein Schuldminderungsgrund vor.

Demzufolge machten sich E, F, G und H wegen wegen leichtfertiger Tötung nach § 276 Abs. 2 AE tStGB strafbar.

c) Verantwortung von D

Nachdem der Kranwagen an der Kante abgestellt war, legte D auf Weisung des A einen Stein unter die Hinterräder des Kranwagens, um zu verhindern, dass der Kranwagen nach hinten umkippte. Auf As Weisung fuhr D den Bagger auf A zu, wodurch keine rechtlich relevante Gefahr geschaffen wurde. D verletzte daher keine Sorgfaltspflicht und machte sich weder wegen leichtfertiger noch wegen fahrlässiger Tötung strafbar.

4 Propylenexplosion-Fall[71]

a) Die Arbeiter der LCY Corporation und der CGTD Corporation vor Ort

Ab 20:55 Uhr, als zum ersten Mal festgestellt wurde, dass Propylen nicht ordnungsgemäß gefördert wurde, führten die Arbeiter der LCY Corporation und der CGTD Corporation vor Ort zwei unangemessene und unsachgemäße Inspektionen durch, und Propylen wurde zweimal, um 21:23 Uhr und 22:10 Uhr, wieder befördert. Die Propylenbeförderung wurde schließlich um 23:35 Uhr eingestellt.

Das Berufungsgericht und das Revisionsgericht hielten die Rechtfertigung der Mitarbeiter der LCY Corporation und der CGTD Corporation für stichhaltig, dass es keine geeigneten Inspektionsmethoden gebe, um festzustellen, ob sich ein Leck in der Pipeline befunden habe, und dass die Situation die Sorgfaltspflicht der Arbeiter überstiegen habe. Dieses Argument ist jedoch nicht überzeugend. Nachdem die erste Inspektion abgeschlossen war und die Propylenbeförderung um 21:23 Uhr wieder aufgenommen wurde, erhielt der Empfänger immer noch nicht die entsprechende Menge Propylen. Unter diesen Umständen sollte es nicht schwer fallen, nach dem Massenerhaltungssatz ein Leck in der Pipeline zu vermuten. Die Propylenlieferung hätte dann sofort gestoppt werden müssen, anstatt einen unwirksamen Test durchzuführen und dann um 22:10 Uhr erneut Propylen zu liefern. Die erneute Propylenlieferung um 22:10 Uhr sollte als Sorgfaltspflichtverletzung gewertet werden. Die Menge an Propylen (Propylenlieferung von 22:10 Uhr bis 23:35 Uhr), die sich außerhalb der Pipeline befand, barg ein erhebliches Risiko für Brände und damit verbundene Gefahren für Menschenleben

71 Siehe oben [B. II. 4.]

und Sachwerte. Dies ist unter den gegebenen Umständen als vorhersehbar einzustufen.[72]

Bei der Prüfung der objektiven Zurechnung stellt sich hier die Frage nach dem Pflichtwidrigkeitszusammenhang. Das heißt, ob der Eintritt des Erfolges bei pflichtgemäßem Verhalten vermieden worden wäre. Obwohl es versäumt wurde, den Ursprung des anormalen Durchflusses zu ermitteln, was logischerweise auf ein Leck in der Pipeline hinwies, und obwohl die erneute Propylenlieferung eine größere Menge an ausgetretenem Propylen zur Folge hatte, was logischerweise zu einer weiteren Ausbreitung der Explosion führen konnte, ist es schwierig nachzuweisen – und in diesem Fall auch nicht bewiesen -, in welchem Umfang die zwischen 22:10 Uhr und 23:35 Uhr ausgetretene Propylenmenge zur Ausbreitung der Explosion beitrug. Daher wird den Mitarbeitern der LCY Corporation und der CGTD Corporation vor Ort keine Verantwortung für die Explosion zugerechnet.[73]

Schließlich machten sich die Mitarbeiter der LCY Corporation und der CGTD Corporation vor Ort weder der leichtfertigen Tötung von drei oder mehr Personen gemäß § 276 Abs. 2 Hs. 2 AE tStGB noch der fahrlässigen Tötung gemäß § 276 (Abs. 1) tStGB strafbar.

b) Der Fabrikdirektor und der CEO der LCY Corporation

aa) Der Fabrikdirektor der LCY Corporation

Der Werksleiter der LCY Corporation ist aufgrund seiner Sorgfaltspflicht verpflichtet, die Wartung der 4-Zoll-Pipeline sicherzustellen, vernachlässigte diese Sorgfaltspflicht jedoch und führte keine regelmäßigen Inspektionen durch. Bei der Wartung der Pipeline handelt es sich um die Sicherheit der Beförderung eines gefährlichen Rohstoffes und die Vernachlässigung der Sicherheitsprüfung dieser Pipeline stellt daher eine Sorgfaltspflichtverletzung in hohem Maße dar. Die Argumentation des Berufungsgerichts, es sei für den Fabrikleiter nicht vor-

72 Siehe oben [D. II. 3. c) bb) ii.]
73 Siehe oben [D. II. 4. a)]

hersehbar gewesen, dass die 4-Zoll-Pipeline im Kastendurchlass eingeschlossen war, und es fehle daher an der Vorhersehbarkeit, ist also nicht haltbar.

Die Verwirklichung des Tatbestands im Sinne der Leichtfertigkeitsdefinition bedeutet, dass die Verwirklichung des Tatbestands in der Kausalität geradezu voraussehbar ist, nicht notwendigerweise in der zeitlichen Unmittelbarkeit der Tatbestandsverwirklichung. Im Gegensatz zum *Gebäudeeinsturz-Fall (Weiguan-Jinlong)*, bei dem die Einsturzgefahr eines strukturell unsicheren Gebäudes bei Erdbeben bereits zum Zeitpunkt der Errichtung des Gebäudes besteht und damit konkret ist, handelt es sich hier bei der Gasaustrittsgefahr um eine sich im Laufe der Zeit entwickelnde und damit abstrakte Gefahr. Obwohl die Vernachlässigung der Sicherheitsprüfung der Rohrleitung eine gravierende Sorgfaltspflichtverletzung darstellt, ist diese Sorgfaltspflichtverletzung mangels naheliegender Vorhersehbarkeit nur als Fahrlässigkeit zu qualifizieren.

Die routinemäßige Wartung der Pipeline zielt nicht auf eine bestimmte Art von Leck ab, sondern darauf, ob ein Leck in der Pipeline einstanden ist. In dem tatbestandlichen Erfolg, nämlich der Todesfolge, verwirklichte sich die vom Fabrikleiter geschaffene Gefahr, nämlich die Lebensgefahr durch Vernachlässigung der routinemäßigen Kontrolle der Rohrleitung. Somit ist die Todesfolge dem Betriebsleiter der LCY Corporation zuzurechnen.

Der Fabrikleiter verfügte über Grundkenntnisse der Sicherheitsprüfung an der Rohrleitung und hatte daher das Wissen und die Fähigkeit, geeignete Sicherheitsmaßnahmen zu ergreifen. Er konnte daher die schwerwiegenden Unfallfolgen voraussehen, wenn die geeigneten Unfallverhütungsmaßnahmen ausblieben.

Durch die Vernachlässigung der Überprüfungspflicht schuf der Fabrikleiter die Gefahr eines Gasaustritts, die sich in einem tatsächlichen Erfolg verwirklichte. Beim Fabrikleiter liegt kein Schuldminderungsgrund vor.

Folglich machte sich der Fabrikleiter wegen fahrlässiger Tötung gemäß § 276 (Abs. 1) tStGB strafbar.

bb) Der CEO der LCY Corporation

Der CEO der LCY Corporation hatte auch die Sorgfaltspflicht, die Sicherheit der Propylenlieferung zu gewährleisten. Hier stellt sich die Frage, ob sich der CEO auf den Vertrauensgrundsatz berufen kann, um die Sorgfaltspflicht zu umgehen. Die Umgehung der Sorgfaltspflicht auf Grund des Vertrauensgrundsatzes in einer strukturierten Organisation setzt voraus, dass die zuständigen Personen ihrer Auswahl- und Überwachungspflicht nachkommen.[74] Nachdem die LCY Corporation im Jahr 2008 durch die Fusion mit der Fuju Corporation das Eigentum und die Nutzungsrechte an der 4-Zoll-Pipeline erwarb, war die LCY Corporation verpflichtet, die Sicherheit der Pipeline zu gewährleisten. In diesen Jahren wendete die LCY Corporation keine Kosten für Inspektionen, Wartung und Instandhaltung der Pipeline außerhalb des Werks auf, was in den Finanzberichten dargestellt ist. Der CEO stellte jedoch keine Mindestanforderungen in Bezug auf die Inspektion der Pipeline außerhalb des Werksgeländes, was zeigt, dass die Überwachungspflicht nicht erfüllt wurde. Mit anderen Worten, der CEO hat seine Überwachungspflicht vernachlässigt und kann daher nicht auf den Vertrauensgrundsatz stützen. Ergo ist die Sorgfaltspflichtverletzung erfüllt, die die Möglichkeit eines Gasaustritts in sich barg. Die Argumentation des Berufungsgerichts, dass der CEO aufgrund des Prinzips der hierarchischen Verantwortung der LCY Corporation die erforderliche Sorgfaltspflicht nicht verletzt habe, ist daher widersprüchlich. In Anbetracht der Tatsache, dass den CEO eine sekundäre Kontrollpflicht trifft, ist die Frage, ob die Schwierigkeit dieser Vernachlässigung das Kriterium der Leichtfertigkeit erfüllt, nach hier vertretener Ansicht jedoch zu verneinen.

Durch die Vernachlässigung der Überprüfungspflicht schuf der CEO die Gefahr eines Gasaustritts, die sich in einem tatsächlichen Erfolg verwirklichte. Ein Milderungsgrund für das Verschulden des CEO liegt nicht vor.

Infolgedessen machte sich der CEO wegen fahrlässiger Tötung gemäß § 276 (Abs. 1) tStGB strafbar.

74 Siehe oben [D. II. 3. a) bb) ii. & iii.]

c) Personal des Abwasserableitungsprojekts

Zhao, *Chiu* und *Yang* wussten als Planer, Aufseher und Prüfer des Abwasserleitungsprojekts sehr genau, dass die Bauarbeiten für den Kastendurchlass die 4-Zoll-Pipeline umfassten. Anstatt einen Lösungsplan zu erstellen, ließen sie den Kastendurchlass als ursprünglichen Bauplan ausführen. Dies führte dazu, dass die 4-Zoll-Pipeline in einen Kastendurchlass eingeschlossen wurde, in dem die Pipeline auf dem Abwasserpegel hing und der kathodische Korrosionsschutz nicht erreicht wurde. Die Entstehung einer Korrosion durch dauerhafte Einwirkung von Feuchtigkeit auf die Rohrleitung und das Auftreten eines Lecks an der Rohrleitung ist nach allgemeiner Lebenserfahrung vorhersehbar.

Wäre von Anfang an bei der Durchführung des Abwasserleitungsprojekts entweder die Verlegung der 4-Zoll-Pipeline oder andere notwendige Maßnahmen berücksichtigt worden, wäre es nicht zu dem Gasaustritt durch Korrosion der Pipeline gekommen. Es stellt sich jedoch die Frage, ob das fahrlässige Verhalten des Fabrikleiters und des CEO der LCY Corporation, die routinemäßige Sicherheitsprüfung an der Rohrleitung zu vernachlässigen, die Zurechnung an *Zhao*, *Chiu* und *Yang* ausschließt. Nach der auch hier vertretenen Ansicht verwirklicht sich im fahrlässigen Fehlverhalten eines Dritten eine Gefahr, mit der gerechnet werden muss und die deshalb in den Verantwortungsbereich des Ersttäters fällt.[75] Demnach ist die Todesfolge *Zhao*, *Chiu* und *Yang* objektiv zurechenbar. Ein Milderungsgrund für das Verschulden liegt hier nicht vor.

Infolgedessen machten sich *Zhao*, *Chiu* und *Yang* wegen fahrlässiger Tötung gemäß § 276 (Abs. 1) tStGB strafbar.

5 Fazit

Aufgrund der vorliegenden Fallanalysen kann festgestellt werden, dass in kritischen Fällen der Begriff der Leichtfertigkeit zur Anwendung kommt und die Strafe für den Täter entsprechend erhöht werden kann.

75 *Rengier*, AT, § 13 Rn. 95; *Roxin/Greco*, AT I, § 11 Rn. 143.

Hinsichtlich der strafrechtlichen Verantwortlichkeit bestimmter (Neben-)Täter bestehen jedoch erhebliche Unterschiede zwischen der derzeitigen taiwanischen Rechtspraxis und der in dieser Arbeit vertretenen Auffassung: Der schwerwiegende Erfolg ist dem Täter nicht zuzurechnen, wenn das Dazwischentreten eines Dritten außerhalb der allgemeinen Lebenserfahrung liegt, d.h. leichtfertig begangen wird. Dies hat zur Folge, dass weniger Angeklagte strafrechtlich zur Verantwortung gezogen werden können. Dies erscheint jedoch angemessener, da es schwer zu akzeptieren ist, für einen völlig unerwarteten Fehler eines anderen verantwortlich gemacht zu werden. Für Täter, die aufgrund des Dazwischentretens eines Dritten strafrechtlich nicht zur Verantwortung gezogen werden können, können andere Verantwortlichkeiten, wie z.B. vertragliche Verpflichtungen, herangezogen werden.

H Zusammenfassung

Angesichts der Strafrahmenlücke zwischen vorsätzlichem Totschlag und fahrlässiger Tötung wird vorgeschlagen, den Begriff der Leichtfertigkeit in das tStGB einzuführen und mit diesem Begriff die Strafrahmenlücke zu schließen.

Der Begriff der Leichtfertigkeit wird als erhöhte Form der Fahrlässigkeit verstanden. Nach der vorliegenden Untersuchung ist festzustellen, dass eine erhöhte Fahrlässigkeit nur dann festgestellt werden kann, wenn das Gesamtergebnis der Bewertung des Handlungsunrechts mit dem entsprechenden Schuldunrecht gemeinsam betrachtet wird. Der konkrete Erfolg bleibt außer Betracht.

Auf der Tatbestandsebene ist lediglich das Merkmal der „objektiven Sorgfaltspflichtverletzung bei objektiver Vorhersehbarkeit des tatbestandsmäßigen Erfolges“ geeignet, diese gesteigerte Form der Fahrlässigkeit zu begründen. Dabei müssen sowohl die Sorgfaltspflichtverletzung als auch die Vorhersehbarkeit des Erfolgseintritts in besonders qualifizierter Weise vorliegen. Das heißt, die Abweichung des konkreten Verhaltens vom Maßstab der gebotenen Sorgfalt und die damit verbundene geradezu vorhersehbare Wahrscheinlichkeit des Erfolgseintritts sind für die Feststellung der Leichtfertigkeit erforderlich. Auf der Schuldebene ist zu prüfen, ob trotz des erforderlichen Unrechtsmoments schuldmindernde Umstände die erhöhte Fahrlässigkeit, also die Leichtfertigkeit, entfallen lassen können.

Leichtfertigkeit ist weder mit bewusster Fahrlässigkeit gleichzusetzen noch auf eine gesteigerte Form der bewussten Fahrlässigkeit beschränkt. Auch gesteigerte unbewusste Fahrlässigkeit kann Leichtfertigkeit begründen. Leichtfertigkeit als Tatbestandsmerkmal verstößt nicht gegen das Doppelverwertungsverbot und widerspricht sich nicht als Strafschärfungsgrund. Das psychologische Phänomen des Rückschaufehlers begründet kein ausreichendes Argument gegen die Einführung des Leichtfertigkeitsbegriffs im tStGB. Gegen dieses allgemeine Phänomen sollte einerseits durch Verfahrensvorschriften, z.B. Beweisregeln, und andererseits durch geeignete Maßnahmen, z.B. Prüfung von Alternativen, vorgegangen werden.

Zur Schließung der Strafrahmenlücke zwischen fahrlässiger Tötung und vorsätzlichem Totschlag gibt es Alternativen. Sie sind jedoch nicht zielführend. Eine generelle Herabsetzung der Mindeststrafe für vorsätzliche Tötung und eine generelle Erhöhung der Höchststrafe für fahrlässige Tötung sind nach der geltenden Struktur des tStGB Sackgassen. Es ist auch nicht möglich, den Grad der Sorgfaltspflichtverletzung individuell nach dem Inhalt der jeweiligen Spezialnorm zu formulieren. Eine Erhöhung des Strafmaßes nach der Anzahl der Todesopfer bewertet einerseits das Handlungsunrecht nicht vollständig und führt andererseits zu weiteren Auslegungsproblemen in der taiwanischen Rechtspraxis. Eine Formulierung nach „in besonders schweren Fällen" führt dazu, dass die Auslegung von „in besonders schweren Fällen" gerade der Definition der Leichtfertigkeit entspricht. Das öStGB schaffte die Klausel „unter besonders gefährlichen Verhältnissen" bereits ab und führte stattdessen die grobe Fahrlässigkeit ein. Ohne die aktuelle Auslegung zu „unter besonders gefährlichen Verhältnissen" in der vorbildlichen Rechtsprechung heranzuziehen, ist die Straferhöhung auf diese Weise nicht zu empfehlen.

Obwohl es keine gesetzliche Definition gibt, spielt Leichtfertigkeit im tStGB bereits eine Rolle. Beispielsweise bei der Strafzumessung oder bei der Begründung einer fahrlässigen Tötung, beim negativen Rechtfertigungsgrund der Beleidigung bis hin zu den Voraussetzungen der erweiterten Einziehung. Eine genauere gesetzliche Definition könnte die Einheitlichkeit der Rechtsprechung fördern.

Neben dem allgemeinen Tatbestand der leichtfertigen Tötung kann der Begriff der Leichtfertigkeit in vielen Bereichen des tStGB von Nutzen sein. In der Strafrechtswissenschaft wird seit Langem gefordert, bei erfolgsqualifizierten Delikten einen strengeren Maßstab anzulegen. Eine leichtfertig herbeigeführte schwere Folge ist ein häufig genannter Vorschlag. Der Begriff der Leichtfertigkeit kann bei der objektiven Zurechnung und der Abgrenzung der Verantwortlichkeit des Täters, etwa bei Fehlverhalten des Opfers oder in Rettungsfällen, eine präzise Auslegung bieten. Auch im Verfahrensrecht könnte Leichtfertigkeit ein Kriterium sein, z.B. bei der Prüfung von Verfahrensmissbrauch oder bei der Kostenfestsetzung.

Im Hinblick auf die systematische Auslegung wird die Einführung der Leichtfertigkeit in das tStGB in folgenden Paragraphen vorgeschlagen:

1. Gesetzliche Definition der Leichtfertigkeit
   § 14 Abs. 3 AE tStGB: „Leichtfertig handelt, wer in ungewöhnlich hohem Grad und auffallend sorgfaltswidrig handelt und dadurch die Verwirklichung des Tatbestands geradezu voraussieht."
2. Kriterium des erfolgsqualifizierten Delikts
   § 17 tStGB: *„Knüpft das Gesetz an eine besondere Folge der Tat eine schwerere Strafe, so trifft sie den Täter oder Teilnehmer nur, wenn ihm hinsichtlich dieser Folge wenigstens Leichtfertigkeit zur Last fällt."*
3. Leichtfertige Tötung
   § 276 Abs. 2 AE tStGB: „Wer leichtfertig den Tod eines Menschen verursacht, wird mit Freiheitsstrafe nicht unter einem Jahr bis zu sieben Jahren bestraft; bei Tod von drei oder mehr Menschen mit Freiheitsstrafe nicht unter drei Jahren bis zu zehn Jahren."
4. Leichtfertige Körperverletzung
   § 284 Abs. 2 AE tStGB: „Wer leichtfertig die Körperverletzung eines anderen Menschen verursacht, wird mit Freiheitsstrafe bis zu zwei Jahren, mit Haftstrafe oder mit Geldstrafe bis zu zweihunderttausend Yuan bestraft; bei schwerer Körperverletzung eines anderen Menschen mit Freiheitsstrafe bis zu fünf Jahren, mit Haftstrafe oder mit Geldstrafe bis zu fünfhunderttausend Yuan; bei schwerer Körperverletzung von drei oder mehr Menschen mit Freiheitsstrafe bis zu sieben Jahren."

Die Erprobung an den Ausgangsfällen, die die Diskussion um die Einführung der Leichtfertigkeit auslösten, zeigt, dass in kritischen Fällen der Leichtfertigkeitsbegriff zur Anwendung kommt und die Strafe für den Täter entsprechend erhöht werden kann.

Literaturverzeichnis

Ahle, Anne, Der besonders schwere Fall des Totschlags, 2020.

Altenhain, Karsten, in: Kindhäuser, Urs/Neumann, Ulfrid/Paeffgen, Hans-Ullrich/Saliger,Frank (Hrsg.), Nomos Kommentar Strafgesetzbuch, 6. Aufl. 2023, § 261 (zitiert: NK-StGB/Altenhain, § 261)

Anderson, John C./Jennings, Marianne M./Lowe, D. Jordan/Reckers, Philip M.J., The Mitigation of Hindsight Bias in Judge's Evaluation of Auditor Decisions, A Journal of Practice & Theory, 1997, 20-39.

Arkes, Hal R., Impediments to Accurate Clinical Judgment and Possible Ways to Minimize Their Impact, Journal of Consulting and Clinical Psychology, 1981, 323-330.

Arzt, Gunther, Leichtfertigkeit und recklessness, in: Gedächtnisschrift für Horst Schröder (zitiert: GS-Schröder), 1978, 119-143.

Baumann, Jürgen et al., Alternativ-Entwurf eines Strafgesetzbuches, Allgemeiner Teil, 2. Aufl., 1969.

Baumann, Jürgen/Weber, Ulrich/Mitsch, Wolfgang/Eisele, Jörg, Strafrecht, Allgemeiner Teil (zitiert: AT), 13. Aufl. 2021.

Becker-Carus, Christian/Wendt, Mike, Allgemeine Psychologie, 2. Aufl., 2017.

Bertel, Christian/Schwaighofer, Klaus, Österreichisches Strafrecht Besonderer Teil I, 12. Aufl. 2012. (zitiert: Bertel/Schwaighofer, BT I^{12})

Bertel, Christian/Schwaighofer, Klaus/Venier, Andreas, Österreichisches Strafrecht Besonderer Teil I, 16. Aufl. 2023. (zitiert: Bertel/Schwaighofer/Venier, BT I^{16})

Birklbauer, Alois, Die Bedeutung von (medizinischen) Leitlinien im Strafrecht, JMG 2019, 16-23.

Birklbauer, Alois, Grobe Fahrlässigkeit bei medizinischen Behandlungsfehlern, in: Festschrift für Matthias Neumayr (ziztiert: FS-Neumayer), 2023, 2187-2200.

Birklbauer, Alois/Oberlaber, Johannes/Schmidthuber, Kathrin, Die Strafrechtsreform 2015, 2016.

Birklbauer, Alois/Lehmkuhl, Marianne Johanna/Tipold, Alexander, Strafrecht Besonderer Teil I, 6. Aufl., 2022 (zitiert: Birklbauer/Lehmkuhl/Tipold, BT I^{6})

Birnbaum, Christian, Die Leichtfertigkeit – zwischen Fahrlässigkeit und Vorsatz (zitiert: Die Leichtfertigkeit), 2000.

Blank, Hartmut/Nestler, Steffen, Cognitive Process Models of Hindsight Bias, Social Cognition, 2007, 132-146.

Blank, Hartmut/Nestler, Steffen/von Collani, Gernot/Fischer, Volkhard, How many hindsight biases are there?, Cognition, 106 (2008), 1408-1440.

Bosch,Nikolaus, Zurechnung des Todes eines Berufsretters bei fahrlässig verursachtem Brand, JURA (JK) 2022, 257.

Brox, Hans/Walker, Wolf-Dietrich, Allgemeines Schuldrecht (zitiert: SchuldR AT), 47. Aufl. 2023.

Burgstaller, Manfred, Das Fahrlässigkeitsdelikt im Strafrecht, 1974.

Burgstaller, Manfred/Schütz, Hannes, in: Höpfel, Frank/Ratz, Eckart (Hrsg.), Wiener Kommentar zum Strafgesetzbuch. 2. Aufl., 2017, § 6. (zitiert: Burgstaller/Schutz, WK², § 6)

Burgstaller, Manfred/Schütz, Hannes, in: Höpfel, Frank/Ratz, Eckart (Hrsg.), Wiener Kommentar zum Strafgesetzbuch. 2. Aufl., 2018, §§ 80, 81, 88 (zitiert: Burgstaller/Schütz, WK² § …)

Bussmann, Kai-D., Zur Dogmatik erfolgsqualifizierter Delikt nach dem Sechsten Strafrechtsreformegestz, GA 1999, 21-34.

Bülte, Jens, Möglichkeiten und Grenzen beweiserleichternder Tatbestandsfassungen im Strafrecht, JZ 2014, 603-612.

Bülte, Jens, in: Joecks, Wolfgang/ Jäger, Markus/ Randt, Karsten (Hrsg.), Steuerstrafrecht, 9. Aufl. 2023, StGB § 261. (zitiert: Joecks/Jäger/ Randt/Bülte, StGB § 261)

Chao, Hsi-Hua, Zur Änderung der Strafen für Alkohol am Steuer, Congress Monthly , Vol. 477, 2013, 51-56. (Im Original: 趙晞華，論酒駕肇事刑罰之修正，國會月刊，第477期，2013年，第51-56頁。)

Chen, Ching-Lin, Zum § 185-3 des Strafgesetzbuches, dem Straftatbestand des unsicheren Fahrens – unter besonderer Berücksichtigung der Trunkenheit am Steuer, 2015. (Im Original: 陳靖琳，論刑法第185條之3不能安全駕駛罪—以飲酒駕駛行為為中心，2015年。)

Chen, Chun-Wei, Bemerkung zum neuen Tatbestand der unbegründeten Kontoweitergabe im Geldwäschegesetz von 2023, Formasan Jursit, Vol. 28, 2023, 78-96. (Im Original: 陳俊偉，2023年新增洗錢防制法無正當理由交付提供帳戶帳號罪評釋，台灣法律人，第28期，2023年，第78-96頁。)

Deiters, Mark, Bedingter Vorsatz als Beweisthema im Strafprozess, ZIS 2019, 401-406.
Duttge, Gunnar, Zur Bestimmtheit des Handlungsunwerts von Fahrlässigkeitsdelikten, 2001.
Duttge, Gunnar, Rückschaufehler und Fahrlässigkeit_Die strafrechtliche Perspektive, RW, 2/2019, 153-170.
Duttge, Gunnar, in: Erb, Volker/Schäfer, Jürgen (Hrsg.), Münchner Kommentar zum Strafgesetzbuch, 5. Aufl. 2024, StGB § 15 (zitiert: MüKoStGB/Duttge StGB § 15)
Eisele, Jörg, in: Schönke, Adolf/Schröder, Horst (hrsg.), Strafgesetzbuch Kommentar, 30. Aufl. 2019. vor § 13 StGB (zitiert: Schönke/Schröder/Eisele, Vor § 13 StGB)
Eschelbach, Ralf, in: Satzger, Helmut/Schluckebier, Willhelm/Werner, Raik (Hrsg.), Strafgesetzbuch Kommentar, 6. Aufl., 2024, § 46 (zitiert: SSW-StGB/Eschelbach, § 46)
Eschelbach, Ralf, in: von Heintschel-Heinegg, Bernd/Kudlich, Hans (Hrsg.), Beck'sche Online-Kommentare Strafgesetzbuch, 63. Aufl., 2024. § 212 (zitiert: BeckOK StGB/Eschelbach, § 212)
Fabrizy, Ernst Eugen, Strafgesetzbuch StGB samt ausgewählten Nebengesetzen, 11. Aufl. 2013. (zitiert: Fabrizy, StGB11)
Fischer, Thomas, Strafgesetzbuch: mit Nebengesetzen (zitiert: StGB), 71. Aufl., 2024.
Fischhoff, Baruch, Hindsight ≠ foresight: The effect of outcome knowledge on judgment under uncertainty, Journal of Experimental Psychology: Human Perception and Performance 1975, 288-299.
Fischhoff, Baruch, For those condemned to study the past, in: Kahneman, Daniel/Slovic, Paul/Tversky, Amos, (ed.) Judgment under uncertainty: Heuristics and biases in hindsight (zitiert: Judgment under uncertainty), 1982, 335-351.
Freund, Georg, Die besonders leichtfertige Tötung, in: Grundlagen und Dogmatik des gesamten Strafrechtssystems – Festschrift für Wolfgang Frisch zum 70. Geburtstag (zitiert: FS-Frisch), 2013, 677-695.
Frisch, Wolfgang, Tatbestandsmäßiges Verhalten und Zurechnung des Erfolgs, Unveränderter Nachdruck der 1988 erschienenen 1. Aufl. 2012.
Frister, Helmut, Strafrecht Allgemeiner Teil (zitiert: AT), 10. Aufl., 2023.

Fuchs, Helmut/Reindl-Krauskopf, Susanne, Strafrecht Besonderer Teil I, 4. Aufl., 2014. (zitiert: Fuchs/Reindl-Krauskopf, BT I[4])

Fuchs, Helmut/Reindl-Krauskopf, Susanne, Strafrecht Besonderer Teil I, 7. Aufl., 2020. (zitiert: Fuchs/Reindl-Krauskopf, BT I[7])

Fuchs, Helmut/Zerbes, Ingeborg, Strafrecht Allgemeiner Teil I, 12. Aufl., 2024.(zitiert:Fuchs/Zerbes, AT I[12])

Gaede, Karsten, in: Matt, Holger/Renzikowski, Joachim (Hrsg.), Strafgesetzbuch Kommentar, 2. Aufl. 2020, § 15. (zitiert: Matt/Renzikowski/Gaede, § 15)

Gan, Tian-Gui, Die Grenze zwischen Berufsfahrlässigkeit und allgemeiner Fahrlässigkeit (Teil I), The Taiwan Law Review, Vol. 26, 1997, 64-65). (Im Original: 甘添貴，業務過失與普通過失之界限(上)，月旦法學雜誌，第26期，1997年，第64-65頁。)

Gieg, Georg, in: Barthe, Christoph/Gericke, Jan (Hrsg.), Karlsruher Kommentar zur Strafprozessordnung, 9. Aufl. 2023, § 469 (zitiert: KK-StPO/Gieg, StPO § 469)

Grommes, Sabine, in: Knauer, Christoph/Kudlich, Hans/Schneider, Hartmut, (Hrsg.), Münchener Kommentar zur Strafprozessordnung, 2. Aufl. 2024, StPO § 469 (zitiert: MüKo-StPO/Grommes, StPO § 469)

Grünewald, Anette, Anmerkung zum Urteil des LG Berlin vom 27.2.2017, (535 KS) 251 Js 52/16 (8/16) = Juristenzeitung 2017, JZ 2017, 1069-1072.

Guthrie, Chris/Rachlinski, Jeffery J./Wistrich, Andrew J., Cornell Law Review, 2001, 777-830.

Hall, Karl Alfred, Über die Leichtfertigkeit – ein Vorschlag de lege Verena, in: Festschrift für Edmund Mezger zum 70. Geburtstag (zitiert: FS-Mezger), 1954, 229-248

Hastie, Reid/Viscusi, W. Kip, What Juries Can't Do Well: The Jury's Performance as a Risk Manager, Arizona Law Review 1998, 901-922.

Hecker, Bernd, in: Schönke, Adolf/Schröder, Horst (hrsg.), Strafgesetzbuch Kommentar, 30. Aufl. 2019. vor § 315c StGB (zitiert: Schönke/Schröder/Hecker StGB § 315c)

Heger, Martin, in: Lackner, Karl/Kühl, Kristian/Heger, Martin (Hrsg.) Strafgesetzbuch Kommentar, 30. Aufl. 2023, (zitiert: Lackner/Kühl/Heger/Heger, StGB)

Herzberg, Rolf D., Ein neuer Begriff der strafrechtlichen Fahrlässigkeit, GA 2001, 568-582.

Henssler, Martin, in: Säcker, Franz Jürgen/Rixecker, Roland/Oetker, Hartmut/Limperg, Bettina (Hrsg.), Münchener Kommentar zum Bürgerlichen Gesetzbuch, 9. Aufl. 2023, § 619a (zitiert: MüKoBGB/Henssler, 9. Aufl. 2023, § 619a)

Hettinger, Michael, Abschied von den „unselbstständigen" Abwandlungen oder den besonders schweren Fällen oder von beiden? In: Gerechte Strafe und legitimes Strafrecht, Festschrift für Manfred Maiwald zum 75. Geburtstag (zitiert: FS-Maiwald), 2010, 293-323.

Hinterhofer, Hubert/Wirth, Birgit Julia, Begriff und Bedeutung der groben Fahrlässigkeit nach dem Strafrechtsänderungsgesetz 2015, ÖJZ 2016/104, 764-775.

Hirsch, Hans Joachim , Zur Problematik des erfolgsqualifizierten Delikts, GA 1972, 65-78.

Hörne, Tatjana, Vorsatzfeststellung in „Raser-Fällen", NJW 2018, 1576-1579.

Hörnle, Tatjana, Plädoyer für die Aufgabe der Kategorie „bedingter-Vorsatz", JZ 2019, 440-449.

Hsu, Heng-da, Zur Strafbarkeit des Finanzagenten wegen Geldwäsche – mit Bemerkung zum Beschluss Az. 108 Tai-Shan-Da 3101, The Taiwan Law Review, Vol. 319, 2021, 6-24. (Im Original: 許恒達，人頭帳戶提供者的洗錢刑責-評最高法院108年度台上大字第3101號刑事裁定，月旦法學，第319期，2021年，第6-24頁。)

Hsu, Heng-da, Zum Tatbestand der Versammlung von mehr als drei Personen an öffentlichen Orten unter Anwendung von Gewalt oder Drohungen sowie zu seiner Strafschärfungsklausel, Contemporary Law Journal, Vol. 19, 2023, 115-127. (Im Original: 許恒達，聚眾施強暴脅迫罪的犯罪結構與加重要件，當代法律，第19期，2023年，第115-127 頁。)

Hsu, Wei-Chun, Zur Betrugsstrafbarkeit des Finanzagenten, The Taiwan Law Review, Vol. 168, 2009, 257-269 ff.) (Im Original: 徐偉群，提供人頭帳戶之詐欺罪責，月旦法學，第168期，2009年，第257-269頁。)

Hsu, Yu-Hsiu, Objektiver Vorsatzbegriff? – ein Kommentar zur deutschen Theorie über indirekten Vorsatz, Chengchi Law Review, Vol. 48 (1993), 45-118. (Im Original: 許玉秀，客觀的故意概念？ —評德國的間接故意理論，政大法學評論，第48期，1993年，第45-118頁。)

Hsueh, Chih-Jen, Die Strafrechtspolitik im Blick der Zukunft? (Teil I.), Taiwan Jurist, Vol. 177, 2017, 57-69. (Im Original: 薛智仁，展望未來的刑事立法政策？(上)，月旦法學教室，第177期，2017年，第57-69頁)

Hsueh, Chih-Jen, Die verfassungsrechtlichen Grenzen der Auslegung und Anwendung des Strafrechts: Eine umfassende Analyse neuerer strafrechtlicher Rechtsprechung, Chung-Hsing University Law Review, Vol. 32, 2022, 1-105. (Im Original: 薛智仁，刑法解釋與適用之憲法界限－近期刑事判決之綜合評析，興大法學第32期，2022年，第1-105頁。)

Huang, Jung-Chien, Die Zusammensetzung und Konkurrenz der Delikten, National Taiwan University Law Journal, Vol. 23, Heft 2 (1994), 151-233. (Im Original: 黃榮堅，犯罪的結合與競合，臺大法學論叢，第23卷第2期，1994年，第151-233頁。)

Huang, Jung-Chien, Verantwortung für Verkehrsunfälle und Vertrauensgrundsatz – mit Bemerkung zum Urteil Az. 86 Tai-Shan 2464 Taiwan Supreme Court, The Taiwan Law Review, Vol. 50, 1999, 178-189. (Im Original: 黃榮堅，交通事故責任與容許信賴-評最高法院八十六年度台上字第二四六二號刑事判決，月旦法學，第50期，1999年，第178-189頁。)

Huang, Sheng-Wei, „Strafanzeigen zur Lösung zivilrechtlicher Streitigkeiten" und der Konflikt in den Rechtskulturen – Das Phänomen der unechten Eigentumsdelikte im modernen Taiwan, Journal for Legal History Studies, Vol. 38., 2021, 345-378. (Im Original: 黃勝韋，「以刑逼民」與法文化衝突—論近現代臺灣假性財產犯罪現象，法制史研究，第38期，2021年，第345-378頁。)

Huang, Shih-Yuan, Bemerkung zum Beschluss Az. 108 Tai-Shan-Da 3101 und der Vorschlag zur Gesetzesänderung bezüglich leichtfertiger Geldwäsche (I), Legal News Report, Vol. 3061, 2021, 3-6. (Im Original: 黃士元，108 年度台上大字第3101 號裁定評釋－兼論重大過失洗錢罪之修法建議(一)，法務通訊，第3061期，2021年，第3-6版。)

Huang, Shih-Yuan, Bemerkung zum Beschluss Az. 108 Tai-Shan-Da 3101 und der Vorschlag zur Gesetzesänderung bezüglich leichtfertiger Geldwäsche (II), Legal News Report, Vol. 3601, 3-5. (Im Original: 黃士元，108 年度台上大字第3101 號裁定評釋－兼論重大過失洗錢罪之修法建議(二)，法務通訊，第3062期，2021年，第3-5版。)

Jescheck, Hans-Heinrich/Weigend, Thomas, Lehrbuch des Strafrechts : allgemeiner Teil (zitiert: AT), 5. Aufl. 1996
Kaufmann, Armin, Der dolus eventualis im Deliktsaufbau, ZStW 70 (1958), 64-86.
Kienapfel, Diethelm/Höpfel, Frank/Kert, Robert, Grundriss des Strafrechts Allgemeiner Teil, 17. Aufl. 2024. (zitiert: Kienapfel/Höpfel/Kert, AT[17])
Kienapfel, Diethelm/Schroll, Hans Valentin, Strafrecht Besonderer Teil I, 3. Aufl., 2012 (zitiert: Kienapfel/Schroll, BT I[3])
Kienapfel, Diethelm/Schroll, Hans Valentin, Strafrecht Besonderer Teil I, 5. Aufl., 2022 (zitiert: Kienapfel/Schroll, BT I[5])
Kindhäuser, Urs/Hilgendorf, Eric, Strafgesetzbuch, Lehr- und Praxiskommentar (zitiert: LPK-StGB), 9 Aufl., 2022.
Kinzig, Jörg, in: Schönke, Adolf/Schröder, Horst (hrsg.), Strafgesetzbuch Kommentar, 30. Aufl. 2019. vor § 38 StGB (zitiert: Schönke/Schröder/Kinzig, 30. Aufl. 2019, StGB Vor § 38)
Knötzl, Bettina/Schacherreiter, Judith/Schopper, Alexander, Der Rückschaufehler bei der richterlichen Urteilsfindung im Schadenersatzprozess, JBl. 2017, 2-10.
Koch, Arnd, Die Entkriminalisierung im Bereich der fahrlässigen Körperverletzung und Tötung (zitiert: Die Entkriminalisierung), 1998.
Kopacek, Werner, Die Leichtfertigkeit bei Steuerverkürzung, BB 1961, 446-447.
Kudlich, Hans, in: von Heintschel-Heinegg, Bernd/Kudlich, Hans (Hrsg.), Beck'sche Online-Kommentare Strafgesetzbuch, 63. Aufl., 2024. § 15 (BeckOK StGB/Kudlich § 15).
Kühl, Kristian, Strafgesetzbuch Allgemeiner Teil (zitiert: AT), 8. Aufl., 2017.
Kuhlen, Lothar, Zur Problematik der nachträglichen ex ante-Beurteilung im Strafrecht und in der Moral, in: Jung, Heike/Müller-Dietz, Heinz/Neumann, Ulfrid (Hrsg.), Recht und Moral, 1991, 341-372.
Kurtze, Claudia, in: Löwe, Ewald, et al. (Hrsg.), Die Strafprozeßordnung und das Gerichtsverfassungsgesetz : Großkommentar, 27. Aufl., 2024, § 469 (zitiert: Löwe-Rösenberg/Kurtze, § 469 StPO)
Kuo, Chih-An, Zur „Strafschärfung im Allgemeinen“ und „Strafschärfung im Besonderen“, Judicial Aspirations , Vol. 117, 75-92. (Im Original:

郭智安，「總則加重」與「分則加重」區分論之檢討，司法新聲，第117期，2016年，第75-92頁。）

Küpper, George, Der „unmitterbare“ Zusammenhang zwischen Grunddelikt und schwere Folge beim erfolgsqualifizierten Delikt, 1982.

Küpper, Georg, Die Probleme des Mordtatbestands als Folge der absoluten Strafdrohung, in: Festschrift für Martin Kriele zum 65. Geburtstag (zitiert: FS-Kriele), 1997, 777-796.

Küpper, Georg, Zur Entwicklung der erfolgsqualifizierten Delikte, ZStW 111 (1999), 785-806

Lagodny, Otto, Strafrecht vor den Schranken der Grundrechte, 1996.

Lee, Chen-Ying, Praktische Anwendung des § 82 des Gesetzes zur medizinischen Versorgung nach der Novellierung, Angle Health Law Review, Vol. 70, 17-19. (Im Original: 李貞瑩，醫療法第82條修法後實務之應用－以刑事判決為中心，月旦醫事法報告，第70期，2022年，第17-19頁。）

Lewisch, Peter, Mitverschulden im Fahrlässigkeitsstrafrecht, ÖJZ 1995, 296-303.

Lin, Chen-Hsien, Vorschläge zur Änderung des Gesetzes zur Verhinderung von Finanzagenten aus dem Beschluss Az. 108 Tai-Shan-Da 3101, The Parliament Quarterly, Vol. 49 Heft 2, 2021, 83-104. (Im Original: 林臻嫺，從108台上大3101號裁定談防制「人頭帳戶」之修法建議，國會季刊，第49卷第2期，2021年，第83-104頁。）

Lin, Dong-Mao, Zum Umfang und den Grenzen des Vertrauensgrundsatzes, Tunghai University Law Review, Vol. 11, 1996, 129-136. (Im Original: 林東茂，信賴原則的適用範疇與界限，東海法學研究，第11期，1996年，第129-136頁。）

Lin, Dong-Mao, Zum strafbaren Behandlungsfehler, The Taiwan Law Review, Vol. 176, 2010, 265-273. (Im Original: 林東茂，刑事醫療過失探微，月旦法學雜誌，第176期，2010年，第265-273頁。）

Lin, Sahn-Tien, Zur Leichtfertigkeit, The Military Law Journal, Vol. 82, Heft 6 (1982), 10-12. (Im Original: 林山田，論重大過失，軍法專刊，第28卷第6期，1982年，第10-12頁。）

Lin, Sahn-Tien, Strafgesetzbuch Allgemeiner Teil II. (zitiert: AT II), 10. Aufl., 2008. (Im Original: 林山田，刑法通論(下)，第10版，2008年。）

Lin, Yu-Hsiung, Strafrecht und Handlungslehre, Taiwan Jurist, Vol. 7, 2003, 64-71. (Im Original: 林鈺雄, 刑法與行為理論，月旦法學教室，第7期，2003年，第64-71頁。)

Lin, Yu-Hsiung, Der subjektive Tatbestand (Teil I.), Taiwan Jurist, Vol. 15, 2004, 58-66. (Im Original: 林鈺雄, 主觀不法構成要件(上)，月旦法學教室，第15期，2004年，第58-66頁。)

Linnenbank, Nina, Der Rückschaufehler bei strafrechtlichen Fahrlässigkeitsbeurteilungen, 2020

Liu, Hung-En, Ethische Fragen hinsichtlich der Erhebung offensichtlich unbegründeter Klagen durch Rechtsanwälte im Namen ihrer Mandanten, Taiwan Jurist, Vol. 201, 2019, 28-31. (Im Original: 劉宏恩，律師代當事人提起顯無理由之訴訟的倫理問題，月旦法學教室，第201期，2019，第28-31頁。)

Liu, Pang-Yang, Die Aushöhlung des klinischen Ermessensspielraums – mit Bemerkungen zum Urteil Az. 112 Tai-Shan 3373 von Taiwan Supreme Court und den Urteilen der Vorinstanzen, Court Case Times, Vol. 143, 62-72. (Im Original: 劉邦揚，被架空的臨床專業裁量權—簡評最高法院112年度台上字第3373號判決及歷審裁判，裁判時報，第143期，2024年，第62-72頁。)

Lohmeyer, Heinz, Was ist „leichtfertig“ i.S. des § 402 RAbgO?, NJW 1960, 1798-1799.

Lohmeyer, Heinz, Die Leichtfertigkeit bei Steuervergehen iS des § 402 RAbgO, FR 1964, 374-376.

Lohmeyer, Johannes, Fahrlässige Tötungen als Straftat und das Erfordernis des spezifischen Gefahrrealisierungszusammenhangs bei den todeserfolgsqualifizierten Delikten – Überlegungen de lege lata und de lege ferenda – (zitiert: Fahrlässige Tötungen), 2010.

Looschelders, Dirk, Schuldrecht Allgemeiner Teil (zitiert: SchuldR AT), 21. Aufl. 2023.

Mahlberg, Raimund, Die Leichtfertigkeit im Steuerstrafrecht, 1965.

Maier, Stefan, in: Erb, Volker/Schäfer, Jürgen (Hrsg.), Münchner Kommentar zum Strafgesetzbuch, 4. Aufl. 2020, StGB § 46 (zitiert: MüKoStGB/Maier, 4. Aufl., § 46)

Maiwald, Manfred, Der Begriff der Leichtfertigkeit als Merkmal erfolgsqualifizierter Delikte, GA 1974, 257-271.

Maurauch, Reinhart, Probleme des erfolgsqualifizierten Delikts bei Menschenraub, Geiselnahme und Luftpiraterie, in: Festschrift für Ernst Heinz zum 70. Geburtstag (zitiert: FS-Heinz), 1972, 403-417.

Medicus, Dieter/Lorenz, Stephan, Schuldrecht I, Allgemeiner Teil (zitiert: SchuldR I), 22. Aufl. 2021.

Meusburger, Günter, Die grobe Fahrlässigkeit nach dem Strafrechtsänderungsgesetz (StRÄG) 2015 – insbesondere bei § 81 Abs. 1 StGB (zitiert: Die grobe Fahrlässigkeit), 2017.

Meyer, Hellmuth, Strafrecht Allgemeiner Teil (zitiert: AT), 1967.

Mitsch, Wolfgang, Wie viel Rücksichtslosigkeit verträgt die Gesellschaft?, ZIS 2019, 234-242.

Mitsch, Wolfgang, BGH: * Zurechenbarkeit der Schädigung von Berufsrettern nach Explosionsverursachung, NJW 2021, 3340-3342.

Momsen, Carsten, Der besonders schwere Fall des Totschlags (§ 212 II StGB) – zwischen Mord und Totschlag?, NStZ 1998, 487-490.

Momsen, Carsten, in: Satzger, Helmut/Schluckebier, Willhelm/Werner, Raik (Hrsg.), Strafgesetzbuch Kommentar, 6. Aufl., 2024, § 212 (zitiert: SSW-StGB/Momsen, § 212)

Müller, Patrick A./Stahlberg, Dagmar, The Role of Surprise in Hindsight Bias: A Metacognitive Model of Reduced and Reversed Hindsight Bias, Social Cognition, 2007, 165-184.

Nestler, Steffen/Blank, Hartmut/Egloff, Boris, Hindsight ≠ Hindsight: Experimentally Induced Dissociations Between Hindsight Components, Journal of Experimental Psychology: Learning, Memory, and Cognition, 2010, 1399-1413.

Nestler, Steffen/Blank, Hartmut/von Collani, Gernot, Hindsight Bias and Causal Attribution, Social psychology, 2008, 182-188.

Nestler, Steffen/Egloff, Boris, Increased or Reversed? The Effect of Surprise on Hindsight Bias Depends on the Hindsight Component, Journal of Experimental Psychology: Learning, Memory, and Cognition, 2009, 1539-1544.

Nimmervoll, Rainer J., in: Leukauf, Otto/Steininger, Herbert (Hrsg.) StGB, Strafgesetzbuch Kommentar, 4. Aufl. 2017, §§ 81, 88 (zitiert: Leukauf/Steiniger/Nimmervoll, StGB4 (2017) §...)

Oeberst, Aileen, Der Rückschaufehler im juristischen Kontext: Relevante psychologische Forschung, begründete Spekulationen und Schlussfolgerungen für die Praxis, RW, 2/2019, 180-203.
Oeberst, Aileen/Goeckenjan, Ingke, When Being Wise After the Event Results in Injustice: Evidence for Hindsight Bias in Judges' Negligence Assessments, Psychology, Public Policy and Law, 2016, 271-279.
Otto, Harro, Grundkurs Strafrecht Allgemeiner Teil (zitiert: Grundkurs Strafrecht AT), 7. Aufl., 2004.
Paeffgen, Hans-Ullrich, in: Kindhäuser, Urs/Neumann, Ulfrid/Paeffgen, Hans-Ullrich/Saliger,Frank (Hrsg.), Nomos Kommentar Strafgesetzbuch, 6. Aufl. 2023, § 18 (zitiert: NK-StGB/Paeffgen, § 18)
Park, Yong Ki, Die Leichtfertigkeit, 1994.
Pegel, Christian, in: Erb, Volker/Schäfer, Jürgen (Hrsg.), Münchner Kommentar zum Strafgesetzbuch, 5. Aufl. 2024, StGB § 315c (zitiert: MüKoStGB/Pegel, 4. Aufl. 2022, § 315c)
Puppe, Ingeborg, in: Kindhäuser, Urs/Neumann, Ulfrid/Paeffgen, Hans-Ullrich/Saliger,Frank (Hrsg.), Nomos Kommentar Strafgesetzbuch, 6. Aufl. 2023, § 15 (zitiert: NK-StGB/Puppe, § 15).
Rachlinski, Jeffrey J., A Positive Psychological Theory of Judging in Hindsight, The University of Chicago Law Review, 1998, 571-625.
Radtke, Henning, Die Leichtfertigkeit als Merkmal erfolgsqualifizierter-Delikte?, in: Festschrift für Heike Jung zum 65. Geburtstag (zitiert: FS-Jung), 2007, 737-750.
Rengier, Rudolf, Ausgrenzung des Mordes aus der vorsätzlichen Tötung?, ZStW, 92 (1980), 459-480.
Rengier, Rudolf, Erfolgsqualifizierte Delikte und verwandte Erscheinungsformen, 1986.
Rengier, Rudolf, Strafrecht Allgemeiner Teil (zitiert: AT), 16. Aufl. 2024.
Rissing-van Sann, Ruth/Zimmermann, Georg, in: Cirener, Gabriele et al. (Hrsg.), Strafgesetzbuch Leipziger Kommentar, Elfter Band, 13. Aufl. 2023, StGB § 212 (zitiert: LK-StGB/Rissing-van Saan/Zimmermann, § 212)
Roberto, Vito/Grechenig, Kristoffel R., Rückschaufehler («Hindsight Bias») bei Sorgfaltspflichtverletzungen, ZSR, 130 (2011), 5-26.
Roese, Neal J./Vohs, Kathleen D., Hindsight Bias, Perspectives on Psychological Science, 2012, 411-426.

Rostalski, Frauke, Der (straf-)rechtliche Umgang mit illegalen Kraftfahrzeugrennen, GA 2017, 585-598.
Roxin, Claus, Anmerkung zum Urteil des BGH vom 13.11.2003 – 5 StR 327/03, StV 2004, 485-488.
Roxin, Claus, Strafrecht Allgemeiner Teil, Band I (zitiert: AT I), 4. Aufl. 2006.
Roxin, Claus, Nachträgliches Mitverschulden des Opfers, GA 2020, 183-193.
Roxin, Claus/Greco, Luís, Strafrecht Allgemeiner Teil, Band I (zitiert: AT I), 5. Aufl., 2020.
Ruhmannseder, Felix, in: von Heintschel-Heinegg, Bernd/Kudlich, Hans (Hrsg.), Beck'sche Online-Kommentare Strafgesetzbuch, 63. Aufl., 2024. § 261 (zitiert: BeckOK StGB/Ruhmannseder, StGB § 261)
Saleem, Nadia/Mangalathu, Sujith/Ahmed, Bilal/Jeon, Jong-Su, Machine learning-based peak ground acceleration models for structural risk assessment using spatial data analysis, Earthquake Engineering & Structural Dynamics, 2024, Vol.53 (1), 152-178.
Saliger, Frank, BGH, Urteil vom 13.11.2003 – 5 StR 327/03, JZ 2004, 977-980.
Saliger, Frank, in: Kindhäuser, Urs/Neumann, Ulfrid/Paeffgen, Hans-Ullrich/Saliger,Frank (Hrsg.), Nomos Kommentar Strafgesetzbuch, 6. Aufl. 2023, § 212 (zitiert: NK-StGB/Saliger, § 212 Rn. 42)
Satzger, Helmut/Kriegsch, Justus, Damit muss man rechnen – Die Zurechnung von Körperverletzungs- und Todeserfolgen bei Berufsrettern, ZfL 2022, 205-217.
Sauer, Wilhelm, Allgemeine Strafrechtslehre, 3. Aufl., 1955.
Schäfer, Gerhard/Sander, Günther M./van Gemmeren, Gerhard, Praxis der Strafzumessung, 7. Aufl., 2024.
Schafferling, Christoph, in: Matt, Holger/Renzikowski, Joachim (Hrsg.), Strafgesetzbuch Kommentar, 2. Aufl. 2020, § 212 (zitiert: Matt/Renzikowski/Schafferling, 2. Aufl. 2020, StGB § 212)
Schkade, David A./Kilbourne, Lynda M., Expectation-Outcome consistency and Hindsight Bias, in: Organizational Behavior and Human Decision Processes, 1991, 105-123.
Schmidhäuser, Eberhard, Zum Begriff der bewußten Fahrlässigkeit, GA 1957, 305-314.
Schneider, Ursula, in: Laufhütte, Cirener, Gabriele et al. (Hrsg.), Strafgesetzbuch Leipziger Kommentar, Erster Band, 13. Aufl. 2020, StGB § 46 (zitiert: LK-StGB/Schneider, § 46)

Schneider, Hartmut, in: Erb, Volker/Schäfer, Jürgen (Hrsg.), Münchner Kommentar zum Strafgesetzbuch, 4. Aufl. 2021, StGB § 212 (zitiert: MüKoStGB/Schneider, 4. Aufl. 2021, § 212)

Schroder, Friedrich-Christian, in: Jähnke, Burkhard/Laufhütte, Heinrich Wilhelm/Odersky, Walter (Hrsg.), Strafgesetzbuch Leipziger Kommentar, Erster Band, 11. Aufl. 2003, StGB § 16 (zitiert: LK-StGB/Schroder, 11. Aufl. 2003, StGB § 16)

Schröder, Horst, Aufbau und Grenzen des Vorsatzbegriffes, in: Festschrift für Wilhelm Sauer zu seinem 70. Geburtstag (zitiert: FS-Sauer), 1949, 207-248.

Schroth, Ulrich, nm. BGH v. 18. 4. 2002 3 StR 52/02 Schwerer Raub Gefahr einer schweren Gesundheitsbeschädigung, JR 2003, 248-252.

Schubert, Werner/Regge, Jürgen/Rieß, Peter/Schmid, Quellen zur Reform des Straf- und Strafprozessrechts. Abt. II, Band 1, Teil 1, Reprint 2016 Aufl.

Schumann, Heribert, Zur Wiederbelebung des „voluntativen" Vorsatzelements durch den BGH — Zugleich Anmerkung zu dem Urteil des BGH vom 15. 11. 1987, 3 StR 449/87, JZ 1989, 427-434.

Schwaighofer, Klaus, Ärztliche Kunstfehler – Besonders gefährliche Verhältnisse nach § 81 Abs. 1 Z 1 StGB?, RdM 2015/139, 217-227.

Schwaighofer, Klaus, Autoraser vor dem Strafgericht – zwischen Mord und Straflosigkeit, ZVR 2019/172, 320-327.

Schweizer, Mark Daniel, Kognitive Täuschungen vor Gericht – Eine empirische Studie (zitiert: Kognitive Täuschungen vor Gericht), 2005.

Shinohara, Kazumitsu/Naito, Hiroshi/Matsui, Yuko/Hikono, Masaru, The effects of „finger pointing and calling" on cognitive control processes in the task switching paradigm, International Journal of Industrial Ergonomics, 43 (2013), 129-136.

Slovic, Paul/Fischhoff, Baruch, On the Psychology of Experimental Surprises, Journal of Experimental Psychology: Human Perception and Performance, 1977, 544-551.

Sommer, Ulrich, Effektive Strafverteidigung, 5. Aufl., 2023.

Stallard, Merrie Jo/Worthington, Debra L., Reducing the Hindsight Bias Utilizing Attorney Closing Arguments, Law and Human Behavior, 1998, 671-684.

Steinberg, Georg, Lässt sich „Leichtfertigkeit" als Straftatbestandsmerkmal sinnvoll handhaben?. ZStW 2019 (131), 888-966.

Stratenwerth, Günter/Kuhlen, Lothar, Strafrecht Allgemeiner Teil (zitiert: AT), 6. Aufl., 2011.

Streng, Franz, in: Kindhäuser, Urs/Neumann, Ulfrid/Paeffgen, Hans-Ullrich/Saliger,Frank (Hrsg.), Nomos Kommentar Strafgesetzbuch, 6. Aufl. 2023, § 46 (zitiert: NK-StGB/Streng, § 46)

Stricker, Martin, StRÄG 2015 – Neuerungen im Allgemeinen Teil des StGB, ÖJZ 2016/4, 16-23.

Sun, Chi-Chiang, Zur, The Military Law Journal, Vol. 56 Heft 3 (2010), 246-258. (Im Original: 孫啟強，刑罰加重之研究，軍法專刊，第56卷第3期，2010年，第246-258頁。)

Tenckhoff, Jörg, Die leichtfertige Herbeiführung qualifizierter Tatfolgen, ZStW 88 (1976), 897-922.

Tiedemann, Klaus, Wirtschaftsstrafrecht und Wirtschaftskriminalität: Allgemeiner Teil (zitiert: Wirtschaftsstrafrecht und Wirtschaftskriminalität), 1976.

Tiedemann, Klaus, Die Neuordnung des Umweltstrafrecht, 1980.

Tiedemann, Klaus/Engelhart, Marc, Wirtschaftsstrafrecht, 5. Aufl. 2017.

Tsai, Hui-Fang, Taiwan Law Journal,Vol. 68, 2005, 141-145. (Im Original: 蔡蕙芳，刑法總則實例研習：行為理論，台灣本土法學雜誌，第68期，2005年，第141-145頁。)

Tsai, Hui-Fang, Vorsätzliches Delikt (I) – Direkter und indirekter Vorsatz, Taiwan Law Journal, Vol. 72, 2005, 166-174. (Im Original: 蔡蕙芳，故意犯罪(一)－直接故意與間接故意，台灣本土法學雜誌，第72期，2005年，第166-174頁。)

Tsai, Sheng-Wei, Untersuchungen zu strafrechtlichen Fragestellungen (I.), 2008. (Im Original: 蔡聖偉，從刑總法理檢視分則的立法，刑法問題研究（一），2008年。)

Uekötter, Klaus, Das Merkmal Leichtfertigkeit bei strafrechtlichen Erfolgsdelikten und erfolgsqualifizierten Delikten (zitiert: Das Merkmal Leichtfertigkeit), 1993.

Vogel, Joachim, Voraussetzungen und Ausschluss der subjektiven Zurechnung – Vorsatz, Leichtfertigkeit, Fahrlässigkeit, Unrechtsbewusstsein, Irrtum-, in: Tiedemann, Klaus (Hrsg.), Wirtschaftsstrafrecht in der Europäischen Union: Rechtsdogmatik, Rechtsvergleich, Rechtspolitik (zitiert: Wirtschaftsstrafrecht in der Europäischen Union), 2002, 125-146.

Vogel, Joachim in: Laufhütte, Heinrich Wilhelm/Rissing-van Sann, Ruth/ Tiedemann, Klaus (Hrsg.), Strafgesetzbuch Leipziger Kommentar, Erster Band, 12. Aufl. 2007, StGB § 15 (zitiert: LK-StGB/Vogel, 12. Aufl. 2007, StGB § 15)

Vogel, Joachim//Bülte,Jens, in: Laufhütte, Cirener, Gabriele et al. (Hrsg.), Strafgesetzbuch Leipziger Kommentar, Erster Band, 13. Aufl. 2020, StGB § 15 (zitiert: LK-StGB/Vogel/Bülte, 13. Aufl. 2020, StGB § 15)

Volk, Klaus, Reformüberlegungen zur Strafbarkeit der fahrlässigen Körperverletzung im Straßenverkehr, GA 1976, 161-181.

von Heintschel-Heinegg, in: von Heintschel-Heinegg, Bernd/Kudlich, Hans (Hrsg.), Beck'sche Online-Kommentare Strafgesetzbuch, 63. Aufl., 2024. § 46 (zitiert: BeckOK StGB/von Heintschel-Heinegg, § 46)

Wagelaar, Hermann, Reichsabgabenordnung vom 22. Mai 1931, 1949.

Walter, Tonio, Der vermeintliche Tötungsvorsatz von „Rasern", NJW 2017, 1350-1353.

Walter, Tonio, in: Laufhütte, Cirener, Gabriele et al. (Hrsg.), Strafgesetzbuch Leipziger Kommentar, Erster Band, 13. Aufl. 2020, StGB Vor § 13 (zitiert: LK-StGB/Walter, 13. Aufl., Vor § 13)

Walter, Tonio, Zurechnung als Gerechtigkeit, JR 2022, 224-231.

Wang, Huang-Yu, Zur Rationalisierung der Arzthaft im Strafrecht, The Taiwan Law Review, Vol. 213, 2013, 73-92. (Im Original: 王皇玉，論醫療刑責合理化，月旦法學雜誌，第213期，2013年，第73-92頁。)

Wang, Huang-Yu, Zur aktuellen Rechtslage nach der Novellierung des § 82 des Gesetzes zur medizinischen Versorgung in Bezug auf medizinische Leitlinien und den angemessenen klinischen Ermessensspielraum, Formosan Journal of Medicine, Vol. 28 Heft 3 (2024), 330 336. (Im Original: 王皇玉，醫療法第82條修正後醫療常規與合理臨床專業裁量之法界現況探討，台灣醫學，第28卷第3期，2024年，第330-336頁。)

Wegscheider, Herbert, Zum Begriff der Leichtfertigkeit, ZStW 98 (1986), 624-657.

Weigend, Thomas, Zwischen Vorsatz und Fahrlässigkeit, ZStW 93 (1981), 657-700.

Weigend, Thomas, Bewältigung von Beweisschwierigkeiten durch Ausdehnung des materiellen Strafrecht? In: Festschrift für Otto Triffterer zum 65. Geburtstag (zitiert: FS-Triffterer), 1996, 695-712.

Welzel, Hans, Das Deutsche Strafrecht, 11. Aufl. 1969.

Wessels, Johannes/Beulke, Werner/Satzger, Helmut, Strafrecht Allgemeiner Teil (zitiert: AT), 54. Aufl. 2024.

Wolter, Jürgen, Objektive und personale Zurechnung von Verhalten, Gefahr und Verletzung in einem funktionalen Straftatsystem (zitiert: Objektive und personale Zurechnung), 1981.

Wolter, Jürgen, Zur Struktur der erfolgsqualifizierten Delikte, JuS 1981, 168-179.

Yang, Yun-Hwa, Finanzagent und Geldwäschedelikte, The Taiwan Law Review, Vol. 294, 2019, 56-61. (Im Original: 楊雲驊，提供人頭帳戶與洗錢罪，月旦法學雜誌，第294期，2019年，第56-61頁。)

Yun, Chun-Liang, Zur Anwendung von „Leichtfertigkeit“ oder „grober Fahrlässigkeit“ im Wirtschaftsstrafrecht am Beispiel der Geldwäsche in § 216 StGB, Chung-Hsing University Law Review, Vol. 29, 2021, 163-260. (Im Original: 惲純良，論「輕率」或「重大過失」在經濟刑法中之運用——以德國刑法典第261條第5項「輕率洗錢罪」為例，興大法學，第29期，2021年，第163-260頁。)

Yun, Chun-Liang, Zur Analyse der leichtfertigen Geldwäsche in Deutschland – mit Bemerkungen zu § 15-2 des Geldwäschegesetzes und zur Rechtsprechung 108 Tai-Shan-Da 3101 (Teil II), Taiwan Law Review, Vol. 340, 2023, 121-134. (Im Original: 惲純良，德國重大過失洗錢裁判分析－兼評新訂洗錢防制法第15條之2與最高法院108年度台上大字第3101號裁定(下)，月旦法學，第340期，2023年，第121-134頁。)

Zieschang, Frank, in: Kindhäuser, Urs/Neumann, Ulfrid/Paeffgen, Hans-Ullrich/Saliger,Frank (Hrsg.), Nomos Kommentar Strafgesetzbuch, 6. Aufl. 2023, § 513c (NK-StGB/Zieschang, § 315c)